KB260363

신학의 길, 목회의 삶

신학의 길, 목회의 삶

신학의 길, 목회의 삶

목사를 키운 목사,
이계준 박사 팔순 기념문집

한인철 손원영 엮음

동연

이 책을
존경하는 이계준 목사님께
헌정합니다

이 책을 펴내며

우연한 기회에 신학을 공부하는 몇몇 교수들이 한자리에 모여서 최근의 신학 동향이며 교회에 대한 이야기 등을 화제로 담소를 나누게 되었습니다. 그러던 중 학문과 목회가 잘 조화된 한국의 대표적인 신학자로 이계준 목사님이 거론되었습니다. 그리고 대화에 참여했던 모든 분들은 한결같이 그분의 인격과 학문적 업적 그리고 교회에 대한 사랑에 감사하면서, 존경과 고마움의 마음을 표현할 기회가 온다면 좋겠다고 생각의 일치를 보고 그날 대화를 마무리했습니다. 그러던 차에, 이계준 목사님께서 80회 생신을 곧 맞이한다는 소식을 접하였습니다. 그래서 누가 먼저랄 것도 없이 자연스럽게 존경과 고마움의 마음을 표현하고 싶다던 학자들을 중심으로 이계준 목사님의 80회 생신을 기념하여 논문집을 헌정하자고 결의하였습니다. 이것이 『신학의 길, 목회의 삶』이라는 책이 나오게 된 배경입니다.

우리 주변에서 헌정되는 논문집들은 대체로 특별한 주제 없이 논문을 모아서 단지 하나의 책으로 묶어 내는 경우가 대부분입니다. 이 책의 편집위원회에서는 틀에 박힌 도서가 아닌 조금은 다른 형식으로 출판을 꾀했습니다. 그리하여 논문집 형식의 출판을 지양하고, 대신 한국교회의 목회자와 신학자들에게 실질적으로 도움을 줄 수 있는 유용한 책을 만들어 내기로 편집 방향을 잡았습니다. 그에 따라 의견을 나눈 결과 아직 출판되지 않은 이계준 목사님의 옥고를 몇 편 모으고, 또 이계준 목사님의 학문과 목회 활동에 대해 각 분야의 전문가들이 가능한 한 중립적인 시각에서 비평적인 글을 써서 책을 낸다면 좋겠다고 생각을 모았습니다. 왜냐하면 자칫 헌정 논문집의 성격상 일방적으로 특정인을 미화하는 글이 될 위험을 우려했기 때문입니다. 따라서 이 책은 이계준 목사님의 삶과 학문, 목회 활동을 비판적으로 성찰하면서 후학들을 위해, 그리고 한국교회와 한국 신학의 건강한 발전을 위해 학문과 목회가 아름답게 조화되는 하나의 사례를 제공하는 심정에서 출판하게 되었습니다. 그러므로 이 책을 통해 독자들은 단지 이계준 목사라는 한 개인을 보기보다 오히려 이계준 목사를 안경으로 하여 지나온 한국교회와 신학의 발자취를 뒤돌아보고, 또 앞으로 다가올 새로운 시대를 조망한다면 참 의미가 있겠습니다.

끝으로 이 책이 나오기까지 수고한 모든 분들에게 감사를 드립니다. 우선 바쁜 중에도 옥고를 쓰시느라 수고하신 유동식 교수님을 비롯한 모든 필자 분들과, 교정을 위해 수고한 홍정호 전도사님, 그리고 이 책이 출판될 수 있도록 도와주신 도서출판 동연의 김영호 사장님을 비롯한 관계자 여러 분에게 감사드립니다. 또한 이계준 목사님을 존경하는 마음으로 책의 출판을 위해 후원해 주신 연세대학교 대학교회와 신반포감리교회, 그리고 이선혜 박사님을 비롯한 가족 분들에게 깊이 고개를 숙입니다.

이 책을 80회 생신을 맞이하신 존경하며 사랑하는 이계준 목사님께 삼가 헌정합니다. 목사님, 더욱 건강하셔서 한국교회와 신학계에 큰 별 되소서!!

2011년 4월

편집위원회 위원장 한인철

총　무 손원영

400세의 청년

유동식 (전 연세대학교 교수)

인생은 70이요 강건하면 80이라 했으니, 팔순을 맞이한 이계준 목사는 장수의 축복을 받은 이라 축하하여 마지않는다. 그리고 그의 팔순을 기념하여 후배들이 모여 그를 기리는 문집을 내게 된 것은 또 하나의 경사스런 일이라 치하하여 마지않는다.

한편, 팔순이라는 표현에는 시간적 길이로만 본 1차원적 인생 이해가 그 중심에 들어 있는 것 같다. 세상은 넓다. 인간은 시간과 함께 2차원적 평면 세계에서 살아가고 있다. 한 마을에서만 인생을 사는 사람들도 있을 것이다. 그러나 세계를 누비고 다니며 사는 사람들도 있다.

이계준 목사는 이북 평양에서 고등학교까지 다녔고, 이남에 내려와서 신학을 공부했다. 그러나 그에게는 한반도가 좁았다. 그는 다시 가장 넓고 열린 나라인 미국으로 건너가 공부하고 또한 목회 생활을 하는 등 2차원적 세계를 유감없이 활보하며 살았다. 이제 그의 삶을 일차원적 시간으로 환산해 본다면 그는 실로 160세를 산 사람이라 해야 할 것이다.

세상은 3차원의 입체적 문화 공간으로 구성되어 있다. 인생은 그가 사는 차원이 높아질수록 풍요로운 삶을 살게 된다. 문화란 가치 창조의 활동과 그 결과 전체를 뜻한다. 이계준 목사의 진면목은 그의 삼차원적 삶에 있다. 그는 학문의 길을 걸었고 또한 목회자의 길을 걸었다. 교회 목회,

군인 목회, 학원 목회 등 다양한 목회 활동을 전개해 왔다. 그러는 외중에도 그는 끊임없이 창작 활동을 전개했다. 다섯 권의 저서와 두 권의 편저, 그리고 무려 14권의 신학 서적들을 번역, 간행하는 등 왕성한 생산적 삶을 살아온 것이다.

그 외에도 나의 눈에 띄는 것이 둘이 있다. 하나는 신반포교회의 개척과 문화적 목회 활동이며, 또 하나는 한국문화신학회의 회장으로서 문화 신학의 발전에 공헌한 점이다. 이제 이러한 이계준 목사의 삶을 일차원적인 길이로 환산해 본다면 그는 무려 240년을 살아온 사람이다.

한편, 인생은 3차원의 세계로만 구성된 것이 아니다. 거기에 다시 창조적 시간이 작용함으로써 역사를 전개해 가는 4차원의 세계에서 산다. 이 목사가 살아온 지난 80년의 한국의 역사는 인류 역사 수백 년의 변천과 발전에 해당하는 경이로운 시대였다. 일제 강점기로부터의 해방, 민족의 독립과 분단, 6·25전쟁의 비극, 독재 정권과 산업 혁명, 경제 성장과 문화 발전, 88서울올림픽과 2002월드컵, 교회의 성장과 타락, 좌익과 우익의 이념 갈등 등만 보아도 그러하다.

모든 한국인들은 몇 세기의 세계 문화사를 한꺼번에 살아오고 있다. 그러나 많은 경우에 우리는 이러한 사실을 의식하지 못한 채 살아가고 있다. 한편 이러한 사실을 의식하면서 역사적 변혁의 한 주역을 담당하며 살아가는 사람들이 있다. 그중의 한 사람이 이계준 목사이다. 그는 독재 정권 치하에서는 정부의 압력으로 학원에서 추방당하기도 했다. 감리교회의 조직적 타락에 항거해서는 갱신총회를 조직함으로써 교회로 하여금 정도를 걷게 하기도 했다.

이러한 그의 4차원의 역사적 삶을 다시 시간으로 환산해 본다면 무려 320년의 인생을 살아온 셈이 된다. 그리스도인이 된다는 것은 이 세상에 살면서 동시에 영성 우주에서 살게 된 것을 뜻한다. 시공 우주가 4차원의 세계라고 한다면 영성 우주는 5차원의 세계이다. 시간과 공간의 역사적 차원의 세계를 넘어선 우주에서 사는 사람이다.

이 목사는 자신이 그리스도인일 뿐만 아니라, 사람들로 하여금 이 세상에서 살면서 동시에 영성 우주에서 살도록 인도하는 목회자요 또한 선교 신학자로 살아왔다. 무엇보다 그 자신이 시간과 공간을 넘어서 하느님의 영원한 오늘을 사는 사람이었다.

이러한 5차원의 세계는 시간으로 환산할 수 있는 대상이 아니다. 다만 영원을 체험해 온 세월만을 시간으로 환산한다면, 팔순을 맞이한 그에게는 80년이 더 가산될 것이다. 이러한 뜻에서 이 목사의 금년 나이는 400세가 되는 셈이다.

그러나 부활하신 그리스도의 생명을 지니고 사는 우리들은 이미 영원 안에서 살고 있는 것이다. 비록 400세를 살았다고 해도, 영원 안에서 본다면 청년에 지나지 않는다. 그리스도인이란 영원한 청춘으로 살아가는 사람들이다.

팔순을 맞이한 이계준 목사를 보면서 나는 그를 불러 400세의 청년이라고 한다.

제1부

신학의 길, 목회의 삶

_이계준(연세대학교 명예교수)

1
교회 현장에서의
신학과 목회의 접목*

I. 머리말

지난 2006년 한국에서 세계 감리교 감독회의가 개최된 바 있다. 당시 미국 캘리포니아-네바다 주재 감독인 사노Sano 박사는 "한국교회에는 교회도, 신도도, 돈도 많으나 신학은 없다"고 말하고서 이 땅을 떠났다. 이 말에 대하여 우리 교계 지도자들이 얼마나 충격을 받고, 또한 어떤 반응과 대처를 했는지 알 수 없다. 아마 무의미한 잠꼬대 정도로 취급하지 않았을까 상상해 본다.

사노 감독이 했던 말의 진의는 무엇이었을까?

그에게 직접 문의하기 전에는 그 내용을 정확히 파악할 수 없겠지만 감리교 신학 기관이 셋이나 있고 구미에서 박사학위 받은 교수들이 무수한

---

* 이 글은 이계준 목사가 2002년 9월 11일 감리교 정회원 연수교육에서 한 강연 원고이다.

데 왜 우리 교회에는 신학이 없다고 무시하였는가? 아마도 몇 가지로 추정해 볼 수 있을 것이다. 첫째, 신학자들을 추방하고 출교시키는 교회에 무슨 신학이 있겠는가! 둘째, 교회 지도자들과 교역자들이 신학적 비판 없이 목회하고 있다. 셋째, 목회자들이 복음주의나 보수주의 신학을 절대시하면서 오직 성장 위주의 목회를 지향한다. 이 가정들은 나의 생각인데 여러분이 항목을 더 추가해도 좋을 것이다.

위의 세 가지 가정 가운데 아마도 둘째와 셋째 것이 중복되는 듯하나 사노 감독이 말한 뜻이라고 일단 보고 말을 계속하기로 한다.

과연 우리는 신학적 사고 없이 목회할 수 있을까? 그것은 불가능할 것이다. 우리는 이미 신학 교육을 받고 학사, 석사, 심지어 박사라는 최고의 학위까지 받고 목회에 임하고 있는 것이다. 따라서 우리가 종사하는 목회는 의식적이든, 무의식적이든 신학적 바탕 위에 근거하고 있음을 부정할 수 없다. 그러나 신학이란 한 번 배우면 영원히 효과적으로 활용할 수 있는 것이 아니라, 다른 학문과 마찬가지로 시대와 장소의 한계를 지니는 것이다. 따라서 계속적인 신학 연구 없이 목회에 임하면 낡은 신학의 소유자는 될지언정 그 시대, 그 상황에 타당한 신학에 따라 목회하는 교역자는 아니라고 할 수 있다. 그런 의미에서 한국교회에는 신학이 없다고 말할 수 있을 것이다.

세 번째 가정은 소위 복음주의 또는 보수주의와 직결된 교회 성장 위주의 문제이다. 20세기 후반기의 한국교회 성장은 실로 괄목할 만하였다. 세계 교회 역사상 어떤 교회가 그토록 놀라운 성장을 이룩하였던가? 교회를 포함하여 모든 인간의 조직체는 성장하고 발전해야 한다. 그것은 일종의 유기체이기 때문에 그래야 생명이 유지되고 생산적이 되는 것이다. 그러나 문제는 그 성장의 원리와 내용과 결과이다. 그러나 한국교회는 19세기에 등장한 보수주의 또는 근본주의를 신학적 근거로 삼고 현대 행정학적 방법을 동원하여 교인 증가와 교세 확장에 집중하였다. 신앙과 생활, 교회와 사회, 기독교인과 비기독교인을 분리시키는 교회 중심적 신앙 행태를 강조함으로써 이원론적, 이중 인격적 교인을 생산하였다. 결과적으로 교회는 사회와 역사에 무관심하게 되고 물질주의, 권위주의, 세습주의 등 극히 세속주의적 종교 집단으로 전락하는 모습으로 변모하게 되었다. 겉으로는 신학을 표방하나 실제로는 신학과 관계없는 교회를 보고 신학자이자 감독인 사노 박사가 우리 교회를 향해 각성을 촉구하는 의미에서 그런 자극적 표현을 한 것이 아닌가 생각해 본다. 물론 위에 언급한 문제와 비판은 우리 감리교회의 일반적 풍조에 관한 것이지만, 자기 나름대로 신학과 목회를 접목시키는 성실한 교역자들이 많으며 동시에 점증하고 있는 양상이 보이는 것 같아 다행으로 생각한다.

나는 이 강연에서 주어진 주제에 따라 지난 45년 간 한국 감리교의 교역자로 몸담고 있으면서 경험한 바를 나누고자 한다. 나는 1957년 신학교를 졸업한 후 목회와 신학 사이의 다리를 왕복하면서 지내 왔다. 4년간의 군대 목회 및 미국 연합 감리교회 목회, 25년간의 연세대학교 교목 및 15년간의 연세대학교 교회 목회, 20년간의 신반포교회 목회, 그리고 미국 보스턴 대학교 신학대학원과 에모리 대학교 신학대학원에서 수학, 감리교총회신학교 교수 등의 이력이 외견상 나의 대체적인 신학과 목회의 상호관계를 보여주고 있다.

군대 목회와 미국 교회 목회는 엄밀한 의미에서 나의 목회를 준비하는 수련기라고 해서 좋을 것이다. 나의 신학과 목회가 서로 교차하면서 창조한 모델이 윤곽을 나타내고 발전한 것은 연세대학교에서의 학원 목회와 대학교회 목회 그리고 신반포교회에서의 목회라고 하겠다. 이 강연에서는 주로 신반포교회를 중심으로 한 모델을 제시하고자 한다. 그것은 나의 신학을 근거로 개척하고 발전시킨 교회이기 때문에 신학과 목회의 접촉점을 가장 선명하게 드러낼 수 있다고 사료되기 때문이다. 이 모델은 나의 한정된 능력과 특정한 집단 사이에서 형성된 것이기 때문에 유일한 것도, 보편타당한 것도 아니다. 다양한 목회 모델 중 하나일 뿐이다. 요는 이 강연을 통하여 신학과 목회의 접목을 시도한 나의 의도가 여러분들에게 전달되어 21세기란 위기와 기회가 공존하는 상황 속에서 타당하고 적절한 모델 창조에 이바지한다면 나의 소임은 다한 것으로 믿는다.

II. 나의 신학 여정

신학은 시대적 산물이다. 모든 신학은 하느님의 말씀인 성서를 그 시대의 실존적 및 역사적 질문에 응답하는 해석학적 방법론이라고 하겠다. 따라서 신학은 고정되지 아니하고 시대에 변화에 따라 그 색깔이 달라지기 마련이다. 신학에는 절대적으로 변하지 않는 진리가 있는데 그것은 곧 신학은 계속 변해야 하고 또 그럴 수밖에 없다는 것이다. 시대의 변화에 따라 인간과 역사의 질문과 요청이 달라지기 때문이다.

내가 신학 공부를 시작한 1950대부터 오늘에 이르기까지 세계는 급격하게 변하였고 신학도 역시 빠르게 변하였다. 우리가 접한 최초의 신학은 K. 바르트와 R. 니버의 신정통주의 신학과 R. 불트만 및 P. 틸리히의 실존주의 신학이었다. 주지하는 바와 같이 이 신학들은 제1차 세계대전이 발발하면서 19세기 F. 헤겔의 낙관주의적 역사관과 F. 슐라이어마허를 위시한 자유주의 신학의 퇴조와 함께 등장한 것이었다. 위의 신학자들은 인간이 다른 인간을 살해하고 자기가 창조한 문화와 문명을 스스로 파괴하는 죄악성을 비판하였다. 바르트는 하느님의 계시 곧 예수 그리스도를 통해 주시는 하향식 은총으로만 구원이 가능함을 역설하였고, 니버는 이것을 사회

윤리로 전개하였다. 그리고 불트만과 틸리히는 인간의 실존적 죄성罪性을 간파하고 상향식 신앙의 비약으로 구원에 이를 수 있다고 주장하였다. 그때 나는 1950년 전쟁 중에 월남한 까닭으로 공산주의의 잔인성과 허구성, 전쟁의 참상, 가난과 궁핍을 절감한 상황에서 바르트적인 신학 입장을 취하였다. 하느님의 은총 없이는 인간과 역사의 구원은 절대로 불가능하다는 사실을 확신한 것이다. 그러나 보스턴 대학교 신학대학원에서의 수학은 나를 바르트에서 해방시켜 다양한 신학자들에 눈을 돌리게 하였다. 신학적 시각과 사고가 넓어진 것이다. 그 후 나의 신학은 하느님의 무조건적 은총 없는 구원이나 또는 인간의 실존적 결단 없는 구원이 아니라 은총과 실존이 조화를 이룬 구원으로 발전하였고, 특히 틸리히의 신학적 방법론인 실존적 질문과 성서적 대답의 상관관계는 지금도 유익한 것으로 활용하고 있다.

1960년대를 전후로 하여 신정통주의 신학과 실존주의 신학의 퇴조에 뒤따라 나타난 것이 소위 세속화 신학이었다. 이를 대변하는 신학자들은 D. 본회퍼, J.A.T. 로빈슨, H. 콕스 등이다. "신의 죽음의 신학"이란 것이 등장하여 일시적인 파문을 일으켰으나 단명으로 끝났다. 신정통주의 신학과 실존주의 신학이 철학적 방법론을 기초로 하여 주로 인간의 개인적 실존과 구원에 역점을 두었다면 세속화 신학은 사회학적 방법론을 도입하여 사회적 변동과 요청에 따른 개인과 교회의 사회 참여를 강조하였다. 본회퍼의 히틀러 암살사건의 개입과 처형 그리고 그의 "비종교적 기독교", "하느님 없이 하느님 앞에"의 개념; 콕스의 교회는 세속화 과정을 하느님의 역사적 섭리로 간주하고 사회의 최전방에서 말씀의 선포kerygma, 친교koinonia, 봉사diakonia의 역할을 감당해야 한다는 주장; 로빈슨의 틸리히, 불트만, 본회퍼를 조화롭게 편저함을 통해 실존적·역사적 참여 신학의 강조 등은 세계 안에 존재하는 교회와 크리스천의 사회-역사적 사명을 일깨워 주었다.

1960년대는 세계가 본격적으로 산업화하는 과정에 진입하는 동시에 제3세계에 속한 국가들이 독재 체제와 인권 유린에서 자유하려는 해방 투쟁의 시기였다. 여기서 돋아난 신학이 남미의 해방신학, 미국의 흑인신학, 그리고 한국의 민중신학이었고, 이와 맥을 같이 하는 서구 신학은 J. 몰트만의 희망의 신학이었다. 이것은 과거의 신학들이 서구 중심으로 획일적인 것이었다면 이제 신학은 지역 중심 또는 민족 중심으로 다원화되었다는 사실을 입증하였다. 특히 이들 저항 신학은 "신학이란 추상적 학문이나 교회를 섬기는 종이 아니라 구체적 상황 속에 있는 인간적, 사회적 요청에 부응하는 것"이어야 한다고 주장하였다. 이것은 1970년대 전후 군사독재 치하에서 학원 목회에 종사하는 나에게 목회 원리와 방향을 제시해 주었고, 이로 인해 결국에는 해직이라는 고배를 마시게 되었던 것이다.

위의 저항 신학과 함께 떠오른 것이 소위 "하느님의 선교Missio Dei" 신학이었다. 이것은 서구 식민주의의 시녀 역할을 하던 서구 교회가 교회 중심적 선교 개념을 지양하고 하느님 중심의 선교로 방향전환 했음을 뜻하는 것이다. 삼위일체 하느님이 선교의 주체이고 교회는 선교의 도구라는 말이다. 이 신학은 교회, 교파, 기독교 중심적 세력 확장을 위한 선교를 지양하고, 하느님 나라 곧 인류와 역사 속에서 하느님의 통치와 정의에 근거한 평화를 선포해야 한다고 주장했다. 이것은 선교의 본질이 교회의 세력 확장이 아니라 하느님 나라 확장임을 알게 하였고 나에게 선교 신학에 대한 학문적 관심과 아울러 목회의 초점을 선교에 맞추도록 자극하였다.

끝으로 나의 신학 여정의 현시점은 토착화 신학, 종교 신학 또는 다원주의 신학이라고 말할 수 있다. 이런 신학에 대하여 한국교회는 알레르기성 반응을 일으키기 때문에 이미 수차례 인민재판의 대상이 되기도 하였다. 그러나 위에서 언급한 바와 마찬가지로 신학은 시대의 필요에 따라 나타났다 사라지는 것이므로 우려하거나 제거의 대상이 아니라 선택의 대상임을 인식할 필요가 있다. 이것은 유행을 따르고 안 따르는 것이 개인의 자유인 것과 같다. 21세기로 다가오면서 세계는 교통과 통신의 혁명을 통하여 하나의 지구촌 시대가 전개되는 반면에 문화 및 종교의 다원성을 인정하는 세계로 변하였다. 지난 20세기 중반까지는 서구의 종교인 기독교와 그 문화가 절대시되었으나 서구 식민주의의 종식과 피식민지 국가의 독립은 억눌렸던 문화와 종교를 부활시켰다. 여기에는 두 가지 과제가 주어졌다고 말할 수 있다. 하나는 신학의 토착화를 통해 서구 교회가 시도한 것처럼 복음과 우리의 정신문화나 종교를 접목시키는 것이다. 이를 통하여 우리 교회와 신학이 정체성을 확립할 수 있고, 의미 있게 존재할 수 있으며, 우리 문화에 타당한 선교 방법을 도출해 낼 수 있다. 둘째는 역사적으로 계속되어 온 전쟁들은 그 뒤에 종교적 배경이 깔려 있는데 기독교와 이슬람교, 유대교와 기독교, 가톨릭과 개신교, 이슬람교와 힌두교 등의 갈등과 싸움이 민족 전쟁으로 표출되었다고 볼 수 있다. 그리고 전쟁으로 희생된 생명이 20세기에서만 1,000만 명을 능가한다는 보고가 있다. 결국 사랑과 구원을 추구하는 종교가 자기들의 신을 앞세우고 전쟁을 불사하며 무수한 인명을 살상하는 죄악을 자행해 온 것이다. 이렇듯 다원적 민족에서 나타난 문화와 종교의 갈등과 충돌을 억제하고 세계와 인류의 평화와 행복을 추구하려고 시도하는 것이 다원주의 신학이라 하겠다. 그 동기와 방법론에 있어서 약간의 상이성은 있으나 근본적 공통점에는 별 이의가 없는 줄로 안다.

한국 사회는 다원적 종교 상황이다. 유구한 역사를 지닌 무교나 불교 및 유교에 비하여 기독교의 역사는 실로 일천하다. 200년 넘은 가톨릭과 100년 넘은 개신교가 비록 문화적으로나 종교적으로 제아무리 공헌이 크다고 하여도 수천 년, 수백 년의 역사와 전통을 지닌 종교에 비교할 수는 없는 것이다. 한국교회가 전통 문화와 종교적 상황 속에서 복음의 뿌리를 내리려면 초기 선교사들처럼 그것들을 부정하고 갈등하고 배척할 것이 아니라 진지한 만남과 대화와 협력을 통해 이해와 사랑과 평화를 증진해야 하는 것이다. 이것은 우리 신학과 교회가 간과하고 넘어갈 수 없는 긴급하고도 지속적인 과제라고 하겠다.

한 가지 덧붙이고 싶은 것은 존 웨슬리 신학에 관한 것이다. 어떻게 보면 웨슬리 신학은 위에 언급한 모든 신학들을 연계시키고 종합하는 데 큰 도움을 주었다고 생각한다. 1975년 연세대학교에서 해직된 후 혼탁한 감리교회의 병리현상의 근본 원인이 감리교 신학의 부재라고 규정하고 송흥국 목사와 함께 웨슬리 총서 10권의 번역 및 출판 사업을 시작하였다. 그의 저서를 읽고 번역하는 과정에서 그의 신학에 심취하였고 강의도 하게 되었다. 웨슬리의 신학은 포괄적이고 관계적인 성격을 띠고 있다. 즉 신인협동설synergism로서 이는 1) 성서해석의 4대 요소: 신앙, 이성, 전통, 경험; 2) 신앙과 생활의 일치; 3) 칭의와 신생의 논리적 선후와 실제적 통전; 4) 그리스도인의 완성은 곧 하느님 사랑과 이웃 사랑의 합일; 5) 복음 전도와 사회 개혁의 상관관계; 6) 타 종교에 대한 관심 등으로 정리할 수 있다. 이렇듯 현대의 다양한 신학들을 웨슬리 신학의 맥락에서 평가하고 취사선택하여 목회에 신축적으로 적용하는 작업을 지난 20~30년 계속함으로써 보편적이고 토착적이며 웨슬리적인 신학과 목회를 구상하고 실현하는 데 노력하였다는 고백을 해도 과장은 아닐 것 같다. 다만 나의 여정은 완성된 것이 아니라 아직도 미래를 향해 나아가고 있을 뿐이다.

III. 나의 목회 모델

내가 여기서 제시하려는 목회(교회) 모델은 신반포교회이다. 이 교회는 1982년 4월에 개척되었다. 수개월 전부터 5가정이 중심이 되어 박대선 감독을 모시고 성서와 신학 연구 모임으로 출발하여 개척에 이른 것이다. 나는 개척 전후에 강사로 수차례 초빙되어 강의와 설교를 한 바 있다. 아직 담임자를 찾지 못한 교회는 나를 담임목사로 초청하였다. 그러나 나는 연세대학교의 전임으로 있는 관계로 교회법상 담임이 불가능함을 말하였다. 그럼에도 불구하고 교회는 다른 길이 없겠느냐고 하여 내가 소속 목사로 있으면서 진급할 전도사를 담임자로 세우고 개척교회를 돕는 방법을 선택하였다.(이 제도는 1982년부터 지금까지 지속되었고 1명이 정회원, 3명이 목사 안수, 지금 1명이 진급 과정에 있다.) 이렇게 일이 전개된 이유는 교회 구성원들이 새로운 형태의 교회에 대한 소망과 내가 선교 신학 교수로서 선교 지향적 교회의 모델을 시도해 보고 싶은 생각이 일치하였기 때문이다. 과오

우리가 전통적인 교회의 모델을 따르지 않고 새로운 것을 모색한다는 것은 큰 모험일 뿐만 아니라 그 과정에서 많은 시행착오를 유발할 수 있다. 따라서 대과大過 없이 새 모델을 실현하기 위해서는 설계도가 필요했다. 그래서 만든 것이 "신반포 감리교회 헌장"이다. 이 헌장에 본 교회 설립 목적과 존재 이유 및 역할에 대한 원칙을 담았다. 이것을 근거로 하여 지난 20년 간 교회가 존속해 왔고 해마다 당회 때 회원들이 함께 읽고 그 정신을 다시 확인한다. 아래에 이 헌장을 따라 교회가 주조한 모델을 몇 가지 항목으로 나누어 제시하고자 한다.

1. 교회의 지향성

교회는 기본적으로 그리스도의 제자 공동체이다. 소수가 복음을 중심으로 모여 인격적 만남과 사랑의 교제와 선교적 활동에 참여할 때 교회의 본질을 회복할 수 있고 그 기능을 극대화할 수 있는 것이다. 따라서 이 교회는 처음부터 소 공동체 지향적이었다. 지금 신반포 교회의 가정 수는 40, 세례 교인 수는 100명이다.

교회는 또한 "하느님의 백성"이다. 예수 그리스도 안에서 하느님의 부름 받은 사람들의 모임인 것이다. 따라서 교회는 그 주체이신 하느님을 중심으로 평신도와 교역자가 함께 모여 예배, 친교, 선교에 동참하는 공동체이다. 여기서 교역자는 하느님의 백성인 교회에 맡겨진 사명을 십분 감당할 수 있도록 자기 자신의 신앙과 인격과 전문 지식으로 가르치고 훈련시키는 하느님의 종이다. 목회자의 사명은 교회를 지배하는 것이 아니라 그것이 그리스도의 복음으로 발전하고 성숙하도록 그리스도의 자기희생적 헌신을 일삼는 것이다.

우리 교회의 평신도와 교역자 사이의 관계는 수직적이 아니라 수평적이라고 할 수 있다. 교역자의 어떤 권위주의나 특권도 용납되지도 않고 그것을 행사하지도 않는다. 다만 사랑과 신뢰 가운데 상호간의 인격 및 전문성 존중과 협력만이 용납되고 있다.

2. 집회

교회의 역할 중 가장 핵심적인 요소는 예배이다. 예배 순서는 아직 우리가 만든 토착적인 것이 없기 때문에 존 웨슬리 및 가톨릭 전통을 조화시킨 미국 연합감리교회의 것을 우리의 현실에 맞도록 약간 수정하였다. 원래 예배란 교역자의 독무대가 아니다. 예배와 관련된 예전이란 라틴어 lei-torgia(영어로는 liturgy)는 공적인 작업 또는 함께하는 일이란 뜻을 지니고 있다. 따라서 예배 순서에는 가급적 회중이 모두 참여하는 항목을 많이 삽입하였다. 예를 들면 찬송가, 공동 기도, 주기도송頌, 성시 교독, 성경 봉독, 교리적 선언, 헌금 및 헌금송, 헌신기도 등(예배 전에 한국인 작곡, 작사의 찬송가를 함께 부른다). 이렇게 보면 목사의 역할은 집례하는 것과 목회 기도, 설교, 성도의 교제, 축도 등으로 대폭 축소된다. 이러한 회중의 적극적 참여를 통하여 예배는 전체가 드리는 산제사가 되는 것이다. 그리고 매월 첫째 주일에 WCC가 제정한 짧은 리마문서로 성만찬 예식을 설교에 이어 거행한다. 이것은 세계 속에서 기독교 공동체 의식의 함양을 의미한다.

주일 예배 시간은 초창기부터 지금까지 오후 2시이다. 내가 연세대학교 회를 15년 간 담임한 관계로 오전 11시에 참여할 수 없는 이유와 함께 전통적인 예배 시간 관념을 수정하려는 의도도 있었다. 오전 11시는 농경 사회의 전통인데 산업사회 및 앞으로 전개될 정보사회에서는 그 시간이 적절치 못하다는 판단 때문이었다. 즉 현대인들은 직장, 사업, 운동, 여가 선용 등으로 토요일 늦게까지 또는 일요일 아침 일찍부터 활동하는 경우가 많으므로 예배 시간은 오전보다 오후가 비교적 적당하다고 생각한 것이다. 처음에는 전통적 개념 때문에 반대도 있었으나 지금은 모두 찬성하고 있다. 최근 주 5일 근무제로 신구교의 집회 시간의 변동을 보면 예배 시간을 2시에 정한 이유를 이해할 수 있을 것이다.

예배는 주일에 한 차례뿐이다. 주일 저녁 예배는 처음부터 신학 강좌 및 성서 연구로 대치되어 예배와 친교 시간 다음에 진행되었고 수요 예배는 직장 및 거리 관계로 중단되었다. 주일의 일정은 예배, 친교, 신학 강좌 또는 성서 연구, 매달 1~2회의 공동 식사로 집중되어 있다. 그리고 부득이 예배에 참석 못 하는 교우들에게 여타 프로그램에 참여하도록 독려하고 있다. 속회는 3속이 꾸준히 계속되고 있다. 여기서 부연하고 싶은 것은 특히 도시 교회는 일주일에 수차례 집회를 갖는 전통적인 방식보다 가급적 주일에 모든 프로그램을 유효적절하게 운영하는 것이 필요하다는 것이다. 그것은 전문직에 종사하는 현대인들의 시간 절약, 교통 문제 해결 및 신앙과 생활의 균형 강화에 도움이 된다고 믿기 때문이다.

3. 교회 교육 및 평신도 교육

교회학교는 전문가가 필요하다고 사료되어 교회 교육 전공자나 또는 전도사에게 책임을 맡겼다. 국내외에서 대학원 졸업자들을 초빙하였고 그중 1명은 미국 명문대에서 박사를 마치고 이번 학기부터 미국의 저명한 연합감리교 신학대학원의 교수가 되었다. 15명 내외의 어린이들이 전문가에게 훈련받은 5, 6명의 교사들에 의하여 교육받으며 성장하고 있다. 교회학교 어린이들과 교사들은 부모들과 함께 주일 예배에 참여하고 설교 전에 교육실로 내려가 분반 공부에 임한다.

이 교회는 초창기부터 평신도 교육을 강조하였다. 교회의 구성원 중에는 고학력자와 함께 각종 전문직에 종사하는 사람이 비교적 많은 편이다. 그들이 자기 자신이 믿는 바를 성서적으로 또한 신학적으로 확실히 아는 것이 신앙생활에 보탬이 될 뿐만 아니라 그들의 가정과 함께 전문화된 직장에서 선교적 사명을 수행하는 데 필수적인 것이다. 지난 20년간 평신도 교육을 구현하기 위하여 계속적인 성서 연구 이외에 무수한 신학자들의 다양한 현대 신학 강의를 개설하였다. 최소한 연 5회 이상이면 20년에 100회의 신학 강의를 시행했다는 계산이 나온다. 강의 내용은 한국교회사, 조직신학, 성서신학, 기독교윤리, 종교사회학, 타 종교화의 대화, 선교신학, 교회 교육, 교회론, 웨슬리 신학 등으로 평신도가 이해할 수 있는 수준에 초점을 맞췄다. 근자에는 존 도미닉 크로산의『예수는 누구인가』, 오강남의『예수는 없다』, 존 스퐁의『새로 만난 하느님』등을 읽고 초빙 강사와 함께 세미나를 가졌으며 칼 융의 심리 치유에 관한 강의도 들었다. 그리고 평신도들이 읽을 수 있는 책이 출판되면 교회에 비치하여 독서를 권장하고 있다.

신학은 변하는 시대의 요구에 따라 성서를 새롭게 이해하도록 돕는 학문이기 때문에 평신도 교육이 지속될 수밖에 없다. 이런 교육을 통하여 현대적 신앙 이해를 가진 평신도들이 극히 전문화되고 다원화된 영역 속에서 활동할 때 자기 자신의 크리스천 정체성과 함께 목회자가 접근할 수 없는 동료 전문가들에게 말과 행동으로 복음을 전할 수 있는 것이다. 따라서 목회자의 선교적 영역은 좁혀지는 반면에 평신도들의 영역은 무한대로 넓혀지게 된다. M. 루터가 말한 "모든 신자의 사도직pristhood of all believers"은 21세기에 그 완전한 모습을 드러내는 것 같다.

교인 중에는 교육에 관심이 적거나 없는 경우도 있다. 그것은 학교에서 공부에 열중하는 학생과 그렇지 않은 학생의 차이와 같다고 할 수 있다. 또한 교육을 수용하는 폭이 넓고 좁은 차이, 전적으로 수용하거나 거부하는 경우 등 다양한 반응을 찾아볼 수 있다. 그러나 그것은 다양한 인격, 배경, 이해력을 가진 사람이 모인 곳이기 때문에 극히 자연스러운 현상이다. 따라서 교육의 획일적 결과를 기대해서는 아니 되고 오히려 다양한 이해와 반응을 통한 교인 상호간의 대화와 이해력 증진을 강조하는 데 역점을 두고 있다.

4. 친교

교회 생활에서 친교의 기능은 매우 중요하다. 그것은 하느님 나라 잔치가 베풀어지는 곳이 교회이고 그것을 미리 맛보는 사람들이 교우들이기 때문이다. 그들은 신랑인 그리스도의 사랑 안에서 서로 인격적인 만남과 대화를 통하여 현대의 치열한 경쟁 사회에서 얻은 심리적 질병인 소외감, 갈등, 스트레스, 불만 등을 해소하는 것이다. 예배 후 50여 명의 교우들은 티타임에 친교실에서 대화의 꽃을 피우는데, 때때로 특별히 감사할 일이나 기쁜 일을 맞이한 가정이 떡이나 과일을 준비하여 함께 나누기도 한다. 교인 전체를 위한 공동 식사는 대개 1개월에 1~2회 갖게 되는데 이사, 개업, 진급, 생일, 자동차 구입 등 기쁜 일이 있는 가정이 대접한다. 그 밖에 속회 후 또는 상가喪家에서도 친교의 기회를 갖는다.

작은 교회는 마치 가정과 같아서 모이는 일과 함께 나누는 일이 매우 편리하다. 그리고 교우 상호간에 밀접한 관심을 지니고 도움이 필요한 개인과 가정을 위해 물심양면으로 열심히 봉사한다. 물론 교인이나 가정 수가 적으면 친교에 역기능도 없지 않다. 각 가정의 직업, 재산, 지위, 생각, 분위기 등이 완전히 노출되기 때문에 관계가 부드럽지 못한 경우도 있다. 교역자는 균형 감각을 가지고 공평한 목회적 자세를 취하는 고통을 감내해야 한다.

근자에 우리 교우들은 전자 매체를 통한 친교를 돈독히 하고 있다. 교회 홈페이지를 개설하고 컴퓨터 광고 전문가인 교우의 봉사로 아름답고 잘 정리된 칼럼을 운영하고 있으며 많은 교우들이 다양한 채널로 대화, 토론, 의견 개진, 상담 등에 참여하고 있다. 그리고 목회자의 매주 설교와 공동의 기도문도 실린다. 더욱이 우리 교회는 정기 심방이 없기에 생길 수 있는 목회자와 평신도 간의 인격적 만남의 공백을 홈페이지 칼럼이나 이메일을 통한 컴퓨터 심방으로 해결하여 관계 개선 및 증진에 큰 도움을 받고 있다.

5. 선교

　예수의 선교 주제는 "하느님 나라"이다. 그것은 하느님의 통치를 뜻하며 그의 사랑과 정의가 실현된 세계를 말한다. 따라서 선교가 교회 설립이나 기독교 확장과 직결된 것은 예수 이후에 발전한 제도적 교회의 발상이다. 바울은 전도와 함께 교회 설립에 관심이 많았고 중세 교회는 모든 지역에 교회를 설립함으로써 세계를 기독교화하는 데 집중하였다. 19세기 서구 개신교는 식민지 확장주의자들에 힘입어 외국에 선교사를 파견하여 서구 문화를 전달하고 기독교를 확장하는 사업을 선교라고 하였고 한국교회도 그것의 열매이다. 그러나 "선교"란 뜻은 시대에 따라 변하는 동시에 포괄적 성격을 갖게 되었다. 즉 해외 선교와 국내 선교로 구분되는 동시에 특히 20세기 후반부터는 세계의 다양한 문제가 표출되면서 교회 선교의 대상이 민족 해방, 기아, 질병, 인종, 성, 핵, 환경, 인간 복제 등 인간 삶의 영역 전체를 포함하게 되었다. 이것은 교회 선교의 원형인 예수의 선교, 곧 하느님 나라 선포 및 확장이 세계 인류의 당면 과제와 불가분리의 관계에 놓여 있음을 증명한다. 따라서 선교의 개념은 교회 중심보다는 세상 중심 곧 섬기는 일(diakonia)에 초점을 맞추어야 함을 시사한다. 그뿐만 아니라 다원종교-문화 상황 속에서 교회-기독교 확장 운동은 사회적, 민족적, 종교적 갈등과 충돌을 유발시킬 따름이다.

　우리 교회는 이런 시대적 상황을 감안하여 전통적 선교 곧 개척 교회 설립, 교단 확장 및 기독교 확장을 지양하고, 교회 또는 일반 사회복지기관을 통하여 인간의 삶의 질을 높이는 사업에 동참하였다. 특히 우리 교회는 진급하는 4명의 전도사들이 국내·외에서 석, 박사 학위를 취득할 수 있도록 시간을 배려하고 장학금을 지급하였다. 미래의 교회는 양질의 교역자 육성에 달려 있기 때문이다. 해외 선교로는 모스크바 연합신학원에 교수 파견, 중국 조선족 교수의 방문 연구 지원, 아프리카에 컴퓨터 학원 지원 등이 있고, 국내 선교로는 문화선교 분야에 신학생 장학금, 기독교 출판사업, 신학회, 기독교 대학 교목회, 기독교 사회단체와 환경 단체 및 사회선교 분야인 장애인, 출소자, 농촌 선교, 복지관, 양로원 등을 지원하고 있다. 현대적 표현을 빌리자면 우리의 선교는 하드웨어적이 아니라 소프트웨어적이라고 하겠다. 오늘날은 선교도 전문성이 필요한 상황으로 발전되었기 때문에 대개 교회적, 복지적 프로그램을 전문적으로 실현하는 기관을 지원하고 있는 것이다.

우리 교회는 예산의 30%를 선교비로 지출하는 것을 위해 노력하던 중 2000년도부터 그 목표에 도달하였다. 선교 계획은 해마다 기획위원회에서 검토 및 수정, 가감하여 자동적으로 해당 기관의 은행계좌로 송금한다. 긴급한 요청은 기획위원회의 의논을 거쳐 예비비에서 지출된다.

6. 재정

우리 교회는 헌금 곧 십일조를 비롯하여 여러 가지 종류의 헌금에 대하여 강조하지 않는다. 오히려 우리의 생명과 시간과 소유 전체가 하느님의 것이고 그가 주신 것이기 때문에 개인, 가정, 사회생활 전체를 통해 창조주 및 그의 나라와 의를 위해 모두 헌신(total commitment)하도록 권고한다. 하느님이 주신 일부를 바치면서 마치 모든 책임을 완수한 것처럼 자처할 때 교만이 싹트고 신앙과 생활의 괴리가 나타난다. 고로 삶의 모든 영역에서 전인격적인 헌신을 통해 개인적 구원과 함께 사회적 구원을 이르도록 독려한다.

우리 교회의 금년 총예산은 일반예산 1억 원, 건축예산 4천만 원, 도합

1억 4천만 원이다. 40가정 중 십일조나 월정헌금을 바치는 가정은 10가정 정도이지만 모든 가정이 무명으로 성실하게 헌금하므로 교회 예산이 차질 없이 집행되고 있다. 교우들이 어떤 형식에 구애받지 않고도 자율적으로 재정적 책임을 감당할 수 있다는 증거라고 사료된다. 헌금에 대한 개별 정보는 일체 공개되지 않으며 최근 목회자도 20년 만에 통계 자료를 처음 접하게 되었다.

예산은 3가지 항목으로 구분된다. 교회 운영비 40%, 교육비 30%, 선교비 30% 등으로 예산을 배정하고 가급적 원칙을 지키려고 노력한다. 여기서 재정은 교회의 프로그램을 위해서는 극대화하고 그 밖의 것은 극소화하는 방향으로 운영한다.

당회에서 통과된 예산은 평신도 재정 서기와 회계에 의하여 운영되고 집행되며 교역자의 승인 없이 자동적으로 지출된다. 단 재정부는 교회에 연 2회 재정 상황을 보고해야 한다. 위와 같이 지난 20년 간 재정 운영을 하는 데 있어서 아무런 차질이나 갈등 및 손실이 없었던 것은 평신도들의 청지기 정신이 얼마나 투철한지 말해 주고 있다.

현재 우리 교회의 부동산은 개포동 상가 빌딩의 100평으로 시가 3억 원 정도와 향린 동산에 수양관 땅 150평, 건평 50평으로 시가 2억 5천만 원 정도이다. 이 자산은 모두 감리교 재단에 등록되어 있다. 우리 교회가 선교 지향적 정책을 펴다 보니 부동산 증식에는 성공하지 못한 셈이다.

IV. 맺는 말

1. 시대에 따라 신학이 변하는 것과 같이 목회의 형식과 내용도 변해야 한다. 목회자는 끊임없이 나타나는 새로운 신학의 비판적 독서와 수용을

통해 자기 생각과 함께 목회가 새로워지고 유익하도록 부단히 노력해야 한다. 오늘날은 전문성의 극대화를 요구하는 시대이다. 모든 평신도들은 그런 요청에 부응하기 위하여 불철주야로 씨름하고 있는 것이다. 교역자도 자기 분야에서 전문성을 극대화하기 위해 진력해야 함은 당연한 의무이고 그렇게 될 때 이 새 시대의 교회를 섬길 수 있고 존경받는 목회자가 되는 것이다.

2. 이제 20세기의 산업화 시대는 지나가고 바야흐로 창조성을 강조하는 21세기가 열렸다. 이 말은 모방의 시대는 가고 독창적인 창조의 시대가 왔다는 것이다. 지난 세기에는 모든 분야에서 모방 행위로 삶을 영위할 수 있었다. 그러나 앞으로는 불가능하다. 따라서 우리는 창조적 목회를 꿈꾸어야 한다. 이것은 과거의 답습이나 다른 목회자의 모델을 모방하는 것이 아니라 스스로 새로운 모델을 상상하고 그리고 만드는 작업을 해야 한다는 것이다. 주어진 목회적 상황에서 자기 능력을 극대화함으로써 새로운 모델을 창조할 때 어느 누구도 흉내 낼 수 없는 차별성이 부각되는 것이다. 목회도 일종의 예술이기 때문에 목회자 자기만의 신앙, 인격, 지식, 노력으로 빚은 작품을 생산하는 것은 신성한 의무인 동시에 무한한 기쁨이다.

3. 현대 지식인들은 내실 없는 권위 곧 목사의 권위주의를 용납하지 않는다. 권위란 다른 사람들이 인정해 주는 것이지 스스로 취하는 것이 아니다. 따라서 현대인은 교역자와 평신도의 관계를 수직적인 것보다 수평적인 것이 되기 바란다. 즉 그리스도 안에서 인격적인 만남과 대화와 존경을 나눌 수 있는 관계를 원하는 것이다. 그리고 교역자는 모든 일에 정직하고 성실하며 솔직하고 투명해야 한다. 그러면 그는 존경과 권위의 대상이 될 수 있는 것이다.

4. 교역자는 재정 문제에 깨끗해야 한다. 예산의 계획과 결산에는 관심

을 기울여야 하겠지만 그 집행 과정에서 객관적 타당성이 인정되지 않는 의견이나 결정을 강행하지 말아야 한다. 더욱이 목회자 자신의 처우 문제에 관한 한 절대로 직접 또는 간접으로 개입하지 말아야 한다. 어려운 일이기는 하나 초연한 자세가 요청되며 관여할 때 얻은 금전의 '득'은 목회자의 인격에 '실'이 되는 것이다. 또한 목회자도 급여를 받는 봉급자이니만큼 대접받는 것과 같이 대접할 줄 아는 섬김의 자세가 필요하다. 대접받고자 하는 대로 남을 대접하는 것이 주님의 가르침이 아닌가!

5. 끝으로 지금까지 언급한 모든 것은 나 자신만이 가진 인간성, 학문적 관심, 목회적 상황이 함께 어우러져 나타난 결과라고 할 수 있다. 따라서 나의 모델은 우열의 문제를 떠나 아무도 모방할 수 없고 모방해도 그대로 되지 않을 것이다. 여기서 내가 진심으로 강조하고 싶은 것은 목회자는 스스로 독창성을 개발하여 자기 나름의 목회 모델을 만들어야 한다는 것이다. 물론 예나 지금이나 아무런 의식 없이 목회를 계속한다고 할지라도 특별한 문제가 발생하거나 의식주 문제에 어려움이 없을 수 있다. 어떤 의미에서는 지금까지 전통적이고 모방적 목회자들이 성공하고 세속적인 의미에서 출세할 수 있었다. 그러나 이미 낡은 모델에 한계 상황이 나타났고 새로운 세기는 새롭고 창조적 삶의 모델을 요청하고 있으니 우리 목회에도 변화의 시도가 있어야 하지 않겠나 하는 것이다. 어렵고 새로운 세기의 도전 앞에 서 있는 동역자 여러분들에게 하느님의 풍성한 지혜와 평화가 함께하시기를 빌며 이 강연을 끝맺는다.

2

통전적 선교 신학을 향하여*

부활하신 그리스도께서는 제자들에게 선교적 사명을 주셨다. "너희는 온 세상에 가서 만민에게 복음을 전파하라"(막 16:15). 이 사명을 받은 제자들과 교회는 그들의 성실성과 헌신을 통하여 복음을 세계화하는 데 지대한 공헌을 하였다. 그리고 오늘 한국교회의 존재도 이 사명의 영향이라고 볼 때 그리스도의 명령이 얼마나 큰 위력을 지니고 있는지 새삼 놀라지 않을 수 없다.

그러나 이렇듯 하나의 사명이 시대의 변천과 다원 사회의 전개에 따라 다양하게 이해되고 해석되어 무수한 선교 신학적 입장들을 산출하였다. 독자들은 이러한 신학의 다양성을 여기서 발견하게 될 것이다. 필자는 이 글에서 독자들의 이해를 돕기 위해 선교 신학의 기본적 개념들과 현주소를 개략적으로 소개하고 선교 신학이 궁극적으로 지향해야 할 방향을 암시함으로써 그 소임을 다할까 한다.

---

* 이 글은 이계준 엮음, 『현대선교 신학 ― 한국적 성찰』(서울: 전망사, 1994)의 서론임.

Ⅰ. 선교라는 말

우리가 흔히 사용하는 선교에 관한 말에는 "선교mission"와 "전도evangelism"가 있다. "선교"란 본래 라틴어의 missio, 즉 파견 또는 사명이라는 뜻을 지닌 말이고, "전도"는 희랍어 euangelion, 즉 복음 또는 기쁜 소식이라는 뜻을 지닌 말이다. 이와 같이 말의 본뜻에 관계되어서 전도라고 할 때에는 주로 그리스도의 복음을 말로 선포하고 비기독교인들을 그리스도에게 인도하는 동시에 교회의 일원이 되게 하는 행위를 가리킨다. 그러므로 전도는 주로 동일한 언어권이나 문화권에서 수행된다고 할 수 있다. 전도는 그 말이 처음 사용된 신약성서 시대로부터 오늘날까지 그 의미가 달라지지 않았다는 데에 그 특징이 있다고 하겠다.

이와 달리 "선교"는 주로 비기독교 국가 또는 비서구 세계에 선교사를 파견하고 교회 설립과 함께 교육, 의료, 사회사업 등을 실시하는 것을 일러 왔다. 이렇게 볼 때 전도를 국내용이라고 한다면 선교는 국외용이라고 말할 수도 있다. 그러나 선교라는 말의 뜻이 변화를 가져왔다. 비서구 세계를 향하여 선교를 수행하던 서구 교회가 소위 세속화의 영향으로 서구 세계 자체 안에 선교 사업을 추진해야 할 필요성이 발생한 것이다. 따라서 선교라는 말이 "국내 선교"와 "국외 선교"라는 말로 분리되게 된 것이다. 그뿐만 아니라, "선교"는 다양한 파생어와 여러 가지 뜻을 지닌 말로 발전하였는데 이에 관하여는 별도로 논하기로 한다.

위에서 "선교"와 "전도"라는 말을 편의상 구분하여 그 뜻을 설명하였다. 그러나 WCC(세계교회협의회)의 세계 선교 및 전도 위원회는 "선교"와 "전도"를 본질적으로 구별하지 않았다. 또한, WCC의 전 총무인 필립 포터가 1967년 WCC 중앙 위원회에서 언급한 바와 같이, 1984년 암스테르담 총회 이후 WCC의 문헌은 "선교", "증언" 및 "전도"를 구별하지 않고 사용해

온 것이다.1) 그러나 교회와 신학의 현실을 볼 때 보수주의는 "전도"와 "선교"(해외 선교 또는 타 문화권 선교)의 구별을 선호하는 반면에 자유주의는 "선교" 특히 사회-역사적 상황과 관련된 선교에 깊은 관심을 두고 있다. 그러나 포괄적이고 성서적인 견지에서 볼 때 선교와 전도는 서로 분리되거나 대립될 수 있는 것이 아니라, 그리스도의 복음을 선포하는 사역의 양면성이라고 보아야 하지 않을까 생각된다.

1. 하느님의 선교(missio Dei)

선교 역사나 선교 신학에서는 선교와 관련하여 인간 중심적 또는 교회 중심적인 용어를 흔히 사용하였다. 예를 들면, 우리의 선교our mission, 우리의 선교 지역our mission area, 선교 본부the missionary center, 선교 활동the missionary operation 등과 같은 말이다. 그뿐만 아니라, 1984년 WCC가 암스테르담에서 창립총회를 가질 때 선교를 여러 가지 교회 활동 가운데 하나로 규정하였다.

이런 상황에서 선교 개념의 코페르니쿠스적 혁명이 일어났다. 1952년 독일 빌링겐Willingen에서 모였던 '국제선교회의The International Missionary Council' 제1차 대회에서 "교회"나 "우리"의 선교가 아니라 "하느님의 선교missio Dei"라는 용어를 사용한 것이다. 대회 준비 보고서에는 "우리의 선교가 아니라 하느님의 선교"(God's mission, not ours)라고 표현되었고, 최종 보고서의 핵심 문장에는 "우리가 일익을 담당하고 있는 선교 운동은 그 근원이 삼위일체 되신 하느님 자신에게 있다"2)고 기록되어 있다.

---

1) J. Stott, *Christian Mission in the Modern World* (Illinois: Intervarsity Press, 1975), 15.

본래 "하느님의 선교missio Dei"는 로마 가톨릭의 교의학에서 사용한 개념으로 삼위일체 하느님 자체 안에서 선교적 활동이 기원된다는 사실을 기술하려는 것이었다. "아버지는 아들을 보내시고 아버지와 아들은 인류의 구속을 위하여 성령을 보내신다"는 것이다. 빌링겐 대회는 삼위일체 하느님 안에서 개신교 선교 활동의 근거를 찾으려고 이 용어를 채택하였다.3)

피체돔Georg F. Vicedom은 『하느님의 선교』4)라는 책을 저술하여 선교의 성서 신학적 근거를 제시하려고 시도하였다. 그 저서의 주제는 "하느님은 선교에 있어서 행동의 주체이다"(He, God, is the acting subject in mission)라는 것이다. 이것이 뜻하는 바는 아버지 되신 하느님은 아들을 보내시고, 아들은 보내심을 받는 자인 동시에 보내시는 자이다. 그러므로 아들은 아버지와 함께 성령을 보내시고, 성령은 교회, 회중, 사도 및 종들을 보내어 그의 사업을 성취하도록 책임을 맡기는 것이다. 따라서 선교의 주체는 하느님이시고 교회는 하느님의 선교의 도구가 된다.

하느님의 선교는 교회의 중요한 기능임에도 불구하고 좁은 의미의 선교 활동, 곧 교회나 교단 중심적 활동에 국한되지 않는다. 그것은 하느님의 구원의 선포와 성취를 위한 모든 영역에서의 활동과 관계되는 것이다.

---

2) J. VerKuyl, *Contemporary Missiology* (Michigan: W. B. Eerdmans Publishing Co., 1978), 3.

3) S. Neils, G. H. Anderson, J. Goodwin, ed., *Concise Dictionary of the Christian World Mission* (Nashville: Abingdon Press, 1971), 387.

4) 게오르그 F. 피체돔, 『하느님의 선교』, 박근원 역 (서울: 대한기독교출판사, 1980).

2. 하느님의 선교들(missiones Dei)

J. 테일러와 J. 아가드와 같은 선교 신학자는 주장하기를, 성서에 충실하려면 'missio Dei'라는 단수보다는 오히려 'missiones Dei'라는 복수를 사용해야 한다는 것이다. 삼위일체 하느님의 선교는 도시와 농촌, 선원과 도시 거주민, 학생과 노동자 등에 대한 여러 가지 특수한 선교의 형태를 취하기 때문이다. 더욱이 'missiones'라는 말이 강조하려는 것은 하느님은 교회 안의 특별한 개인이나 집단만을 자기 사업에 참여시키는 것이 아니라 missio Dei가 지향하는 봉사*(diakonia)*, 즉 사회 개발, 기아, 정치, 환경 문제 등 다양한 활동에 동참하게 한다는 것이다.

WCC가 발행하는 여러 가지 책자 가운데 「*International Review of Mission*」이라는 제목의 유명한 잡지가 있다. 이것이 처음 출판될 때에는 mission이 아니라 missions라는 복수로 되어 있었다. 이렇게 제목의 변화를 가져오게 된 것은 missio Dei라는 술어의 영향을 받았기 때문이다. 최근에는 비록 missions라는 복수 단어를 별로 사용하지 않고 있지만, 하느님의 선교의 단일성과 다원성의 관계를 적절히 지적하는 데 기여하였다고 말할 수 있다.

3. 인간에 의한 선교(missio hominum)

이 개념은 "하느님의 선교"의 선구자인 동시에 완성자인 그리스도의 빛에서 활약하는 교회 사업만을 선교라고 엄격히 규정하는 뜻을 넘어서 사회에서 시행되는 모든 봉사 활동을 그리스도의 영감과 지도에 따라 이루어지는 선교로 간주해야 한다는 것이다. 전통적인 선교의 개념은 "교회의 선교missio ecclesiarum"와 직결된 것이고 불가분의 관계에 놓여 있었는데

missio hominum이라는 말이 등장함으로써 선교 신학자들 사이에 "하느님은 역사 속에서 활동하신다"(God acts in history)라는 주제에 관하여 열띤 논쟁을 벌이기도 하였다. 그러나 missio hominum은 오해의 여지를 지니고 있음에도 불구하고 이 말이 표현하려는 것은 사회에서 벌어지고 있는 온갖 비교회적인 봉사가 불의에 대항하고 인간의 요구에 응답한다면 그것은 의식적 또는 무의식적으로 missio Dei와 관련되었다는 것을 강조하려는 것이다.

미국 뉴욕에 있는 유니온 신학대학원의 선교 신학 교수인 고스케 고야마는 그의 저서『물소 신학』(*Waterbuffalo Theology*)[5]에서 아시아에 편만한 질병, 무지, 빈곤, 부패, 억압에 대항하여 무수한 기관이 싸우고 있는 사실을 지적하면서 "누가 이 사람들을 보냈는가?"고 묻는다. 그 대답은 다음과 같다. "그들도 역시 missio Dei에 참여할 수 있다. 하느님이 그들을 보낸 것이다. 어떤 면에서 그들도 하느님의 선교사들이다." 다시 말하면, missio hominum이란 사회 복지, 불의에 대한 투쟁, 정치적 억압과 경제적 착취, 그리고 최근에 논의되는 환경문제에 이르기까지 "구원 지향적인salvation oriented" 모든 것은 missio Dei와 연관된 것이고 메시아 왕국의 영역에 속한다고 보는 것이다.

II. 선교 신학이라는 용어

지금까지 선교에 관한 학문을 주로 "선교학missiology" 또는 "선교 신학theology of mission"이라고 불러 왔다. 그러나 지난 수십 년간 다양한 명칭

---

5) Kosuke Koyama, *Waterbuffalo Theology* (Maryknoll, NY: Orbis Books, 1974).

이 제시되기도 하였고 실제로 사용되기도 하였다. 여기서 몇 학자들의 견해를 살펴보기로 한다.

선교에 관한 학문의 선구자라고 할 수 있는 독일의 신학자 A. 바르넥은 선교에 대한 이론이라는 견지에서 Missionslehre라는 용어를 제시하였는데 이것은 "자유 대학Free University"에서 선교학 연구의 과정을 지칭하기 위하여 오늘날에도 여전히 사용되고 있다.

A. 쿠퍼는 몇 개의 명칭을 제시하였는데 널리 사용되지는 않았다. 그가 말한 prosthetics는 사도행전 2장 41절, 5장 14절 및 11장 24절에서 채용한 것으로 희랍어 동사 prostithestai 곧 "수효가 … 늘어났다"에서 기인하고, auxanics는 "증가하고 퍼지다"는 말에서 유래되었으며, halieutics는 "사람을 낚는다"라는 뜻을 지니고 있다. 쿠퍼가 제시한 용어들은 사용된 적은 없으나 도테스J. I. Doedes가 1876년에 저술한 『기독교 신학 사전』(*Encyclopedia of Christian Theology*)에서 이미 prosthetics를 선호하였고, 선교 신학을 정의하기를 "비기독교 지역을 기독교화하는 가장 생산적인 방법을 탐구하는 것"이라고 하였다. 이 정의는 선교 신학의 한계를 부당하게 협소화시킨 처사라고 하겠다. 또한 미국의 가장 저명한 선교 신학자 중의 한 사람인 D. 맥거브런은 자기의 학파를 "교회 성장 학파The Church Growth School"라고 부른다. 이것은 선교학을 교회 성장을 탐구하는 학문으로 제한시킨다는 뜻에서 쿠퍼가 제시한 auxanics에 해당한다고 볼 수 있다.

네덜란드의 J. C. 호켄다이크를 비롯한 몇 학자들은 "사도직의 신학theology of the apostolate"이라는 용어를 사용한다. 이 명칭에 대하여 두 가지 반대 입장이 있다. 첫 번째는 "사도직"이라는 말이 사도들의 증언martyria, 교훈didache, 선포kerygma의 내용과 진정한 권위를 강조하지만 사도들의 특별한 활동에 대해서는 침묵한다는 것이다. 두 번째는 그 말이 선교학missiology과 전도학evangelism의 상이성을 완전히 묵살한다는 것이다. 물

론 이 두 학문은 밀접하게 연관되어 있고 서로 교차되어야 함에도 불구하
고 현격하게 다르기 때문에 동일시할 수 없다는 것이다.

J. 버클은 "선교학missiology"이라는 용어를 선호한다. 이것은 "사도직의
신학"과 의미상 본질적으로 다르지 않으나 관심의 초점이 근원적으로 메
시지의 내용보다는 오히려 하느님과 그의 사명을 받은 동역자들의 선교적
행위에 있다는 것이다. 그러나 선교학이 복음의 내용을 소홀히 하고 선교
적 행동에 치중할 때 선교의 본질보다는 형식에 얽매일 위험성에 부딪치지
않을까 하는 우려를 금할 수 없다.

Ⅲ. 선교 신학의 학문적 위치

신학의 영역에 있어서 선교 신학이 그 자리를 찾게 된 것은 그리 오래
된 일이 아니다. K. S. 라토렛이 말한 "위대한 세기The Great Century", 곧
서구 교회가 세계적으로 선교 사업을 확장할 때 선교에 관한 신학적 연
구가 필요하게 되었고 신학의 분야에서 선교 신학의 위치가 밝혀지게
되었다.

칼 바르트가 "현대 신학의 아버지"라고 부른 19세기의 신학자인 F. D.
슐라이어마허는 위대한 선교 시대에서 신학의 넓은 분야 속에 선교 신학의
위치를 고려한 최초의 신학자이다. 그는 개신교 선교의 기수인 모라비안
교파의 학교에서 받은 교육으로 인하여 "그리스도 안에서 하나의 세계"라
는 진젠도르프의 비전6)에서 큰 감동을 받은 듯하다. 그는 신학이 선교의
프락시스에 연결되어야 할 필요성을 인식하고 그의 저서인『신학 개요』

---

6) C. E. 브라텐,『현대 선교 신학』, 이계준 역 (서울: 대한기독교출판사, 1984), 28.

(*Kürze Darstellung des theologischen Studiums*)에서 교회와 선교에 대한 신학적 관계성을 서술한다. 그는 신학의 존재 이유를 들어 말하기를, 그것은 교회 생활과 세계에서의 사역을 위해 섬기는 학문이라고 규정하였다.

슐라이어마허는 선교의 주제를 실천 신학에서보다는 오히려 윤리학에서 좀 더 포괄적이고 선명하게 다루고 있다. 그는 윤리학적 견지에서 선교에 관하여 언급하면서 선교란 서구 문화가 비서구 문화권에 침투하는 특수한 상황에서 야기되는 문화적 책임이라고 한다. 그는 그의 저서『종교 강론』(*Reden über die Religion*)에서 놀라운 주장을 편다. 즉 선교는 인류에게 구원을 선포하고 증거하는 것이 아니라, 선교사 자신이 자기가 가는 곳은 어디에서나 조국의 법과 관습과 함께 조국 자체를 심어야 한다는 것이다. 이러한 견해는 선교에 대한 19세기 문화적 개신교의 입장을 대변할 뿐만 아니라 서구의 식민적 확장 정책과 기독교가 얼마나 유착되었는가를 밝혀 주기도 한다. 칼 바르트는 이에 대하여 비판하기를, "선교는 문화의 전달이 아니라 복음의 선포"라고 하였다. 아무튼 슐라이어마허의 결점에도 불구하고 그가 선교 신학에 대한 관심을 지니고 신학적 작업을 시작하였다는 것은 높이 평가할 만하다.

A. 쿠퍼는 슐라이어마허의 뒤를 따라 선교 신학이 실천 신학의 분야에 속한다고 주장한다. 그는 실천 신학을 봉사적 학문이라고 지칭하기도 하는데 여기에는 교육, 봉사, 행정, 평신도 등 서로 다른 학문의 분야로 다시 구분되며, 선교 신학은 교육 곧 가르치는 기능이라고 한다. 그는 선교학을 prosthetics, 곧 수적 증가에 목적이 있다고 보고, 그리스도 밖에 있는 세계와 인간을 기독교화하는 신성하고 유용한 방법을 연구하는 것이라고 규정한다.

J. H. 바빙크는 쿠퍼와 마찬가지로 선교 신학을 실천 신학의 분야에 포함시키기를 바라면서도 학문의 독자성을 주장한다. 그는 또한 선교 신

학이 가르치는 일뿐만 아니라 봉사도 포함하기 때문에 교육에 제한시키는 쿠퍼와는 입장을 달리한다.

유럽 최초의 『선교학』(*Missionslehre*)의 저자인 G. 바르넥은 선교 신학이 신학의 세 가지 다른 분야에 편입되어 있는 것으로 보았다. 즉 선교사宣教史는 교회사, 선교의 성서적 근거는 성서 신학, 그리고 선교에 관한 연구는 실천 신학에 편입되어 있다는 것이다. 이렇게 선교 신학을 세 분야로 분리한 그는 교회사에 강조점을 두었다. 이로 인해서 미국의 교회사가 라토렛을 위시하여 영국, 스웨덴, 네덜란드의 학자들이 선교 신학 전체를 교회사 속에 편입시켜야 한다고 열띤 토론을 벌였으며 이미 그렇게 시행하고 있는 곳도 있다.

교의학을 저술한 디엠H. Diem은 선교 신학을 조직 신학 중에, 특히 삼위일체론과 종말론에 포함시켜야 한다고 주장한다. 그 이유는 마태복음 28장에 기술된 선교적 명령이 역사 속에서 야기하는 종말론적 사건을 지적하는 동시에 역사로 하여금 그 목적을 향해 가도록 촉구하기 때문이다. 선교 신학의 과제는 종말을 지향하는 선포의 사건에 대한 이해를 돕는 것이다. 따라서 희랍-로마 시대에 종교적 다신론과 형이상학적 일신론의 상황에서 표현된 삼위일체 하느님에 관한 복음은 다원적 종교 배경 속에 있는 피선교지의 교회에 의하여 새롭게 해석되어야 한다는 것이다.

위에서 선교 신학의 학문적 위치를 찾으려는 시도가 다양함을 찾아보았다. 이 학문이 자기 자리를 찾기가 쉽지 않다는 것은 그 역사가 짧은 이유도 있지만, 또한 그것이 신학의 모든 학문과 연계되어 있는 이유도 크다고 하겠다. 그러나 여기서 잘라 말할 수 있는 사실은, 오늘의 모든 신학은 선교 지향적이라는 것과, "선교 신학"이 독립된 분야로 점점 자리를 굳혀가고 있다는 것이다. 이것은 특히 금세기 후반기에 서구 교회의 선교적 퇴조에도 불구하고 선교 신학에 대한 관심의 고조와 함께 깊이 있는 저서

들이 현저하게 증가하고 있는 사실에 의해서 증명된다.[7]

IV. 선교 신학의 유형

20세기 전반기까지는 신학이 주로 서구 교회의 산물이었고 또한 그것만이 신학으로 간주되고 연구의 대상이 되었다. 그러나 후반기에 들어서면서 신생 독립 국가들의 고유한 종교-문화적 정체성의 출현과 다원 사회로의 발전은 서구 중심 신학에서 지역 중심 신학으로, 일원적 신학에서 다원적 신학으로의 전이轉移를 고무하였다. 따라서 새로이 전개되는 선교적 상황에 적절하게 대처하기 위하여 다양한 선교 신학의 탐구가 시도되었다. 이것을 유형별로 나누어 보기로 한다.

1. H. J. 마굴의 유형

독일 신학자 마굴은 다양한 선교 신학들을 네 가지 유형으로 분류[8]하였는데 그것을 요약하면 아래와 같다.

첫째로, 선교를 하느님 나라에 대한 증거로 보는 것이다. 이것은 W. 프라이타그의 주장으로서 선교는 그리스도의 강림과 재림 사이의 시간에서 그를 증거하는 동시에 그의 재림을 대망하는 교회에 의하여 수행된다고 한다. 따라서 교회는 그 자체에 목적을 두지 않고 하느님 나라의 자녀만이

---

7) J. VerKuyl, *Contemporary Missiology*, 6-9.
8) H. J. Margull, "Mission '70-More a Venture Than Ever," G. H. Anderson, ed., *Mission Trends,* no.1 (New York: Paulist Press, 1974), 49.

종말의 파멸을 면할 수 있다는 복음을 모든 민족에게 선포하는 것이다.

둘째로, 선교를 복음화 또는 교회 이식敎會 移植이라고 보는 것이다. 이것은 가톨릭교회가 제2차 바티칸 공의회에서 발표한 "교회의 선교 활동에 대한 교서"에서 표명된 바 있다. 여기서 선교의 목적은 교회가 없는 민족 또는 집단에게 복음을 전하고 교회를 설립하는 데 있다. 이 선교를 통해 인류가 하느님 안에서 하나 되고 그리스도의 몸으로 집결하며 성령의 거룩한 집이 이루어지는 것이다.

셋째로, 선교는 변형transformation이라는 것이다. 폴 틸리히는 이교, 유대교 및 휴머니즘 속에 깃들여 있는 "잠재적 교회the latent church"를 "명시적 교회the patent church"로 변형시키는 것이 선교라고 규정한다. 이와 흡사하게 가톨릭 신학자 칼 라너는 모든 인간 속에 내재하는 "익명적 기독교인anonymous Christians"과 "불투명한 기독교implicit Christianity"를 기독교인과 기독교로 변화시키는 것이 곧 선교라고 주장하는 것이다.

넷째로, "하느님의 선교"에 대한 참여와 "하느님의 평화"의 다양한 표지標識를 세계 안에 세우는 일을 선교라고 하는 것이다. 이것은 WCC와 J. C. 호켄다이크의 견해로서, 기독교 신앙은 역사적 조건과 사회의 도전 및 역사의 목적과 연계되어 있으므로 선교는 반드시 역사적 결과를 도출해 내야 한다는 것이다. 다시 말하면, 선교는 역사 속에서 파괴된 인간성을 치유하고 회복하는 정의, 진리, 친교, 의사소통 등의 구체적 확립이 필수적이라고 보는 것이다. 이것은 메시아 시대가 가져오는 종합적 선물이기도 하다.

2. 포괄적 유형

마굴의 유형은 주로 1970년대 이전의 서구 선교 신학을 중심으로 한 것이므로 시대적 및 지역적 제한성을 내포하고 있다. 더욱이 1960년대 이후 제3세계 교회에서 발생한 선교 신학과 근자에 WCC에서 전개되는 신학에 관해서는 그 언급에서 제외되어 있다. 그러므로 필자는 기존의 선교 신학과 함께 새로이 발생하는 선교 신학들을 세 가지 유형으로 분류한 다음, 각 유형에 속한 다양한 견해들을 포괄적이면서 간략하게 소개하려고 한다.

1) 복음화(Evangelization) 유형

복음주의 선교 신학은 선교의 목적을 개인 구원에 초점을 맞추어 국내의 선교에 전력투구한다. 지금 한국에서 가장 인기 있는 복음주의 신학자 중에 D. 맥거브런이 있는데 그는 선교의 최고 목적을 교회 성장에 둔다.[9) 교회는 무조건 성장해야 한다는 것이다. 그것이 하느님이 원하시는 선교의 최고 목표이기 때문이다. 그러나 로잔 언약Lausanne Covenant을 기초한 J. 스토트는 극단을 피하고 개인 구원과 사회 구원을 동시에 주장한다.[10) 그는 선교란 마차의 두 바퀴와 같다고 비유한다. 스토트는 영국 신학자답게 선교의 균형을 고려하면서 다만 논리적으로 개인 구원에 우선순위를 두는 것이다. D. E. 코스타스는 복음주의자로 자처하면서도 통전적이고 포괄적인 입장을 취한다.[11) 선교에서는 교회 성장, 친교, 신학, 역사 참여 등 모두가 함께 성장하고 성숙하는 것이 바람직하다고 본다. 위에 열거한 복음주의 신학자의 견해 이외에도 다양한 입장들이 있음은 재론할 필요가 없다.

---

9) 도널드 맥거브런, 『교회 성장학』, 고원용 역 (대구: 보문출판사, 1979).
10) J. R. W. 스토트, 『현대의 기독교 선교』, 서정운 역 (서울: 대한기독교서회, 1982).
11) D. E. Costas, *The Integrity of Mission* (San Francisco: Haper & Row, 1979).

2) 토착화(Indigenization) 또는 종교 신학 유형

이것은 서구 교회를 통해 전래된 복음이 비기독교 지역에 전파될 때 발생하는 것이다. 개신교 선교 초기의 선교사들은 타 종교를 악마적이라고 규정함으로써 극단적인 배타주의의 입장을 취했는가 하면, H. 크레머는 성서적 실재주의biblical realism를 주장하면서 기독교는 계시의 종교이고 타 종교는 이성의 종교라고 구분하였다. 따라서 양자 간에는 아무런 연속성도 없는 것이다.

A. C. 봉케이는 성취론의 주창자이다. 예수 그리스도가 율법이나 예언자를 폐하러 온 것이 아니라 완성하러 왔다면 이 진리가 타 종교에도 적용되어야 한다는 것이다. 따라서 비록 타 종교들이 기독교와 직접적인 관계는 없다손 치더라도 그리스도 사건의 준비 과정으로 간주될 수 있다는 것이다. 영국의 존 힉은 종교 간의 갈등과 전쟁을 극복하고 참 진리를 추구하고 평화를 달성하기 위하여 소위 "코페르니쿠스적 혁명"을 제창한다.[12] 오늘날 종교 간의 문제를 해결하는 길은 각 종교의 창시자 중심에서 하느님 중심으로 나아가야 한다는 것이다. 하느님 중심적 사고와 신학만이 인류가 당면한 문제의 해결의 열쇠라고 보는 것이다. R. 파니카는 인도의 힌두교 문화권 속에서 성장한 가톨릭 신학자로서 다원적 그리스도론을 주장한다.[13] 모든 종교는 인류를 향한 하느님의 계시 통로로서 계시를 주셨다는 것이다. 위에서 보았듯이 초기의 토착화 신학이 기독교와 타문화 및 타 종교와의 접목에 초점을 두었다면, 근자의 종교 신학은 종교 간의 대화와 협력에 초점을 두었다고 말할 수 있다.

---

12) 존 힉, 『하느님은 많은 이름을 가졌다』, 이찬수 역 (서울: 도서출판 창, 1991).
13) R. Panikkar, *The Unknown Christ of Hinduism* (Maryknoll, NY: Orbis Books, 1977).

3) 상황화(Contextuation) 유형

이것은 선교가 영혼 구원이나 교회 성장에 관심을 두지 아니하고 인간적 삶의 구체적 현실 곧 정치-경제-사회적 상황에서 출발해야 한다는 것이다. 그러므로 선교 신학은 곧 역사적 현실에 대한 신학적 비판인 동시에 선교는 구조악의 변화를 통하여 인간을 구원하는 것이 된다. 이 범주에는 남미南美의 해방신학, 북미北美의 흑인신학, 그리고 한국의 민중신학을 포함시킬 수 있다. 그러나 그들의 발생 원인은 상황적 상이성 때문에 그 강조점을 달리한다. 즉 해방신학은 남미의 비인간적인 신식민지적 억압과 빈곤에서 출발한 것으로, 구원이 구체적인 자유와 해방으로 표출되었다. 북미의 흑인신학은 오래 누적된 인종 차별주의에 그 출발점을 둠으로써 구원의 초점을 사회적 평등에 맞추고 있다. 그런가 하면 한국의 민중신학은 1970년대에 출발한 인권운동에 기점을 두고 그 역사적 맥락을 동학운동, 3·1운동 및 4·19의거에서 찾으려고 하며, 구원은 권력에 짓눌린 인권을 되찾는 일임을 역설한다. 남북통일을 위한 "통일 신학"도 역사적 상황의 요청에 따라 새롭게 등장하는 것이라고 할 수 있다.

위의 입장들이 지역적인 특성을 지녔다고 한다면 WCC(세계교회협의회)가 선도하는 "정의, 평화, 창조 질서의 보전"(Justice, Peace, and the Integrity of Creation, JPIC)은 세계와 인류 전체의 구원을 위한 보편적 신학이라고 하겠다. 모든 인간의 삶의 질을 높이는 정의의 제고와 온 인류가 핵과 전쟁의 공포에서 벗어나 함께 어울려 살 수 있는 평화, 그리고 공해와 자연 파괴를 지양하고 하느님이 맡겨 주신 자연을 창조적으로 보전하면서 자연과 공존하는 일은 시급하고 중대한 선교적 과제라고 아니할 수 없다.

V. 통전적 선교 신학을 향하여

위에서 선교 신학의 유형들을 간략하게 소개하였다. 비록 유형별로 묶어서 서술하였기 때문에 어느 정도 단순하게 보일지 모르나, 사실상 하나의 유형 자체 안에도 다양한 주장들이 있다는 사실을 주지할 수 있다. 이것은 결국 학자들의 성서와 상황에 대한 인식, 해석 및 적용의 상이성에서 표출되는 불가피한 결과라고 하겠다. 따라서 이 모든 주장들은 헌신적이고 독창적인 작업으로서 높이 평가되고 존중되어야 하는 동시에, 다원적이고 복합적인 민족 사회와 국제 사회 속에서 교회의 선교적 이해와 기능을 적절하고 창조적으로 선도하기 위해서는 하나의 통합적인 노력이 있어야 한다고 생각된다.

신학은 어디까지나 시대적 산물로서 교회와 세계를 섬기는 종인 동시에 제한성과 상대성을 지니고 있는 것이다. 그러므로 제아무리 탁월한 선교 신학을 제시한다고 할지라도 그것이 강조하고 지향하는 점은 크게 인정할 수 있으나 반면에 그것이 선교의 중요한 과제를 경시 또는 부정하는 결과를 초래하게 마련이다. 예를 든다면, 이른바 한국의 복음주의는 복음주의 신학의 일부인 D. 맥거브런의 영향을 크게 받아 무조건적인 교회 성장을 시도한 결과 기적적인 대형 교회와 물량적인 성장을 이룩하였다. 교회는 유기체이므로 성장해야 한다. 그러나 그것은 동시에 신학적 성장과 함께 사회-역사적 관점을 지닐 때 그리스도적 교회에 도달하는 성숙한 교회로 발전하는 것이다. 교회가 자기중심적이 되고 세계 안에, 세계를 위해, 그리고 세계와 더불어 존재한다는 사실을 망각할 때 복음주의적 선교 신학은 종교 집단을 위한 신학으로서 세계에서 설 자리를 잃게 되고 만다.

토착화 신학 또는 종교 신학은 20세기 민족주의의 발흥과 직결된 다원적 문화-종교 사회에 있어서 선교를 위하여 필수적인 신학적 탐구라고 하겠다. 그것이 민족 문화 및 종교와 기독교와의 접목을 통해 변형을 시도하는 것이든지 또는 종교 간의 대화를 통한 세계 평화를 지향하는 것이든지 간에 그것은 긴요한 일이며 반드시 지속되어야 한다고 본다. 그러나 그것이 지니고 있는 문제는, 교회가 이 신학을 어떻게 수용할 것이냐 하는 것과 함께 기독교가 지니는 특수성과 보편성을 어떻게 조화시키느냐 하는 것이다.

상황화의 접근을 시도한 선교 신학은 서구의 추상적-교리적 구각을 탈피하고 기독교의 역사성을 구체적으로 실현한 현대적 신학의 모델이기도 하다. 그것은 인류의 유구한 역사를 통하여 인간을 억압하는 정치 제도, 착취하는 경제 제도, 부자유하게 하는 사회 제도 등 일체의 구조악에 도전하고 혁신하는 것이 곧 하느님의 구원의 사역에 참여하는 선교로 간주하였다. 이것은 결과적으로 정의 사회와 민주화에 크게 기여하였다. 그럼에도 불구하고 이 신학은 그것이 지닌 극단적 성격 때문에 기성 교회와의 관계 단절과 사회 계층 간의 극심한 갈등과 대립을 초래하였다.

이렇게 볼 때, 앞으로 선교 신학의 여정旅程은 개방성과 포괄성을 지니고 전개되어야 하지 않을까 생각된다. 즉 우리는 각 유형이 내포하고 있는 특성들이 서로 불가분리적 관계에 있음을 복음의 빛 가운데서 인정하고 모두를 수용함으로써 조화롭고 통전적인 선교 신학의 수립이 가능하다고 본다.14) 그때에 신학을 위한 신학 때문에 발생하는 불필요한 갈등은 해소되고, 인류를 구원하고 하느님 나라 건설에 동참하는 선교 신학의 탄생을 맞이하게 될 것이다.

---

14) 통전적 선교 신학의 시도에 관하여는 다음의 책을 참고하기 바란다. C. S. Song, *Christian Mission in Reconstruction* (Maryknoll, NY: Orbis Books, 1977).

3
21세기 선교의
패러다임*

I. 들어가는 말

선교는 예수 그리스도가 선포하신 하느님 나라의 실현을 위해 부름받은 백성들이 그 나라를 건설하기 위해 참여하는 사역을 말한다. 그것은 온 우주와 모든 인류가 하느님이 통치하시는 나라 곧 사랑과 정의, 자유와 평화 속에 어울려 사는 공동체를 건설하는 것이다. 하느님이 그리스도를 통해 선포하신 구원의 복음은 영원불변하다. 그러나 그것이 선포되는 상황 곧 개인적, 사회적, 역사적 및 우주적 상황은 시간과 공간에 따라 천차만별이라고 할 수 있다. 이것은 시대와 상황에 따라 복음의 이해와 해석이 다르고 선교의 방법도 다를 수밖에 없다는 사실을 암시한다.

우리는 선교와 상황의 관계를 성서 자체에서도 발견할 수 있다. 하느님

---

* 이 글은 2007년 4월 27일 미국 뉴욕 청암연구원 주최 청암아카데미에서 한 강연 원고이다.

의 구원의 드라마라는 하나의 주제를 중심으로 기록된 성서가 근 1000년 이란 시간에 걸쳐서 다양한 상황과 무수한 저자 및 편집자들에 의하여 기술되고 형성되었다. 그뿐만 아니라 그것은 시대와 상황에 따라 복음의 이해와 표현 그리고 선교의 방법을 달리했다는 사실을 말해 준다고 볼 수 있다.

지난 세기 말에 많은 미래학자들은 다가오는 21세기에 대하여 여러 가지 예측과 예언을 쏟아 놓았다. 그것을 단적으로 말하면 새로운 세기는 지난 세기에 비해 본질적으로 다른 사회와 문화를 창출하리라는 것이다. 물론 미래가 어떤 모습으로 등장할지 아무도 확실히 대답할 수 없는 애매성으로 가려져 있는 것이 사실이다. 그러나 우리는 이미 21세기의 문 안에 들어서서 과거에 예상하지 못했던 새로운 변화를 경험하고 있는 동시에 미래가 어떤 방향으로 전개될지 예측할 수 있는 감각을 지니게 되었다.

이제 우리 목회자들은 21세기란 새로운 시대의 정신적 지도자로서 그리스도께서 우리에게 임명하신 하느님 나라의 실현이라는 선교적 사명을 수행해야 하는 책임을 피할 수 없게 되었다. 따라서 우리들은 앞으로 전개될 미래를 가급적 정확히 예측하고 선교의 방향과 방법을 바로 설정하는 것은 우리의 사명을 완수하는 데 매우 중요한 사안이라고 아니할 수 없다.

이 강연에서는 교회의 본질과 선교의 의미를 알아보고 21세기의 사회 변동의 면모를 개관한 다음 새 시대를 위한 선교 패러다임과 그 전략을 함께 모색하기로 하겠다.

II. 교회와 선교

교회는 예수 그리스도를 통해서 하느님의 부르심을 받은 백성들이 예배, 교육, 친교, 선교 등의 활동을 위해 집결된 신앙 공동체이다. 이 활동의 요인들은 각기 그 성격과 기능을 달리하는 동시에 상황에 따라 그 중요성의 강조도 달라진다고 할 수 있다. 그러나 교회의 본질상, 나아가서는 선교 신학적인 견지에서 보면 이 모든 요소들은 선교 지향적이어야 한다는 것이다. 그것은 교회의 궁극적인 존재 이유가 예수의 선교 주제였던 "하느님 나라"를 이 땅에 선포하고 실현하는 데 있기 때문이다. 스위스 신학자 E. 부르너는 "불은 타므로 존재하는 것 같이 교회는 선교함으로 존재한다"고 말함으로써 교회의 존재 이유를 선교에 두었다는 것은 지당하다고 하겠다.

지난 2000년간 선교는 교회가 하는 일로 간주되었다. 그러나 원초적 의미에서 선교는 교회의 일이 아니라 하느님의 일이고 하느님 자신의 사업이다. 그는 자기의 섭리를 펴기 위해 말씀으로 우주와 인간을 창조하시고 자기가 선택한 백성을 죄에서 구원하시기 위해 예언자들을 보내어 경고하시고 참회하지 않을 때 심판하셨다. 종국적으로 하느님은 우주와 인류의 구원을 위해 예수 그리스도를 보내셔서 하느님 나라 곧 영원한 사랑과 정의, 자유와 평화의 공동체를 지향하는 그의 통치Reign를 선포하게 하셨다.

성서의 하느님은 선교하는 하느님이시고 예수 그리스도는 역사 속에 파견된 하느님의 선교사라고 할 수 있다. 예수 그리스도는 하느님 나라를 선포하는 사명과 자기부정을 통한 그 나라의 실현을 꾀했을 뿐만 아니라 제자들을 선교의 일꾼으로 훈련시켰다. 그리고 부활의 그리스도는 제자들에게 온 세상에 나아가서 복음을 전파하라는 선교적 사명을 주었으며(마가 16:14-16), 성령을 체험한 초대교회는 공포와 죽음에서 나아와 복음 전파와 사랑의 공동체 실현에 이바지하였다.(사도행전 2:43-47) 교회는 하느님의 선교에 참여한 예수의 계승자들인 것이다.

여기서 "교회는 곧 선교이다"는 명제가 가능하게 된다. 교회의 본질은 선교에 있다는 것이다. 그러므로 선교하지 않는 교회는 그리스도의 교회라고 할 수 없고 일종의 사교社交 단체나 사교詐教 집단에 속한다고 하겠다. 하느님이 자기 백성을 부르시는 일차적 목적은 선교에 있다. 따라서 교회의 모든 활동은 선교란 지상 목표를 향해 조화와 일치를 이루어야 한다. 교회는 개인적으로 또한 집단적으로 하느님의 통치를 선포하고 이 땅 위에 그 나라를 건설하기 위해 헌신하는 자들의 공동체가 되어야 한다는 것이다. 선교하지 않는 교회는 존재할 이유도 없고 가치도 없으므로 맛 잃은 소금처럼 길가에 버려지게 될 것이다.

III. 전도와 선교

우리가 선교가 무엇인지 이해하기 위해서는 전도와 선교의 개념 및 그 관계성을 파악하는 것이 필요하다.

1. 전도(evangelism)

전도란 말은 그리스어로 euangelion, 곧 기쁜 소식good news 또는 복음Gospel을 뜻한다. 그리고 Gospel이란 영어는 "God spell", 즉 "하느님이 말씀하신다"는 말의 약자이다. 전도의 의미는 동일한 문화권이나 언어권에서 이교도나 무신론자들에게 그리스도의 복음을 전하여 믿게 하고 세례와 입교의 절차를 거쳐 교인이 되는 것을 목표로 하는 것이다. 이 개념은 또한 기독교의 오랜 전통을 계승한 서구 사회에서 교회와 관계없이 성장한 세속화되고 비기독교화된 사람들, 곧 '기독교를 떠난 자post-christian'에게 복음을 전하는 일을 뜻하기도 하였다.

그러나 전도는 초대교회에서 오늘에 이르기까지 이교도들과 비기독교인들에게 복음을 전하고 믿게 하는 것만을 의미하지는 않았다. H. 크래머나 J. C. 호켄다이크와 같은 20세기의 저명한 선교 신학자들은 전도는 유럽 문화권에서, 선교는 비기독교 문화권에서 복음을 전파하는 것이라는 이분법을 부정하였고 두 낱말의 궁극적 차이는 없다고 주장하였다. 그리고 WCC의 총무를 역임한 P. 포터는 '선교', '전도' 및 '증거'는 에큐메니칼 문서에서 서로 바꾸어 쓸 수 있는 개념이라고 지적한 바 있다. 그럼에도 불구하고 오늘날 전도란 말이 보편적으로 통용되는 의미는 그 본래적 뜻 곧 동일한 문화권이나 언어권에서 타 종교인 및 무신론자들에게 복음을 전하고 신자화하는 데 치우치고 있음을 부정할 수 없다.

2. 선교(mission)

선교란 말은 원래 라틴어인 'missio'에서 유래된 것으로 '파견한다' 또는 '사명을 맡긴다'는 뜻을 지니고 있다. 이 말은 처음에 중세기 가톨릭교회가 교회 확장에 집중할 때 사용되기 시작하였으나 개신교가 이 말을 채용한 것은 교회사가인 라투렛이 말한바 "위대한 세기"라고 한 18세기 이후 서구 개신교가 제3세계에 선교를 시작한 때부터이다.

서구 개신교는 서구 제국들이 제3세계에 식민지를 확장하던 18세기에 그 대세에 편승하여 선교사를 파송하기 시작하였다. 선교 신학자 고야마 교수는 이 관계를 "병 주고 약 주고"(Gun and Ointment)란 말로 표현하였다. 개신교는 복음을 전파한다는 명목하에 교회, 학교, 병원 등을 건립하고 지원하는 사업을 행하였다. 그러나 당시에는 기독교와 서구 문화가 동일시되었기 때문에 F. 슐라이어마허가 주장한 바와 같이 선교는 곧 서구 문화의 이식移植, transplantation이었다. 이것은 선교가 기독교 및 서구 문화의 확장이라는 개념으로써 서구의 식민주의적 이념과 일치하는 것이었다. 신정통주의자 K. 바르트는 "선교는 복음을 선포하는 것이다"라고 단언함으로써 당시의 선교 개념을 비판, 수정한 바 있다.

선교란 말은 특히 20세기 후반에 들어서면서 급격한 사회적 변동에 따라 다양한 의미로 사용되기 시작하였다. 서구 개신교의 해외 활동에만 사용되던 말이 소위 서구 기독교 국가 내에 세속주의가 발전하면서 교회의 선교적 요청이 제기된 것이다. 예를 들면 비기독교인들의 등장, 신흥 도시에 교회당 건립과 운영, 산업사회의 문제 등에 대해 선교적 관심을 갖는 것이 불가피해졌다. 따라서 미국 교회는 해외 활동에만 사용되던 선교란 말을 이원화하여 "국내 선교national mission"와 "해외 선교foreign mission", 또는 "국제 선교international mission"라고 구분하게 되었다.

선교 개념의 혁명적이고 다원적인 변화는 1968년 WCC 웁살라 대회에서 그 시발점을 찾을 수 있다. 이 대회는 '인간화humanization'를 주제로 삼으면서 선교를 교회의 활동뿐만 아니라 때로는 교회가 관여하지 않는 활동도 포함한다고 규정한 것이다. 따라서 선교라는 말 'mission'을 단수로만 사용하던 것을 'missions' 곧 복수로 사용하기 시작한 것이다.

선교 개념의 변화는 신학적 변화와 깊은 관계가 있는 것으로 다양한 신학들은 각기 선교의 독특한 개념을 창출하였다. 즉 정치적 자유와 인권 회복을 선교로 보는 남미의 해방신학과 한국의 민중신학, 타 종교와의 대화와 접근 및 협력을 선교로 보는 종교다원주의 신학, 토착문화 및 종교와 기독교 복음을 접목시키는 것을 선교로 간주하는 토착화 신학, 인간 및 자연 모두를 구원하는 것을 선교로 보는 우주론적 신학 등 시대의 다양한 요청에 따라 선교의 개념은 계속 변하고 있는 것이다.

선교의 의미뿐만 아니라 선교 주체의 변화도 나타나게 되었다. 제2차 세계대전의 종식과 함께 제3세계의 민족주의의 발흥은 서구 식민주의자들을 몰아내는 동시에 민족 종교들은 서구 교회의 선교사들을 추방하였다.(Yangkee, go home; missionary, go home!) 반면에 당시 한국은 일제의 식민지 치하에서 해방되었기 때문에 한국교회가 오히려 일제에게 강제로 추방당하였던 서구 교회 선교사들의 귀환을 환영한 것은 극히 예외적인 것이었다. 서구 선교사들의 추방은 서구 교회에게 큰 충격을 주었고 선교를 위축시켰으며 특히 선교의 주체가 교회라는 종래의 주장에 문제가 제기되었다. 이런 상황에서 1952년 독일 빌링겐에서 WCC의 세계선교대회가 개최되었고, 여기서 "하느님의 선교Missio Dei" 신학이 등장하여 선교의 주체는 하느님이고 교회는 하느님의 선교의 도구라는 패러다임의 전환을 가져왔다.

3. 전도와 선교의 일치

'전도'라는 말은 '선교'와 혼용되는 경우도 있으나 비교적 시종여일하게 같은 의미와 실천을 견지했다고 말할 수 있다. 반면, '선교'란 말은 사회-역사적 요청에 따라 그 의미의 변화와 함께 활동의 내용도 다양화되었다. 그뿐만 아니라 교회가 참여하는 일이 모두 선교라고 하는 '선교 절대주의'에 빠질 위험성도 엿볼 수 있다. 그러나 이러한 변화가 말하는 것은 전도는 제도적 교회나 기독교의 발전 및 확장을 위해 주력하는 것이라면 선교는 하느님의 통치 영역, 곧 온 우주와 인간의 삶 전체에 하느님의 사랑과 정의, 자유와 평화가 선포되고 실현되어야 한다는 보편적인 역사인식에 기인한 것이라고 보아도 좋을 것이다.

그럼에도 불구하고 전도와 선교는 서로 배타적인 것이 아니라 서로 보완되어야 할 관계를 지니고 있는 것이다. J. 스토트는 말하기를 "전도와 선교는 수레의 두 바퀴와 같다"고 하였다. 즉, 두 바퀴는 그리스도의 복음인 하느님 나라를 선포하고 실현하는 수단으로써 조화와 협력을 통해 궁극적 목적을 성취하도록 가장 적절하게 활용되어야 하는 것이다.

그러나 현실적으로는 전도와 선교가 그 강조점을 달리한 것을 부정할수 없다. 전도는 개인 구원, 영혼 구원, 타계적 구원을 강조한다면 선교는사회 구원, 물질적 구원, 현세적 구원을 강조한다. 이러한 강조는 마치 구원을 이원론적인 것처럼 분리하는 오류를 범하는 것이다. 구원의 대상이인간이건 자연이건 간에 구원은 몸과 영, 개인과 사회, 현재와 미래 등을모두 아우르는 총체적 구원holistic salvation이어야 하는 것이다. 예수께서는 그의 삶과 활동에 있어서 말씀의 증언인 전도와 치유하는 선교를 이분법적으로 구분하거나 그렇게 역설한 적이 없다. 그것들은 하느님 나라 선포와 실현을 위한 수단에 불과한 것으로 거기에 어떤 절대적 의미를 부여하지 않았던 것이다.

IV. 21세기의 특징

우리의 실존적 및 역사적 현주소는 21세기라는 시대인 것이다. 인간은누구나 자기의 시간과 공간을 떠날 수 없고 그 시대의 산물이면서 또한그 시대를 위해 무엇을 창조하는 존재이다. 이제 우리의 현장이 21세기이니만큼 그 특징이 무엇이고 20세기와 다른 점이 무엇인지에 대한 이해는우리의 목회와 선교의 방향 설정에 길잡이가 될 것이다. 만일 우리가 주어진 상황에 대해 무관심하거나 무지하다면 우리의 모든 수고는 허공을 칠따름이다.

1. 지구촌화(globalization)

교통과 통신의 발달로 세계 전체가 하나의 마을처럼 되었다. 종래의 난공불락처럼 보이던 국경이나 민족의 개념이 희미해지고 인적, 물적 교환과 정보 교류가 신속히 이루어지고 있다. FTA는 이를 더욱 가속화할 것이다. 또한 지구촌의 모든 문제 곧 식량, 빈곤, 인구, 핵, 인간 복제, 환경 등이 모든 사람의 관심과 함께 위협이 되고 있다. 이제 지구촌은 한 가족과 같은 공동 운명체가 된 것이다.

2. 정보화(information)

A. 토플러가 말한 바와 같이 인류 역사는 크게 3단계로 구별된다. 그것은 곧 토지를 최고의 가치로 여기던 농경 사회, 자본을 중심으로 발전한 산업 사회, 새로운 지식 곧 정보가 세계를 지배하는 정보화 사회이다. 인터넷, 디지털, 생명공학, 인간 복제 등 새로운 지식을 창출하는 사회가 미래 세계를 주도하게 된다는 것이다. 지식이 곧 "부의 미래"(앨빈 토플러)라는 말이다.

3. 전문화(specialization)

정보화 사회에서는 상식적, 교양적 지식인이 아니라 전문적 지식인이 요청된다. 이미 우리 사회에는 대학 졸업자들의 실업 사태가 폭증하여 사회문제가 되고 있다. 그것은 기업의 자동화로 인한 고용의 감소에도 원인이 있으나 첨단산업이 요구하는 전문지식의 소유자가 부족하다는 것이다. 따라서 세계의 대학들은 학과를 통폐합하거나 새로운 학과를 신설하여 미래지향적 전문교육을 시행하는 데 심혈을 기울이고 있다.

4. 다원화(pluralization)

20세기가 획일성, 흑백논리, 배타성이 지배한 사회였다면 21세기는 다원성, 보편성, 협동성이 강조되는 시대이다. 서로 다른 것은 나쁜 것이고 제거의 대상이 아니다. 다양성은 좋은 것이고 조화를 통해 새로운 미래 창조에 기여하는 것이다. 따라서 가치, 이념, 인종, 문화, 종교 등의 다양성을 인정하고 만남, 대화, 협력을 통하여 대결, 갈등, 전쟁을 지양하며 모든 인간과 자연이 평화리에 공존 공생하는 것이 바람직하다는 것이다.

5. 차별화 또는 개성화(differentiation or individualization)

18세기 서구의 계몽주의 시대 이후에 발전한 도구적 지식의 영향으로 상품의 규격화, 이념과 가치의 고정화(도구화), 권력화, 종교의 권위주의화 등이 세계를 지배하게 되었다. 이러한 풍조는 개성, 가치, 이념, 종교의 차별성을 무시 내지는 부정하는 사회를 만들었고 이로 인해 수많은 사람들이 인권을 박탈당하고 자유를 잃었으며 생명이 희생되었다. 그러나 21세기는 삶의 모든 영역에서 개인 및 집단의 특성과 자유, 개방과 차별을 강조하고 향유하는 질質적으로 고양된 문화적 환경을 요청하는 것이다. 기업들이 소품종 다량생산에서 다품종 소량생산으로 전환한 사실은 21세기의 차별화와 개성화를 대변한다고 볼 수 있다.

6. 서비스화(serviceableness)

20세기가 서구 자본주의 영향 아래 이윤 추구, 착취, 독점이 지배하는 시대였다면 21세기는 고객을 섬기고 돕는 것에 초점을 맞추어야 한다는 것이다. 이것은 사회의 모든 기구와 인간의 활동이 사회 구성원들의 복지를 지향해야 한다는 말로 이해할 수 있다. 그러므로 서비스가 나쁘거나 없는 정부, 기업, 학교, 병원, 심지어 종교는 존재할 의미와 가치가 없게 되는 것이다. 결국 개인과 모든 사회 기구는 그 생존을 위해 공급자 중심에서 수요자 중심으로 서비스 체제를 전환하고 있다.

V. 21세기 선교의 패러다임

위에서 살펴본 새로운 세기의 혁명적 변화는 교회의 선교 및 실천의 변화를 촉구한다. 하느님의 선교의 도구인 교회가 복음을 주어진 상황에 얼마나 적절하고 유효하게 적용하느냐에 따라서 선교의 성패가 결정된다고 본다. 따라서 우리는 복음 선포에 대한 선교적 열정과 함께 복음의 씨앗이 떨어진 밭, 곧 상황에 대한 깊은 인식을 통하여 바람직한 열매를 맺도록 최선을 다해야 할 것이다.

1. 성장 패러다임에서 섬김 패러다임으로 전환

시대의 변화는 인간과 사회의 요청이요 도전의 결실인 동시에 하느님의 역사적 섭리의 일환이라고 볼 수 있다. 역사적 교회는 그것이 보수주의적이건 또는 진보주의적이건 간에 시대의 요청에 따라 선교의 패러다임이

계속 변해온 것은 부정할 수 없는 사실이다.

우선 교회는 전도를 통한 성장 패러다임에서 섬김 패러다임으로의 전환이 필요하다. 1960년대 이후 한국교회는 맥가브란의 "교회성장론"과 근대화로 인한 경제 발전에 힘입어 전도를 통한 성장에 중점적으로 헌신하였다. 그 결과 세계 50대 교회 중에 그 절반이 한국에 존재하게 되었다. 실로 놀라운 성장과 발전이라고 아니할 수 없다. 그러나 그 성장의 궁극적 목적은 무엇인가라고 물을 때 그것은 결국 교회, 교단, 나가서는 기독교의 성장 및 확장이라는 사실에 귀착된다. 이것은 곧 "교회 밖에는 구원이 없다"고 주장한 중세 가톨릭교회의 뒤를 이어 18세기 이후 서구 개신교가 전개하였던 기독교왕국Christendom 확장의 반복이라고 아니할 수 없다. 미주 한인교회들도 한국교회의 성장 패러다임과 별 차이는 없다고 말해서 좋을 것 같다.

교회는 그 자체가 확장되고 비대해지면 자연히 그것이 섬겨야 할 사회와 역사에서 유리하게 되고 게토화되며 세계 속에 존재할 이유를 상실하게 된다. 그리고 교회성장주의는 권위주의, 물질주의, 세습주의 등 자기중심적이고 비본질적인 증후군을 초래하기 마련이다. 수년 전 미국연합감리교회 캘리포니아-네바다 연회 감독인 사노 박사는 한국교회를 방문한 다음 "한국교회는 교인 수도 많고 재정도 풍부하며 건물도 거대하지만 신학이 없다"는 말을 남겼다. 그가 무슨 신학을 말하는지 알 수 없으나 아마도 복음의 본질, 곧 성육신 신학이 결여되었다는 말로 이해해도 되지 않을까 생각된다.

예수께서는 "인자는 섬김을 받으러 온 것이 아니라 섬기러 왔고 많은 사람을 위하여 대속물로 자기 목숨을 내주러 왔다"(마태 20:29)고 하심으로 교회의 선교적 패러다임의 규범을 설정해 주셨다. 그러나 '하느님이 선교의 주체'라는 명제가 등장한 지 반세기가 넘었음에도 불구하고 교회는 여전히 섬김의 도리를 도외시하고 그 자체를 섬기는 데서 탈피하지 못하고 있다. 그리하여 브레이크 없는 자동차처럼 제도적 교회의 성장지향성은 그 속도를 늦추지 못하고 있는 것이다. 이것은 분명히 교회의 머리이신 그리스도의 자기희생적 정신에 위배되는 동시에 서비스를 요청하는 미래 사회에 응답하는 교회의 참 모습이라고 할 수 없다. 따라서 교회는 열심히 모이는 동시에 열심히 흩어지는, 입력과 출력의 균형을 이루는 건강함을 모색해야 할 것이다.

서울에 "감자탕교회"라는 별명을 가진 교회가 있다. 이 교회는 전세살이를 하면서 약 30억에 해당하는 일 년 예산 중 교회 운영을 위해서는 최소한의 재정을 배정하고 대부분을 선교를 위해 투자하고 있다. 우리 교회는 세례교인 100명 정도의 작은 규모인데 연 예산의 30%를 선교 프로그램에 지원해 오고 있다. 미래 교회는 제도적 교회 자체를 섬기는 것이 아니라 생명의 존중과 삶의 맛이 풍성한 하느님 나라의 선포와 그 성취를 위해 긴요한 사업에 투자하고 나누고 섬기는 일에 최선을 다해야 하는 것이다.

2. 구원의 패러다임 전환

지금까지 선교의 목적은 주로 좁은 의미에서는 개인 구원이고 영혼 구원이며, 넓은 의미에서는 사회 구원이고 인류 구원이었다. 그러나 이제 세계가 지구촌으로 변하여 인류가 한 가족이 되었을 뿐만 아니라 환경론의 발전으로 인하여 그 구원이 자연을 포함한 우주 전체의 요청으로 확대되었다. 이것은 실로 우리의 지성과 신앙의 시각에 엄청난 혁명적 변화를 야기하는 것이다. 따라서 이것은 곧 구원의 개념이 개인, 인류, 역사란 인간중심적 구심求心에서 인간, 자연 및 우주를 포함하는 원심적遠心的인 것으로의 확장을 의미한다. 이것은 존 힉의 말처럼 "코페르니쿠스적 혁명"이라고 아니할 수 없다. 하느님은 온 인류와 우주를 창조하시고 섭리하시고 심판하시며 예수 그리스도는 온 인류와 우주의 화해 및 구원을 위해 십자가에 죽고 부활하신 것이다.

따라서 선교는 인종, 문화, 성, 계층, 종교 그리고 자연과 우주를 포괄하는 하느님 중심축中心軸을 바탕으로 하는 우주적 구원cosmic salvation의 실현에 이바지해야 하는 것이다. 지금 기독교가 당면한 선교의 문제는 그 구원의 개념을 기독교인만이 아니라 모든 인종과 종교의 한계를 초월하며 인류와 자연 전체가 포함되는 총체적 구원holistic salvation의 개념으로 전환하는 것이다. 그리고 이 거대한 과업은 가톨릭 신학자 한스 큉이 주장한 바와 같이 교회만의 사업이 아니라 정부, 대학, 기업체, NGO, 연구소, 종교 단체 등 모든 기관들의 협동으로 추진되어야 할 것이다. 여기서 교회는 하느님이 통치하시는 세계에서 누룩의 역할을 감당함으로써 그 존재할 의미와 이유를 발견해야 한다. 선교는 세계와 인류를 점령하고 지배하는 수단이 아니라 하느님의 통치를 위한 자기희생적 섬김의 도구가 되는 것이다.

3. 배타주의에서의 탈피

서구 교회는 18세기 선교 초기에 당시의 보수 신학을 가지고 피선교지에 들어가서 그곳의 전통 종교를 이단이나 악마로 규정하는 동시에 서구 문화의 우월성으로 전통 문화를 무시하였다. 즉 서구 교회는 자기의 종교와 문화를 절대시하였고 피선교지의 종교와 문화를 상대화하는 배타주의적 오류를 범한 것이다. 그러나 아이러니컬하게도 이 배타주의적인 선교사들은 자기들의 성경을 토착민들에게 주고 땅을 차지하였고 토착민들은 성경을 갖는 대신에 땅을 잃게 되었던 것이다.

1970년대 이후 해외 선교에 박차를 가하기 시작한 한국교회는 과거 선교사들의 신학과 방법을 답습하거나 또는 한국교회적 신앙과 행태를 그대로 이식移植하려는 경향이 짙은 것 같다. 그 결과 한국교회의 신앙과 행태의 모델을 주입하기 위하여 토착 문화를 무시하거나 토착 종교를 이단시 또는 악마시하는 일이 자행되고 있는 것이다. 심지어 그 지역의 기독교마저 교단이 다르다는 이유로 이단시하는 일도 나타났다. 구소련이 개방된 이후 러시아에 파송된 한국의 선교사가 1500년의 찬란한 역사를 지닌 러시아 정교회를 이단이라고 규탄하고 값싼 선물 공세로 러시아인의 자존심을 손상시키기도 하였다. 이러한 일련의 사건은 러시아 정부가 선교 허가제를 도입하여 외국인의 선교 활동을 규제하는 결과를 초래하였다.

선교는 기독교의 보편적인 복음의 씨앗을 어떤 문화의 특수한 땅에 심고 자라게 하는 것이므로 그 열매는 토착 문화의 옷을 입는 다양한 모습으로 나타날 수밖에 없다. 한국교회의 신앙 형태를 포함하여 어떤 특정한 문화 형식을 입은 기독교를 그대로 이식하려는 획일적이고 배타적인 편협주의는 결국 민주적이고 다원적인 현실에서 문화제국주의적 발상과 행태라는 비판을 면키 어려울 것이다. 그러므로 선교적 행위는 피선교지의 문화와 종교에 대해 이해와 존중하는 마음으로 씨를 뿌리고 그것이 자라는 것은 하느님의 통치에 맡기는 포용성을 지녀야 할 것이다.

4. 선교의 전문화와 차별화

우리 시대의 특징 중에 부각되는 것은 지식의 전문화와 개인의 차별화라고 하겠다. 소품종 다량생산 하던 산업 사회와는 달리 정보 사회는 다품종 소량생산에 주력하는 것이다. 이것은 생산에 있어서 전문화와 개성화의 요구에 초점을 맞춘다는 말이기도 하다. 20세기에는 사람들이 같은 종류의 옷을 즐겼으나 지금은 색깔과 스타일이 다른 것을 선호하고 있다.

우리 교회는 대개 대내적인 활동에서도 별로 전문성이나 차별성을 찾기 어렵지만 선교 분야에 있어서는 더욱 그러하다. 일반적으로 중대형 교회에는 목회자 2명 이상이 봉직하고 있다. 그러나 목회자가 전문성이 없거나 전문적 분야에 대한 관심이 없기 때문에 역할 분담이 없는 경우가 태반이다. 아마 교육담당 부목사를 두는 것은 보편적인 현상이겠지만 예배, 선교, 상담, 청소년 등의 분야의 전문 목회자는 보기 힘들다. 그러므로 대부분의 교회들은 시대적 변화에 따른 독창적이고 색다른 집회나 프로그램을 운영하지 못하게 되는 것이다. 이것은 또한 우리 교회가 기성세대지향적인 동시에 폭넓은 봉사와 미래를 위한 투자가 부족하다는 말일 것이다.

아마도 미주 한인교회에서는 상담 분야의 요청이 많을 것으로 예상되는데, 청소년 목회는 교회와 그들의 미래를 위해 불가피한 분야인 동시에 엄청난 물적 및 인적 자원의 투자가 요청될 것이다. 10여 년 전 미시간 대학교Univ. of Mich를 방문했을 때 들은 이야기이다. 교회에 대해 무관심한 학생들이지만 하버드 대학의 하비 콕스가 강연차 내방했을 때 약 1천 명이 응집했다는 것이다. 지금 서울 삼각지에 있는 어느 교회는 숙명여대의 강당을 빌려 예배드리는데 매 주일 수천 명의 젊은이들이 참여하고 있다는 것이다. 그 담임자는 주로 젊은 지성인들에 초점을 맞추어 목회하고 있는 것이다. 이 사례들은 현대 지성인들을 위한 선교에 관해 암시하는 바가 크다고 아니할 수 없다.

해외 선교에 있어서도 전문성이나 차별성의 요구가 동일하다고 본다. 교회가 선교를 계획할 때 현지에 필요한 전문가를 파송해야 하고 또한 그것이 유효할 것이다. 선교가 공급자인 교회 중심이 아니라 수여자인 현지인 중심이어야 한다는 말이다. 현지의 요청에 따라 목회자를 비롯해서 농업, 교육, 기술 등 다양한 전문 인력을 공급하는 동시에 원주민의 언어와 문화에 대한 기본적 소양을 갖추어야 할 것이다.

예를 들면 어떤 컴퓨터 전문가인 장로 내외분이 직장에서 조기 은퇴하고 아프리카에 선교사로 떠났다. 지금 그는 현지에서 컴퓨터 학원을 설립하여 교육하는 동시에 복음을 전하는 성공적인 선교 사업을 추진하고 있다. 그에 관한 르포가 2, 3년 전에 KBS에서 방영된 일이 있다. 또한 몽골의 어떤 선교사는 대학에서 영문학과 신대원을 졸업한 분으로서 지난 20년간 토착 언어를 완전히 숙달하여 원고 없이 두 시간 정도 설교한다는 사실을 그곳을 방문한 교수에게 직접 들은 일이 있었다. 이런 이야기들은 선교에 있어서 전문성과 차별성이 얼마나 중요한지를 시사하는 것이다.

VI. 선교의 전략

1. 선교의 아젠다

선교는 그리스도의 복음을 선포하는 사역이지만 그것이 전달되는 곳에는 종교, 문화 및 사회 등의 다양하고 독특한 요청이 있게 마련이다. 그러므로 복음이 잘 자라서 열매 맺기 위해서는 현장의 요청을 십분 고려해야 하는 것이다. 마치 제약회사에서 어린이용 약을 달게 코딩하듯 선교의 현장이 필요하고 또한 요청하는 바가 무엇인지 우선 연구하고 이해해야 하는 것이다. 그리고 구체적인 요청에 따라 그것이 학교, 병원, 농업, 기술 등 어떤 것이든 간에 그리스도의 섬기는 정신으로 공급하는 것이 바람직한 것이다.

종래에는 선교가 복음 전도를 우선해야 한다는 주장 때문에 그 밖의 모든 활동을 이차적인 것이나 또는 선교를 위한 수단이라고 치부하였다.

그러나 이미 위에서 언급한 바와 같이 전도나 선교의 이원론적인 구별은 불필요하다. 응급 환자의 경우에는 그 생명을 살리는 것이 우선이므로 기도와 투약의 우선순위는 논쟁의 대상이 아니라 동시성을 지녀야 할 것이다. 그러므로 교회가 선교를 계획할 때 현장의 요구가 무엇인지를 철저하게 연구 조사하여 프로그램과 방법을 찾아야 할 것이다.

이러한 선교와 상황의 상관관계를 가장 잘 활용한 분이 예수 자신이다. 그는 하느님 나라를 선포할 때 무지한 자들에게 그들의 "하느님의 자녀"라는 주체성을 환시시켜 주었고 환자를 치료하고 배고픈 자들을 먹이고 소외자들의 친구가 되었으며, 사회의 구조악에 도전하였던 것이다. 따라서 선교는 교회가 미리 준비한 프로그램을 가지고 접근하지 말고 선교 현장의 요구에 따라 응해야 하는 것이다. 선교의 궁극적 목적은 누구를 파송하느냐가 아니라 어떤 전문가가 현지의 요구에 응하기 위해 투입되느냐에 있는 것이다.

2. 선언과 주장에서 만남과 대화로

과거의 선교는 타인과 인격적으로 만나고 대화하고 서로 이해하는 차원이 아니라 기독교인이 일방적으로 자기가 믿는 바를 선언하고 설득하고 용납하도록 강요하는 것이었다고 말해서 옳을 것이다. 지금도 그런 현상이 전화로 또는 길거리에서 종종 나타나고 있다. 이것은 기독교인의 독선적 신앙의 독백monologue일 수는 있으나 상대의 인격과 종교를 존경하는 겸손한 대화dialogue의 자세라고는 말할 수 없다. 만일 우리의 선교 활동이 상대를 구원하려는 열정으로 충만하면 할수록 우리의 태도는 더욱 대화적이 되어야 할 것이다.

21세기는 더욱이 다원성과 함께 개인의 차별성을 중시하는 시대이다.

따라서 어떤 지식이나 종교적 진리의 절대성을 주장할 수도 없고 그런 절대성이란 존재하지도 않는다. 종교인의 신앙고백은 자기에게 유일하고 절대적일 수 있으나 상대방도 진지한 이념, 사상 및 종교의 소유자라면 자기 나름의 신념을 가지고 있을 것이다. 그러므로 어떤 종교적 강요도 용납되지 아니하고 그것은 결과적으로 상대에 대한 결례나 인격적 모독을 자초할 따름이다. J. 스토트의 말처럼 선교는 인간이 하지만 그 열매는 성령의 역사를 통하여 하느님이 거두시는 일임을 알아야 할 것이다.

뉴욕 유니온 신학교의 선교 신학 교수였던 K. 고야마는 기독교는 "십자군적crusading 종교가 아니라 십자가적crucifying 종교이다"라고 말한 적이 있다. 즉 기독교 선교는 복음을 빙자해서 타 종교인이나 무신론자들을 강제로 정복하는 것이 아니라 십자가를 지는 사랑과 인내와 희생의 자세로 그들과 인격적으로 만나고 대화하고 협력한다는 것이다. 이런 활동을 통해 모든 인위적인 문화와 종교의 장벽을 넘어서게 되고 하느님의 임재를 함께 경험하면서 바람직한 평화의 공동체를 지향하고 창조하게 되는 것이다.

3. 선교사의 자질

교회는 선교사를 파견할 때 능력과 자질을 검증할 뿐만 아니라 철저하게 훈련시켜야 할 것이다. 지금 공식적으로 파견된 선교사는 약 4000명으로 집계되고 있으나 개인적으로 선교 사역에 참여하는 이들과 자율적인 평신도 사역자들을 포함하면 그 수는 엄청나게 늘어난다. 그러나 오늘의 문제는 선교사의 양적 문제가 아니라 질적 문제라고 생각한다. 이질적 문화와 종교 상황 속에서 선교 활동을 전개할 수 있는 언어 능력과 창의성의 소유자들이 얼마나 되며 전문 지식과 기술을 가지고 필요한 임지에서 활동하는 선교사들이 얼마나 되는가 하는 물음이다. 이것이 충족되지 않는 한 선교는 무의미하고 실패로 끝날 가능성이 많다고 본다.

벌써 오래전부터 제기된 문제이지만 동남아 특히 필리핀과 태국 같은 지역에서는 각 교단에서 파송된 선교사들이 동일한 분야에서 활동하므로 치열한 경쟁과 함께 갈등은 일으켜서 선교에 역기능을 초래한다는 현지의 보고를 접하고 있다. 내가 직접 목격한 바는 10여 년 전 모스크바에 UMC 신학원이 건재하고 있는데 타국에서 실패한 선교사가 와서 KMC 신학원을 설립하여 고전을 면치 못하는 현상이었다. 또한 어떤 교회가 목사를 아프리카에 선교사로 파견한 일이 있었다. 현지에서 문제가 발생하였다고 해서 담임목사가 가서 보니 문제는 한국 선교사에게 있었다고 한다. 현지의 감독은 옥스퍼드 대학 출신으로 상당한 지도자인 데 반해서 그 선교사는 교육 수준도 낮고 영어로 대화가 불가능하며 다만 한국에서 보내 온 선교비를 관리하며 권위를 행사하는 데서 갈등이 빚어지게 되었다는 것을 그 담임목사에게 직접 들은 적이 있다.

이와 같은 선교 현장의 현실은 교파의 경쟁과 선교사의 자질에 대한 무관심에 기인하는 것으로 보인다. 이것은 무모한 교파주의나 무능한 선교사들의 생계를 위해 도움은 될지 모르나 선교의 일치와 발전을 위해서는 백해무익한 것이다. 그러므로 선교사의 자질 향상을 위해서는 교회와 신학대학들의 좀 더 장기적이고 획기적인 계획과 실천이 있어야 할 것이다.

4. 평신도 선교자

교회는 목회자 중심의 수직적 체제에서 목회자와 평신도가 그리스도를 중심으로 만나고 대화하고 협력하는 수평적 체제로 탈바꿈해야 한다. 선교에 있어서 능동적인 목회자와 수동적인 평신도의 구도는 더 이상 요구되지 않는다. 세분화되고 급변하는 사회 현실에 직접 참여하고 있는 평신도 전문가들이 제기하는 여러 가지 난제에 대해 목회자와 평신도가 성서적 및 신학적 시각에서 함께 대화하고 고민하는 것이 바람직하다.

특히 전문직에 종사하는 평신도들은 목회자들이 접근할 수 없는 현장에서 의식적으로 또는 무의식적으로 말과 행동으로 동료들에게 그리스도의 복음을 증거하고 하느님의 나라를 확장하는 일에 헌신하도록 파견된 선교자들이다. 그래서 그들은 선교자의 사명과 함께 그 자질과 방법을 갖추기 위해 철저한 성서 연구 및 신학 훈련이 필수적이다. 중세기 교회에는 교회를 섬기는 거룩한 사제sacred priest와 세상을 섬기는 세속적 사제secular priest가 있었다. 21세기에는 교회를 섬기는 사제인 목회자와 세상을 섬기는 사제인 평신도가 협동으로 선교에 헌신하는 총체적 선교의 시대가 열린 것이다.

5. 현지 지도자 육성

선교의 지름길은 가급적 빠른 시일 내에 피선교지인들을 지도자로 육성하는 것이다. 외국 선교사가 선교 사역을 오래 할수록 현지인들과 교회들은 정신적으로, 재정적으로 의존도는 높아지고 자주적 발전은 지연되게 마련이다. 여기에 현지 신학교육의 필요성과 중요성이 대두되는 것이다.

한 가지 예를 들어 본다. 1990년대 초에 미국연합감리교의 선교사로 러시아 모스크바에 파송된 조영철 목사가 거기서 고려인교회와 함께 연합 신학원을 설립하고 현지인들의 교육에 헌신한 일이 있었다. 현지인에 대한 신학교육은 선교 사역에 있어서 가장 첨단적이고 효과적인 투자라고 말해서 좋을 것이다. 왜냐하면 외국인 선교사는 언어, 문화의 장벽을 넘을 수도 없고 당시 경비도 현지인의 10배가 소요될 뿐만 아니라 선교의 결실도 현지인 목회자에 비해 만족할 만한 수준을 기대하기 어렵기 때문이다.

결국 모스크바 신학원은 우수한 현지 지도자 육성을 통해 러시아 감리교회를 단기간 내에 발전시켰고 감리교회가 전무하던 러시아에서 지금 교회 수는 약 200개로 1개 연회를 구성하여 미국연합감리교 센트럴연회에 속해 있는 것으로 알고 있다. 그리고 감리교회의 발전은 침체되었던 러시아 정교회를 잠에서 깨우는 충격을 주었던 것이다. 조 목사의 요청에 따라 내가 한국에서 교수들을 수차 파견하여 내실 있는 교육에 일조한 것은 선교적 시각에서 볼 때 가장 보람 있는 일이었다고 생각하며, 조 목사의 헌신과 그 프로젝트에 참여한 교수님들과 교회들에게 감사한 마음을 가지고 있다.

6. 다원 선교

현대 사회는 농경 사회와 달리 교회나 목회자가 접근할 수 없는 영역이 무수하다. 한국의 경우에는 다원 선교의 현장인 학원, 군대, 병원 등에는 어느 정도 전임 선교자들이 활동하고 있으나 교도소에는 전임 형목이 부재한 경우가 많고 주변 교회의 목회자들이 시간을 할애하는 것으로 알고 있다. 그리고 선교의 황금어장이라고 할 수 있는 기독교 중·고등학교와 대학에 교목이 부족하고 영상 매체가 없어 예배와 기독교 교육 발전에 지장을 초래하고 있는 경우가 태반이다. 한국교회는 해외 선교에 열을 올리고 막대한 인적·물적 자원을 투자하고 있으나 정작 가까이 있는 중요한 선교현장을 보지 못할 정도로 원遠시안적이다.

미주의 한인교회들은 넓게는 교단과 연관되어 있으나 주로 교회 중심의 선교 활동, 곧 교회나 한인 지역사회 위주의 선교 활동에 주력하고 있을 것으로 안다. 나는 1960년대에 수년 간 이곳에서 학업과 목회를 위해 지냈고 1970년대 말에 1년 연구차 이곳에 머문 것을 제외하고는 잠깐씩 다녀갔기 때문에 그 후에 발전된 다원적 선교 혹은 다원적 목회의 상황과 관심에 대해 별반 아는 바가 없다. 그러나 우리가 관심의 눈을 뜬다면 전문성이 필요한 선교 영역이 많으리라고 추정된다. 개인 상담, 청소년, 가정, 실직, 인종 및 문화의 갈등의 문제를 개교회나 교회 연합사업으로 추진하고 있겠지만 그 사업에 전문가들이 참여할 수 있는 여건을 창출하는 것이 교회의 책임이라고 생각된다. 그중에서도 중요하고 긴급한 것은 청소년 교육 및 선교 문제일 것이다. 그것은 미래 한인교회의 사활이 걸린 문제이기 때문이다.

다원선교 문제에 있어서 또 하나의 도전은 사이버 공간의 문제이다. 지금 세계는 아날로그 시대를 지나 디지털 시대에 접어들었다. 특히 컴퓨터는 통신 및 지식 문제와 직결될 뿐만 아니라 게임과 도박의 요람이기도 하다. 교회가 어떻게 이 공간을 선교의 매체로 활용할 수 있을까 하는 문제는 매우 중대하고 긴급한 사안이라고 하지 않을 수 없을 것 같다. 우리 교회는 홈페이지를 운영하면서 설교, 신학 강연 및 토론의 장을 마련하여 외부에서 참여하고 있는 것을 볼 수 있다. 본인은 이 부분에 관해 문외한이므로 여기서 말을 줄이겠다.

VII. 나가는 말

위에서 기독교 선교의 의미와 21세기의 새로운 사회 변동을 살펴보고 이에 적절히 응답하는 선교의 패러다임과 실천을 생각해 보았다. 선교란 교회의 존재하는 이유인 동시에 중대한 사명이지만 시시각각으로 변하는 상황 속에서 타당한 신학과 함께 방법을 구상하고 실천한다는 것은 매우 힘겨운 작업임에 틀림없다. 그럼에도 불구하고 새로운 대안을 계속 추구하는 것을 한시도 게을리할 수 없는 것은 그것이 교회의 존폐의 문제와 직결되었기 때문이다.

선교란 때로는 만족한 결과를 얻을 수 있는 반면에 때로는 전혀 예상하지 않았던 실망과 실패가 다가올 때도 있다. 우리가 선교를 위해 가능한 능력과 방법을 모두 동원하였음에도 불구하고 실패한다면 낙담하고 포기할 수도 있을 것이다. 그러나 선교의 주체는 하느님이시고 교회는 그 도구임을 기억하고 항시 믿음 안에서 재기해야 함을 잊어서는 아니 될 것이다.

이제 우리는 예수께서 맡기신 선교의 지상명령을 십분 수행하기 위하여 우리의 믿음과 지식과 헌신을 모두 투자한 다음 겸손히 무릎 꿇고 하느님의 심판을 기다릴 것밖에 다른 길이 없을 것이다. "착하고 충성된 종아, 나와 함께 기쁨을 누리자"고 하는 주님의 음성을 들을 수 있는 그리스도의 교회와 종들이 될 수 있기를 진심으로 바라 마지않는다.

4
존 웨슬리의
신학과 선교*

I. 서론

감리교에는 신학이 없다고 말하는 사람들이 있다. 이것은 루터나 칼빈에 비교할 때 감리교의 교조인 존 웨슬리에게는 어떤 조직적이고 학문적인 체계가 없다는 말로 이해할 수 있다. 그것은 어떤 의미에서 옳다. 웨슬리는 칼빈이나 루터처럼 신학을 조직적으로 기술한 적이 없기 때문이다.

그러나 웨슬리에게 신학이 없었던 것은 아니다. 그의 단편적인 논문과 논평 그리고 특히 설교들은 신학사상으로 가득 차 있다. 아마도 그로 하여금 탁상의 신학자가 되지 못하게 한 이유는 당시 교회개혁과 선교의 과제가 시급하였기 때문이라고 생각한다. 그런 의미에서 웨슬리에게 신학이

---

* 이 글은 2004년 8월 15일 미국동북부 UMC 한인교회 목회자 수련회에서 행한 강연 원고이다.

없었던 것이 아니라 그의 신학은 오히려 생동적이고 변혁적이며 실천적인 선교 신학이라고 말해서 좋을 것이다.

오늘의 성서학자들은 복음서 기자들에 대하여 말하기를 그들은 예수와 그에 관한 기본 자료들을 가지고 자기들의 상황에서 신학을 전개한 것이라고 한다. 따라서 성서라는 텍스트text가 이미 상황이라는 컨텍스트context를 포함하고 있다는 것이다. 이와 흡사하게 웨슬리는 그리스도의 복음을 18세기라는 영국의 특수한 상황에 선포한 것이다. 그 상황이란 주지하는 바와 같이 산업혁명으로 인한 초기 자본주의의 부도덕성과 노동자들의 참상, 무기력해지고 기성체제와 야합한 교회와 사회의 만연한 부정부패였다. 그런 의미에서 웨슬리는 성서와 상황의 상관관계에서 선교 신학을 도출해 낸 당대의 신학자라고 말해도 일말의 잘못이 없을 것이다.

나는 이 시간 웨슬리의 신학을 선교 신학적 시각에서 본 다음 그의 선교 활동에 관하여 언급하고자 한다.

II. 웨슬리의 선교 신학

1. 신인협동설

웨슬리는 올더스게이트Aldersgate에서 '마음이 이상하게 뜨거워지는 경험'을 통하여 지금까지 견지한 영국국교의 공적에 의한 구원론을 포기하고 그리스도가 구원의 주님임을 고백하기에 이르렀다. 이것은 그가 16세기 개혁자들의 칭의론을 수용하였다는 말이다. 그러나 웨슬리는 신앙적 체험을 통해 열광주의로 빠지지 아니하고 오히려 열광주의를 비판하였으며, 믿기만 하면 구원을 받는다는 기계론적 칭의론에 빠지지도 않았다.

그는 신인협동설Synergism, 곧 하느님의 구원의 은총을 인간이 받아들임으로 구원을 받는다고 하였다. 물론 인간이 구원을 받아들이는 것이 자율적인 것이 아니라 하느님의 은총에 의한 것임은 두 말할 필요도 없다. 이것은 웨슬리 신학이 인본주의 또는 알미니안주의라는 오해의 소지를 불러 일으켰다.

그러나 그런 비난은 웨슬리 신학의 입장을 깊이 이해하지 못한 소치라고 하겠다. 그의 신인협동설은 은총론에 기인한 것이다. 즉 인간이 하느님의 구원을 받아들이는 것은 인간의 자연적 또는 자율적 능력에 의한 것이 아니라 하느님의 도우심으로 그 협력관계가 가능하다는 것이다. 아마도 웨슬리는 구원의 문제에 있어서 M. 부버가 말하였던 하느님과 인간의 인격적 관계를 묘사하려고 한 것이 아닐까 상정해 본다.

신인협동설은 모든 인간이 하느님의 구원의 대상인 동시에 웨슬리 당시 교회에 등록된 상류층이나 교회에서 소외된 하류층을 막론하고 기계적인 예정론에 의해서가 아니라 하느님의 은총으로 구원의 역사에 응답함으로 모두가 구원에 이를 수 있다는 구원의 보편성을 제시하고 있다.

2. 칭의와 신생의 일치

웨슬리는 하느님의 은총으로 그리스도의 구속을 믿음으로 칭의를 얻는다고 하였다. 그러나 그 칭의는 과거 어느 순간에 일어난 사건에 불과한 것이 아니라 현재적인 신생의 경험과 함께 계속적으로 완전을 향한 성화의 단계로 발전하는 역동적인 신앙의 실체라고 강조하였다. 따라서 웨슬리는 칭의와 신생의 문제에 대하여 말하기를 논리적으로는 칭의가 먼저이고 신생은 그 다음이지만 이 둘은 한 실체의 양면으로 보았다.

만일 칭의의 신앙을 '하느님 사랑'이라고 한다면 신앙인의 생활은 곧

'이웃 사랑'이라고 하겠다. 이것은 기독교 진리의 불가분리적 특성인 동시에 예수께서 가르치신 계명이기도 하다. 웨슬리는 이 기본 진리를 깊이 간파하고 그의 명저 『그리스도인의 완전』에서 거듭 강조하는 동시에 몸소 실천하였다. 종교와 생활, 신앙과 인격의 일치는 모든 참된 종교가 지향하는 목표일 뿐만 아니라 특히 그리스도의 지상 명령이며 삶의 모델이다.

우리는 여기서 웨슬리적 선교는 그리스도의 복음을 전하는 행위에 그치는 것이 아니라 인간을 전인격적으로 변화시키는 일이라는 진실을 알게 되는 것이다.

3. 선행적 은총(Prevenient grace)

웨슬리는 '선행적 은총'을 주장하였다. 이것은 모든 인간은 하느님으로부터 자기가 하느님을 떠났다는 의식 곧 죄를 깨닫는 양심을 부여받았다는 말이다. 물론 이 선행적 은총이 인간을 구원에 이르게 하지는 못하지만 죄의식을 가짐으로 믿음으로 나아가는 가능성으로써 하느님이 모든 인간에게 주신 선물인 것이다. 남미의 감리교 신학자 J. 보니노Jose Bonino가 말한 바와 같이 웨슬리는 개인적 경험과 영국인의 상식common sense으로서 어거스틴의 선행적 은총을 부활시켜서 하느님과 의미 있는 관계를 맺을 수 있는 윤리적·종교적 인간을 설정한 것이다.

웨슬리가 선행적 은총을 주장하는 것은 그가 칼빈주의적 청교도의 후예임에도 불구하고 그의 모친과 함께 예정설을 포기하는 동시에 만인구원설을 제창한 것이다. 즉 그는 하느님의 제한적 구원을 부정하고 예수 그리스도를 통한 하느님의 우주적 구원의 섭리를 선포하였다. 이것은 당시 봉건주의적이고 폐쇄적인 영국 사회와 교회에서 모든 인간이 인종과 계층과 종교를 초월하여 하느님의 형상으로 창조되었다는 것과 모든 인간이 죄인임에도 불구하고 누구나 구원받을 수 있다는 구원의 보편성을 개진한 것이다.

이러한 보편적 구원 사상은 감리교 신학의 가장 중요한 특징인 동시에 개방적인 선교적 접근에 기초가 된다고 생각한다. 또한 이것은 현대 신학자들이 교단 간에, 종교 간에 대화를 통한 화해와 인류 평화를 성취하려는 데 선구자적인 사상을 제시하는 것이다.

4. 선교와 사회 변혁의 동시성

웨슬리는 선교에 우선순위를 둔 지도자였다. 비록 그는 영국 교회에서 파면되었으나 새로운 교단을 창시할 생각은 없었다. 그는 언젠가는 성공회와 통합하기를 희망하였다. 그러나 만일 통합이 선교에 저해 요인이 된다면 통합할 수 없다고 단호한 입장을 취하였다. 그토록 그는 선교의 중요성을 감지하고 있었던 것이다.

웨슬리가 교회의 강단을 잃고 옥외 집회에서 만난 선교의 대상은 곧 하층구조에 속한 민중이었다. 그들은 경제적으로나 도덕적으로 사회의 밑바닥에 속한 천민들이었다. 웨슬리는 그들에게 그리스도의 복음을 전파하여 예수 자신의 선교처럼 민중에게 하느님의 자녀임을 주지시키는 동시에 이 신분 상승에 따른 인격적 자아 확립을 촉구하고 훈련시켰다. 그 결과 믿는 자들의 도덕적 수준이 높아졌을 뿐만 아니라 사회 개혁에 참여함으로써 민주주의의 초석을 놓는 데 기여하였다.

웨슬리는 복음 선포를 통한 신앙운동에서 시작하여 사회구조의 개혁을 통한 역사 변화로까지 나아간 것이다. 어떤 불란서 역사가는 말하기를 "영국은 청교도 및 웨슬리 운동을 통하여 피 흘리지 않고 민주사회를 건설하였다"고 하였다. 웨슬리의 선교 운동은 전도를 통해 개인 구원과 교회 발전으로 나아가는 동시에 사회 개혁과 역사 발전에까지 이르는 '통전적 선교 모델model of integral mission'을 창출하였다. 이것은 '교회 성장'과 '기독교 확장'의 영역을 넘어서지 못하는 오늘 한국교회에게 귀감이 된다.

III. 웨슬리의 선교 활동

위에서 웨슬리의 신학을 선교 신학적 시각에서 고찰해 보았다. 이제 그것을 근거로 그가 어떤 선교 활동을 전개하였는지 찾아보고자 한다.

1. 옥외 집회

영국 교회에서 파면되고 강단을 잃은 웨슬리는 좌절할 수밖에 없었다. 그는 본래 웅변가이고 설교가였는데 더욱이 회심 후에 뜨거운 구원의 체험을 토로할 곳이 없으니 그럴 수밖에 없었다. 그때 전도자이자 친구인 휫필드가 옥외 집회를 권하였다. 그도 옥외 집회를 하고 있었다. 그러나 웨슬리는 처음에는 이에 반대하였으나 예수의 산상설교를 연상하면서 옥외 집회를 시작하였다.

옥외 집회에는 3천에서 5천 명이 모였다고 한다. 음향기기가 없는 시대에 그는 작은 키에 비해 유난히 성대가 컸기 때문에 전달의 문제는 없었다고 한다. 그는 시장, 야산, 부두, 광산 등 사람들이 모일 수 있는 곳이면 어디서나 옥외 집회를 가졌다.

여기서 나온 일화도 많다. 웨슬리는 자기 아버지가 목회하였고 자기가 태어나고 불에 타 죽을 뻔했던 엡워드 교회에 설교하러 간 적이 있었다. 그러나 그 교회는 강단을 허락하지 않았다. 그는 하는 수 없이 교회 정원에 있는 아버지의 비석 위에 올라서서 설교하였다. 그는 오척 단신이었기 때문이다. 한 번은 빈 돼지 사옥 2층에서 수백 명이 모여 설교를 듣고 있었는데 낡은 목조건물이라 마루가 아래로 내려앉았다. 그러나 다행히 수평으로 내려앉았고 청중들은 조금도 동요하지 않고 계속 설교를 경청하였다고 한다. 유사한 사건이 또 하나 있다. 돌담이 둘러 있는 곳에서 집회가 열렸는데 많은 청중들이 돌담 위에 앉아서 설교를 듣고 있었다. 그런데 설교 도중 돌담이 무너졌다. 그러나 다친 사람도 없었고 청중들도 계속 말씀에 귀를 기울였다고 한다. 웨슬리의 옥외 집회는 영국 교회의 요청에 의한 경찰의 방해를 8개월간이나 받는 곤혹을 치르기도 하였다.

2. 순회 전도

웨슬리는 두 번 다시 갈 수 있는 곳이라도 마차로 어디나 전도여행을 갔다. 그는 전도가 1회에 그치면 효과가 없다고 보았기 때문이다. 그는 말하기를 한 번 회심하였으나 계속적인 영적 도움이 없다면 마귀에게 맛있는 밥이 된다고 하였다. 한 번은 그가 두 번째 방문한 도시에 가서 이발을 하게 되었다. 그때 이발사는 말하기를 자기는 큰 도둑이었으나 웨슬리의 설교를 듣고 회개하여 직업을 전환하였다고 하였다.

웨슬리의 마차는 전도여행의 수단일 뿐만 아니라 서재였다. 그는 거기서 독서하고 명상하고 수많은 책을 편집하고 저술하였다.

웨슬리는 어느 겨울날 먼 거리를 여행하다가 여관이 없어 한 폐교된 학교 건물에서 밤을 지내게 되었다. 유리창은 깨져서 찬바람은 몰아치고 마루는 얼음처럼 차가웠다. 밤중에 동행자가 "선생님, 춥지 않으십니까?"라고 묻자 "아직 한편 옆구리는 얼지 않아 괜찮다"는 유머로 응답하였다고 한다. 그가 복음을 전하는 일에 고통이 따른다고 할지라도 기쁨과 마음의 여유로 대처하였던 것은 오늘날 정신적 여유 없이 목회에 종사하는 우리에게 의미하는 바가 크다고 하겠다.

3. 전도의 대상

당시 영국 교회는 극히 귀족화되었다. 왕실의 귀족, 재벌, 지주, 지식인들이 교회에 참여하였으며 교회의 좌석은 계급과 금전에 따라 정해져 있었다. 따라서 이러한 상류계층에 속하지 못하는 민중은 자연히 교회에서마저 소외될 수밖에 없었다.

이와 같은 사회적 상황에서 벌어지는 웨슬리의 옥외 집회에 모여드는 사람들은 결국 국외자들일 수밖에 없다. 즉 도둑, 창녀, 바보, 노동자, 군인, 상인 그리고 소수의 지식인 등. 이것은 마치 예수께서 갈릴리 지방에서 전도하실 때 만났던 바로 그 청중들과 다르지 않았다.

4. 속회와 신도회

웨슬리는 영국 교회에서 파면당하였으나 새 교단을 창설할 생각은 없었다. 그러나 선교의 결실을 관리하기 위해서는 조직과 훈련이 필요함을 인식하였다. 아마도 이것은 그의 '홀리클럽'의 경험에서 비롯된 것인지도 모른다.

속회(Class)

1739년 브리스톨에서 여인 셋이 웨슬리를 방문하여 모임에 대해 제안하였다. 웨슬리는 회상하기를 그들은 "서로 잘못을 고백하고 위로하고 기도함으로써 치유받기 위하여 매주 모이기로 결정하였는데 같은 날 네 명의 청년이 찾아와서 같은 제의를 하였다"고 하였다. 최초에는 속장이 속도들의 가정을 방문하였으나 후에는 일정한 장소에서 모였다. 속회가 하는 일은 성도의 교제, 신앙의 격려, 교회 지원을 위한 헌금(추후에는 선교비로 사용) 등을 하였다. 웨슬리는 속장들을 매주 화요일에 소집하여 교육시키고 신앙심을 제고하였다.

속회 운동이 교회 밖에 미친 영향도 적지 않다. 휫필드는 어떤 의미로는 전도 운동에서 웨슬리보다 성공하였으나 그의 활동은 당대에 끝났다. 그것은 웨슬리처럼 조직에 대한 관심이 없었기 때문이다. 속회는 속도들의 자율성과 민주적 운영을 권장했기 때문에 영국 감리교가 사회민주화에 크게 기여하였다는 지론도 있다. 또한 행정학자들은 웨슬리의 속회 운동이 현대 조직론의 선구자적 역할을 하였다고 말하기도 한다.

신도회(Society)

원래 이 신도회는 영국 교회의 제도인데 1739년 8~9명의 신도가 찾아와서 모임을 원하므로 별도로 조직하기에 이르렀다. 그 취지문은 다음과 같다.

"본 신도회는 경건한 생활을 하려는 사람들이 서로 도와 구원의 성취를 목적하여 합심 기도하고 권면의 말씀을 받으며 서로 사랑하는 가운데 피차 깨우치기 위한 모임이다."

웨슬리는 신도회 회원들에게 영국 교회의 예배에 참석하여 성만찬을 받도록 권유하였다.

신도회는 웨슬리의 전도 운동을 위해 재정적으로 큰 도움을 주었다.

5. 평신도 전도자 양성

웨슬리는 전도 운동의 결과로 나타나는 교인들의 수적 증가와 함께 지방의 요구에 부응하기 위하여 평신도 지도자를 양성하여 활용하였다. 그 수는 7~8명에 달한다. 그들은 전도 사업에 종사할 뿐만 아니라 여러 지방에 조직된 신도회를 시찰하고 지도하였다. 이들의 활동으로 인해서 "죽음의 길로 가던 자들이 그 길에서 돌이키고 … 회개하고 새 생활을 시작하는 자들이 많았다"고 한다.

특기할 것은 웨슬리가 여성 전도자를 양성한 것이다. 보상케트 여사는 유복한 가정의 딸로서 하녀를 통해 개종하였다. 그녀는 사재를 털어 고아원을 설립하고 전도도 하고 설교도 하였다. 웨슬리는 여성의 설교가 하느님의 비상수단이라고 칭찬을 아끼지 않았다. 그가 그 당시 여성 전도자를 세운 것은 아마도 어머니 수잔나에게 받은 영향이 컸기 때문일 것이다.

6. 다원 선교

위에서 언급한 바와 같이 웨슬리는 전도 활동을 통해 개인의 영혼 구원 운동을 시작하였고 다원 선교를 통해 사회 구원 운동을 전개하였다. 그는 개인의 구원과 사회 구원은 불가분리적 관계에 있다고 보았던 것 같다. 그는 영국 신사답게 사상과 생활, 개인과 사회의 관계와 균형을 중시하였음이 틀림없다.

웨슬리는 현대 다원 선교의 조상이라는 칭호를 받지만 실은 그 근원이 그의 할아버지 존 웨스틀리John Westley에서 비롯되는 것이다. 그는 순회 전도자로서 설교도 하고 부두 선교를 위해 활약하였다.

사회개혁가이자 감리교인인 조지 엘리엇은 말하기를 "웨슬리의 선교는 그리스도 안에서 시작되고 성숙한 것이지만 간접적으로는 남모르게 사회 변혁을 초래하였다"고 하였다. 웨슬리의 다원 선교를 요약하면 아래와 같다.

사회사업: 런던의 철공장 창고를 매입하여 예배당으로 사용하는 한편 거기서 야학, 고아원, 진료소, 수공업, 직업소개소 등을 운영하였다.

사회기관 설립: 공장, 은행, 신용조합의 창시

사회개혁: 형무소 개혁 - "지상에 지옥의 그림자 같은 곳이 있다는 것은 인간의 수치요. 기독교 세계에 형무소가 필요하다는 것은 기독교의 수치다."

노예제도 폐지 - 브리스톨 기념교회 가까이 있는 부두에 노예시장이 있었다.

세금인하 - 하층민과 노동자들의 세금 인하를 주장하였다.

7. 해외 선교

1747년 평신도 전도자가 아일랜드에 교회를 설립하고 1787년에 교회 건축하였다. 웨슬리는 거기서 6년간을 지내며 42회 설교하였다.

1751년 스코틀랜드의 친구 갤리친 대령이 사람들의 요청을 받아 웨슬리를 초청하였다. 1761년 그곳에 신도회가 조직되었다.

미국 선교 - 1860년 아일랜드의 독일계 이민자가 감리교를 창설. 1769년 연회에서 2명의 전도인 파견. 1770년 교세는 신도 29,400명, 전도자 121명, 교구 50개 등.

VI. 결론

존 웨슬리는 그의 50년간의 선교 활동을 통해서 초인간적인 결과를 창출하였다. 그의 올더스게이트의 구원 체험을 근거로 하는 신학 곧 선행적 은총, 신인협동설, 칭의와 신생의 일치 및 선교와 사회 변화의 연계성 등은 하느님의 구원의 보편성, 신앙과 생활의 일치, 개인 구원과 사회 구원의 통합을 제시하는 선교 신학의 통전적 모델을 제시하였다.

그뿐만 아니라 그는 1) 이론적 신학자가 아니라 실천적 신학자이자 복음 전도자로서 하층 민중을 대상으로 하는 옥외 집회와 순회 전도에 직접 투신함으로 놀라운 결과를 가져왔고, 2) 속회와 신도회의 조직과 훈련을 통하여 결과적으로 감리교회를 육성하고 현대 조직론에 영향을 주었으며, 3) 평신도를 훈련하여 선교 현장에 투입함으로써 목회자의 독점을 지양하고 평신도 중심 선교의 지평을 넓혔고, 4) 다원 선교적 상황의 요구에 응함으로써 보편적 구원의 실천가가 되는 동시에 현대 다원 선교의 조상이 되었다.

이렇게 볼 때 웨슬리는 기독교 역사상 가장 위대한 실천적 선교 신학자인 동시에 전도자라고 말해서 잘못이 없을 것이다. 웨슬리의 후예인 우리들은 그의 위대한 선교의 신학적·실천적 유산을 창조적으로 계승하여 21세기 선교에 적절히 활용할 책임이 있음을 강조하면서 말씀을 맺는다.

5

21세기 기독교 대학의
정체성과 방향*

Ⅰ. 시작하는 말

"기독교 대학이란 무엇인가?"라는 질문이 처음 등장한 것은 20세기 후반기라 여겨진다. 이것은 우리 사회에 우후죽순 격으로 증가하는 대학들 속에서 기독교 대학이 그 정체성을 찾으려는 시도에서 출발하였다고 볼 수 있다. 이와 동시에 기독교의 종말을 예고하는 소위 "기독교 이후 시대 post-Christian era" 및 기독교를 상대화하는 "종교 다원주의religious pluralism"라는 사상의 등장은 지난 2000년간 막강한 종교적 세력으로 온 세계를 지배하던 기독교뿐만 아니라 기독교 대학에게 그 존재 의미를 반성하게 하는 계기를 주었다고 생각한다.

오늘 우리가 "21세기 기독교 대학의 정체성과 방향"을 화두로 삼게 된 것은 위에서 언급한 20세기의 사회적 및 종교적 문제와 함께 21세기 우리

---

* 이 글은 2004년 5월 20일 서울여대 제4회 바롬학술심포지엄에서 한 주제강연 원고이다.

대학들이 풀어야 할 과제 곧 교육 환경의 열악성, 학문 및 재정의 상대적 취약성, 목적을 상실한 교육 및 인구 감소에 따른 대학의 생존 등의 여러 문제들을 놓고 이러한 상황에서 기독교 대학이 그 존재 이유를 새롭게 모색하고 앞으로 나아갈 방향을 투시하려는 데 그 뜻이 있는 줄로 안다.

하나의 대학을 창설하고 운영한다는 것은 "교육"이라는 단순한 목적을 지향하는 것 같으나 사실상 그것을 실현하기 위해서는 엄청난 인적, 물적 자원을 동원해야 하는 것이다. 그러나 모든 필요조건을 다 구비했다고 할지라도 성공한다는 보장이 없는 것이 곧 교육이다. 그것이 기독교 대학일 경우에는 더욱 그렇다. 왜냐하면 기독교 대학이란 그 이념 구현의 여하에 따라 존폐가 좌우되기 때문이다. 따라서 기독교 대학은 끊임없이 그 설립 이념을 확인하고 자기 정체성을 추구 및 유지하는 노력을 계속해야 하는 것이다.

필자는 주어진 소임을 위해 아래와 같이 논의를 전개하려고 한다. 우선 기독교 대학의 정체성을 파악하기 위해서 그 이념이 무엇이고 그것을 실천한 결과가 어떻게 나타났는지를 살펴보아야 할 것이다. 결국 대학의 정체성이란 그 이념에 근거한 교육의 실천을 통해 배출된 인재의 질質 및 사회적 기여도와 직결된다고 생각되기 때문이다. 이를 위해 초기에 설립된 몇 대학과 서울여대를 중심으로 그 이념들을 검토하고 그 이념의 실현과 사회에 미친 영향을 찾아보려고 한다.

기독교 대학들은 그 발전 과정에서 정체성을 항상 투명하게 유지하였다고 볼 수는 없다. 일제의 식민지 통치와 군사 독재의 타율적 강압으로 인해 그 정체성이 훼손되기도 하였고 "기독교 이후 시대"와 종교 다원주의는 기독교 이념을 위축시키고 상대화하였고 근자에 대학을 강타한 과학주의와 물질주의는 그 이념을 외면하였으며, 다원 대학 내의 다양한 이해집단들 간의 갈등이나 이사회의 무능과 무책임 등이 기독교 대학에 위기를 자초하기도 하였다.

이제 기독교 대학이 본연의 정체성을 확립하기 위해서는 우선 오늘의 역사적 요청 앞에서 이념에 대한 새로운 이해와 이를 구현하기 위한 통전적이고 구체적인 교육 방향을 설정해야 할 것이다. 기독교 대학의 최우선적 목표는 시대를 초월하여 기독교적 인격과 지도자(또는 섬기는 자)를 배출하는 것이므로 그 이념을 구현하기 위한 정신적 기초는 성서적 인간관에 둘 수밖에 없을 것이다. 따라서 필자는 여기서 21세기에 등장한 지구촌 시대와 우주적 공동체란 역사적 현실에 비추어 이해하고 해석한 성서적 인간관을 하나의 시안으로 제시하려고 한다. 이것이 기독교 대학이 추구할 보편적, 다원적이며 구체적 교육 방법의 창안과 실천에 작은 보탬이 되기 바란다.

II. 기독교 대학의 정체성

우리가 21세기 기독교 대학의 정체성을 추구하려면 먼저 그 설립 이념으로 돌아갈 수밖에 없을 것이다. 오늘 한국에 현존하는 기독교 대학들은 모두 19세기 및 20세기에 건립된 교육기관이다. 그 이념들은 기독교 정신에 근거하였다는 의미에서 공통점을 지니고 있으나 설립된 시대와 대학의 교육 목적에 따라 약간의 차이를 보이고 있다. 아래에서 교회와의 관련 하에 설립된 몇 대학의 이념을 살펴보기로 하겠다.

1885년에 창설된 광혜원廣惠院의 후신인 세브란스 의과대학의 창립정신은 선교사 에비슨의 기독교 정신에 기초되었다고 한다. 요약하면, 기독교 신앙에 근거해서 한국인의 영혼과 육신을 함께 치료하고 그들에게 하느님의 존재와 사랑을 전하는 것이다. 나아가서 학생들과 환자들은 단순히 의료 행위를 통한 관계뿐만 아니라 이 땅에 하느님 나라를 세우는 일을 위해 협력하는 것이었다. 위에서 영혼을 치료한다는 것은 개종을 뜻하는 것이고 하느님 나라의 건설은 이 나라를 기독교 사회로 만들겠다는 말로 이해해도 좋을 것이다.

1905년 혹은 1906년에 설립된 숭실학교에 대학 과정으로 출발한 숭실대학(1908)의 설립 이념은 1) 학교의 기본 이념은 유용한 지식을 다양하게 교수하여 학생으로 하여금 여러 분야에 책임적 지도자로 양성하는 것, 2) 가장 중요한 일은 학생들에게 기독교적이고 정신적인 영향을 미치는 것, 3) 선교 학교mission school의 주요 목적은 국민들에게 적극적으로 포교 활동할 수 있는 교회 육성과 그 지도자 양성에 둔다는 것 등이다. 숭실대학의 이념은 당시 선교사들의 보수주의 신학, 곧 개종과 교회 지도자 육성을 강하게 반영하고 있다.

1916년에 설립된 연희대학의 창립 정신은 "기독교 정신을 토대로 하여 심오한 학문을 연구하며 고도의 기술을 연마해서 국가와 민족의 지도적 인물을 양성하며 더 나아가서 세계 인류의 평화와 행복을 위하여 공헌할 수 있는 인재를 길러 내려는 데 있다"는 것이다. 이것은 기독교 정신 위에 학문 전수를 통한 민족 지도자 육성과 인류의 평화를 지향하는 보편적인 교육을 천명하고 있다.

1910년 이화학당에 대학과를 신설하고 1925년 전문대학으로 개편하여 오늘에 이른 이화여자대학교는 그 이념을 그 서문과 1조에서 추출해 볼 수 있다. 즉 이 대학의 설립은 하느님의 정의로운 진리를 암흑의 땅에 선포함으로써 전통과 인습에 사로잡힌 여성들에게 사람됨과 여성됨의 의미를 발견케 하고 기독교적 진선미의 가치를 확립하여 희생과 봉사, 바른 사고와 윤리의식의 지성인이 되어 민족 사회와 세계 속에 하느님의 정의를 구현하는 것이다. 여기서 이화여대는 남존여비가 극심한 전통사회에서 여성의 인간화, 기독교 정신에 입각한 지성인 육성을 통한 하느님의 정의 실현에 초점을 두고 있다.

1960년에 설립 인가를 받은 서울여자대학교의 이념은 아래와 같다. "민주국가 건설 초기에 강력한 도의 정신과 기술을 구비한 지도자가 절실히 요구되는 실정에 비추어, 재래의 대량 생산적이며 지적 편중인 대학교육을 지양하고, 지적 교육과 아울러 기독교 정신에 입각한 도의 실천 교육과 기술 교육을 선발받은 극소수에게 균형 있게 실시함으로써 출세주의, 성공주의, 간판주의를 떠나 동족과 인류의 행복을 위하여 자발적으로 수준 이하의 사회와 낙후된 농촌의 개척자 선봉자로서 봉사할 수 있는 지, 덕, 술이 겸비된 여성 지도자를 양성함에 있음"이다. 이 이념은 1960년대 전후의 사회와 교육의 현실을 극명하게 노정하는 동시에 이를 극복하는 대안으로서, 기독교 정신에 입각하여 선택된 소수에게 지식과 도의 교육을 실시함으로써 사회와 세계를 위한 개척자를 육성하겠다고 천명하고 있다.

우리는 위에 열거한 대학들의 이념이 넓은 의미에서 기독교 정신에 기초한 공통점을 지니고 있는 동시에 또한 차이점도 보이고 있다는 것을 확인할 수 있다. 즉 처음의 두 대학은 그 교육의 제1차 목적이 선교와 교회 발전에 두었다면 여타의 대학들은 기독교 이념에 근거한 지성인과 사회 지도자 육성에 역점을 두고 있다는 것이다. 이것은 대학들이 시대적 요청에 따라 각기 교육 목적의 강조점을 달리하였다고 이해할 수 있다. 우리는 여기서 기독교 대학이 이념의 확고한 토대 위에서 시대의 변화와 요청에 따라 창의적이고 책임적인 교육을 실시하려는 의지를 엿볼 수 있다. 그리고 각 대학들이 역사적 상황의 변화에 따라 그 이념의 표현을 달리하였다는 것은 21세기란 새로운 시대에 생소한 과제를 위임받은 기독교 대학들에게 시사하는 바가 크다.

III. 기독교 대학의 공헌

　기독교 대학의 이념이 정체성을 위한 정신적 근거라고 하면 교육을 통한 인재 양성과 사회적 기여는 정체성을 위한 현실적 증거라고 할 수 있을 것이다. 따라서 기독교적 이념에 근거하여 설립된 대학들이 지식의 전수 및 창달과 지도자 육성을 통하여 사회에 기여한 바를 파악하는 것은 정체성 확인에 필수조건이다.

　기독교 교육기관이 탄생하던 19세기 말엽은 우리 역사상 가장 비극적인 시대였다고 한다. 대원군의 쇄국정책으로 국제화의 물결을 수용하지 못하고 국내적으로는 사색당파와 세도 정치로 인해서 정치·경제·사회는 부패와 혼란에 빠졌고, 주류 종교인 유교는 그 정신적·도덕적 힘을 잃고 명목만 유지하고 있었다. 이런 위기 속에서 벗어나려는 듯 고종 황제는 1885년 광혜원의 설립을 허가하였고 미국 교회 선교부에 기독교 포교를 배제한 의술과 교육만을 위해 활동하라는 윤허를 내렸다. 그러나 초기 선교사들은 교육기관을 설립하여 서구 지식의 전수와 함께 기독교 교육과 예배를 실시하였으며 교회를 설립하여 기독교 복음 전도에 이바지하였다. 이러한 양면적 활동은 교육과 선교의 밀접한 관계를 형성하였고 교회 발전과 사회 개혁에 크게 기여하였다.

　특히 20세기 초기에 일제의 식민지 통치하에서 점증하는 억압적 현실에도 불구하고 열약한 상태를 벗어나지 못한 기독교 대학들이 이룩한 공헌은 우리의 상상을 초월한다. 그것을 다음과 같이 요약할 수 있겠다.

　첫째는 문화적인 공헌이다. 즉 대학들은 서구의 과학과 학문 및 예술을 도입하고 전수함으로써 서구 사회에 대하여 무지하던 우리 사회가 세계의 발전된 모습을 보게 하였으며 서구 문화를 수용함으로써 의식과 사회의 변화를 주도하였다. 둘째 공헌은 인재 배출을 통한 사회 개혁이다. 즉 수많은 지식인과 목회자들을 배출하여 사회조직 및 교회를 통하여 남녀차별과 양반-상인의 계층의 타파, 청년 운동, 농촌 운동 및 자립경제 운동 등을 추진케 함으로써 봉건 사회에서 근대 사회로 옮겨가는 데 기여하였다. 셋째 공헌은 기독교 대학들이 민족정신을 고취하고 독립운동을 실천하는 모체가 된 것이다. 기독교 대학들은 교회와 함께 민족의 독립을 가르치고 고무하는 교육장이었을 뿐만 아니라 항일투쟁의 일꾼들을 길러 내는 훈련소였다. 이러한 역할은 3·1운동을 중심으로 한 민족독립운동에 공헌한 바 크다고 하겠다.

이와 같이 초기 기독교 대학들의 사회-역사적 공헌은 그들이 그 설립 이념에 십분 충실하였다는 것과 함께 그 정체성을 확연히 노정하였다는 사실을 입증하고 있다. 이러한 역사적 기여는 3·1운동 이후 일제의 회유정책에 따라 그 빛을 서서히 잃게 되었다. 그러나 8·15해방 이후 기독교 대학들은 다시금 그 이념을 되살리고 정체성 회복에 전력투구하였다. 그 결과 1960년대 이후 근대화와 산업화 과정에 필요한 지식 및 인재 공급으로 기여한 바 크다.

기독교 대학들은 또한 우리나라의 민주화운동에도 적지 않게 공헌하였다. 1961년 4·19혁명 당시 부패한 자유당 정권과 유신정권의 인권 탄압에 대한 저항운동에 기독교 대학의 수많은 교수들과 학생들이 참여하였고 민주주의와 자유를 외치는 함성이 강단과 채플에서 울려 퍼졌다. 그 결과 기독교 대학의 많은 교수들이 옥고와 해직의 고배를 마셨고 학생들도 퇴학당하거나 군에 강제 입대되고 옥고를 치르기도 하였다.

기독교 대학들이 책임적 인격을 배양하는 데 기여한 것을 간과할 수 없다. 필자는 1970년대부터 한국 기독교 대학 교목회가 주관하는 소위 "기독교 대학 하기수양회"를 주관하고 십여 회 참여하기도 하였다. 여러 대학의 학생들이 참여하여 며칠간 공동생활을 하면서 기독교적 지도력을 훈련하는 것이다. 우리는 여기서 여러 대학에 속한 많은 학생들이 신앙적으로 또한 지식적으로 우수하였음을 발견하고 기쁨을 금할 수 없었다. 그런데 매우 인상적이었던 것은 서울여대 학생들의 독특한 성향이었다. 그것은 개인적 성실성과 봉사정신에 있어서 탁월함을 드러낸 것인데 대학의 이념과 그 실천이 잘 조화된 작품이라고 판단되었다. 이것은 당시 지도교수로 참석한 모든 교목들의 공통된 평가와 찬사이었다.

위에서 언급한 사실들은 기독교 대학의 존재 이유가 학문을 위한 학문을 전수하거나 도구적 지식을 전달하는 매체로 그치는 것이 아니었다는 것이다. 그것은 역사적 현장 속에서 생명적이고 인격적이며 역동적인 힘을 발휘하고 삶의 의미와 자유와 평화를 창조하고 증진하는 인재를 양성하여 그들이 이룩한 업적을 통해 이념에 상부한 정체성을 유감없이 드러낸 것이라고 말해야 좋을 것이다. 바로 이것이 기독교 대학의 이념 구현이고 정체성의 표현이라고 하겠다.

VI. 기독교 대학의 정체성 위기

기독교 대학들은 위에서 본 바와 같이 역사적 과정 속에서 그 정체성을 충분히 발휘한 때도 있었으나 이와는 정반대로 개별적인 또는 공통적인 정체성 위기에 직면한 때도 있었다. 그 위기를 되돌아보는 것은 미래의 정체성 확립과 발전을 위해 참고가 될 줄로 믿는다.

1. 과거의 정체성 위기

기독교 대학의 정체성 위기라는 말은 자율적이거나 또는 타율적이거나 간에 그 설립 이념과 무관한 교육 행위를 실시하므로 비기독교 대학과의 차별성을 유지하지 못하거나 또는 그 이념을 완전히 상실하는 경우를 뜻하는 것이라고 할 수 있다. 이러한 위기는 그 성격의 상이성에도 불구하고 과거에 미국의 하버드 대학이나 프린스턴 대학을 비롯한 서구의 수많은 '교회 관련 대학들church-related university'이 밟아 온 세속화 과정에서도 나타난 것이다. 설립 당시에 교회와 밀착된 관계에서 출발한 대학들이 사회의 세속화와 함께 새롭게 등장하는 세력들과 결탁하면서 자연히 교회와의 관계가 소원해지거나 단절하게 된 것이다. 그 결과 건학 이념을 등한시하게 되는 동시에 기독교 정신을 기반으로 하는 대학으로서의 정체성이 불투명해지는 것이다. 대학이 기독교 신앙을 지나치게 강조하게 되면 신앙과 지식의 이분법으로 인하여 학문적 수월성을 상실하는 반면에 기독교 정신에서 소원해지면 주소 불명의 교육으로 전락하게 되는 것이다.

필자는 여기서 한국의 기독교 대학들이 겪은 정체성 위기를 시대 별로 구분하여 그 특징을 찾아보려고 한다. 단, 이것은 주관적인 지식과 판단에 의한 것이므로 보편성에 대한 문제가 있음을 부인할 수 없다.

아마도 최초의 정체성 위기는 1930년대 일제의 기독교 대학들에 대한 탄압과 관련된 것이라고 말할 수 있다. 숭실대학은 일제가 신사참배를 강요할 때 대학의 운영 주체인 미국 북장로교는 그것을 우상숭배로 간주하고 불응함으로써 대학이 폐교되는 비운을 맞았다. 그리고 여타 대학들은 그 존속을 위하여 건학 이념을 포기하고 일제의 교육 정책에 순응하거나 종당에는 대학을 일제 총독부의 관할에 넘기는 결과를 초래하였다.

두 번째 기독교 대학의 위기는 우리 사회의 변동, 특수한 현실과 직결된 것이라고 말할 수 있다. 그것은 정범모 교수가 그의 저서 『미래의 선택』에서 지적한 바와 같이 1960년대 이후의 한국의 대학 교육은 사회의 세속적 풍조를 구체화하는 도구의 역할을 하였다. 즉 당시 우리 사회는, 지금도 여전하지만, 학생이나 학부모를 막론하고 교육의 목적이 물질과 출세란 두 개의 가치를 획득하는 것인데 대학들이 그 욕구를 충족시키는 수단이 되었다는 것이다. 기독교 대학들도 이 세속적 풍조에 있어서 예외일 수는 없었다. 기독교 대학들이 비기독교 대학들과 함께 정부가 설정한 규범에만 관심을 집중하고 인재들을 양성하여 사회 각 분야에 진출시키는 것에는 공헌하였지만 고유한 이념을 바탕으로 한 정신적, 윤리적 교육에는 소극적이었음을 부정할 수 없다.

세 번째 기독교 대학의 위기는 군사정권의 강압적인 교육 정책과 함께 대학 자체의 정신적 나약성에 의하여 초래되었다. 군사정부는 강의실, 교수회의, 채플 및 동아리에 정보원을 투입하고 간섭하며 통제함으로써 대학 교육과 이념 구현을 위축시켰다. 그뿐만 아니라 군사정권은 대학생들의 저항이 권력 유지에 저해 요인으로 인식하고 대학을 병영화하려고 시도하였다. 따라서 모든 대학은 국민윤리와 군사교련을 필수과목으로 채택하도록 강요되었다. 이때 기독교 대학들은 기독교 과목의 학점을 감소해야 하는 모욕을 당하였고 어떤 대학에서는 학점의 부활이 가능함에도 불구하고 그대로 방치하는 일이 발생하여 이념 구현에 대한 무관심을 노출하기도 하였다.

2. 오늘의 정체성 위기

첫째는 물질만능주의이다. 1990년대에 어느 기독교 대학의 총장이 세계적 대학을 육성하기 위해서는 재정의 확보가 우선이라고 주창한 것이 대학가를 흔들어 놓은 적이 있었다. 그는 "일류만이 살아남는다"는 시장원리를 대학에 적용하면서 모든 수단을 동원하여 모금운동을 전개하였다. 이런 행태가 여타 대학의 행정 책임자들에게 미친 충격은 매우 심각하였던 것으로 기억된다. 물론 세계적 대학의 탄생이 풍부한 재정적 지원 없이는 불가능하다는 것은 누구나 공감하는 사실이다. 그러나 기독교 대학으로서 세계적인 고등교육 기관이 된다는 것은 무엇을 의미하는 것인지에 대한 연구와 논의도 없이 교육 자금의 중요성만 강조할 때 자연히 이념의 퇴색과 아울러 정체성의 문제가 제기되는 것이다.

둘째로 기독교 대학의 정체성 위기는 과학주의scientism가 대학을 지배하는 데서 비롯되었다. 18세기 영국과 독일을 중심으로 시작된 이 현상이 미국을 거쳐 전 세계로 번져 갔고 산업 사회에서 정보 사회로 전이되면서 세계와 대학을 지배하기에 이르렀다. 여기서 대학의 교육 과정은 순수학문에서 응용학문으로 그 초점이 점차로 바뀌었고 결과적으로 인문학 분야에서 철학과 신학을 약화시키는 동시에 그 자리가 과학성을 강조하는 탈종교적 교육 내용으로 대치되었다. 이러한 과학주의는 전문성을 강조한 나머지 학문 간의 폭 넓은 연대성과 대화를 축소시켰고, 학문 간의 관계성 약화는 학문의 수월성을 추구하는 공동체로서의 특징을 상실하게 하였다.

셋째로 기독교 대학의 정체성 위기는 공동체성의 상실과 관련된 것이다. 일찍이 UC 버클리의 총장 커Clark Kerr가 그의 저서 *The Uses of the University*에서 지적한 바와 같이 이 위기는 하나의 대학인 uni-versity가 다원 대학인 multi-versity로 전이하는 과정에서 비롯된 것이다. 다원 대학이란 거대한 기구는 다양한 이해집단으로 형성되기 때문에 집단들의 이해와 갈등으로 인해서 대학의 이념이나 목표를 성취하기 어렵다고 한다. 이러한 현실은 기독교 대학도 예외는 아니라고 본다. 그 교육 이념이 철저할수록 그 실천에 있어서 한계에 부딪치게 되는 것이다. 결국 대학의 이념이라는 구심점은 실종되고 행정가는 대학 경영과 관리에, 교수는 연구와 교수에, 교목은 채플, 기독교 과목 및 제반 행사 등에 전력투구하는 분업화와 단절 현상이 나타나게 된다. 대학을 구성하는 집단들의 전문화와 분업화는 결과적으로 이념을 기반으로 하는 학문의 총체적 지향성을 상실하고 통전적 교육 또는 전인적 교육을 불가능하게 만드는 것이다.

넷째로 기독교 대학의 정체성 위기는 경영 주체인 이사회와 관계된 것이다. 이사회는 대학 이념의 수호자인 동시에 대학의 지향성을 가늠하는 나침반이기도 하다. 국공립대학은 정부의 방침에 따라 또한 일반 사립대학은 교주의 생각에 따라 그 향방이 좌우되기 마련이다. 그러나 기독교 대학은 이사회의 이념 구현을 위한 확고한 의지와 대학의 미래에 대한 비전, 그리고 적극적 지원에 그 운명이 달려 있는 것이다. 그럼에도 불구하고 우리는 타 대학의 모범이 되어야 할 기독교 대학들이 이사회의 갈등과 운영의 비합리성 때문에 발전이 중단되고 대학 자체가 붕괴 위기에 직면하는 사태를 수없이 경험하였다.

끝으로 기독교 대학의 위기는 다원적 종교 사회의 출현과 함께 시작되었다. 한국에 기독교 대학이 설립되기 시작한 19세기 말엽은 서구 식민주의와 연대한 서구 교회가 비非서구 지대의 문화와 종교를 완전히 부정하거나 악마시하던 때였다. 그 당시 토착 문화와 토착 종교들은 막강한 힘을 지닌 서구 문화와 기독교 앞에서 그들의 특성을 과시할 능력을 상실하였다. 따라서 기독교 대학들은 그 이념에 따라 인재 양성과 사회 변화를 자유롭게 구사하여 소기의 목적을 달성할 수 있었다.

그러나 제2차 세계대전의 종식은 피식민지에서 독립한 국가들의 민족주의의 추구와 그 뿌리인 토착 문화와 토착 종교에 대한 관심을 불러일으키게 되었다. 그 결과 기독교가 지배적으로 보였던 나라들이 토착 종교적 상황으로 급변하게 된 것이다. 이것은 우리 사회에서도 예외는 아니었다. 지금 한국의 교회는 인적, 물적 자원과 함께 막강한 힘을 소유한 것으로 자처하지만 이 사회의 의식을 지배하고 있는 종교는 무교, 불교, 유교임이 틀림없다. 심지어 한국교회는 형식상으로는 기독교이지만 내용적으로는 토착 종교들의 집합체라고 하는 신학적 비판도 없지 않다. 그리고 토착 종교의 이념에 기초한 대학들도 그 역사와 학문적 위업을 자랑하고 있는 현실이다. 이러한 다원 종교적 사회와 그것에 근거한 대학들의 현존 속에서 기독교 대학은 그 존재 이유와 차별성이 무엇인가라는 새로운 도전 앞에 서게 된 것이다.

V. 21세기와 기독교 대학의 방향

1. 21세기의 특징과 기독교 대학

20세기 말에 수많은 미래학자들이 등장하여 21세기는 20세기와 전혀 다른 특징을 지니게 될 것이라고 예언하였다. 물론 그 변화에 대한 다양한 견해가 제시되었으나 그 공통점을 찾아보면 다음과 같은 항목들로 요약할 수 있을 것이다. 즉 산업 사회에서 정보 사회로, 국가 사회에서 지구촌 사회로, 가치나 이념의 획일성에서 다원성에로, 문화의 동질성에서 차별성에로, 지식의 일반화에서 전문화로, 이익의 쟁취에서 서비스 등으로의 변화이다. 우리는 지금 이러한 예언이 실현된 현장을 경험하기도 하고 다가올 미래에 실현될 것을 기대해도 된다는 암시를 받고 있다. 실로 인간의 삶의 구조와 의식을 총체적으로 쇄신하는 혁명적 변화이다.

이렇듯 급격한 상황의 변동 속에서 기독교 대학의 정체성은 무엇이며 그것에 근접하기 위하여 무엇을 어떻게 해야 할 것인지 자문하지 않을 수 없다. 위에 제시한 21세기의 특징들은 세계와 인류 전체에 대하여 보편적 영향을 미칠 것이므로 인간의 사상 및 활동의 모든 영역이 절대로 무관심할 수 없는 것이다. 이것은 더욱이 새로운 역사적 요청에 응답하고 바람직한 미래를 창출해야 하는 대학 공동체에 막중한 과제와 책임을 부여하고 있다. 그리고 그 특징들이 기독교 대학의 이념과 교육 목표와 불가분리의 관계에 있음을 부정할 수 없다. 가령 정보 또는 지식이나 전문성 문제는 일반 대학들과 공동 관심사라고 할 수 있겠다. 그러나 지구촌화에서 오는 인류의 공동체성, 기독교 대학이 지녀야 할 교육의 차별성, 종교적 다원 사회에서의 기독교 대학의 존재 의미, 서비스 사회를 위한 봉사자 육성의 방향 등, 이 모든 것이 기독교 대학의 이념과 정체성의 문제와 직결된 것을 간과할 수 없는 것이다.

우리가 이 같은 요청들을 모두 충족시키는 것은 이상일 수는 있으나 현실적으로 불가능함을 잘 알고 있다. 그렇다고 속수무책으로 우리의 책임을 포기할 수 없는 것이 우리의 현실이기도 하다. 우리는 고귀한 이념을 지향하는 동시에 지속적인 변화의 과정 속에서 개척자적인 헌신을 통하여 우리의 과제를 실천하는 길밖에 없지 않을까 한다. 그 과정에서 우리가 희구하는바 정체성을 발견하는 행운도 만날 수 있을 것이다. 그런 의미에서 기독교 대학의 정체성이란 "지금 존재하는 것"(being)이 아니라 "앞으로 존재하는 것"(becoming)이라는 말이 적절할 것이다.

2. 기독교 대학이 나아갈 방향

미국의 미래학자 P. F. 드러커는 그의 저서 『새로운 현실』(*The New Realities*)에서 주장하기를 미래 교육의 초점은 두 가지라고 한다. 하나는 창의성 계발이고 다른 하나는 도덕성 함양이다. 즉 미래의 교육은 창조적 능력을 발굴하고 발전시키는 동시에 인간의 독창성이 만든 기술과학의 막강한 파괴력을 통제하고 평화적 목적을 위해 활용할 수 있는 도덕성을 가르치는 데 역점을 두어야 한다는 것이다. 드러커의 주장은 우리에게 이미 상식화된 말이지만 다시 한 번 깊이 음미해 볼 가치가 있다. 왜냐하면 창의성 개발과 관계된 학문적 수월성academic excellence은 모든 대학들이 공유하는 관심사라고 한다면 정신적-도덕적 수월성spiritual-moral excellence은 기독교 대학의 근거인 이념과 교육 목적과 불가분리의 관계에 있기 때문이다. 그렇다면 기독교 대학의 이념과 방향을 구현하기 위한 실천적 근거를 어디서 찾아야 할 것인가?

필자는 하나의 시안試案으로 성서의 인간관에서 그 근거를 찾아보려고 한다. 그것은 기독교 정신의 원천이 성서이고 기독교 대학의 교육 목적이 성서적 인간상을 창조하는 것이기 때문이다. 성서의 인간관은 인간의 지능이나 기능을 강조하는 일반적 인간 이해와는 달리 세 가지 관계성에 기초한 전인적 인간상으로서 기독교 대학의 교육 이념 구현에 매우 중요한 의미를 지닌다고 믿는다.

여기서 약술하려는 창세기의 창조 설화에 나타난 인간관은 어떤 과학적 또는 철학적 묘사가 아니라 신의 창조에 대한 신앙을 중심으로 한 상징적 표현이기 때문에 그것은 마치 한 폭의 추상화와 같다고 할 수 있다. 따라서 그것에 대한 이해와 해석이 다양할 수밖에 없을 것이다. 필자는 다만 성서에 나타난 인간 창조의 이야기를 지구촌과 우주 공동체라는 캔버스에 실험적으로 그려 보고자 한다.

첫째, 하느님과 인간의 관계성이다. 창세기는 "주 하나님이 땅의 흙으로 사람을 지으시고, 그의 코에 생명의 기운을 불어넣으시니, 사람이 생명체가 되었다"(창 2:7)고 기술하고 있다. 이 창조 설화의 의미는 인간의 생명은 하느님에 의하여 주어진 것이고 하느님과 인간은 생명 곧 영적 관계에 있으며 하느님이 인간 속에 내재한다는 것이다. 따라서 창세기의 인간관은 인간 생명이 하느님에 의하여 주어진 것이므로 초월성을 지닌다는 것과 인간의 인권은 하느님과 동등한 존엄성을 인정받아야 한다는 것, 그리고 하느님과 인간의 생명이 만나는 영적 관계에 계속되고 있음을 밝히고 있다. 따라서 인간은 이 관계성을 통하여 하느님의 피조물인 동시에 독특한 인간성의 소유자가 되는 것이다.

둘째, 인간과 인간의 관계성이다. 하느님이 말씀하시기를 "남자가 혼자 있는 것이 좋지 않으니, 그를 돕는 사람, 곧 그에게 알맞은 짝을 만들어 주겠다"(창 2:18)고 하였다. 이 구절은 남녀차별에 대한 오해의 소지가 없지 않으나 근원적으로 인간이 상대적 또는 관계적 존재임을 일러주고 있다. 인간은 독자적 존재가 아니라 이웃과 함께 하는 상호의존적 존재라는 것이다. 인간의 원초적 개인관계는 성, 민족, 계층, 종교를 초월해서 사랑 또는 관심으로 연결되고 지속되므로 완성에 이른다면 인간의 사회적 관계는 정의(사랑의 사회적 표현)에 근거하여 모든 인간의 자유와 평화의 공동체를 형성하고 그 영역의 확장을 통해 완성되는 것이다. 그러므로 인간은 자기 희생적 사랑을 실천하고 정의 위에 사회질서를 확립할 때 개인적으로, 사회적으로 행복하고 평화로운 인류 공동체 안에서 풍요한 삶을 영위하게 되는 것이다.

셋째, 인간과 자연의 관계성이다. "주 하나님이 사람을 데려다가 에덴동산에 두시고, 그 곳을 맡아서 돌보게 하셨다."(창 2:15) 하느님은 인간을 자연의 관리자로 삼으신 것이다. 이것은 인간이 자연의 지배자라는 뜻이 아니다. 인간은 하느님의 피조물이고 또한 자연의 일부로서 같은 피조물인 자연 안에, 자연과 더불어 공존하라는 말이다. 단지 자연은 인간의 욕망을 만족시키고 편의를 도모하기 위해 이용되고 파괴되어야 하는 무가치한 존재가 아니다. 모든 자연과 인간은 하느님의 공동 피조물Mitgeschoepflichkeit이다. 따라서 인간은 상생의 원리에 따라 자기의 역할을 다할 때 우주적 공동체의 형성과 함께 우주적 구원cosmic salvation이란 하느님의 거룩한 사역에 동참하는 봉사자의 특권과 은총을 누리게 되는 것이다.

성서적 인간관은 인간이 하느님과의 영적 관계를 통해 자기 존재의 궁극적 근거와 의미를 찾는다는 것, 인간과 인간의 사랑 및 정의의 관계를 통해 책임적 인류 공동체를 형성해야 한다는 것, 그리고 인간과 자연과의 공존 공생을 통해 우주적 공동체를 실현해야 한다는 등 세 가지 관계성을 통한 인간의 완성을 제시하고 있다. 우리는 이런 맥락에서 예수의 인간관을 이해할 수 있다고 생각한다. 그는 유대교의 신앙적 전통에 따라 인간이 실천해야 할 두 가지 계명, 곧 "하느님 사랑"과 "인간 사랑"을 제시하였으나 우리가 여기에 "자연 사랑"을 추가해도 무리는 없을 줄로 안다. 예수께서는 자연을 하느님의 피조물로 인정하였고 또한 사랑하였기 때문이다. 그런 의미에서 성서적 인간관은 기독교의 특수성을 나타내는 동시에 지구촌과 우주 공동체의 보편적 요구에 응답할 수 있는 진리를 내포하고 있다고 감히 주장하고 싶다.

성서적 인간관을 학문적인 시각에서 보면 하느님과 인간의 관계는 신학, 인간과 인간의 관계는 인문 및 사회과학, 인간과 자연의 관계는 자연과학 등으로 나눌 수 있으며, 상호간의 연계와 통합을 통해 독특한 기독교 이념에 근거한 학문의 포괄적 연대 및 인류와 우주의 보편적 요구에 대한 책임적 응답의 가능성을 시사한다고 말할 수 있다. 따라서 성서적 인간관에 대한 이러한 접근이 기독교 대학 교육의 방향이 되고 이를 실현하기 위한 구체적 방법이 모색되었으면 좋겠다. 그러면 현대인이 상실한 정체성이 재발견될 것이고 갈등, 분열과 전쟁으로 붕괴된 인간 공동체가 부활될 것이며, 기술과학으로 파손된 자연과 그 자연의 역공으로 희생되는 인간을 자연과 함께 구원할 수 있는 지구촌과 우주 공동체의 출현도 가능하지 않을까! 만일 기독교 대학이 이런 환상을 볼 수 있다면 얼마나 놀라운 하느님의 축복일까 하는 생각을 떨쳐버릴 수 없다.

VI. 기독교 대학 정체성의 구현

1. 새 부대와 새 술

기독교 대학은 일반적으로 기독교 이념을 구현하는 표징으로 교목실이라는 기구를 설치하고 채플의 실시와 기독교 과목의 교수 및 제반 행사의 주관 등을 관장케 하고 있다. 이것은 지금까지 기독교 대학들이 전통적으로 취해 온 것으로 그 나름으로 기독교 대학 이념의 실현과 정체성 확립에 도움이 되었다고 말해도 좋을 것이다.

그러나 기독교 대학이 급변하는 역사적 상황 속에서 지속적으로 그 존재의 의미를 유지, 발전시키려면 그 이념에 대한 새로운 이해와 새 시대가 요구하는 기독교적 인간상을 함양하기 위한 혁신적인 교육 방법이 계속 개발, 실현되어야 하는 것이다. 가령 서울여자대학교는 초창기에 "작은 대학small college"을 표방하면서 공동체 생활과 전인교육을 통해 사회와 세계를 위한 여성지도자와 봉사자를 육성하겠다는 기치를 높이 들었다. 그리고 그 이상을 위한 헌신이, 위에서 언급한 바와 같이, 공동체성, 책임의식과 봉사정신에 있어서 탁월한 인재들을 배출하는 데 남다른 성공을 거두었다. 그러나 오늘의 이 대학은 이미 "작은 대학"이 아니고 종합대학 또는 다원 대학으로 변모하였다. 이러한 대내적, 대외적 변화 속에서 그 창립 이념을 구현한다는 의미와 방법을 새롭게 모색하지 않을 수 없을 것이다. 새로운 부대(상황)는 새로운 술(실천)을 요구하는 것이다. 기독교 대학의 정체성은 낡은 부대 속에 영원히 고착되어 있는 무생물과 같은 것이 아니라 새로운 부대의 요청에 적절히 대처할 때만 그 모습을 드러내는 하나의 생동적인 실체인 것이다. 그러므로 변화와 발전을 위한 수고와 고통은 지속되어야 하고 그 수고와 고통은 대학의 정체성이란 귀한 생명을 탄생시킬 것이다.

2. 한 알의 썩은 밀알

기독교 대학이 그 이념을 근거로 하여 시대적 요청에 상응하는 창의적 실천을 통해 정체성을 추구하고 확립하려면 대학에 속한 여러 구성체들의 이해와 협력이 절대적으로 필요하다. 오늘의 다원 대학은 하나의 이념과 목적을 지향하는 공동체이기보다는 오히려 수많은 개인 및 이해 집단들의 집합체라고 말해서 좋을 것이다. 비록 외형적으로는 합리성과 일치가 겸비된 지성인 공동체로 비치지만 내용적으로는 다양하고 이질적인 이해 집단들이 갈등하는 실체라고 할 수 있다. 이것은 학문과 학문 간의 독자성과 괴리현상에서만 나타나는 것이 아니라 이사회, 행정가, 교수, 직원, 학생, 동문 등 각 집단들에서 끊임없이 속출하는 문제이고 이로 인해 대학의 이념 구현이 저해되고 정체성 상실을 자초하게 되는 것이다.

그러므로 다원 대학으로서의 기독교 대학이 그 정체성을 확립하려면 대학을 구성하는 집단들이 그 대학의 존재 이유와 지향성을 분명히 이해하고 협력해야 한다. 즉 각 개인이나 집단들이 그 대학 이념의 구현을 우선순위로 합의하고 모든 관심을 그것에 집중하며 그 밖의 문제는 제2차적인 것으로 간주하거나 부정하는 밀알의 정신이 발동될 때 대학의 존재 의미를 되찾고 바람직한 정체성에 도달하게 되리라고 믿는다.

3. 우물가의 대화

예수가 수가성 우물가에서 만난 사마리아 여인은 성, 민족, 문화 및 종교 등이 서로 다를 뿐만 아니라 심지어는 피차 원수시하는 관계였다. 그러나 그 두 사람은 진지한 만남과 열린 대화를 통해서 진리의 본질에 도달하게 되었다. 기독교 대학이 급변하는 역사적 상황 속에서 그 이념을 항시 새롭게 해석하고 그것을 교육 행위에 구체적으로 적용함으로써 자기의 정체성을 발견하려면, 대학을 구성하고 있는 여러 주체들의 순수한 만남과 솔직한 대화가 불가피한 것이다. 즉 이사와 교수, 행정가와 교수, 교수와 직원, 교수와 학생, 대학과 동문 사이에 기탄없는 소통이 추진되어야 하고 이해와 협력을 증진해야 하는 것이다.

한걸음 더 나아가서 학제 간의 연구와 대화도 활발히 진행하되, 특히 기독교 이념을 인문, 사회, 과학 분야 등에 접목시키는 작업을 충실히 이행해야 된다고 생각한다. 즉 기독교 대학은 일반 학문과 기독교 과목을 분리하여 교수할 것이 아니라 학제 간의 연구를 통하여 학문과 기독교 정신을 접목하여, 예를 들면 기독교와 역사, 기독교와 정치, 기독교와 경제, 기독교와 과학 등의 과목들을 교수하는 시도가 필요하다는 것이다. 이것은 이미 어떤 대학에서 부분적으로 시도된 바가 있었으나 만족할 만한 차원은 아니었다. 이것은 물론 현실적으로 손쉬운 작업이 아니라고 생각된다. 그것은 학문에도 각기 다양한 입장이 있는 동시에 특히 기독교 신앙에 대한 이해에도 다양한 입장이 있기 때문에 공통분모를 찾는 일은 극히 어려울 것이다. 그러나 만일 기독교 사상과 여타 학문의 분리나 또는 기독교 획일주의를 초월하여 다양한 입장을 제시할 수 있고, 교수와 학생, 학생과 학생 간에 열린 대화의 장이 가능하다면 학생들이 각자의 신앙적 및 학문적 정체성을 주체적으로 확립할 수 있는 교육의 진정한 효과를 기대할 수 있지 않을까 생각해 본다.

VII. 맺는 말

우리는 초기 기독교 대학들이 그 설립 이념에 대한 확신에 상응하는 실천을 통하여 멸망 직전에 있는 우리 사회에 빛과 소금의 직책을 감당한 결과 그 정체성이 확연히 드러난 것을 보았다. 당시 기독교 대학들은 실로 짧은 역사와 열악한 환경에도 불구하고 서구 문화의 도입, 사회 개혁, 그리고 민족운동 등에 놀라운 업적을 이룩함으로써 기독교 대학으로서의 주체성을 유감없이 확인했다는 것을 아무리 강조해도 지나치지 않을 것이다.

그러나 일제의 식민지 정책과 한국의 군사독재는 기독교 대학의 이념을 말살하였고 세속주의, 과학주의와 물질주의는 그 이념을 도외시하였으며 오늘의 다원 대학과 종교다원 사회는 이념 구현에 저해 요인과 이념의 상대화를 통해 정체성에 위협을 가하고 있는 것이다. 이 위기적 상황에서 21세기 기독교 대학이 정체성을 추구하고 존재 의미를 확인할 수 있는 길은 무엇일까? 이 질문은 일방적이고 단편적인 대답으로는 충족될 수 없는, 매우 복합적이고 장기적인 방안을 요구하는 사안이라고 생각된다.

그러나 "호랑이에게 잡혀가도 정신만 차리면 산다"는 속담처럼 오늘의 혼란과 위기의 정황 속에서도 기독교 대학이 그 이념 위에 바로 서고 격변하는 역사의 요청을 직시하면서 새로운 비전을 향해 나가는 신앙의 용기가 있다면 목 타게 기다리는 정체성은 하늘의 선물로 주어질 것이고 의미 있는 존재로 다시 태어나리라고 확신한다. 이를 성취하기 위해서는 성서적 인간관에 대한 새롭고 깊은 이해와 이것을 다양한 학문들과 연계하고 접목하여 이념에 상부한 실천적 교육에 임해야 할 것이다. 그래야 비로소 지구촌과 우주 공동체의 상생과 평화를 증진할 수 있는 기독교적 독특성과 우주적 보편성을 겸비한 봉사자(섬기는 자)를 배출하려는 교육 목표가 구체화되고 그 열매를 보게 될 것이다.

우리가 염원하는 역사적이고 원대한 목표의 성취는 기독교 대학에 대한 하느님의 엄숙한 요청인 동시에 21세기의 시대적 사명이라고 믿는다. 이것은 오늘의 혼탁하고 비극적인 인간의 현실 속에서 기독교 이념에 근거한 순수하고 철저한 교육만이 구원과 희망의 등대가 될 수 있다고 확신하고 헌신하는 전문직 종사자들에게 주어진 힘겨운 과제인 동시에 감사해야 할 특권이기도 하다. 예수 그리스도를 통하여 인간과 모든 피조물들을 존재의 영원한 근거와 화해하게 하시고 온전한 평화에로 초대하시는 하느님의 은총이 21세기 기독교 대학의 사명을 의식하고 고민하며 헌신하는 모든 동역자들에게 늘 함께하시기를 비는 바이다.

6

Identity of Christian University and Its Prospective Task*

1. Introduction

My dear colleagues, who were honorably summoned by God to accomplish the special task of campus mission, I should tell you how deeply grateful I am for this glorious privilege of being invited to have conversation with you about this crucial topic, The future prospect of Christian University and its task is very significant, even though my knowledge and ability to speak on this issue is very limited.

Now, we have been drawn into a vortex of the biggest change which mankind had never experienced before. The world is going

* Conference Opening Address, "Asian Campus Ministry," July 17-21, 2000 at Yonsei University

through several transformation, the chronological shift from the year 2000 to the year 3000, shift from industrial society to information society, from nationalistic world to the global world with no boundary, from the standardization in value, culture, and religion, to the pluralism, and so on. The revolutionary change like this has called the shift of paradigm that had created and supported the life of mankind so far.

University has the educational mission to hand down and preserve the integrity of the civilization of mankind and to re-create it to meet the needs of the times. It is a very important and hard task how we should confront this historical challenge. Christian University that we are serving cannot be free from this mission. Moreover, Christian Universities is charged with duty of accomplishing its new mission, while it should also preserve its own identity in the way of secularization, different from other mundane high-level educational institutions.

Here, I would like to present the model of Integral structure of Mission, which is suitable for the new era. To do that, I intend to point out the establishment, devotion, and problems of Christian university in Asia that have been founded by western churches and then I would re-interpret campus mission of Christian University theologically to overcome the crisis of its identity that occur while it abandons the traditional mold of mission and seeks new changes.

Since this is merely the outcome of my limited knowledge and experience, it might be especially unsuitable for some of the fellow chaplains who serve in universities of other Asian countries. However, I only hope my humble opinion would serve as a good reference in performing the historical mission of Christian University in the new era by sharing it with you.

2. Christian University in Asia

1) The Birth of Christian University

From time immemorial, western universities had existed. There was 'the Academia' in Greece which Plato had founded to cultivate leadership for 'the Utopia', 'Salerno University' in Italy which had a very famous medical school on the late 11th century, 'Paris University' in France with priority given to Theology and Philosophy, 'Oxford University' in England and 'Heidelberg University' in Germany both of which followed the example of 'Paris University', and so on.[1]

The history of western-style universities in Asia is rather short compared to that of western universities. Needless to say, each country in Asia had founded traditional academic institutions to

---

1) Hyung-Haeng Lee, "The Establishment and Development of University," *The Meaning of University* (Seoul: Yonsei University Press, 1988), 7-8.

exert herself to the utmost in training future leaders of the society. (For example, there has been 'Sung Kyun Kwan', the confucian institution of high-er learning in Korea which was founded in 1398.)

Also, high-ranking officials in Korea have built and run modernized national institute for education after they had observed neighboring countries having developed with the introduction of western-style educational system to their society. ('Yuk Young Gong Won' was founded in 1886.)[2]

However, in the intrinsic sense, modernized western-style universities started emerging actively since the 18th century. As is generally known, it was the time when countries in western Europe enthusiastically expanded their colonies and sent numerous missionary groups all over the world.

While western churches were promoting missionary works by dispatching missionaries to non-Christian countries, they also built churches, universities, and hospitals simultaneously or one by one in the order of priority.

These newly established educational and medical institutions became the pathway through which flourishing western culture was delivered along with up-to-date-technology and through which the Christian gospel was preached.

Inflow of dynamic western culture and technology into the

---

2) Mahn-Yol Yi, *The Cultural History of Christian Movement in Korea* (Seoul: The Christian Literature Society, 1987), 181-182.

primitive, conservative, and tranquil asian countries has brought enormous impact on the society and has led it to the road toward modernization and laissez-faire. In that sense, it is indeed appropriate to say that the introduction of Christian Universities into Asia is "not only heralds of the Good News, but also··· bringer of the civilized way of life."3)

2) The purpose of founding Christian University and its development

The general purpose of founding Christian University in Asia was to train future ministers by enforcing higher education based on Christian faith. In the countries that were in "the mission field" of American missionaries, the American universities, such as Harvard, Yale, and Princeton, were the models of Christian University in their society. It means these Christian Universities in Asia gave priority to educating leaders of Christian community, that is, pastors and missionaries.

However, these American models had to go through a bit of changes before they could be applicable in Asia. Since Asia was the foreign hand with its own traditional and cultural background, converting pagans to Christianity ought to be the first thing to be

---

3) C. S. Song, *Christian Mission in Reconstruction* (Maryknoll, NY: Orbis Books, 1975), 2.

done prior to anything else. Of course, the mission of Christian University included nurturing churches which could be engaged in missionary work and cultivating leadership of these churches.[4]

Not all of Christian missionaries in the early days were exclusivists or conversionists. There was a small number of people who held strongly to so called "Missio Dei" theology that considered educational and medical performance itself as evangelization.[5] But most of missionaries have put great emphasis on superiority of western culture and Christianity, along with their harmony, and they devoted themselves to transplanting students with Asian religious-cultural background into western culture and Christianity.

Professor Keun-Hwan Kang commented on this historical mistake as following:

When Paul Tillich said: "Religion is the substance of religion and culture is the form of religion", he meant there was a certain relationship between, culture, and civilization even through they could not accord with one another. In that sense, western missionaries have blundered in Asia by confusing missionary works with western civilization. In the past when powerful western imperialism didn't

---

4) Kyong-Bae Min, "The History of the Campus Mission in Korea University," Ke-Joon Lee, ed., *Christian University and Campus Mission* (Seoul: Jun Mang Sa, 1997), 49.
5) *Ibid.*, 45.

reach Asia, people of Asian countries didn't admit the supremacy of western civilization. But especially under the protection of powerful western politics, European and American missionaries in their best days plotted the unification of Christianity and western civilization, implanting the superiority of western civilization through educational mission. Therefore, we had an illusion that so called westernization was Christianization, or evangelization.[6]

Even though there had been problems like these, education at Christian University did not only cause negative factors. Spirit of Christian church (to love God with heart, soul, and mind and to love neighbors as ourselves) and western rationalism have brought the principle of equality, rationalism, universalism, and the historical mind into the society that has been under the influence of bless-invoking Shamanism, family-centered Confucianism, and other-worldly Buddhism.

Especially in Korea, Christian University took very important part in introducing western culture, inspiring the anti-Japanese movement, and the promotion of the native culture.[7] In spite of that, western educational system of Christian University couldn't

6) Keun-Hwan Kang, "The Asian Mission of American-European Church," Ke-Joon Lee, ed., *Contemporary Missiology: Korean Reflection* (Seoul: Jun Mang Sa, 1992), 196-197

7) Young-Shin Park, "The Identity of Christian University in 21st Century," Ke-Joon Lee, ed., *Christian University and Campus Mission*, 262.

take root deeply into the rest of Asian cultures and histories.

We can observe the specific example of this fact in the following. As Latourette, an American theologian, has predicted that churches, in collusion with western imperialism, would have failed their mission in China when western expansionism was defeated, despite its long history of missionary work and enormous investment in them, Christianity had to confront students' protest against Christian education in China and the history of mission in China came to its end in 1948, when China became the communist country.[8]

3. Crisis in Identity of Christian University

1) Political changes and Christian University

In 1945, the end of World War II has brought considerable changes to Asian countries and Christian Universities in Asia. Although most of Asian countries have declared their independence from the western colonization, civil administrations, military dictatorship, or communist regime were established in Asia and Japan was to be ruled by the U. S. Army.

Under the power of dictatorial government like this, all the ed-

---

8) Keun-Hwan Kang, "The Asian Mission of American-European Church," 195.

ucational systems and institutions were regulated by the authorities. And Christian Universities were to exceptions. The soul of University lies in the freedom of learning, freedom of research, and freedom of critique. Moreover, Christian University, as an sign of God's authority, is extremely responsible for criticizing and confronting those who suppress and regulate the freedom and the rights of human beings.

However, Christian Universities were not faithful to their mission when the authorities restrained and threatened freedom of educational institutions. While dictatorial governments abused their power by prohibiting critical movement in learning, discharging anti-government professors, restricting Christian education to promote military education, and punishing prophetic speeches at the chapel, most of Christian Universities remained silent.

In Korea, there had been a certain university ('Sung-Sil University') that has closed itself down when Japanese imperialists forced its students to worship at Japanese traditional shrines. But, there was not even one educational institution which closed down by itself or protested against the military dictatorship when Korean military government has limited and prohibited the educational mission of Christian University.

Heads of administration have been merely discharged by the government. Ironically, under the reign of Korean military government, the number of higher educational institutes that called themselves "Christian University" has increased by a couple of times. It seemed that education oblivious of the true and proper identity of Christian University has been performed.[9]

2) Financial changes in Christian University

In America, a sudden rise of State Universities and the large and corpulent size of them, due to the massive financial support from state government, threatened private universities strategically and financially. So that, it was clear that unless all private universities (including Christian Universities) would pursue being larger and more corpulent to survive, they are to be either closed down or combined with larger institutions.[10]

Christian Universities in Asia have gone through very similar process to those in America. Since 1945, especially since 1960's in Korea, while Asian countries went through transformation from agricultural society toward industrial society, a great number of highly educated human energy and import of western scientific technology were asked. Government promoted the increase in the number of National Universities and financial support for them.

On the other hand, government pretended to support Private

9) Ke-Joon Lee, ed., *Christian University and Campus Mission*, 15.
10) Joon-Kwan Un, "Theology of Campus Mission", Ke-Joon Lee, ed., *Ibid.*, 74.

University with meaningless investments and restrained bene-
faction of tax-cut on individual donations. Under this 'our-of-
balance' situation, Christian University had to work our financial
strategy by itself since they couldn't expect any financial aids ei-
ther from the International Mission or local churches.

Christian University got above itself by unreasonable ex-
pansion of the student body, excessive fund raising for the con-
struction of classrooms and researching facilities, and admin-
istration of specialized graduate schools and higher-level cours-
es beyond its capability. These financial strategies contributed to
supply of highly educated human resource and formation of edu-
cational environment, but, o the other hand, they also caused
shortage of professors, decrease of the publication of the results
of their research works, and, furthermore, they caused negli-
gence of educational mission of Christian University.

3) Information-oriented Society and Christian University

During the process of transformation into information-ori-
ented and globalized society in the end of 20th century, function
of University has shifted. University had been a place where
knowledge was handed down and flourished, but, with the gradu-
ate school as the central figure, University became the institution
which put great emphasis on enlightenment of up-to-date
knowledge and production of new information technology.

Therefore, efficient students and researches in the fields of natural sciences, technology, and applied social sciences were required rather than in those of pure cultural sciences.

To meet the needs of the times, Universities are to attach importance to applied sciences while they hold to support and strategies of government and strengthen the partnership of educational-industrial complex. Consequently, "research on knowledge and information with high efficiency, practicality, and marketability would be preferentially supported and possibility of learning for learning's sake or that of performing researches of pure 'academism' would be relatively low."11) Especially, since this phenomenon is originated by survival strategy of government and enterprises in the cosmopolitan era, Campus administration cannot ignore it while they intend to become educational institutions specialized in researches.

Professor Hee-Chun Kang pointed out two major changes caused by University with priority given to researches. One is that universities and graduate schools are being transformed into feeders which merely produce and study information technology to meet the demand of information-oriented society and the other is that the accomplishments on research projects become the priority when professors are evaluated and, therefore, the duty

11) Hee-Chun Kang, "The Education of Christian University in 21st Century," Ke-Joon Lee, ed., *Ibid.*, 380-381.

of professor is being shifted from teaching to research.[12]

We cannot deny that there are also positive factors in the new trend of University, its conversion to the information-production line and its evaluation of professors based on the results of their researches rather than their teaching, when we consider social tendency to become information-oriented and globalized.

At this point, we better discuss about prospective problems concerning the identity of Christian University in two points. First, education at the Christian University might focus only on applied studies, neglect Theology and Ethics, and become atheistic education.[13] Dazzled by proposals from government and enter-prises and their vast investments, Universities and professors could be indifferent to the reason for being of Christian University and its educational mission.

Secondly, education for the whole man might disappear. It is very important that human education should be the first thing to be concerned by the system of University and professors. Christian University should exert oneself to deliver and develop up-to-date knowledge based on biblical outlook on life and world. However, transition to a system which put special stress on education of fragmentary and professional information can in-evitably bring results broken away from essential purpose of

---

12) *Ibid.*, 381.
13) Joon-Kwan Un, "Theology of Campus Mission," 74-75.

Christian University. Contemporary universities in Korea, including Christian University, have become the breeding-place of ideologically prejudiced intellectuals and the training school for getting jogs and there is no trace of interests in the education for the whole man.

4) Christian University and Pluralism

There are two kinds of pluralism that we are interested in. One is a kind of pluralism which can occur inside of the University. As universities start expanding and become 'the multiversity', the center of university was splitted into several 'sub-center's and caused pluralistic phenomena.

Multiversity, like C. Kerr once mentioned, is 'an inconstant institution.' This indicates that multiversity is not a community, but a complex body consisted of many tiny communities. College, graduate schools, departments of cultural sciences, social sciences, and natural sciences, all kind of professional training schools, office workers, and administrators all coexist in 'multiversity.' In this kind of community, it is hard to create a course for multiversity to point to. Each university has its own traditional heritage or the characteristic quality of spirit, but due to its gigantic size, the relation in communities grows weak and it becomes impossible to embody the heritage and the spirit of universities.[14]

Universities in Asia are confronting this very problem pointed out by C. Kerr these days. Collectivization of various colleges, graduate schools, all different kinds of research centers, professors, students, and employees in the multiversity disperse sub-centers of Christian University and become an obstacle to set up common causes. Moreover, appearance of so-called Post-Modernism is shaking up the identity of Christian University. This ideology is charged with a mission to destroy and act counterpart to all the measures of value up to now. Post-Modernism is a great challenge to the doctrine and the practice of Christian University.[15]

The other from of pluralism is somewhat religious. Before aboriginal religions were restored, that is, before 1945, there haven't been any resistance or side effects even when missionaries had been infusing Christian spirit into people's minds. After the end of World War II, restoration of native religions and introduction of newly-rising religions have created a society of religious pluralism. The era of religious imperialism that insisted Christianity was the only religion of salvation, was over and relativism was accentuated, which admits Christianity is merely one of many different religions.

Professor Jin-Hong Chung has stated his view on religious plu-

---

14) C. Kerr, *The Uses of the University* (San Francisco: Harper and Row, 1963), 18-20.
15) Kwang-Sik Kim, "Modern Thought and Christianity," Ke-Joon Lee, ed., *Christian University and Campus Mission*, 141.

ralism frankly:

> Religious pluralism has become the more earnest condition of life
> since cultures of mankind became unified. The fact that there is not
> only one religion, but many has rooted into common-sense of all
> the people needless of any confession. For it is what people of today
> has experienced in their everyday-lives.16)

How can we perform the notion of Christian University with all these happenings related to religious pluralism? To be more specific, among all the students entering Christian Universities in Korea, only 40% of them are Christians and the rest (60% of prospective freshmen) are either Buddhists, Confucianists, or Atheists. It is a very crucial issue how Christian University would make its ideology come true under this multi-religious circumstance.

Of course, there can be some universities which would follow standpoints of missionaries in their early days and try converting students, but thesedays that kind of administration is impossible even in Christian University.

Professor Kwang-Sik Kim suggests several opinions admitting relative value of other religions in this multi-religious reality. First, other religions should be considered as preliminary stages

---

16) Jin-Hong Chung, "Religious Pluralism Phenomena and Christianity," Ke-Joon
    Lee, ed., *Ibid.*, 195.

to accept the Good News of Christianity. Secondly, we should ac-
cept the eclectic superiority which is to keep the virtue of other
religions and to christianize the vulgar dogma. Third, we should
be careful when we convert people with other religions by only
asking for religious conversions and helping them to keep their
own cultural background. Fourth, we should keep the notion of
"Missio Dei" in mind and try to cooperate with people of other
religions through mutual understandings and conversation and
never force the conversion on them.[17]

The point of view we should take against the challenge of plu-
ralistic religions is to establish an identity through re-
interpretation of the Good News related to the new reality and
to discover the common purpose through open-minded
conversations. However, this kind of interests and practices are
only available in a few universities and the others still defend their
Christian absolutism stubbornly.

4. Two tasks of Campus Ministry

1) Universal building of Christian character

Christian University needs to understand educational ideology

---

17) Ke-Joon Lee, ed., *Christian University and Campus Mission*, 21-22.

to train intellectuals who can be responsible for ethnic society and the history of mankind under the circumstance brought by globalization, pluralization of culture and religion, and development of technology and science in the 21st century. If this ideology truly suits the purpose of Campus ministry, to cultivate Christian and moral personalities for the future of ministry, rediscovery and reinterpretation of biblical view of mankind should be ahead of anything else.

Hebrew-Christian character is a human being who have been created taking after "the image of God" and who is truly connected with God, neighbor, and the nature. This special relation should be established through universal and historical insight and understanding surpassing the boundary of any individuals or that of a certain religion.

C. S. Song, a well-known Asian theologian, asks missionaries to give up old ways of missionary work and to set up the new theology of mission in the present post-christian era and multi-religious condition:

They no longer owe to their fellow human beings in Asia, Africa, and Latin America the sharing of the highly questionable commodity labeled as Christian cultural heritages. They are new compelled to face the teeming humanity in Asia, Africa, and Latin America not as the object of evangelizing, but as fellow creatures, among whom God has never ceased to be present since the foundation of the world.

From the standpoint of mission in its truly Christian perspectives, this is a phenomenal change. This demands a new interpretation of the Biblical message with its focus on the acts of God. This also will entail a new theology of Christian mission. And consequently, a new chapter in the history of Christian mission will begin.[18]

Jewish-Christian point of view on man in the Bible is formed with three kinds of relationships. The first relationship is that between God and man. Human beings are the creatures that took after the image of God. This indicates that there is the ceaseless spiritual relationship between God and the existence of man. Regardless of the difference in one's religion, expression, and confession, every human being is somehow pursuing the spiritual relationship with God.

Professor Sung-Do Kang emphasizes the unity of the two poles of contemporary theology, one by J. Hick which considers God as the center of Christianity and the other by J. Cobb Jr. which sees Jesus as the center of it. That is, what God revealed through the life and mission of Jesus is His love for the mankind and Jesus himself has strived to deliver God's will and has kept the very special spiritual relationship with God all through his life. Therefore following the will of Jesus is following that of God.[19]

---

18) C. S. Song, *Christian Mission in Reconstruction*, 3.
19) Sung-Do Kang, *Religious Pluralism and Salvation* (Seoul: The Christian Literature

This new interpretation allows people to understand mankind better surpassing ethnic and religious background in the context of globalization and religious plurality. It also shows the spirit of tolerance and says every human being is God's creature and one could have some kind of spiritual relationship in one way or the other. This is the way to overcome Christian exclusivism and the spirituality to seek mutual conversation and cooperation with non-Christians.

The second one is the relationship among mankind. God/ Jesus-oriented human being is someone who loves one's colleagues just as Adam and Eve did. This kind of love should be gradually extended from personal dimension towards racial dimension. The characteristic which Christian University pursues is to be capable of carrying out the task as God's tool and to make God's love for mankind come true in this world.[20]

There are superhigh speed exchanges related to every part of the society now, such as race, nation, people, sex, culture, and religion, and the formation of one global society is in progress. On the other hand, cultural diversity and pluralism has caused conflicts and feuds and these are expected to be continued in the future.

The most important global issue must be the distinction be-

Society of Korea), 228.

20) Ke-Joon Lee, ed., *Christian University and Campus Mission*, 22-23.

tween the rich and the poor. The economic gap between highly developed countries and less advanced nations is getting bigger in spite of all the supports from international organizations and gap between the quality of life of the rich and that of the poor in the same society is was beyond one's imagination. Discontent and hatred caused by this gap is as dangerous as a time bomb. Christian University ought to cultivate leaders and intellectus for the peace of mankind who can solve these diverse global issues based on individual live and structural justice.

The third relationship which forms Jewish-Christian view on mankind is that between man and nature. Human being, God's creature is immortal and destined to live together with and in the mother nature. Mankind can only be the steward, not the master of the nature. Although development of modern technology sciences has brought numerous benefits to the world, but it is also threatening the life of mankind by destroying the nature and draining the natural resources.[21] This is the consequence naturally caused by changes of paradigm from God-oriented medieval society to human-oriented modern society. Christian University should try to establish the relationship between mankind and nature again. We have to confirm that human being is not a user or a destroyer of nature, but he is a steward who coexist with nature.

---

21) Ervin Laszlo, *Vision 2020: Reordering Chaos For Global Survival* (New York: Gordo and Breach Science Publishers, 1994).

This has a thread of connection with naturalism of eastern religions.

It is the blasphemy that man destroys nature, the creature of God, and the way of bringing calamity upon not only himself, but also upon his offsprings. The development of technology sciences is inevitable, but we should realize that mankind is only a part of the mother nature and is responsible for the preservation and the well-being of both.[22] The power of information and technology has reached threatening level which is totally beyond imagination and intellectuals who create and control these are to defend themselves thoroughly with morals.[23] Training of these ethical minds is the mission of Christian University. The educational mission of future Campus ministry is not to mass-produce bearers of partial knowledge, but to raise intellects with the whole being and to be responsible for both history and mankind.

2) The Ultimate purpose of Learning

The primary purpose of University is to achieve academic excellence. If Christian University emphasizes only consequence of religion and overlook the importance of learning due to its reli-

---

22) Yi-Moon Park, *The Crisis of Civilization and The Shift of Culture* (Seoul: Min-Um Sa, 1996), 44.
23) P. F. Drucker, *The New Realities* (San Francisco: Harper and Row, 1989).

gious heritage, it would be deprived of the reason of its existence. That is why Christian University devotes itself to do researches and experiments on the latest issues of subdivided fields of studies. In this way, University can earn its fame as well as resources and capitals for its research projects.

We have to question the specific purpose of learning in Christian University at this point because all the non-christian universities also put great stress on the importance of knowledge and it's nothing particular. Regardless of religious backgrounds of western universities, results and objects of their researches have brought colonization politically, exploitation in the third world economically, and production of numerous killing weapons scientifically. In Asia, researches of universities have created the ruling tools for dictators and people have been oppressed and controlled by these tools. Christian University should set up the aim which cope with its true educational mission and make it to be the common interest of all the members of educational industry.

There might be obstacles while we try to establish new purpose of education to meet the needs of times, because the field of studies is too broad and diverse and there are many different ways of approaching it. Nevertheless, we can set up and agree with the purpose of learning which is universal and ecumenical at the same time. That is, even in contemporary multiversity, if professors and students with various religious and cultural background could create universal common goal, all the people are able to do their best seeking it together.

For example, at the 6th WCC conference which was held in Vancouver, Canada in 1983, "Justice, Peace, Integrity of Creation" was the main theme. This is very secular and also evangelical, pan-religious and also christian. These are issues directly related to all mankind, life in the nature and survival. We have entered so-called information society through industrial society, but un-just and immoral thing are happening at the every corner all over the world at this moment, especially in the 3rd world, such as rac-ism, sexism, hierarchy, economical extortion, violence against human right, and misusage of scientific technology.[24] Even though they seem to be no more ideological conflicts since ma-jority of communist regimes have failed and capitalism has won, there are still religious and ethnic feuds and conflicts. The number of refugee is increasing and the fear of nuclear bomb still exists.

The development of technology sciences and the enlighten-ment focused on mankind give rise to the destruction of nature and the exhaustion of natural resources, as well as the pollution of environment and the crisis of ecosystem. Nature is warning us that out lack of care and attention in the issue of environmental preservation would bring about the end of human race. As we

---

24) Kyu-Tae Son, "Justice, Peace, Integrity of Creation," Ke-Joon Lee, ed., *Contemporary Missiology*, 296.

have mentioned above, 'Justice, Peace, Integrity of Creation' is our urgent mission to be solved immediately. It is the common inter-est of all races, all religions, and all studies.

Professor Kyu-Tae Son is telling us that the person who has brought this issue up and promoted the movement was a pro-fessor also.

> It was Carl Friedrich von Weiszaeker, a well-known nuclear-phys-icist, philosopher, and theologist in Germany, who has given an de-cisive impetus to this movement. At the congregational convention of protestants which was held in Dusseldorf, Germany in June of 1985, he appealed to people that "the International Ecumenical Conference for the issue of Peace" should be held. Later, in his book, "Die Zeit Draengt (The time is urgent)", he develops his appeals. He strongly demands our complete awareness on the issues that mankind are confronting today, injustice, absence of peace, and de-struction of order in creation.[25]

Christian University and professors should set up the goal, while they seek after the absolute truth in learning, on improve-ment in the quality of life of all mankind in the global society of new millennium and on coexistence of man and nature. There would emerge new issues as time goes by and situation changes.

---

25) *Ibid.*, 306-307.

However, Christian University must be the hall learning which serve (Diakonia) human race and nature, God's creation, and ignore all the fabricated temptation of fame, power and money. It should be the center of learning where administrators and professors listen to the historical calls and answer them devotedly through serious and modesty administration, research and teaching.[26]

5. Structure of Campus Ministry

1) Traditional missionary structures

Ministry of educational institutions in America has double structure, University chaplaincy and Campus ministry. Most of church-related universities hire chaplains who would give lessons in christian dogma, sermon at the chapel, supervise all the religious events, and give religious counsel to students. On the other hand, Campus ministry is set up by religious associations and societies which dispatch ministers to educational institutions and let them to cope with students' religious extra-curricula activities and religious demands.

Universities in Asia have mostly adopted the system of University chaplaincy. In Korea, Campus ministry had been oper-

---

26) Joon-Kwan Un, "Theology of Campus Mission," 81.

ated by christian associations, churches, and missionaries in the 1970s, but since 1990s there wasn't any trace of it. Christian university became the sole owner of mission in the educational institutions and chaplains became responsible for the whole educational mission. Therefore, Campus ministry is out of question now and we'd better think about issues related to the system of University chaplaincy.

Since University chaplaincy is under the control of university administrations, chaplains can rather easily attend missionary works with all the facilities and financial supports from the authorities. Even when anti-christian or anti-missionary challenges occur, the whole religious atmosphere and the name would be the breakwater. However, there are still a couple of problems that chaplaincy must confront all the time.

First, due to its stability under the control of administrations, university chaplaincy might not be able to listen to or answer the challenges and demands of university, which keeps changing and developing, and it might end up being inefficient and lame. Of course, it can be solved by missionary enthusiasm and initiative spirit of chaplains and practical supports from the administrations. But if things fall short of its expectation, serious harmful effects can be occurred.

Secondly, there can be a problem caused by the relationship between university chaplaincy and administrations. The system of University administration, different from that of churches, is operated by educational strategies, disciplines, and policies of the president and other administrators. University chaplaincy is a part of the administrative system, but it also shares all the educational and religious responsibilities. At the same time, since chaplaincy is the department created to embody the spirit of Christianity, the educational ideology of Christian University, it should always examine whether policies and practices of this educational institutions are performed based on the educational ideology or not. When university administrations run off the track, chaplains should be able to courageously propose their problems and ask them to correct their mistakes.[27] In reality, it's somewhat different because administrators of university believe that embodiment of christian ideology is just a part of many other goals they are pursuing.

Third, there is a problem generated by the phenomenon that the power of university has dispersed into pluralistic sub-centers as contemporary university has been transformed into 'multiversity'. There exist numerous groups that organize and operate universities thesedays and sometimes even university administrations or chaplains themselves become skeptical about whether university chaplaincy is properly controlled by traditional policies and categories or not. If there are any chaplains who believe that educational mission has been performed

---

27) Ke-Joon Lee, ed., *Christian University and Campus Mission*, 20.

smoothly by traditional means, such as chapel, lessons on chris-
tian dogma, religious events, counselling, and other inofficial ac-
tivities, they are totally self-intoxicated or anachronistic. That's
why we should search for new missionary structure which sat-
isfies human race and their history in this era of globalized
community.

2) Integral structure of Mission

Would it be possible for "Christian University" to survive
through the 21st century? This question is not related to con-
tinued existence of a certain religious or educational ghetto which
calls itself "Christian University", but which is indifferent to global
issues or historical needs. It is a question about whether it is pos-
sible for christian educational communities to voluntarily and
creatively solve urgent issues that mankind and nature confront.
If the subjects of Christian University, that has become multi-
versity, support these great issues, University chaplaincy should
be the common goals of not only chaplains, but all the members
of university.

H. Küng, a German catholic theologian, accentuated that gov-
ernment, universities, research centers, civil organizations, and
religious groups focus on their ultimate interests to solve critical
global problems.[28] For Christian University to perform its origi-
nal mission, it is necessary that all the central groups focus on

their ultimate interests.

Integral structure of Mission of Christian University indicates the missionary work through cooperation in the university. University should recover its original functions that were lost while university transformed into multiversity. Professor Joon-Kwan Un summarized these functions into three categories, that is educational supremacy, moral responsibility, and recovery of human-respect.[29] Integral mission would be a accomplished when all the bodies of Christian University become harmonious to recover and develop these three functions.

First, Christian University must be the community of higher education based on universal truth of Christianity. And the institutional equipment must be prepared for the well-balanced development of applied studies and pure sciences. Furthermore, the educational ideology that christian university is pursuing should be research on the world God has created and study as the responsible reply to historical problems, not "learning for the study itself" or learning to score financial supports on researches. Administrators of Christian University need to actively support the construction of educational community systematically and financially and chaplains should also support it spiritually and

---

28) H. Küng, *A Global Ethic for Global Politics and Economics* (London: SCM Press, 1997), 79.

29) Joon-Kwan Un, "Campus Mission," Ke-Joon Lee, ed., *Contemporary Missiology*, 514.

theologically.

Secondly, Christian University must be the community where moral responsibility is emphasized and university, pointed out by C. McCoy, 'transmitting', 'advancing', and 'applying' since diverse groups of authorities have given itself up to the pursuit of self-contentment without any moral any moral responsibility for human race, history, or mutual relationship.[30]

Consequently, this function of university could only perform as a tool that has created unjust and immoral society full of oppression of the powerful and the rich. Christian University should do its best to create a moral community that make a dream of social justice and human freedom come true along with stimulation of individual morality and sincerity. The model of moral community ought to be created after university administrations and chaplains accomplish the spirit of cooperation and trust among all the members and groups of university.

Third, Christian University should establish the community of human excellence. Multiversity has degraded to the scene of human alienation by conflicts between social groups and by administrative opportunism. It is controlled only by knowledge and function regardless of human nature or human relations. Therefore, university has transformed into robot-producing factory and became inhumane place. It is a solemn task of Christian

---

30) *Ibid.*, 514.

University to make this inhumane society back to the community full of liveliness and love. University administrations and chaplaincy should offer official or unofficial chances for all the members and groups to create humane environment through mutual respect, conversation, and cooperation. People raised in the human-respect community can only free the world from the inhumanization.

3) Integral structure of Mission and role of the faculty

The faculty is the only person who can play the most important part in forming a community for structural mission. Even though the authorities and chaplains spiritually and systematically emphasize the creation of humane, moral, and educational community, everything comes to nothing if the faculty members don't cooperate. In the smaller Christian colleges or in universities based on evangelical belief, christian professors can, whether it is voluntarily or not, operate the system for Christian ideology.

But, in the multiversity, or in Asia with the background of religious pluralism, it is almost impossible to organize the group christian faculty members to embody the mission of Christian University. Nowadays, the standard of Christian is vague and we cannot expect every Christian to be conciliatory. Despite all that, we need a creative group that can embody the christian ideology. It would be the most ideal that the members of such a group should be consist of persons who agree with service, education, and research on the universal truth of Christianity surpassing their religious background. This kind of community is the truest model of ecumenical society which intends to accomplish the peace of mankind universally and originally. Structural mission of Christian University would truly produce its results only when university administrations and chaplaincy strive to accomplish the birth and expansion of intellectual and dedicated minority group.

6. Conclusion

I have mentioned that the birth of Christian University in Asia is the result of the missionary movement of western churches, which coincided with the expansion of western colonization. I have also mentioned that this movement has blundered due to indiscriminately regard the Good News of Christianity in the same light of the western civilization. It has contributed to the social enlightenment with the introduction of modern sciences through Christian University, but at the same time, it has made mistake by ignoring aboriginal religion and culture and trying to westernize Asian students while converting them into Christianity.

Historical changes have caused the crisis of Identity of Christian University. Most of Asian countries, which have declared their independence from the western colonization after the end

of World War II in 1945, were under the control of military govern-
ment, civil dictatorship, or communist regime and the system of
Christian educational institution was prohibited. Christian
University neglected its educational mission because of its super-
ficial expansion and unreasonable financial self-helping strategy.

With the advent of information technology society, educational
strategy of the government and cooperation of the educa-
tional-industrial complex, Christian university attached too much
importance to applied studies and this phenomenon caused the
missing of Christian education for the whole man along with that
of pure studies. The appearance of Multiversity, by dividing the
center of University into many sub-centers, caused the concen-
tration on the profit of diverse groups prior to performing the
original mission of Christian University.

Christian University ought to serve the community for the co-
existence of mankind and mature and the peace of human race
and to establish the universal Christian standpoint on human be-
ing by newly interpreting the meaning of Biblical view of mission.
It is necessary for Christian University to change its missionary
structure to take responsibility for the needs of society.
Especially, it should devote itself to accomplish integral mission
by creating the community based on the new mission of classes
on Christian dogma, and religious events. This community should
not be the exclusive group of Christians, but the group of people
who agree with common goal of University.

Some of conceptions and ideas that were suggested here are in the way of actualization, but the others are ideals, which we should perform in the future. However, Christian university has an important task that it should seek its own way with the ambiguous prospect for the future and the rapidly changing world. The outcome of this task would be the touchstone of judging whether Christian University should exist or not exist. I believe with all my heart and soul that the great grace of God and the self-sacrificing devotion of you, fellow chaplains, would re-create Christian University into the beacon of love and hope for the future of mankind and nature.

7
에큐메니컬 운동의 미래와 전망*

오늘 박상증 목사의 평전 『박상증과 에큐메니컬 운동』의 출판을 축하하고 2013년 WCC 부산총회를 앞둔 이 세미나에서 에큐메니컬 운동에 관해 전문가가 아닌 제가 논찬자로 서게 된 것을 한편 송구하고 다른 한편 영광으로 생각한다. 그러나 세 교수의 알찬 원고를 통해 새로운 정보도 많이 얻고 그들의 비전에도 큰 자극을 받게 되어 그분들에게 감사드린다.

세 교수의 논문을 모두 소화하고 요약하면서 심도 있게 논찬하기에는 제게 주어진 시간과 능력이 너무 제한되어 있었다. 따라서 그분들의 글을 극히 간략하게 요약한 다음 그들의 주장과 통찰을 바탕으로 이 세미나의 주제인 "에큐메니컬 운동의 미래와 전망"에 관해 저의 소견을 피력함으로써 논찬을 대신하고자 한다.

---

* 이 글은 2010년 6월 8일 박상증 목사의 평전 축하 세미나에서 한 논찬 원고이다.

첫째로 이형기 교수는 그의 논문1) 모두에서 교회의 본질과 세계적 현안에 대한 각기 다른 견해를 염두에 두면서 에큐메니컬 운동을 통해 글로컬glocal 이슈들에 대한 해법을 모색하려고 한다. 제1부에서는 WCC 탄생의 역사와 함께 세계교회의 발전 과정에서 나타난 "다양성 속에서의 가시적 통일성", "가시적 코이노니아" 또는 "유기적 일치"라는 이념을 바탕으로 "신앙과 직제", "생활과 봉사" 및 JPIC의 생성과 그 발전 과정을 소상히 피력하고 있다.

제2부에서는 신자유주의가 인간과 환경뿐만 아니라 심지어 교회와 신학마저 주변화한 현실을 직시하면서 이를 극복하기 위한 해법을 모색한다. 그것은 곧 '교회의 정체성 회복, 다양성 속의 일치 혹은 다양성 속의 코이노니아를 추구하면서 세계 한가운데서 일어나는 문제에 참여하는 것'이다. 이와 함께 세계 선교와 복음 전도에 참여하고 타 종교와의 대화를 통해 평화를 추구하는 것이다. 이와 같은 글로컬한 문제에 대한 해결의 열쇠를 삼위일체론, 우주적 기독론 및 에큐메니컬 교회론의 범주 안에서 모색하되 "통전적인 에큐메니컬 운동과 신학으로 대응해야 한다"고 역설한다.

그러나 이 교수는 다양한 글로컬한 문제에 대해 기독교적 해법이 유일한 것이 아니므로 "'타자들'의 해법들과의 연대 속에서 컨센서스"를 도출해야 한다는 열린 입장을 취하고 있다. 그는 결론적으로 한국교회가 지역적 차원의 '신앙과 직제', '삶과 봉사', '세계 선교와 복음 전도', '하나님 나라' 등의 운동을 통해서 "작금의 주변화되고 있는 우리 한국 기독교를 '하나님의 세상' 한복판으로 끌어드려야 한다"고 권고하고 있다.

둘째로 장윤재 교수는 그의 논문2)에서 에큐메니컬 운동을 "시대를 읽

---

1) 이형기, "21세기 글로컬 이슈들에 대한 해법으로서 에큐메니컬 운동과 신학".

고 함께 신앙으로 응답하는 노력이다"라고 규정한다. 따라서 기존의 신학이나 교리의 시각에서 시대의 변화에 접근하면 "추상적인 도덕률의 나열"에 귀결되므로 먼저 생동적인 세계 현실에 대한 바른 이해를 바탕으로 에큐메니컬 운동의 신학과 그 과제를 모색하려고 한다.

그는 오늘의 세계적 이슈를 생명의 위기, 영성의 위기, 평화의 위기 등 세 가지로 설정한다. 그는 이 현안들을 해결하는 단초로서 〈생명과 평화의 선언〉에 적시된바 에큐메니컬 운동이 추구하는 가치들 곧 정의, 생명, 평화 및 화해와 소통 등에 관해 삼위일체론적 신학의 토대 위에서 해설한 것을 귀중한 신학적 이정표로 삼고 있다.

장 교수는 또한 "WCC가 한 번도 삼위일체론적으로 주제를 설정한 적이 없다"고 하면서 "평화와 생명이라는 핵심적 의제를 통전적으로 다루기 위해 그리고 이것을 오늘날 교회의 지형 변화 속에서 에큐메니컬 새 판 짜기와 맞물리게 하기 위해 삼위일체론적으로 총회 주제를 설정할 것을 제안한다." 그러나 장 교수가 주장하는 삼위일체론은 소위 서방 교회의 '심리적 삼위일체론'이 아니라 동방 교회의 '사회적 삼위일체론'이라고 하는데 그 특색이 있다.

그는 한국교회가 이러한 삼위일체론적 구조에 입각하여 2013년 WCC 부산총회의 주제어로 '생명'과 '평화'를 제안하므로 앞으로 10년간 에큐메니컬 운동의 핵심 의제로 추진해 나갈 것을 제안하고 있다.

셋째로 여성신학자인 동시에 종교 신학자인 이은선 교수는 그의 논문3)

---

2) 장윤재, "에큐메니컬운동의 미래에 대한 한 제언".
3) 이윤선, "에큐메니컬운동의 미래와 한국적 聖, 性, 誠의 여성신학 – 2013 WCC 부산총회를 전망하며".

에서 오늘날 세계의 위기문제와 이에 대해 막중한 책임이 있는 WCC의 제10차 총회가 부산에서 개최되는 것이 각별한 의미가 있다고 보면서 인류가 직면한 현안들에 대해 여성신학과 유교-기독교 신학의 시각에서 문제를 개진하고 해법을 모색하면서 한국교회의 과제를 제시하고 있다.

먼저 그가 WCC 부산총회에 대해 특별한 의미를 부여하는 것은 '21세기 세계는 중국과 미국이라는 두 나라로 대변되는 유교 문명권과 기독교 문명권이 마주하는 상황'으로써 '그 근원지보다 더욱 넓고 깊게 유교 문명'을 가꾸어 온 한국에서 그 총회가 개최된다는 사실이다. 그리고 오늘의 정황이 이 두 문명 간의 긴밀한 대화를 요청하고 있으므로 한국교회는 부산총회를 계기로 그 만남을 더욱 촉진시키는 동시에 고유한 결과를 얻도록 진력해야 한다는 것이다.

이 교수는 유교가 한국교회의 태동에 미친 영향에 관해 언급한다. 18세기 말 조선 유학자들의 '유교 갱신의 노력이 기독교 진리 탐구와 신앙 실천으로 이어져서 한국교회가 시작되었는데' 이것은 유교의 초월성 곧 종교성과 연관된다는 것이다. 이 종교성이란 한국교회의 성속을 구분하는 이원론적 신앙과는 달리 '俗 안에서 聖을 보고 이 현실과 일상에서 궁극의 의미를 실현하려는' 것을 말한다. 따라서 이 교수는 한국교회가 세속화의 세계에서 그 본질과 역할을 되찾기 위해 오늘의 신앙 형태를 지양하고 유교에서 얻은 배움을 회복하도록 촉구한다.

한 걸음 더 나아가서 이 교수는 지금 한국에는 그 어느 나라에서도 볼 수 없는 동양의 유불선과 서양의 기독교가 공존하고 있고 그것도 매우 생동적으로 움직이고 있을 뿐만 아니라 정치적으로나 경제적으로 특이한 정황에 놓여 있다고 한다. 이러한 독특한 환경 속에서 한국교회와 신학이 새로운 영성의 발견을 통해 세계 문제의 해법을 제시할 수 있기를 희망한다.

이 교수의 논문 중에서 가장 획기적인 것은 기독교의 배타적이고 남성

중심적 기독론을 소위 "복수複數 기독교론"으로 대체하자는 제안이라고 할 수 있다. 이것은 유교적 성인지도聖人之道로써 각자가 '천하의 法'이 되고자 하고 모두가 '천하의 道'를 실현하려는 인간의 길을 말한다. 이제 그리스도의 성육신 사건은 일회적인데 그치는 것이 아니라 지금도 계속되는 것으로서 그것은 곧 크리스천 모두가 '그리스도'(聖人)가 되어야 하고 또한 될 수 있다는 소명을 받아들이는 것이라고 한다.

세 교수의 논거를 한마디로 집약한다면 이형기 교수는 삼위일체론, 우주적 기독론과 에큐메니컬 교회론, 장윤재 교수는 동방 교회의 사회적 삼위일체론, 이은선 교수는 유교적 기독론(?)의 맥락에서 에큐메니컬 운동의 과거와 현재를 조명하고 앞으로의 전망과 대안을 제시한다고 볼 수 있다.

지금 우리는 인간이 자초한 우주와 인류의 흥망을 예견할 수 없는 그야말로 일촉즉발의 시대에 처하여 있다. 여기서 에큐메니컬 운동이 그 역사적 사명을 다하려면 여러 가지 과제가 있을 것이다. 나는 그중에서 세 가지에 관해 극히 제한적으로 소견을 말함으로써 주어진 소임을 마치고자 한다.

1. 에큐메니컬 운동의 신학

WCC는 지금까지 세계교회들의 일치 및 다양한 사회문제들을 해결하는 신학적 근거로 서구 교회의 역사적 신앙고백들에 기초한 삼위일체론에 의존하였다고 볼 수 있다. 그러나 이 신학이 오늘의 현안에 대처하는 데는 미흡하므로 종래의 "서방 교회의 사변적이고 심리적인 삼위일체론"을 "동방 교회의 사회적 삼위일체론"으로 대체해야 한다는 주장도 등장하고 있다.(장윤재 교수) 그럼에도 불구하고 이것은 여전히 서구 교회 중심적 발상이라고 하지 않을 수 없다. 에큐메니컬 운동이 서구 중심에서 아시아 및 아프리카로 지형 변화를 일으키는 시점에서 서구 신학 곧 극단적인 표현을 빌리면 서구 제국주의 신학에 계속 의존하지 말고 그것에서 탈피하는 것이 에큐메니컬 정신에서 보나 비서구 교회의 신학적 정체성에서 볼 때 극히 지당할 것 같다.

물론 20세기 후반에 남미의 해방 신학(이형기 교수는 "이미 웁살라의 보고서는 해방신학적 요소들을 담고 있었다"고 함)이 WCC에 의해 수용되어 JPIC를 통해 에큐메니컬 운동의 신학적 기동력이 된 것은 사실이다. 그리고 해방신학의 영향을 받은 한국의 민중신학이 한국의 인권 향상과 민주화에 크게 기여한 것도 부정할 수 없다. 그러나 해방신학이나 민중신학이 정의와 평화 촉진에는 기여하였다고 할지라도 새로 부각된 "창조의 보전integrity of creation"에 대해서는 한계가 있을 수밖에 없다.

그러므로 글로컬라이제이션glocalization이 보편화되어 가는 오늘의 세계 현실에서 폭발적으로 분출하는 세계적·지역적 현안들에 응답하기 위해서 WCC는 먼저 삼위일체론으로 세계교회를 일치시키고 규합하여 가톨릭교회에 버금가는 슈퍼 처치Super Church를 형성하려는 인상이나 의도를 배제해야 하겠다. 그것은 현실에 대한 해법도 될 수 없고 프로테스탄트Protestant 정신에도 어긋나므로 새로운 패러다임으로 발상을 전환하는 것이 바람직하다고 본다.

오늘의 긴박한 현실 앞에서 교회일치만의 용도로 보이는 "신학적 이해에 대한 보편적인 틀"의 개발이나 종래의 삼위일체론이나 심지어는 현금 논의되고 있는 내재적 삼위일체론까지 넘어서 범재신론panentheism으로 나아가야 하지 않을까 한다. WCC는 에큐메니컬 운동의 본질에 상응하는 온 우주와 온 인류가 풍성한 생명을 향유할 수 있는 보편적 신학으로 발전되어야 하기 때문이다.

그 일례로 환경 신학자 샐리 맥페이그Sallie McFague가 주장하는바, 하느님은 그리스도를 통해서만 성육신하는 것이 아니라 인류와 모든 만물을 통해 성육신하고 또한 하느님의 영은 그 존재들과 현존한다는 초월적 내재 신학을 수용하는 것이다. 또한 이것은 인간을 포함한 모든 피조물들이 자연에서 태어나 자연으로 돌아가므로 자연을 하나님의 태胎요, 인간을 포함한 모든 생물들의 젖줄인 동시에 모든 존재가 돌아가는 영원한 어머니의 품으로 보는 것이다. 이러한 하느님 이해와 실천은 오늘의 생태계 문제를 위시한 총체적 위기의 원흉인 모더니즘을 축복한 창조 신학에서 기독교를 해방시켜 주는 동시에 긴박한 현안 해법에 크게 기여할 수 있을 것이다.

한 거름 더 나아가서 JPIC 이후 에큐메니컬 운동의 신학적 기근과 함께 WCC 신학의 글로컬라이제이션이 요청되는 시점에서 다양한 문화에 속한 "지역 신학local theology"과 서구 신학의 창조적 지평 융합이 바람직하다고 본다. 이와 관련하여 장윤재 교수는 "서구 신학의 한계를 넘어 한국의 사상과 문화, 한국의 분단과 상황이 반영된 제안이 나와야 할 것이다"라고 역설하였다. 이에 대한 구체적 대안으로는 이은선 교수의 "유교적 기독론"이 바람직한 제안이 될 수 있을 것이다. 그뿐만 아니라 이 "유교적 기독론"은 D. 본회퍼의 "그리스도인이 된다는 것은 곧 작은 그리스도가 되는 것이다"(To be a christian is to be a christ)는 사상과도 일맥상통하는 것으로서 글로컬 신학을 위해 바람직한 단초를 제공할 것이라는 기대도 없지 않다.

지금 한국에는 많은 신학자들이 유입되고 있고 토착화된 유불선과 한국 문화와 연계된 신학 작업에 진력하고 있으며, 상당한 업적도 축적되었다. 이제 한국교회와 신학계는 미래의 도약과 그 주체성 확립을 위해 토착화 신학 또는 문화 신학을 이단시하거나 백안시하지 말아야 할 것이다. 오히려 그것에 대한 관심, 이해와 연구를 통해 WCC의 새로운 글로컬 신학을 정립하는 데 보탬이 되었으면 좋겠다. 한국교회가 WCC 부산총회에서 주체적이고 글로컬한 제안을 상정하고 그것을 주요 안건으로 자리매김함으로써 주어진 시대적 사명을 십분 감당할 수 있기를 바라 마지않는다.

2. 종교 다원주의 시대에 종교 간의 대화

오늘 세계가 직면하고 있는 테러나 민족 간의 전쟁은 그 배후에 종교의 다름이 존재하고 그것들은 심지어 종교 전쟁의 대리인 양상을 띠고 있기도 하다. 그중에서도 그 규모로 볼 때 작게는 유대교와 이슬람 그리고 크게는 기독교와 이슬람이 그 대표적인 유형이라고 하겠다.

이러한 상황에서 지금까지 WCC는 간헐적으로 종교 간의 만남을 언급 및 시도했을 뿐 JPIC에 투자한 것에 비하면 극히 소극적이었다. 이처럼 WCC가 종교 간의 대화에 적극적이지 못한 배경에는 이은선 교수가 지적한 바와 같이 WCC 신학의 기독교론적 우월주의와 배타주의가 도사리고 있기 때문일 것이다.

더욱이 WCC는 '복음 전도'와 '하나님의 선교'의 입장을 계속 견지함으로써 그 자체 안에 종교 간의 영구적 갈등과 일촉즉발의 충돌의 불씨를 품고 있는 것이다. 이를 증명이나 하듯 오늘날 WCC에 가입한 한국교회들은 수년 전 물의를 일으킨 샘물교회와 조금도 다름없이 이슬람 지역에 선교사들을 파송하고 선교 사업을 추진하고 있다. 이로써 중세기 십자군 전쟁을 방불케 하고 19세기 서구 교회의 제국주의적 확장을 그대로 답습하는 것이다. 그들은 "선교는 전쟁이다"는 구호를 스스럼없이 외치기까지 한다.

그러므로 타 종교들이 WCC에 가입한 지역 교회의 선교 활동들을 대하면서 WCC가 세계 평화 운운하는 것을 볼 때 구두선으로밖에 들리지 않을 것이다. 주지하는 바와 같이 기독교 신앙의 궁극적 목적인 하나님 나라는

WCC의 회원 교회 확대나 기독교의 영토 확장이 아니라 하나님의 사랑과 정의에 입각한 온 우주와 인류의 평화인 것이다.

한국에서 종교 간의 문제는 외견상 평화로운 듯하다. 그러나 가톨릭과 개신교, 개신교와 유교, 개신교와 불교 사이에는 표면화되지 않을 뿐 제사 문제와 이단 시비로 그 갈등 요소는 항시 잠재하고 있다. 최근에 개신교 장로인 이명박 대통령에 대한 불교의 항의가 바로 그 좋은 예라고 하겠다.

물론 한국에서 종교 간의 문제는 다른 지역에 비하면 평화 공존의 표본이라고 할 수 있을지 모르겠다. 그러나 언제 불거질지 알 수 없는 문제를 그냥 덮고 넘어갈 것이 아니라 한국교회는 부산 WCC총회를 계기로 타 종교와의 만남을 조속히 그리고 적극적으로 추진하는 동시에 타 종교의 대표들을 그 회의에 초청하는 방안도 고려할 만한 것이다. 특히 우리는 종교 간의 대화에서 선구적 역할을 한 고 강원용 목사의 노력과 업적을 기억하는 동시에 그의 유산을 계승, 발전시키는 데 힘써야 할 줄로 안다.

주지하는 바와 같이 20세기 후반부터 종교 신학 또는 종교 다원주의가 우후죽순처럼 등장하였다. 그것은 종교 간의 대화에 관한 다양한 접근법, 곧 K. 라너의 포괄주의, P. 니터의 실재 중심주의, J. 힉의 신神 중심주의, R. 파니카의 신-인-우주적 다원주의 등 이 밖에도 여러 가지 유형들이 나타났다. 그러나 그것들은 결국 기독교 중심이나 기독교 냄새가 나는 탁상공론에 불과하다는 비판을 면하지 못하고 있는 것이다.

기독교 신앙을 고백하는 신학자로서 또는 기독교 사상과 문화권의 세례를 받은 종교학자로서 주어진 범주를 벗어날 수 없는 것은 극히 당연한 것이다. 물론 그들의 주장처럼 종교 간의 대화는 종교인들 각자의 신앙 이해와 정신적 성숙에 보탬이 될지 모르나 그것은 역시 기독교적 독백에 불과하다는 것이다. 이러한 종교 간의 문제는 지금 온 세계에 풍미하고 있는 과학적, 진화론적 무신론에 대한 기독교의 태도에서도 동일하다고 할 수 있다.

아마도 이와 같은 종교 간의 장벽을 극복하고 모든 종교들이 명실상부한 대화와 화해 및 세계 평화로까지 나아가는 동반자가 되려면 WCC 편에서 먼저 발상의 전환을 시도해야 한다고 생각한다. 그것은 곧 새로운 기독론적 발상으로서 그것이 하나님의 아들을 통한 도성인신道成人身이든 혹은 인간 예수의 인성신신人成神身이든 간에 인류 구원의 길을 열기 위해 하느님의 뜻과 하나 됨으로 십자가에 희생된 것과 같이 에큐메니컬 운동이 하나님 나라 곧 모든 종교와 인류가 하나 되는 우주 공동체를 형성하기 위해 자기부정과 자기희생을 불사하는 것이다. 이것은 달리 말하면 WCC가 그리스도 중심의 정통성Orthodoxy 곧 "그리스도에 대한 신앙"을 지양하고 예수 중심의 정통실천성Orthopraxis, 곧 "예수의 신앙"에로 코페르니쿠스적 방향 전환을 일삼는 것이라고 할 수 있다.

이러한 WCC의 방향 전환은 J. 스퐁 감독이 암시하는 바와 같이 타 종교와의 수평적 관계 속에서 각 종교들이 자기들의 신앙 전통을 희생시키지 아니하고 궁극적 실재에로 함께 지향할 수 있음을 뜻한다. 모든 종교는 궁극적 실재를 독점할 수 없고 다만 그것을 지향할 따름이기 때문에 종교들의 만남과 대화는 바로 그 궁극적 실재를 향한 "열림"에서 시작될 수 있을 것이다.

그러나 WCC의 "신앙과 직제"와 "삶과 봉사" 위원회가 합류하기까지는 무려 50년이란 세월이 흘렀다. 믿음과 삶, 그리고 직제와 봉사는 실체의 양면임에도 불구하고 말이다. 따라서 세계 교회의 자기희생을 통한 타 종교와의 만남과 대화는 그 긴급성과 타당성에도 불구하고 그 길이 쉽게 열리리라고 기대하기는 어렵지 않을까 심히 우려된다. 그럼에도 불구하고 WCC가 진정 온 우주와 인류를 섭리하시는 하나님을 중심으로 하는 그리스도의 몸이라면 종교 간 대화의 문을 먼저 열 수 있다는 희망을 저버릴 수는 없을 것이다.

3. 세계 평화와 남북한의 통일

지금 세계는 글로벌라이제이션globalization, 곧 신자유주의의 영향으로 경제적·환경적 주변화가 심각한 문제로 부상되는 동시에 한반도의 평화 문제는 지역적이며 세계적 현안으로서 실로 글로컬glocal 의제라고 하지 않을 수 없다. 그러므로 이형기 교수의 제안처럼 "오늘날 우리는 지역적 이슈들의 특수성을 인정하고 그것을 글로벌 이슈들과 상관시키면서 문제를 풀어 가야 한다."

국내외 정치나 남북한 문제에 대해 비전문가인 목사가 보기에는 근자에 천안함 격침사건 이후 국내외적으로 남북한 문제에 대한 인식의 전환이 확장되고 있는 것 같다. 그것은 북한 당국이 한국이나 그 우방국들은 물론 자기의 우방과도 대화, 연대와 협력을 전적으로 포기하였다는 것과 북한은 정상적인 협상의 대상으로 간주할 수 없다는 분위기의 고조이다.

이러한 변화는 〈한반도 평화통일을 향한 한국교회의 비전〉이란 문서에 제시된 한국교회의 6대 실천방안'(장윤재 교수)이 그 실현성에 있어서 불투명해질 확률을 높이고 있는 것 같다. 따라서 정치적·경제적 위기와 국제적 고립을 자초한 북한 정권이 붕괴될 만일의 상황에 대비하여 한국교회는 세계교회와의 연대하에 "평화통일의 연장선상"에서 통일을 위한 대안을 조속히 마련해야 하지 않을까 생각한다.

앞으로 남북한의 정황 변동이 우리의 생각이나 의지와는 상관없이 전개된다면 한국교회는 그것이 중국의 동북공정의 성취가 아니라 한반도 통일의 카이로스적 새 날로 맞이하기 위해 항상 깨어 있어야 할 것이다. 이 새 날은 '남한의 흡수통일'이나 '북한의 적화통일' 또는 '선 민주, 후 통일'이나 '선 평화, 후 통일' 등 종래의 모델과는 전혀 다른 하나님의 샬롬, 곧 그의 자유, 정의와 평화가 이 땅에 실현되는 신적 통일의 날이라고 할 것이다. 그것은 등불을 들고 기다리는 처녀에게만 주어지는 위로부터의 선물이기 때문이다.

이제 한국교회는 종래의 '평화통일'의 원리를 참고하는 동시에 장윤재 교수의 주장과 같이 "WCC의 2013년 부산총회를 한반도 평화통일의 전환점이 되는 기회"로 주조하려는 새로운 발상이 요구된다. 이를 위해 한국교회는 남북한의 평화통일에 대한 의제를 상정하고 세계교회의 동의를 얻어야 할 것이다. 그리고 남북의 평화통일이 '동북아의 평화'에 그치는 것이 아니라 '세계의 평화'와 직결됨을 중국은 물론 한반도 주변의 4강과 온 세계 국가들에게 설득하고 지지와 협력을 요청해야 할 것이다.

이를 위한 실천 방안으로서 한국교회는 통일 기금 조성에 불씨를 지핌으로 앞으로 긴요한 통일 비용을 마련하는 데 앞장서야 할 것이다. 지금 한국교회들은 국내외적으로 막대한 선교비를 거의 맹목적으로 소비하고 있으므로 이것을 극소화하고 통일 기금에 투자해야 하겠다. 여기에는 진보는 물론 보수교단들도 흔쾌히 동참할 것이므로 그동안 여러 가지 구실로 가로막혔던 교회와 교단 간의 장벽이 무너지고 국내적으로 에큐메니컬 운동의 새로운 차원이 열리게 될 것이다. 이러한 연대는 타 종교들의 JPIC 운동과도 만나는 계기가 되어야 함은 물론이다.

한국교회는 평화통일의 조속한 성취와 통일 후 남북한 국민의 아름다운 조화와 풍요로운 복지를 위해 새로운 접근을 시도해야 할 것이다. 그것은 지금까지 시도해 온 북한 제도권과의 만남과는 다른 것이어야 한다. 그것은 한국의 민주화운동이 민중과 연대하에 성취된 것처럼 민주주의적 기반 위에서 북한 민중의 인권과 자유를 회복하고 삶의 질을 제고하기 위해 그들과 연대하에 새로운 길을 모색하는 것이다. 이러한 발상은 현실성이 의

심된다고 할지 모르나 남북통일을 간절히 대망하는 자들에게는 불가피한 선택이 아닌가 한다.

이렇듯 남북한의 새로운 통일 방안을 구현하는 데는 이를 위해 헌신할 수 있는 인재가 필수조건일 것이다. 박상증 목사가 20세기 후반에 한국의 민주화운동을 위해 에큐메니컬 서클을 중심으로 국내외 모든 민주화운동 집단들을 조직하고 연대하는 조직자organizer이자 조정자coordinator로서 희생적으로 활동하였기에 그 운동은 성공적이었다고 감히 말해도 좋을 것이다. 이와 같이 앞으로 다가올 그 시점은 알 수 없으나 마치 8·15처럼 하나님의 샬롬으로 성취되고야 말 남북한 통일의 새벽을 깨우기 위해 한국 교회는 신앙으로 헌신할 수 있는 제2의 박상증 목사를 잉태할 수 있으면 좋겠다. 그리고 그 통일을 위한 하나님의 종은 이번에는 성결교가 아니고 고신이나 합동 측에서 태어났으면 더욱 좋겠다.

끝으로 결론 아닌 결론으로 말을 맺겠다. 그것은 에큐메니컬 운동에 참여하는 모든 사람들이 오늘의 주인공 박상증 목사와 같이 각자 자기의 나팔을 불면서 '미국산 쇠고기다', '한국산 쇠고기다' 가리지 말고, (단, 호주산 소고기는 제외) 사랑하는 친구들과 스테이크를 함께 즐길 수 있다면 그 코이노니아의 전염병 효과로 인해 한국은 물론 온 인류가 지금 여기서, 그리고 영원히 하느님 나라의 잔치를 만끽할 수 있지 않을까 하는 소망이다.

한 걸음 더 나아가서 만일 그렇게 된다면 그것은 에큐메니컬 운동이 지향하는 절정이기 때문에 더 이상 에큐메니컬 운동을 위해 수고할 필요가 없고 수고의 보상으로 영원한 낙원에서 휴식을 취하게 될 것이라는 몽상에 빠져 보는 것이다.

경청에 감사드린다.

제2부

이계준을
말하다

1
문화 신학자, 이계준 박사의 생애 재서술
-자전 에세이 『희망을 낳는 자유』를 중심하여-

이정배(감리교신학대학교 교수)

1. 이계준 박사님을 바라보는 필자의 한 시각
- '계준 답게'를 제안하며

평소 이계준 박사님에 대해 궁금한 것이 하나 있었다. 선생님을 잘 드러내는 아호雅號 하나는 있을 터인데 지금껏 그분을 안 지 30여 년이 지났건만 아호로 명명되는 순간을 한 번도 포착하지 못했던 까닭이다. 이제 80세가 되는 선생님 동년배 세대에게 호가 의당 이름처럼 사용되는 것을 일상에서 경험한 것도 한 이유였다. 2005년 출간된 자전적 에세이 『희망을 낳는 자유』를 보아도 호에 대한 언급은 없었다. 혹시 필자가 모르는 호가 있을지 모르겠으나 그를 경험치 못한 필자로서는 언젠가 한번 직접 여쭤 볼 생각이었다. 본래 호는 자신을 깊게 아는 스승이나 친한 친구들에 의해 주어진 선물이다. 그렇다면 이계준 박사는 아호를 전해 줄 스승도 친구도 없었다는 말인가? 그렇지 않다. 그의 스승이 박대선 박사이고 한승호 목사이며, 그리고 유동식 선생님인 것을 모르는 이가 없을 것이다. 자신의 자서전에 축문祝文을 써 주신 어른들이 바로 이들 세 분 스승이었다. 스승들의 축하 이야기를 읽는 중에 필자는 궁금하던 호에 대한 의문 하나가 풀렸다. 이분들에게는 나이 70이 넘은 이계준 박사였으나 영원한 청년 '계준'이면 족했던 까닭이다.1) 오로지 '계준' 그 이름 하나만으로 모든 것을 소통할 수 있었기에 어떤 다른 명칭도 불필요했다. 스승들에 의해 이처럼 격의 없이 불릴 수 있는 이름을 지닌 사람 찾기가 주변에 그리 쉽지 않다. 필자는 여기서 이계준 박사가 살아온 삶의 궤적을 가늠할 수 있었다. 어디 문화가 별것이던가? 날줄, 씨줄로 얽혀진 80평생의 삶 자체가 문화일 터, 불려진 '계준'이란 이름 속에 그가 공들여 온 인생의 속살이 비쳐지고 있는 것이다.

필자가 이계준 박사님을 알게 된 시점은 1970년대 신학대학 시절로 올라간다. 필자의 뇌리에 남은 선생님에 대한 잔상은 1975~76년경 화양교회 대학생 예배 시간의 모습이다. 당시 화양교회 파송 신학생이었던 제주 출신 친구 윤종학의 권유와 안내로 그곳에서 선생님을 만난 것이다. 그때 선생님의 상황이 연세대 해직 교수 신분인 것을 안 것은 자서전의 기록 때문이었다.2) 특유의 유머 감각과 세련된 옷차림 그리고 젊은이들에 대한 애정 이런 것들이 선생님에 대한 나의 기억들이다. 이후 선생님과는 이런저런 모임에서 학생과 선생으로, 새까만 후배와 선배로서, 그리고 나

---

1) 이계준, 『희망을 낳는 자유 – 이계준 자전에세이』(서울: 한들출판사 2005), 12-13.
2) *Ibid.*, 149-150.

중에는 동료 교수와 한국문화신학회 임원으로 많은 시간을 함께했다. 유동식 교수님의 삶을 기리는 책 출판을 수차례 함께 기획했고, 축하 의식에 더불어 순서를 맡은 바 있었다. 필자의 멘토였던 故 장기천 감독님의 설교집 출간, 은퇴 찬하식 등에서도 역할을 공유했으며, 기독교 산업개발원 이사장 시절『선교』란 잡지 출간을 위해 자주 편집회의를 하던 기억도 생생하다.3) 선생님이 시작한 신반포교회에서 수차례 설교와 강연의 기회를 갖은 것도 큰 기쁨이었다. 가장 최근에는『성서와 문화』를 매개로 그와 마음의 벗인 박영배 목사님과 함께 허심탄회한 뜻 깊은 모임도 있었다.

이런 일련의 과정을 돌이켜 보면 부족한 대로 이계준 박사님과의 인연도 제법 있었다는 생각이 든다. 여러 형태의 모임에서 만났으나 한결같이 반복된 생각은 이계준 박사님에게 고유한 '멋'이 있었다는 사실이다. 우선 그는 예나 지금이나 옷에 대한 남다른 감각으로 세련미를 보여준다. 공식적 행사가 아니면 넥타이 대신 머플러로 치장하고 상하 어울리는 콤비 스타일을 즐겨 입었던 것 같다. 혹자는 그것이 사모님의 공이라 하나 필자는 그에 더해 선생님 자신의 취향일 것이라 여긴다. 달변은 아니나 간단명료하고 재밌게 대화를 이끌어 가는 모습 또한 그분의 멋 중의 하나였다. 간혹 섞여 나오는 이북 사투리의 어감 역시 예민한 토론의 장을 완화시키는 역할을 했다. 간혹 연대 의대에서 시작되었다는 음담패설로 장중을 눈물 날 만큼 웃게 하신 적도 많았다. 이런 관계로 그 주변에는 항시 많은 동료들이 있었다. 정년 은퇴 후 인생에서 돈보다 중요한 것이 친구라 하는바, 선생님에게는 지금도 만날 수 있는 동료들이 무수히 많은 것이다.4) 同樂會를

---

3) 그러나 자전에세이에 이 두 사례가 전혀 언급되지 않아 궁금한 점이 있다. 선생님의 삶에 비중이 전혀 없지 않았을 것인데 하지만 지면 관계상 생략된 것이라 이해한다.

4) *Ibid.*, 337 이하 내용 참조.

비롯한 그와 관계된 뭇 모임들 역시 삶 속에서 일궈 낸 아름다운 문화의 일면이라 하겠다.

주지하듯 이계준 박사님은 연세대학교 교목으로 일생을 지냈다. 때론 교목과 신학교 교수 간의 역할 문제로 흔들린 적도 없지 않았겠으나5) 그의 정체성은 기독교 대학의 교목에 있었다. 지금도 그렇듯이 교목직은 학생들과 학문적으로 깊게 사귈 기회가 적다. 다양한 종교 배경을 갖고 입학한 학생들에게 기독교 신앙을 그들 정황에 맞게 전하는 일은 결코 쉬운 일이 아니었다. 신학자들은 특수한 자기 영역을 지녀야 하나 교목들은 언제든 보편적으로 사유할 수밖에 없는 것이다. 이런 이유로 스승과 제자 인연을 맺는 것이 교목으로로선 예삿일이 아니다. 하지만 이계준 박사를 존경하는 학자들이 적지 않다. 금번 그의 80세를 기념하며 글을 기고한 학자들의 면모만 보아도 그렇다. 그가 재직했던 연대, 그의 출신학교인 감신대를 넘어 이곳저곳 우수한 학자들이 두루 포진되어 있지 않은가? 이는 재직 시절 그가 솔직 담백하게 삶을 살았고 후학들에게 인색하지 않았다는 반증일 것이다. 이렇듯 이계준 박사는 스승과의 관계는 물론 동료들과 자신의 후학들과의 관계도 바르게 하며 살았다. 위, 아래, 옆의 관계를 이처럼 올게 정립하며 산 사람을 만나기란 결코 쉽지 않다. 이 점에서 때론 그가 정통적 기독교인이기보다 유교 선비처럼 보일 때가 많다. 그의 글 속에 표현된 부모, 형제간의 사랑, 자식에 대한 애정, 아내에 대한 존경 역시 위, 아래, 옆의 관계를 잘 살아 낸 모습들이 아닐 수 없다.6) 아니 가정 내의 정서가 밖에서도 자연스레 녹아든 경우라 보면 좋을 듯하다.

---

5) *Ibid.*, 252-253.
6) *Ibid.*, 291 이하 내용 참조.

물론 그 역시 풀지 못한 인간관계가 있을 것이고 아쉽게 생각하는 인생 여정이 왜 없겠는가? 정치적 현안 문제로 누군가와 갈등이 있었을 것이고 이념적 편차로 불편한 심기를 상호 해소치 못한 경험들이 있었을 것이다.[7] 혹시 그런 매듭이 남아 있다면 살아생전 풀어내야 할 것이다. 해서 필자는 그의 스승들이 호를 대신해 '계준'이라 불렀듯이 필자는 '계준답게'란 말을 감히 제안한다. '계준', 그처럼 사는 일을 후학들이 정말 배우기를 바라서이 다. 그렇다면 80세 이후의 선생님의 삶 역시 '답게'에 더욱 충실해져야 마땅 하다. 이후 이 화두를 붙잡고 갈 길을 뒤돌아보지 않고 달려가는 선생님의 모습을 보고 싶은 것이다. 이것은 긴 호흡으로 선생님께서 일궈내야 할 문화이다. 종전의 것이 마침표로서의 문화였다면 이것은 현재 진행형이고 미래적 과제가 될 것이다. 그리하여 그의 스승 한승호가 70세를 기념하며 주었던 말 "계준아 그만하면 70평생 신앙적으로 훌륭하게 살았다"란 말[8] 그 이상의 찬사가 예수님으로부터 주어지길 기대해 본다.

2. 이계준 목사의 삶의 씨줄과 날줄로서의 희망, 자유 그리고 사랑 - 문화 신학의 토대

주지하듯 이계준 목사님의 자서전 제목은 『희망을 낳는 자유』이고 속 목차는 각기 희망, 자유 그리고 사랑 편으로 되어 있다. 고린도전서 13장과

---

7) 필자 역시 어느 날 용산참사 현안을 놓고 선생님에게 불편한 심기를 드러낸 적이 있다. 용산 참사를 빨갱이의 소행으로 보는 선생님과 해직 교수의 명예를 존중하는 선생님을 오버랩 시킬 수 없었기 때문이다. 이북에서의 공산주의에 대한 부정적 경험이 아직 강렬하게 남아 있는 듯 보였다.

8) *Ibid*., 13.

비교하면 믿음 대신 자유가 들어갔고 사랑을 앞세우지 않고 마지막에 위치시킨 점이 눈에 띈다. 하지만 글을 읽고 난 필자의 소감으로는 그가 자유를 믿음의 대치물로 본 것이 아니라 진정한 자유를 믿음의 열매로 생각했던 탓이고 사랑을 말미에 둔 것은 소망과 자유를 낳는 근거로서 사랑 章에서 아내와 딸들을 언급해야 하는 유교적 멋쩍음(겸양) 때문이 아닌가 여겨진다.9) 본 장에서는 그의 삶을 엮어 냈던 씨줄과 날줄로서 희망, 자유 그리고 사랑의 구체적 내용을 정리해 볼 것이다. 이를 통해 문화 신학자로서의 이계준의 삶의 문화가 온전히 드러날 수 있다고 믿는 까닭이다.

우선 **희망** 편에서 이계준 박사는 자신의 어린 시절 및 최종 에모리 대학 수학에 이르기까지의 학창 시절 이야기를 에피소드를 중심으로 소개했다. 책 서문에도 밝혔듯이 그에게 자유란 목사의 자녀로서 공산 치하에서부터 치열하게 꿈꿨던 희망이었고 이 희망은 어려운 학창 시절을 지탱하는 힘이 되었다.10) 무엇보다 목사의 가정이란 울타리는 어린 이계준에게 희망의 학교였다. 목사였던 아버지가 자식에게 신앙적 교리나 전통적 예절을 강요한 바 없었다는 이계준의 회고는 상당한 의미를 갖는다. 더욱 부모로부터 체벌을 받았을 때 그것이 전혀 잘못되거나 억울하게 느껴지지 않았다는 고백 역시 가정이 얼마나 좋은 학교였는지를 보여주고 있다.11) 더욱 그에게 아버지는 자유와 성실성의 화신化身이었으니12) 너무도 훌륭한 선생님

---

9) 실제로 위 책 3부 내용은 '사랑'을 주제로 아내와 세 딸들의 이야기가 핵심이다. 이들의 존재가 이계준 박사로 하여금 희망을 낳는 자유의 삶을 살도록 한 것이다. 사랑이란 말이 책 제목에조차 언급되지 않은 것은 역설적으로 희망과 자유의 존재 근거가 되었던 까닭이다.
10) *Ibid.*, 25.
11) *Ibid.*, 36-37.
12) *Ibid.*, 43.

을 옆에 두었던 것이다. 무학無學의 어머니 역시도 가정교육에 큰 몫을 담당했다. 자녀들에게 희망을 선사함에 있어 성서 이야기만큼 좋은 소재가 없었다. 성서 이야기를 통해 민족의식이 자극되었다는 이계준 박사의 고백이 있을 정도로 어머니는 좋은 선생이었다.[13] 어머니 손이 지닌 창조력은 또한 모든 것을 가능케 하는 희망의 상징이기도 했다. 농사일, 부엌일, 옷 수선 등 어머니 손으로 불가능한 것이 없었기 때문이다.[14] 이계준이 거친 숱한 교회 역시 희망을 낳는 학교였다. 그곳에서 풍금 반주를 배웠고 평생 동지를 만났으며 말씀을 배운 것이다. 풍금 치는 이계준 목사님 모습을 뵌 적 없어 지금도 반주에 자신 있다는 말씀을 어찌 믿어야 할지 모르나 허언虛言으로만 들리지 않는다.[15] 음악과 더불어 영감을 키우고 감성을 자극하며 희망을 노래했던 학창시절의 이계준을 상상할 수 있기 때문이다. 당시 우수한 학생들이 모인 제일고급중학교를 포기하고 후일 자신의 운명을 결정할 평양 성화신학교로 이적한 것 역시 자유와 희망을 지키기 위함이었다.[16] 두 학기 남짓한 성화신학교 시절이었으나 공산주의의 이념적 강요를 거부했던 학생들인 까닭에 신앙적 열기로 넘쳐났고 찬송과 노래를 즐겼으며 인격적 가르침을 받을 수 있었기에 그는 이 시기를 자신의 삶에 있어 카이로스라고 명명했다.[17] 평생 스승이자 은인인 박대선 박사도 이 시기 그곳의 선생님이었던 것이다.[18] 비록 6·25 기간 중의 일이었으나

---

13) *Ibid.*, 45.

14) *Ibid.*, 45-46.

15) *Ibid.*, 57.

16) *Ibid.*, 78-79. 저서에 의하면 당시 고급 중학교에서는 공산주의 교육이 주입되었고 교회와의 갈등과 분리를 조장했다고 하였다.

17) *Ibid.*, 81.

18) 이계준 박사는 성화신학교 출신 중 두각을 나타낸 인물로서 감신대 학장을 역임한 변선환 박사, 미국 장로교 총회장 직을 수행한 이승만 박사 그리고 미국 연합감리교회

이계준은 감리교신학교에 입학했고 이곳에서 자신의 본질, 할 일을 찾았다고 회고했다.[19] 홍현설, 박대선, 윤성범, 김용옥, 김철손, 윤성범 교수들이 포진했던 당시 감리교신학교는 명실 공히 피난시절이었으나 참된 가르침의 산실이었던 까닭이다. 그곳에서 칼 바르트의 기독론에 매력을 느껴 불트만의 실존적 성서 해석과 맞섰던 경험은 신학생 이계준에게 신학함의 희열을 느끼게 하였다.[20]

1960년대 은총으로 주어진 보스턴 대학교의 유학생활은 그에게 희망의 불꽃을 소생시켰다. 바르트 식武의 신정통주의와 결별하고 현대 사회와 교회를 새롭게 조망하는 기독교 윤리학에 입문할 수 있었기 때문이다.[21] 연세대 해직과 함께 늦은 나이로 시작된 에모리 대학시절은 학문의 종착지로서 그를 선교 신학자로 자리매김한 귀중한 시간이었다. 1979년 제출한 박사논문 제목은 "한국적 상황에 있어서 신학교육에 대한 선교 신학적 접근"이었고 이 글의 논지는 기독교 윤리학적 주제와 연루된 '하느님 선교 Missio Dei'와 한국 교회 현실에 대한 이해를 상호 접근시키는 것이었다. 당시를 술회하며 이계준 박사는 이렇게 말한다. "나는 본래 하느님 선교의 신학에 관심이 깊었으나 신학 교육을 책임지고 있는 처지에서 교회 현실을 부정할 수 없었다."[22] 이런 늦깎이 공부가 있었기에 그는 연세대학교 교목으로 복직될 수 있었고 선교 신학자로서 교회를 개척하여 섬겼으며 많은

　　동양 책임자였던 함성국 박사 등을 꼽고 있다.

19) *Ibid.*, 82.

20) 당시 함께 졸업논문을 썼던 동창생으로 송길섭, 선한용 박사가 있었다고 술회한다.
　　Ibid., 91.

21) *Ibid.*, 96.

22) *Ibid.*, 115.

설교집도 출간할 수 있었다. 누가 보아도 자족할 수 있을 만큼 꿈꿨던 희망이 실현된 것이다. 하지만 이런 희망은 그가 절박하게 추구했던 자유를 먹고 성장했다. 자유에 대한 열망이 그에게 희망이었고 그 희망이 이제 자유로운 인간이 될 것을 요구하고 있는 것이다.

말했듯이 본 책 2부의 주제는 **자유**이다. 그의 자서전에는 자유를 주제로 자신이 인생에 황금기로 여기는 연세대학교 교목 시절의 활동이 서술되어 있다. 물론 교수직을 박탈당한 경험과 감리교 갱신운동에의 참여 역시 자유롭기를 희망했던 삶의 표현들이었다. 전체적으로 이계준 박사는 국내외를 막론하고, 또 형식은 달랐으나 자신의 목회 활동이 곧 자유를 향한 질주였음을 강력히 시사하고 있다. 일체의 주어진 규율과 강제를 싫어했고 때론 무모할 정도로 반항했던 것이다. 군목 후보 시절 내무반 불침번이었으나 책 읽기 좋아하는 동료를 믿고 잠을 잔 적도 있었으며 사단장, 연대장들과도 격의 없이 대화했고 군 교회에 출석한 학도병들에게 사르트르나 카프카를 읽어 주는 목사이기도 했다.[23] 미군부대 근무 시절 통역장교로부터 종교 선택에 관한 질문을 받고도 기독교를 강요치 않았던 것도 자유롭기를 바랐던 자신을 미뤄 남을 그리 이해했던 결과일 것이다. 이런 자신의 선택을 이계준 박사는 지금껏 후회하지 않았고 그것이 옳다는 사실을 나이 80세 이른 시점에서도 옳다고 믿고 있다.[24] 보스턴 유학시절 한인교회를 섬길 때도 그는 스스로 목사의 권위를 벗겨 냈다. 평신도들에게 재정, 친교, 선교, 봉사 위원직이 해당되듯이 설교자인 자신을 설교위원으로 칭했던 것은 대단한 파격이라 생각한다.[25] 미국인을 상대로 목회하면서도

---

23) *Ibid.*, 125-126
24) *Ibid.*, 134.

그의 자유분방한 모습은 사라지지 않았다. 한국식 심방제도를 도입해 바쁜 그들을 일터에서 만났고 심지어 트랙터나 콤바인을 타고 밭일을 거들면서 대화한 적도 있었다. 늘 대접받는 목사 상像을 탈피코자 사택으로 교인들을 초대하여 음식 대접하는 일도 다반사였다. 이런 경험들이 축적되어 이계준 박사는 이후 목사는 목회만 전념하고 행정과 재정을 평신도의 몫으로 돌리는 민주적 원칙을 평생 지킬 수 있었다.26)

1970년대 중반 해직 교수 시절 화양교회의 대학생부를 지도하던 이계준 목사는 대학생들의 우상이었다.27) 주지하듯 군사 독재 치하에서 시국에 민감한 대학생들과 접촉하는 일은 결코 쉽지 않았을 것이다. 신학자 폴 틸리히의『궁극적 관심』과 같은 책을 함께 읽었던 이계준 목사는 해직 교수의 시각만이 아니라 종교 본연의 모습을 젊은이들에게 전하고자 했다.28) 이런 이유로 당시 100여 명이 넘는 대학생들이 그 주변에 모였던바, 여기에는 역시 탈권위적 삶을 살았던 이계준 목사의 자유혼이 한몫 했을 것이다. 말했듯이 연세대학교 교목으로서 이계준 박사의 삶은 가장 행복했다. 채플 설교를 교목실이 독점하는 대신 대학생들과 교감 가능한 외부 인사로 구성했던 것도 그의 아이디어였다. 대학교회위원회를 민주적으로 재조직했고 친목실의 중요성을 강조하여 교우들을 결집시키는 힘도 발휘하였다. 해직과 복직을 거친 1980년 이후 친구였던 은준관 박사와의 우정 어린 공동 목회는 지금껏 아름다운 이야기로 회자되고 있다.29) 이는 평소

---

25) *Ibid.*, 135.
26) *Ibid.*, 141.
27) 이것은 당시 이계준 목사에게 배웠던 신학교 친구 윤바울 목사로부터 들었던 증언이다. 지금 그는 충주 영은교회 담임자로 수고하고 있다.
28) *Ibid.*, 150-151.

자유를 열망했던 이들에게 주어진 축복이었다. 하지만 대학 설교자로서 그의 고민은 언제든 설교에 있었다. 스스로 자유롭기를 바랐으나 그리스도 때문에 결코 자유롭지 못한 역설을 살고 있었던 것이다. "과연 어떤 천재가 20분 동안 서론, 본론, 결론으로 체계화된 논리를 전개하면서 은혜와 감동으로 일관된 설교를 할 수 있을 것인가? 그것도 머리가 끝까지 발달한 지성인들에게, 더욱이 유신체제라는 특수한 상황에서 불의와 억압, 부자유와 횡포에 시달린 회중들에게 자유와 해방의 메시지를 선포할 수 있겠는가……."30) 시국 강연과 설교는 같으면서도 달라야 하는 법, 이에 대한 해법을 찾고자 누구보다 목회적 시련이 많았으나 그는 그것을 행복한 고민으로 여겼다. 지금껏 지속되는 신반포교회와의 인연은 이계준 박사의 노년의 삶에 큰 위로가 되고 있다. 본 교회는 이계준 박사의 목회적 소신과 짝할 수 있는 유일무이한 교회로서 혼돈 속에 질서가 있듯 자유함 속에서 기독교 본래적 의미를 찾고자 지금도 실험을 거듭하고 있는 중이다.31) 필자도 참여한 바 있는 무수한 신학 강연, 성서 연구 그리고 현실 사안에 대한 깊은 성찰 등이 그곳에서 이뤄졌다. 이는 자신이 그랬듯이 교인들을 교리로부터 자유케 했던 결과일 것이다. 헌금을 강요치 않았고 교회 예산 30% 이상을 선교비로 지출했으며,32) 민주적으로 교회 헌장을 만들어 내는 과정 역시 지난했으나 성공적이었다. 이를 위해 이계준 박사 스스로도 역사적 예수 연구가인 미국의 스퐁 감독의 책을 번역해 냈고,33) 그 내용을

---

29) *Ibid.*, 157-158.

30) *Ibid.*, 160, 194 이하 내용 참조. 여기서 이계준 박사는 진담 반 농담 반으로 교인들의 비상한 기억력이 설교를 어렵게 한다고 말한다. 같은 이야기를 반복할 수 없기에 설교가 대학 강의보다 쉽지 않다는 말이다.

31) *Ibid.*, 187-189. 여기에 실린 신반포교회 헌장을 참고하라.

32) *Ibid.*, 186-187.

33) 존 쉘비 스퐁, 『만들어진 예수 참사람 예수』, 이계준 역 (일산: 한국기독교연구소,

설교로 풀어내면서 시대에 적합한 선교 신학자로서의 자신에 대한 성찰을
게을리 하지 않았다. 그가 교수 은퇴 이후에도 문화신학회 회장직을 수락
하며 긴 세월 동안 봉사한 것도 이런 노력의 일환이라 생각한다.[34]

마지막 **사랑** 편에서 이계준 박사는 자신의 조상 이야기를 필두로 가족
이야기를 진솔하게 담아냈다. 말했듯 사랑은 그에게 '희망을 낳는 자유',
그 자유의 밑거름이었다. 가족이 없었다면 자유도 희망도 신기루에 불과
했을 것이기 때문이다. 하지만 그에겐 가족이 혈연관계로만 엮어진 것은
아니었다. 주변에는 피를 나눈 것 이상의 동고동락한 친구들이 있었고 많
았다.[35] 필자가 이계준 박사를 가장 높이 평가하고 존경하는 부분이다.
친구를 가족으로 받아들인 그의 인생이야말로 문화 신학의 본질을 드러낸
것이라 믿는다. 자유한 그의 선교 신학도 결국 이런 인생의 확장된 표현일
듯싶다. '누가 네 부모이고 형제인가?'를 묻는 십자가 상의 예수의 질문을
생각하면 선교 신학자로서의 이계준의 삶이 더욱 그리 생각 된다. 토산兎山
이씨 후손인 선친先親을 목회자로 둔 것을 그는 항시 자랑스럽게 생각했다.
더욱이 3·1독립선언의 죄목으로 옥고까지 치른 부친의 삶이 있었기에

2009). 참조 이외에도 스퐁 감독의 책 중 번역된 것이 다수 있다. 『성경을 해방시켜라』,
『기독교 변하지 않으면 죽는다』, 『새 시대를 위한 새 기독교』 그리고 『성경과 폭력』
등이다. 마지막 책 『성경과 폭력』도 이계준 박사가 공역자로 참석했다.

34) 필자는 한국기독교학회 30년사를 정리하는 책자에서 문화신학회 역사를 서술했던
바, 그 속에서 이계준 박사의 역할을 대단히 긍정적으로 평가했다. 유동식, 김경재,
김광식 박사 등이 중심하여 창립된 문화신학회는 초기 정착기(회장 고 심일섭 박사)를
거쳐 발전기(회장 김경재 박사)와 전성기(회장 이계준 박사)를 지나고 있다고 한 것이
다. 한국기독교학회 편, 『한국기독교학회 30년사』(서울: 대한기독교서회, 2001),
364-383.

35) 이계준, 『희망을 낳는 자유』, 3부 '사랑' 편에는 가족과 교우들의 이야기가 함께 엮어져
있다.

오늘 자신이 있었다고 말할 정도였다.36) 또한 마법의 손을 지닌 모친의 창조적 삶이 자유혼의 원천이기도 했다. 하지만 최영란 사모와의 결혼과 함께 꾸민 가정에 대한 이야기가 더더욱 중요하다. 말을 아꼈으나 이계준 박사가 느낀 사랑의 감정이 짧은 글 속에 깊게 묻어 있는 까닭이다. 훌륭한 재주를 많이 지녔고 아름다운 미모의 소유자면서도 미래가 불투명한 군목에게 마음을 열어준 아내에 대한 고마움을 절제된 언어로 표현하였다. 청년 이계준과의 만남을 운명으로 받아들인 그 마음을 평생 소중하게 기억한 것이다.37) 비록 결혼 예식에서 주례자의 낯선 영어 발음으로 들리지 않은 혼인 서약을 엉터리로 따라했으나 그것을 지키지 않은 적이 한 번 없었다고 자신 있게 토로할 정도였다.38) 결혼 후 그들의 신접살림은 남을 대접하는 일의 연속이었다. 기존 목사 상像을 바꿀 목적으로 봉사 일을 천직으로 여겼기 때문이었다. 이들 부부에게 은혜 '은惠' 자 돌림의 세 딸이 주어진 것은 가장 큰 축복이었다. 지금은 모두 출가한 성인이 되었으나 키우는 과정에서 느꼈던 기쁨과 보람을 회고하는 것만으로 이계준 박사는 행복한 듯하다. 가족 간의 심각한 갈등 없이 살아 준 아내가 고맙고 자녀들이 제몫 감당하며 생활하는 모습이 자신의 삶을 지탱하는 힘인 것을 감사하고 있는 것이다. 이계준 박사의 아내 자랑은 다음 성서의 말씀을 통해 요약 정리되었다. "집과 재물은 조상에게서 물려받은 유산이지만 슬기로운 아내는 주님께서 주신다."(잠 19:14)39) 세 딸의 이름을 '惠'자 돌림으로 작명한 것도 이계준 박사 자신이었다. 善惠, 敬惠, 正惠의 이름을 지닌 세 딸이 저마다 선한 하느님 은혜를 받고, 그 은혜를 경외하며 은혜에 따라 바르게 살아

---

36) *Ibid.*, 294-295.
37) *Ibid.*, 301.
38) *Ibid.*, 303.
39) *Ibid.*, 315.

주기를 바라는 목회자 아버지의 심정이 반영된 것이다.[40] 세 딸이 전문직 여성으로 성장하기를 바랐던 교육적 관심 덕으로 이들은 스스로도 자신의 인생을 개척했고 좋은 배필을 만나 사회의 지도자로서 살고 있는바, 이계준 박사의 자유혼의 토대가 되고 있다.

앞서 거론했듯 이계준 박사는 많은 친구 그룹을 갖고 있다. 노년의 삶이 분주할 만큼 친구들과의 잦은 만남을 이루고 있는 이계준 박사를 모두들 부러워한다. 자주 만나는 이들 중엔 스승들도 있고 북에서부터 알던 어린 시절 소꿉친구도 있으며 프라이드가 대단한 성화신학교 동문들도 있다. 감신대 총동문회 회장직을 수행했던 까닭에 폭넓은 인간관계도 형성되어 있고 육군 군목 동기회를 비롯하여 해직 교수들 모임인 진우회, 노소동락老少同樂하며 상호 깊은 영향을 주고받는 모임[41]도 있으며 그 외에도 월요회란 이름으로 만나는 교수 집단이 있으니 매달 한 번씩만 모임이 있더라도 무지 분주하겠다는 생각이다. 많은 친구가 있다는 것은 그만큼 스스로 다른 이의 친구가 되었기에 가능한 일이다. 바쁜 세상 속에 그리고 저마다 이익이 우선되는 현실에서 '친구 되기'가 얼마나 어려운 것인지 모르는 사람 없을 것이다. 이런 정황에서 이렇듯 다양한 친구 모임을 유지하고 있는 이계준 박사님은 참으로 행복한 사람이고 인생에 성공한 사람이며 기독교 문화를 온 몸으로 체화한 진실된 문화(선교) 신학자인 것이 틀림없다.

---

40) *Ibid.*, 319.
41) *Ibid.*, 342-344. 이 모임의 주요 멤버로 필자가 아는 많은 분들이 있다. 이계준 교수와 평생 생각과 삶을 나눈 가장 가까운 인맥이라 생각된다. 그의 스승들인 故 박대선, 유동식, 한승호 교수를 비롯해 연대 원목실장을 맡았던 김기복 목사, 『성서와 문화』를 편집하는 박영배 교수 등이 핵심 멤버이다.

3. 이계준 박사의 제 행적 속에 드러난 문화(선교) 신학자의 면모 - 자유의 열매들

본 장에서 필자는 이계준 박사의 삶의 행적에서 드러난 문화(선교) 신학자의 면모를 살필 생각이다. 과거를 답습하기보다는 새로움을 잉태하는 고통을 선택한 삶이었기에 그가 남긴 족적 속에는 기독교 미래를 위한 맹아萌芽들이 숨겨져 있다. 필자는 그것을 그가 남긴 문화(선교) 신학적 유산이라 믿고 구체적 사례들을 여기서 소개할 것이다. 교수로서의 정체성보다는 목회자의 심정으로 일생을 살았기에 글로 남긴 자료는 없으나 큼지막하게 그가 일군 행적들을 보면 문화 신학자의 면모가 결코 작지 않아 보인다. 그의 일생에 마지막까지 주어진 명예이자 공식적 직함이 한국문화신학회 회장이었던 것을 보아도 교목이긴 했으나 문화 신학자로서 그의 자의식을 엿볼 수 있는 것이다.[42] 은퇴 이후까지 문화 신학자로서의 삶을 사셨던 열정에 본 지면을 빌려 감사하고 싶다.

우선 이계준 박사는 연세대 교목 시절 끊임없이 새로운 예배 형식을 개발코자 했다. 선교적 관심 때문이기도 했겠으나 한국의 문화적 현실에 걸맞을 뿐 아니라 에큐메니칼적 내용을 지닌 예배를 늘 생각했던 것이

---

42) 여기서 잠시 이계준 박사를 흉(?)볼 필요가 있다. 필자는 문화신학회 부회장으로서 이 박사님과 6년 이상 함께 일했다. 선생님께서 2년 임기의 회장직을 연거푸 세 번씩이나 하시는 바람에 필자 역시 긴 세월 부회장직을 수행하였다. 하여 후학들에게 미안한 감이 많다. 그러나 그가 남긴 공헌이 너무 커서 한국기독교학회 창립 30주년을 기념하며 각 지학회를 소개하는 책자에서 필자는 문화신학회 역사를 서술하였고 이계준 박사의 위상과 역할을 상세하게 소개한 바 있다. 이에 대한 내용은 본 장 마지막 부분에 상세히 언급할 생각이다.

다.43) 실험 예배란 이름하에 음악과 영상, 연극이 어우러지는 수많은 형식의 예배를 기획·연출할 수 있었다.44) 그러나 무엇보다 예배를 통해 사랑의 공동체를 만드는 것이 그가 생각하는 기독교 문화였다. 하여 이계준 목사는 예배 후의 친교를 예배 자체의 의미로 격상시켰고 성속의 분리를 가능한 대로 폐지하려고 힘썼다. 감리교 목회자로서 웨슬리에 관한 책들을 많이 번역했지만 문화 신학자 폴 틸리히를 좋아하여 틸리히의 주저主著를 우리말로 옮긴 것도 그의 종교문화론의 영향이었다.45) 앞서 보았듯 최근까지 한국 기독교의 형식 자체를 바꾸기 위해 역사적 예수 연구를 수용한 미국 성공회 소속 스퐁 감독의 저서를 번역하고 있는 것도 오로지 문화적 관심 때문일 듯하다. 그는 채플의 십자가나 강단의 성구 하나도 기성품을 쓴 적이 없었다. 연세대 내 코르크나무를 잘라 십자가를 제작했고 예술가의 조언과 도안에 따라 강단을 꾸밀 만큼 예술적 감각을 지녔던 것이다. 종교개혁 신학이 아리스토텔레스 철학과 미술품을 신학과 교회에서 몰아냈다는 말이 있을 만큼 성상에 이질적이었으나 이계준 박사는 루스 채플을 조각과 그림으로 장식하여 그곳을 기독교 예술 공간으로 꾸미고자 했다.46) '예수의 얼굴'이란 여류 조각가의 작품이 지금도 그곳에 전시되어 있는 줄 안다.

　얼마 전 장로교 계통의 한 고등학교에서 벌어진 종교 자유 문제로 세간이 떠들썩한 적이 있었다. 개인의 자유 의지와 무관하게 배정받은 학교에서 자신에게 낯선 종교 교육을 강요당하는 것의 부당함을 지적한 것이다.

---

43) *Ibid.*, 156.

44) *Ibid.*, 218

45) 이계준 박사가 번역한 틸리히 책은 그의 핵심 사상을 담은 것으로서『궁극적 관심』, 『문화와 종교』등이 있다.

46) *Ibid.*, 174.

연세대학교 역시 기독교 대학이고 그것을 모르고 대학을 선택한 학생이 없을 지라도 교목실장 이계준은 기독학생회 발족만이 아니라 타 종교 학생회를 시작할 수 있는 발판을 만들어 주었다.47) 다문화, 다종교 사회를 살고 있는 현실에서 이웃 종교인의 존재를 부정하는 것은 대학 사회에서 있을 수 없다고 판단한 것이다. 가톨릭 대학교인 서강대학교 신부를 초청하여 학내 가톨릭 서클을 탄생시켰고 당시 교양학부 주임교수이던 유동식 교수를 지도교수로 하여 불교학생회를 조직하여 스님들의 잦은 발걸음을 교내에 허용한 한 것도 포괄적인 문화(선교) 신학의 틀에서 비롯한 것이다. 즉 "만일 기독교가 하느님의 절대성과 유일성을 주장한다면 다른 종교와 종교인들도 그분의 우주 섭리 안에 포함되었다는 인식을 지녀야 마땅하다"는 생각 때문이었다.48) 하지만 이런 생각은 기독교 포괄주의적 발상으로서 현재로선 종교 다원주의 이론을 대변하기에는 참으로 역부족이다. 저마다 자신들 종교의 시각에서 상대방을 포괄하는 논리를 개발하고 있는 까닭이다.49) 봉은사 땅 밟기를 하는 수준의 기독교인들에게는 교목실장인 이계준 박사의 논리도 천지개벽하는 소리로 들리겠지만 말이다. 그럼에도 지금 강남성모병원에는 개신교 신자들을 위한 주일 예배공간이 있으나 세브란스병원 내에는 가톨릭 환자들을 위한 예배처가 허용되지 않는다는 이야기가 들린다.50) 이것은 당시 불교학생회까지 배려했던 이계준 박사의 시각에서 보더라도 납득하기 어려운 사안이다. 일종의 배타주의로

---

47) *Ibid.*, 236-237.

48) *Ibid.*, 236.

49) K. Heim, *Salvations, Truth and Diffenence in Religion* (Orbis books, 1995) 참조. 종교인 대화모임 편, 『세상에서 가장 아름다운 대화』(운주사, 2010) 1장 내용 참조.

50) 필자가 알기로 강남성모병원은 전 감신대 총장인 김득중 박사께서 거지반 10년 이상 환자들을 위한 주일 예배를 인도하고 있다. 이를 위한 일정 지원액도 있다 하니 그들의 열려진 태도가 아름답게 여겨진다.

회귀를 뜻한다고 볼 수 있기 때문이다. 하지만 문화 신학자이자 교목실장인 이계준 박사의 면모는 철학과 학생들에게 기독교 개론을 가르치던 여타 사례를 통해서도 여실히 드러났다. 이미 종교를 궁극적 관심으로 풀어낸 폴 틸리히 전문가로서 이계준 박사는 기독교에 대한 무신론적 답안이라도 그 속에서 종교성을 읽을 수 있었기에 그에게도 최고 점수를 줄 수 있었다.[51] 유신론적 대답만큼이나 무신론적 고뇌를 담은 이념적 답안 역시 그에게 소중했던 것이다. 지금도 이계준 목사만큼 탈脫교리적으로 사유하고 포괄하는 넉넉한 인격을 대학 사회에서 만나는 일이 결코 쉽지 않다. 그만큼 그는 시대를 앞서 살았고 영원한 청년의 모습으로 어제나 지금도 존재하고 있는 것이다.

해직 교수 시절은 당시로서는 고통이었겠으나 문화 신학자로서 과거를 돌아보는 시점에선 그 시간 역시 은총이 아닐 수 없다. 해직 5년간 웨슬리 총서 수권을 번역했던 까닭이다.[52] 예나 지금이나 번역이란 그리 흥미롭지도 않으면서 시간을 요하는 지난한 작업이기에 충분한 시간적 여유 없이는 불가능한 일이다. 해직의 고통을 감내하느라 하루 10시간씩 책상에 앉아 번역을 했던 탓에 그는 웨슬리 연구에 없어서는 안 될 중요 문헌을 한국교회와 신학계에 선사할 수 있었다. 이외에도 평생에 걸쳐 그가 번역한 책들은 그 비중과 가치에 있어 결코 가볍지 않은 것들이었다. 틸리히와 웨슬리 책들 이외에 그가 번역한 주요 책명을 소개하면 다음과 같다. 호켄

---

51) 이계준, 『희망을 낳는 자유』, 259-260.
52) *Ibid.*, 270. 당시 번역한 책으로는 다음과 같은 것이 있다. 『그리스도인의 완전』, 『새로운 탄생』, 『참된 기독교에 관한 평이한 해설』 등이다. 이외에도 웨슬리에 대한 해석서 두 권도 그의 번역으로 읽히고 있다. 콜린 윌리암스의 『존 웨슬리 신학』과 스케빙턴 우드의 『웨슬리의 선교적 사명』이 그것이다.

다이크의 『흩어지는 교회』, 틸리케의 『그리스도와 삶의 의미』, 칼 브라텐의
『현대 선교 신학』, 그리고 대만의 신학자 C. S. 송의 『희망의 선교』 등이
바로 그것들이다. 이 책들의 성격을 분석하면 주로 변화된 세계 현실에서
교회의 위상을 새롭게 질문했으며 기독교인으로서의 윤리적 삶을 문화(선
교)적 차원에서 물었고 나아가 아시아에서 기독교인이 되는 뜻을 찾고자
한 것이었다.

　이뿐 아니라 거듭 밝혔듯이 나이 80세임에도 영원한 청년 이계준 박사
는 현대 신학 사조의 주류로 편입된 역사적 예수 연구 문제를 심각하게
수용함으로써 '예수 믿기'로부터 '예수 살기'로의 방향 전환을 한국교회에
게 요구하기 시작했다. 인생 황금기였던 교목 시절 '하느님의 선교Missio
Dei'라는 신학적 입장을 지녔음에도 한국교회의 현실을 감안하여 중도적
입장을 취했던 그였으나 교회로부터 자유한 지금 마음속에 담아놓았던
애정 어린 충고를 교회에게 전하고 있는 것이다. 주지하듯 그가 번역한
미국 성공회 스퐁 감독의 책들은 실상 한국교회가 감당할 수 없을 만큼
급진적인 면이 많다. 하지만 저자와 마찬가지로 이계준 박사도 자연과 초
자연, 육체와 영혼, 인성과 신성을 분리시키는 이원론적 세계상과의 단절
을 꾀하고자 했다. 이원화된 언어에 기초한 종교 언어는 점차 무효화되고
있는데 여전히 이를 고집한다면 기독교 역시 죽고 말 것이란 스퐁의 말에
이계준 박사 역시 달리 토를 달지 않는다. 아마도 스퐁 감독이 에필로그에
썼던 '그리스도의 능력'이란 시詩가 자유를 사랑했던 그의 심금을 울렸을
것이라 생각한다.53) "그를 보라! 그의 신성을 보지 말고, 오히려 그의 자유

---

53) 존 셸비 스퐁, 『만들어진 예수 참 사람 예수』, 414-415. 본래 이 시는 스퐁 감독의
　　설교를 듣고 한 시인이 설교 내용을 요약하여 이렇게 이름 붙여 준 것이었다. 이후
　　스퐁 감독은 역사적 예수의 삶을 그리스도의 능력이란 어휘와 함께 사용하게 되었음
　　을 술회하고 있다.

를 보라. 그의 능력에 대해 부풀린 이야기를 보지 말고 오히려 자기 자신을 내어주는 그의 무한한 능력을 보라. 그를 에워싼 1세기 신화를 보지 말고, 오히려 그의 존재의 용기, 그의 삶의 능력 그리고 그의 사랑의 감화력을 보라. 당신은 광신적 탐구를 중단하라! 잠잠하고 이것이 하느님임을 알라, 이 사랑, 이 자유, 이 생명, 이 존재, 그리고 당신이 받아들여질 때 당신 자신을 받아들이라. 당신이 용서받을 때 당신 자신을 용서하라. 당신이 사랑받을 때 당신 자신을 사랑하라, 그 그리스도의 능력을 붙잡으라. 그리고 담대하게 당신 자신이 되라." 비록 합리적 이성과 비합리적 신앙 열정을 함께 품었던 이계준 박사였으나 흙탕물로 변한 한국교회 현실을 목도하며 역사적 예수의 삶이 더 긴박했고 그 속에서 하느님 능력을 새롭게 인식하지 않을 수 없었던 것이다. 이는 교회를 영원한 갱신의 대상으로 생각했던 루터의 말(Ecclesia semper reformanda)을 비틀어 '갱신하겠다는 목회자와 교회야말로 항상 갱신되어야 한다'는 그 자신의 평소 소신이 있었기에 가능한 일이었다.54) 스퐁 감독과의 만남으로 이전에 품었던 '하느님 선교'의 불씨를 살려냈고 한국교회를 향한 창조적 열정을 불태울 수 있게 된 그의 노년의 삶이 이처럼 아름답고 귀할 수가 없다.

시기적으로 선후가 있긴 하나 한국 문화에 대한 관심이 고조된 것도 대략 이때가 아닌 듯싶다. 한국 문화에 대한 긍정적 이해와 역사적 예수에 대한 관심이 함께 맞물려 상승작용을 했던 까닭이다. 실상 이전까지 이계준의 문화 신학은 교회(선교)적 관점에 함몰되어 있었고 한국 문화는 기독교적 포괄주의 지평 안에서 이해된 것이었다. 하지만 수차례 문화신학회 회장직을 수행하면서 이계준 박사는 한국 문화를 더욱 긍정하게 되었고

---

54) 이계준,『희망을 낳는 자유』, 286-287.

한국적 토양에서 자생적으로 형성된 문화 신학을 세계 기독교에 선보일 것을 후학들에게 주문하기 시작했다. 이런 격려와 문제의식에서『한국 문화 신학』(*Theology of Korean Culture*)[55]이란 책자가 영문으로 출간되었고, 세계의 유수한 신학대학으로 보내지는 획기적 사건이 발생했다. 많은 경비를 조달하고 후원하는 과제 역시 그의 몫이었으나 이계준 박사는 기쁘게 역할을 감당했고 후학들의 글쓰기를 채근했다. 당시 일본 동지사 대학교에 교환교수로 머물고 있던 필자로서는 본 작업에 참여할 수 없었기에 지금도 그에 대한 안타까움과 회한이 많다. 본 책 서문에서 이계준 박사는 서구 기독교에 의해 무시당하던 동양 종교 전통들이 신학적으로 소중한 자산임을 천명했고 최병헌 목사, 유동식 박사 그리고 변선환 학장으로 이어졌던 토착화 신학자들에 의해 기독교와 동양 종교 간의 접촉점이 이뤄진 것을 적극 평가했다.[56] 이 책 속에 포함된 주요 논문의 제목들만 보아도 이계준 박사의 확신대로 그간 한국 문화 신학이 얼마나 진일보했는가를 잘 알 수 있다. 풍류도와 노장 사상 그리고 선불교 또한 유교의 핵심 개념들이 신학화되었고 그를 바탕으로 한국적 종교 해방 신학의 면모를 갖출 수 있었던 것이다.[57] 필자는 한국의 토착화 신학 전통을 문화 신학의 이름하에 영문으로 전 세계에 알린 이계준 박사의 수고를 정말 높게 평가하고 싶다.

이와 함께 그의 업적 중 평가받아야 할 다른 사안도 지적할 수 있다.

---

55) The Theology of Korean Culture Society (ed), *Theology of Korean Culture* (The Christian Literature Society of Korea, 2002).

56) *Ibid*., 서문 참조.

57) 당시 주요 기고자들과 논문 제목을 소개하면 다음과 같다. 종교학자 정진홍의 "차이를 지닌 만남 - 기독교문화와 한국 종교문화", 김광원 박사의 "한국적 종교해방신학 연구", 최성수 박사의 "유동식의 풍류신학", 김흡영 박사의 "21세기 동북아 신학으로서의 하느님道(Theotao) 연구", 이세형의 "악에 대한 도교적 견해", 김승철 박사의 "해체신학과 선불교" 등.

2001년 문화신학회 회장직을 맡던 시절 한국 기독교는 영성의 대가인 시무언 이용도 목사, 씨알사상의 창시자이자 『뜻으로 본 한국 역사』의 저자인 바보새 함석헌 선생, 그리고 조선 신학교를 시작한 장공 김재준 박사의 탄생 100주년을 맞이한 것이다. 평신도 신학자인 김교신 선생 역시 같은 해 태어났던 인물로서 한국 기독교 역사에 있어 대단히 중요한 인물들이었다. 이에 문화 신학회는 이계준 박사와 더불어 2001년 10, 11월 두 차례에 걸쳐 이들 사상을 조명하고 인품을 기리는 특별 세미나를 개최했다.[58] 선교 100년을 지나자마자 타락과 쇄락의 길을 걷고 있는 한국 기독교의 갱신과 새로움을 위해 이들의 사상적 유훈이 필요했고, 그 시점에서부터 한국 기독교의 미래를 다시 생각하자는 취지에서였다. 감리교의 거듭남을 위해 갱신추진위원회의 책임을 맡을 정도로 평소 개혁적 마인드를 지녔던 그였기에 가능한 행사였다. 주지하듯 1901년생인 이들이 활동하던 1920년대는 독립운동의 실패와 좌절로 내세 지향적 신앙 양식이 정착되던 시기였다. 당시 교회가 민족주의와 결별하고 천국 신앙으로 변질되는 시점에서 이들 동갑네기 기독 청년들은 민족의 문제와 기독교 신앙을 함께 생각했던 몇 안 되는 사상가였던 것이다. 김상일 교수는 이용도의 영성을 홀아키적 세계관을 주창하는 켄 윌버의 시각에서 재조명함으로써 당시 교회가 그의 영성을 이단으로 판명한 것은 의식의 전前분별 단계와 초超분별 단계를 혼동했던 까닭이라고 지적했다. 박재순의 '함석헌 문화론'은 친자연주의적이며 평화론적 시각에서 정리되었다. '한'으로 대표되는 민족 문화 속에 간직된 종교적 색채를 잘 드러내 준 글이었다. 장일조 교수의 김재준에 관한 논문 역시 현실 기독교에게 방향성을 제시하는 귀한 것이었다. 장공역시 유교와 불교가 사라진 기독교를 말하지 않았고 그들의 정신력이 복원

---

58) 이정배, "문화 신학회의 역사", 『한국 기독교학회 30년사』, 379.

되어 기독교와 함께 이 땅에 만연된 물질주의와 싸울 것을 말했던 까닭이다.59) 이런 시각들은 아직도 한국교회에겐 급진적인 것으로 여겨질 수 있겠으나 이런 에토스를 지닐 수 없다면 그들의 미래도 없다는 것이 글쓴이들의 논지였다. 이처럼 문화신학회가 이런 논문들이 마음껏 소개될 수 있는 장이 됨으로써 한국 신학의 발전에 기여한 바 컸고, 그 중심에 이계준 박사가 존재했음은 부정할 수 없는 사실이다. 지면관계상 그의 활약상을 다 담을 수 없어 생략했으나 필자는 문화신학회 회장인 이계준 박사와 6년 이상을 함께 활동하면서 그가 이뤘던 업적을 다음처럼 정리한 적이 있다.

"지금껏 이론 신학의 차원에만 머물던 한국 문화 신학 담론을 예배와 성례전, 그리고 건축 분야까지 적용시켜 논의할 수 있게 된 것은 선교 신학자이자 연세대 교목실장을 역임한 이계준 박사와 더불어 시작되었다. 문화 신학을 선교 신학으로 규정한 새 임원진들은 문화 신학과 실천 신학의 접목을 시도했고 더더욱 한국 문화 신학에서 말하는 문화 담론을 과거의 종교 문화로만 제한시키지 않고 사이버 문화, 생명공학 등 현대를 구상하는 과학 문화까지도 포함시켰다."60)

4. 나가는 글을 대신하며
– 문화 신학의 꽃으로서 이계준 박사의 설교

주지하듯 이계준 박사는 평생 설교를 했던 분이다. 설교를 잘하려고

---

59) *Ibid.*, 376.
60) *Ibid.*, 371.

무진 애를 쓴 적도 있었고 설교를 가장 어렵고 두려운 일로 생각한 적도 있었다. 이런 사투 끝에 인생 말미에 주옥같은 4권의 설교집을 남겼으니 참으로 고마운 일이다.61) 하지만 설교가 글로 남겨진다는 것은 여전히 두려운 일이 아닐 수 없다. 과연 남겨진 글에 합당한 삶이었는가를 되돌아보아야 하기 때문이다. 아름다운 말과 글은 남아 있는데 삶이 없다면 그것은 빈껍데기에 불과할 수도 있다. 특별히 자신의 삶을 과장하여 남의 이목을 끌어내고자 했던 목사들이라면 이런 괴리를 더 많이 느껴 괴로울 듯하다. 아니 어쩌면 이런 걱정조차 기우일 만큼 양심적 고민이 사라져 버린 시대가 되었는지 모르겠다. 그러나 다행히도 이계준 박사의 설교를 읽으면 과장이 없고 시대에 대한 고민이 배어 있으며 그의 성격대로 합리적이며 논리성이 강하다. 지금 읽어도 시대에 뒤진다는 생각이 전혀 없을 만큼 시사성도 유지하고 있다. 쓰인 기간이 많이 차이 나는 것도 있으나 기조는 언제나 동일했다. 목회자들에게 정보화만큼이나 문화화 그리고 다원화의 현실을 각인시킬 만큼 그 역시 인고忍苦의 시간을 살아왔기에 그리 된 것이다.62) 이계준 박사의 설교를 분석하는 다른 글들이 있기에 필자는 이곳에서 설교 내용을 거론할 생각이 없다. 언젠가 다시 한번 설교문 모두를 읽고 그의 폐부 깊숙한 곳까지 이르고 싶은 생각도 있으나 본고에서는 그 마음을 접을 생각이다. 단지 글을 마무리하는 마당에 서론에서 언급한 '계준답게'란 말을 다시 환기시키고 싶다. 그의 스승들이 호처럼 불러준 '계준', 그만큼 살았으면 목회자로서 기독교인으로 잘 살았다는 표시로 그리 불러준 노스승이 있었기에 그의 설교는 진정 부끄럼 없이 '계준'다웠다.63) 스승

---

61) 남겨진 설교집 네 권의 제목은 다음과 같다.『축제와 고난』(2008),『어울리는 삶』 (1992),『마르타 콤플렉스』(1988),『하느님의 침묵』(1985) 등이다.
62) 이계준, "21세기 한국교회(목회자)의 과제", 연신원 고위과정, 2009. 5. 18, 1-11.
63) 특별히 빌립보서 2장 12절-18절을 근거한 한 설교 '밤하늘을 비추는 별',『축제와 고

이 인정하는 삶이라면 그가 뱉은 무수한 말들이 거짓일 리 없을 것이며 따라서 설교가 바로 삶을 표현하는 문화였을 것이다. 그러나 혹시 부족한 듯 여겨지는 점이 있다면 그 '부름'이 하느님에 의한 인정이 되도록 노력함으로써 뒤의 것을 잊고 앞의 푯대를 향해 달리는 바울처럼 '계준' 역시도 그리 되었으면 하는 것이 후학 된 필자의 바람이다. 누구도 쉽게 '계준답게'를 흉내 낼 수 없는 현실에서 말이다. 때론 스승으로, 어느 경우는 친구로서, 그리고 동료 학자로서 이계준 박사와 긴 세월을 함께 지낼 수 있어서 고맙고 감사했다는 말로 졸고를 그치려 한다.

난』, 202-210에서 필자는 이런 확신을 가질 수 있었다.

2

이계준 목사의
사역과 그 시대

박종현(명지대학교 객원교수)

Ⅰ. 서론

이계준 목사는 1932년 평양에서 출생하였다. 2012년이 되면 그의 연세가 여든에 이르게 된다. 그의 생애는 한국의 역사 속에서 근대사의 가장 중요한 시기들을 관통하고 있다. 1930년대는 일제의 한반도 침탈이 가속화하며 중일전쟁과 태평양전쟁 등 역사의 격변기에 돌입하고 있었고 감격의 해방과 이념적 갈등 그리고 한국전쟁과 전후의 재건 시기를 거쳐서 오늘에 이르고 있다. 그야말로 한국의 근대사의 소용돌이를 경험한 역사의 산증인이라 할 것이다. 물론 그 시대를 살아온 분들 모두가 그 시대의 증인들이겠지만 한 사람이 시대의 모든 것을 겪지 않는 것처럼 이계준 목사는 자신의 삶의 영역 즉 목회자요 선교 신학자요 학원 선교사로서의 삶을 통하여 그 시대를 경험하였을 것이다.

이 글은 이계준 목사의 생애와 사역을 한국기독교사의 흐름 속에서 그 의의를 찾고자 하는 작업이다. 이계준 목사는 평양의 장로교회 목회자의 가정에서 출생하여 기독교 교육을 받고 성장하였으나 일제의 군국주의를 경험하였고 해방 후에는 공산주의의 압제를 경험하는 가운데 그 자신만의 독특한 자유사상 자유정신을 형성하여 왔다. 그는 이러한 자유정신을 토대로 자신만의 독특한 학문 수련을 하였고 목회와 학원 선교 및 교회 정치 영역에서 한국 기독교에 독특한 발자취를 남겼다. 이 글은 바로 한국교회 또는 한국 기독교의 역사 속에서 그의 자유정신이 이룩한 공헌과 발자취를 더듬고자 하는 것이다.

II. 이계준 목사의 생애 약사

이계준 목사는 1932년 8월 7일 평양에서 출생하였다. 평양은 한국의 해방 이전의 기독교 역사에서 가장 중요한 역할을 한 곳이었다. 1885년 언더우드와 아펜젤러 목사의 내한 이후 20년이 지난 1905년에 한국교회 는 본격적인 기독교 정착과 성장을 기록하기 시작하였다. 특히 1907년의 평양대부흥운동 이후부터는 평양이 한국교회의 명실상부한 중심지로 그 역할을 하기 시작하였다.

이계준 목사가 출생한 1930년대는 평양이 한국교회의 중심지이며 동 방의 예루살렘이라는 별칭이 붙을 만큼 그 기독교적 상징의 의미가 큰 도 시였다. 이계준 목사의 자서전에는 이러한 당시의 평양의 모습이 소개되 고 있다.

이 양촌洋村 근방에는 선교사 주택뿐 아니라 학교, 교회, 기독교 기관들이 산재해 있었다. 우리 집 뒤에는 숭실중학교와 숭실전문학교, 동쪽으로 큰 길을 건너면 평양신학교와 감리교 요한고등성경학교, 그 뒷편에는 숭의여자중학교, 우편에는 마포삼열Samuel Moffett 선교사의 기념관과 서문외교회, 여기서 서쪽으로 큰 길을 건너면 감리교 구역으로 기홀병원, 광성중학교와 정의여자중학교, 숭덕소학교, 남산현교회, 성화신학교 등이 있었고 광성중학교 북쪽에는 광성소학교와 신양감리교회 등이 있었다. 결국 신양리 일대는 교회와 기독교 교육기관 및 병원으로 가득 찬 한국 기독교 문화의 발상지라 할 수 있다.[1]

이계준 목사의 회고대로 1930년 당시의 평양은 한국 개신교의 중심이며 가장 활발하게 활동이 이루어진 지역이었다. 그의 삶에서 기독교가 중요한 가치와 사상을 형성하게 된 것은 이러한 문화적·종교적 배경 속에서 성장하였기 때문이다.

사실, 한국 근대사에서 기독교는 매우 특별한 의미를 지니고 있다. 1905년 을사조약부터 시작된 실질적인 식민지는 1945년까지 무려 40년간에 걸쳐 한반도를 지배하였다. 이 시기 동안 일본 군국주의적 파시즘의 폭력은 물리적 정신적으로 한반도를 황폐하게 만들었다. 최근까지도 식민 지배의 청산이 문제가 되는 것은 바로 일제의 식민 지배가 얼마나 지속적이고 광범하게 그리고 깊이 근대 한국인의 정신세계에 뿌리 내렸는지를 보여준다.

또 해방 후 분단과 함께 한국은 공산주의와 자본주의의 이념적 대립을 경험하였다. 특히 동아시아의 공산주의는 서유럽의 민주주의적 사회주의

---

1) 이계준, 『희망을 낳는 자유』(서울: 한들출판사, 2005), 32.

와는 달리 폭력 혁명 노선을 견지하였고 구소련과 중국, 동남아, 북한은 이러한 볼세비키주의의 영향력 안에 있었다. 경제적 평등과 유토피아주의를 전면에 내세운 뿌리 깊은 폭력을 혁명이라는 가면 안에 숨기고 있었던 것이 동아시아의 공산주의였다.

일제 강점기와 해방 전후 역사를 거치면서 기독교는 이 거대한 폭력체제와 정신적 대결을 벌여야 하였다. 이계준 목사는 소년 시절부터 자유에 대한 깊은 갈망을 간직하여 왔다. 그것이 그가 기독교 학교를 선택하여 거기에서 수학하고 계속 신학 수업을 하고 기독교의 영역 안에서 사역을 하게한 원동력이었다. 이계준 목사에게 있어 기독교는 그가 살아온 시대 속에서 자유를 의미하였고 거기에 도달하는 길이었다.

그런 자유의 정신은 그의 부친 이창호 목사의 정신적 풍토에서 영향을 받았다.2) 그의 부친은 조선예수교장로회 소속의 목회자로서 평생을 목회와 장애인을 돌보는 일에 매진하신 분이었다. 이계준 목사는 부친 이창호 목사가 자녀들에게 어떤 것도 강요하지 않았다고 회고하고 있다. 그 이유를 부친이 기독교 학교인 "신성중학교와 평양신학교를 다니면서 서구적인 풍습과 사상의 영향을 받았기 때문"이라고 이해하였다. 그의 부친은 전통적인 한국의 아버지 상과는 확연히 구별되는 분이었다. 자녀의 생각과 의견을 존중한다는 의미에서 특히 그랬다.

이계준 목사가 광성중학교를 졸업하고 제일고급중학교에 진학하여 보니 아침마다 학과가 시작되기 전에 공산주의 사상 교육을 실시하고 학과가 끝난 후에도 반성회를 하는 등 전체주의적 교육 환경에 노출되게 되었다. 그곳은 학교가 아니라 공산주의자를 만드는 공장처럼 여겨졌다.3) 이계준

---

2) *Ibid.*, 34.
3) *Ibid.*, 78.

목사는 그런 분위기에 염증을 느끼고 감리교회의 성화신학교에 관심을 가지게 되었다. 그 이유는 두 가지였다. 하나는 학교의 자유로운 분위기와 교수들 그리고 학생들의 반공적 기독교 의식이 그가 성화신학교를 선택하게 된 이유였다. 그의 부친은 자신이 장로교 목사임에도 불구하고 아들의 감리교 학교 입학 요청을 이유도 묻지 않고 성화신학교 입학을 주선하였다.[4]

1950년 한국전쟁을 목전에 둔 시점 북한 공산주의 정권은 정치보위부를 통해 성화신학교 교장 배덕영 목사를 구속하고 학교를 폐교하였다. 뒤이어 한국전쟁이 발발하고 이계준 목사의 가족은 1·4후퇴 때 서울로 남하하게 된다. 그리고 다시 부산으로 부산에서 제주로 피난을 하게 되었다. 이계준 목사가 부산에 있는 감리교신학대학에서 수학하는 도중 그의 부친 이창호 목사는 제주도에서 급성폐렴으로 세상을 떠나셨다.

그의 부친 이창호 목사는 평양에서 목회를 하다가 평양 남문외교회를 사임한 후 평양에 농아학교를 설립하여 청각장애인을 위한 교육 활동에 임하였다. 이 학교의 공식 명칭은 광명농아학교였는데 일제 강점기에 만들어진 최초의 사립농아학교였다. 미국의 헬렌 켈러도 이 학교를 방문한 적이 있었다. 그러다가 해방이 되고 공산 정권이 북한에 들어서게 되자 결국 공산주의를 피해 남하하여 제주도에서 목회를 하다가 마지막을 맞이하였던 것이다. 이계준 목사는 부친 이창호 목사를 교육자, 섬기는 자, 자유인으로 기억하고 있다.[5]

이계준 목사는 1953년 정부의 환도에 따라 신학교도 서울로 왔고 그래서 감리교신학교 서대문 교사에서 수학하였다. 교회는 시온교회였다. 거

---

4) *Ibid.,* 37.
5) *Ibid.,* 84.

기에서 그는 스승인 박대선 목사와 김용옥 교수를 만나게 된다. 감리교신학교에서는 홍현설 박사, 박대선 박사, 윤성범 박사, 김용옥 박사, 김철손 박사, 윤종선 박사, 윤일렵 교수 등이 교편을 잡고 있었다.

감리교신학교를 졸업한 후에는 미국의 보스턴 대학교로 유학을 떠났다. 보스턴에서는 조직신학과 사회윤리에 깊은 관심을 가지고 연구하였다. 그는 보스턴 대학과 하버드 대학의 채플에서 들었던 라인홀드 니이버와 폴 틸리히 같은 세계적 신학자들의 설교를 인상 깊게 기억하고 있다.[6] 1963년 보스턴에서 학위를 마친 후에는 1967년까지 미국 사우스다코타 주에서 미국 연합감리교회 목사로서 미국인 가정을 위한 목회를 하였다.

그리고 1967년에 귀국하여 연세대학교에 교목으로 초빙되어 교수와 목사로서의 길을 걸었다. 1971년부터는 연세대학교 교목실장으로 재직하였고 1975년부터는 연세대학교 대학교회 담임목사로서 목회를 하던 중 박정희 대통령이 긴급조치 9호를 발동한 1975년 이계준 목사는 갑자기 연세대학교에서 해직되었다. 연세대학교에서 해직된 이계준 목사는 1~2년 후에 목회학 박사과정을 시작하게 되었다. 그리고 다시 도미하여 명문 에모리 대학교에서 박사과정을 수학하였다. 1978년 해직 교수로서의 어려움과 여러 곡절 끝에 에모리 대학교에 입학하였고, 1979년 "한국 상황에 있어서 신학 교육에 대한 선교 신학적 접근"이라는 제목으로 박사학위 논문 주제를 제출하였고, 이듬해인 1980년에 박사학위를 받았다. 귀국한 직후에는 감리교총회 직영 신학교에서 강의하다가 1980년 연세대학교 교목실에 복직하였다. 복직 후에는 연세대학교 교목실장과 대학교회에서 목회를 하였고 1997년에 연세대학교에서 은퇴하여 명예교수로 활동하고 있다.

---

6) *Ibid.*, 97.

연세대학교에 복직된 후 2년 후인 1982년 이계준 목사는 신반포교회 설립에 깊이 관여하게 되었다. 새 시대의 새로운 형태의 교회를 지향하는 신반포교회는 여러모로 한국교회에 신선한 기여를 한 교회이다. 이계준 목사는 은퇴한 직후인 1997년부터 신반포교회의 담임목사로서 목회하다가 2004년 은퇴하여 신반포교회 원로목사로 추대되었다.

III. 이계준 목사의 자유 지향 의식과 시대정신

이계준 목사는 기독교를 자유로서 만나고 자유로서 경험하고 자유로서 살아 낸 분이다. 그러나 그 자유는 그의 삶의 지향점에서 나왔고 삶의 체험을 통해서 나왔고 그래서 그 자유의 가치를 소중하게 여기며 지켜 온 중용의 철학이라 할 것이다. 그의 자유는 자유주의가 아니다. 정치적 자유주의는 보수주의와 진보주의를 포괄하여 그 범위를 무한이 확대하려는 이념적 이상에 기초하고 있다. 그러나 이계준 목사의 자유정신은 보수주의의 위험과 과격한 진보주의의 위험을 적시하는 자유이다. 그는 일제 강점기의 일본 군국주의의 폭력성과 파시즘을 경험하였다. 그가 다닌 서성국민학교에서의 경험을 그는 생생하게 기억하고 있었다. 그는 일제가 한국인 말살 정책을 펼쳤던 것을 기억하였다. 그것은 첫째 창씨개명이었다. 본인의 성인 이李씨가 일본의 성씨인 기무라(木村)로 바뀌는 경험을 하였다. 게다가 초등학교 3학년부터는 한국어를 전혀 사용할 수 없었고 일본어 사용이 강제화 되었으며 한국어를 쓰는 학생을 일본인 선생에게 고발하도록 하였던 것이다. 그리고 태평양전쟁이 발발하자 일제는 조선인 총동원령을 내렸는데 국민학생들까지 강제노역에 나서게 되었던 것을 생생하게 기억하고 있었다.7) 그것이 이계준 목사의 기억 속에 남아 있는 일제 군국주의의 기억이었다. 이계준 목사는 전체주의의 폭력성이 인간의 존엄성과 자유를 파괴하는 것을 그의 유년의 경험을 통해 기억하고 있었다.

유년기를 지나 중등학교에 진학하면서 그는 공산주의를 경험하게 되었다. 평양 제일고급중학교는 북한 공산주의 정권에서 운영하는 공립학교였다. 그러나 그것은 학교라기보다는 공산주의자를 생산하는 공장이었다고 그는 회고하고 있다. 그것은 또 다른 전체주의의 등장이었던 것이다. 이계준 목사는 정치적 자유주의가 이 둘을 다 포괄할 수 있다고 믿는 것에 반대한다. 그의 경험은 자유란 파시즘도 공산 독재도 아닌 제3의 공간 안에 이루어질 수 있다고 보았다. 그것이 청년기 이계준 목사에게는 기독교였다. 기독교의 영역이 이계준 목사의 자유 공간이었던 것이다.

경제적 이념으로서의 자유주의는 서구 자본주의의 산물로서 개인 간에 이루어진 사적 계약이 어떤 경우에도 정당하다고 믿는 또는 믿고자 하는 태도를 말한다. 그러나 그 경제적 자유주의는 소유의 불평등과 파괴를 낳으며 문명의 붕괴를 낳는다. 오늘날의 소위 신자유주의가 일으킨 세계 경제의 재앙이 바로 그것이다. 그러나 이계준 목사는 이러한 개인주의적 절대성이 가진 위험성 또한 직시한다. 왜냐하면 거기에는 윤리가 없기 때문이다. 진정한 자유는 개인의 방종으로 나아가지 않는다. 자유는 윤리적인 것이라는 게 기독교적 자유의 핵심이었다. 이계준 목사의 자유는 그의 삶의 정황에서 그가 접촉한 기독교 안에서 신학적 성찰 안에서 발견되는 자유였다. 그래서 그의 자유는 그의 사상 속에 중요한 일관성을 이루며 발견된다. 오직 생존이 첨예한 과제였던 그 시대에 자유에 관한 성찰은 이계준 목사의 삶의 독특한 영역을 이루어 왔다.

많은 목회자들이 속죄의 복음이라는 신학적 용어에 집착하고 있을 때

---

7) *Ibid.*, 67.

이계준 목사는 자유의 언어를 갈고 닦았다. 그는 자유야말로 인간에게 주어진 것 가운데 가장 중요한 것이며 동시에 가장 문제가 되는 것이라고 간파한다.8) 그는 현대인에게 주어진 자유가 기술 문명에 의해서 주어졌다고 본다. 그러나 그 자유는 인간의 존재론적 자유에 이르지 못하고 오히려 도피하는 자유가 되었다고 본다. 그는 에리히 프롬이 말하듯이 자유는 사랑을 추구하는 자유여야 한다고 본다. 그리고 기독교인으로서 자유는 이 사랑의 자유가 하나님으로부터 주어져 있는 것으로서 절대성을 획득한다고 본다. 그리스도인의 자유는 사랑을 위한 사랑하는 자유라고 여기는 것이다.9) 그리고 그 사랑하는 자유는 '나침반 없는 여행'과 같은 자유로서 인간 삶의 불가지성과 불예측성을 향해 나아가며 그것을 극복하게 하는 힘이라고 생각하고 있는 것이다.

이계준 목사는 자유의 과제가 추상적 명제가 아님을 역설한다. 그는 교회 또는 그리스도인의 예언자적 사명을 통해서 그리스도인의 자유의 책임을 수행하여야 한다고 역설한다.10) 그의 그리스도인의 자유와 그에 대한 시대적 책임의 과제는 그의 설교를 통해 일관되게 나타났다.11)

한국 사회 속에서 자유란 오랫동안 금기시된 언어였다. 일제하에서 민족의 자유가 억압되었기 때문에 자유란 곧 불온한 것이었다. 분단체제 속에서 남과 북은 제한된 사상과 제한된 만남 증오와 반목을 강요하는 체제 속에서 살 수밖에 없었다. 이계준 목사는 그러한 한국의 현실을 직시하고 자유야말로 한국 근대사의 가장 중요한 과제임을 역설한다. 그는 기독교

---

8) 이계준, 『하느님의 침묵』(서울: 전망사, 1985), 69.

9) *Ibid.*, 72.

10) *Ibid.*, 75-88. 두 설교의 제목은 "쟁반에 잠긴 요한의 머리", "법과 인간"이다.

11) 이계준, 『어울리는 삶』(서울: 기독교대한감리회 신반포교회, 1992); 『축제와 고난』
    (서울: 진흥, 2008).

의 신앙을 통해서 성취된 자유야말로 세속적 이념 권력 체제를 해방하는 근원적인 힘이라고 본다.12) 그는 억압적 현실 속에서 복음을 통해 나타난 자유의 능력을 성찰하고 거기에서 구원의 길을 모색하고 있다. 그러한 그의 성찰은 최근까지 지속된 그의 일관된 신학적 사유 혹은 기도의 산물이다.13)

자유에 대한 그의 성찰은 억압적 기제 속에서 자기 검열에 익숙한 한국의 지식인 혹은 경제 성장의 맘모니즘에 종속된 현대 한국교회에 던지는 엄중한 경고의 성격을 띤다. 자유 없이는 학문도 종교도 불가능하기 때문이다. 하물며 기독교에 있어서랴. 시대의 격류를 헤치며 사유하고 기도하는 선교 신학자이며 목회자의 모습이 거기에 있다.

IV. 이계준 목사의 학원 사역의 시대적 의의

이계준 목사는 1967년 미국 사우스다코타 주에서 미국인 목회를 마치고 귀국한 후 연세대학교 교목으로 부임한다. 그리고 1975년 박정희 전 대통령이 긴급조치 9호를 발호하여 이른바 민주주의의 죽음이 시작된 1975년 해직되어 1980년 민주화의 봄이 스쳐 지나가던 그 무렵 복직이 되어 1997년까지 연세대학교 교목실장으로 그리고 대학교회의 목사로 목회하였다.

연세대학교는 숭실대학교, 이화여자대학교와 더불어 한국의 근대사 속

---

12) "평화의 창조자", "참회와 구원", "현실에서의 탈출", "우리는 자유인인가", "나라 사랑" 설교 참조.『어울리는 삶』, 200 이하.
13) 이계준,『축제와 고난』, 239-247. 특히 "교회의 정치적 책임"을 보라.

에 기독교 정신을 대표하는 고등교육 기관으로 자리 매김하여 왔다. 이계준 목사가 연세대학교에 교목으로 활동하기 시작한 시점은 아직도 학교의 선교 활동이 제 위치를 잡지 못한 시점이었다. 교목들의 잦은 이직도 문제였고 학생들은 기독교인과 비기독교인이 함께 채플을 듣고 있는 상황이었다. 비종교적 환경 속에서 기독교 예배를 드려야 하는 어려움은 학원 선교가 가지는 가장 큰 장애라 할 수 있다.

이계준 목사는 채플을 '교회가 정규 예배를 드리는 곳이라면 채플은 간이 예배를 드리는 곳'이라고 정의한다.14) 또한 군대나 학교 등 교회가 아닌 곳에서 예배를 드리기 때문에 그들에게 적절한 예배를 드려야 하는 새로운 요구가 필요하다고 보았다.

이계준 목사는 연세대학교 채플에 대한 운영 원칙을 수립하였다. 그것은 1) 채플은 기독교인과 함께 비기독교인도 이해되는 형식이어야 할 것, 2) 설교자는 교내외에서 여러 전문 분야에 종사하는 목사와 평신도로 하되 젊은이들에게 지성적인 접근을 시도하는 분들을 초청할 것, 3) 채플 프로그램은 다양한 형태를 취할 것, 4) 불의와 부자유의 사회적 상황 속에 있는 학생들에게 기독교 정신에 기초한 정의와 자유, 사랑과 희망의 메시지를 전달할 것, 5) 채플의 일차 목적은 대학의 이념에 따라 기독교 정신에 입각한 고등교육에 초점을 둔다는 것이었다.15)

군사적 권위주의 권력이 국가 권력을 장악한 당시로서는 이러한 자유정신이 설 자리가 좁았을 뿐 아니라 일종의 모험이었다. 이계준 목사가 초청한 함석헌 선생, 김재준 목사 그리고 문익환 목사와 같은 분들은 시대의 정신을 알리는 선각자들이었지만 현실적인 어려움이 따르는 선택이기도

---

14) 이계준, 『희망을 낳는 자유』, 214.
15) *Ibid.*, 215.

하였다. 군사 정권 시절에 이러한 강사들을 모시는 것은 정보기관 또는 정부당국의 압력을 받을 수밖에 없었다. 그러나 기독교의 중요한 뿌리가 구약의 예언자적 정신과 예수 그리스도의 예언자적 활동에 기초한 만큼 이계준 목사의 채플 구상은 성서적 정신, 기독교적 정신의 예언자적 구형 이라는 점에서 반드시 기억되어야 할 노력이다. 오늘 한국 사회가 누리는 자유는 억압의 시대를 자유정신으로 돌파하려 했던 민주 인사들과 거기에 참여한 기독교적 양심의 역할이 있었기에 가능한 때문이다.

이계준 목사는 대학의 채플은 학생 청년을 위한 축제여야 한다고 생각 했다.[16] 그래서 채플의 프로그램을 다양하게 만들려고 시도한다. 이계준 목사가 유학하던 1960년대의 미국에서는 '창조적 예배Creative worship' 또 는 '실험 예배Experimental worship'와 같은 설교를 넘어서 예술과 공연을 통한 예배가 시도되고 있었다. 이계준 목사는 교목실장이 된 1970년 이후 부터 본격적인 실험 예배를 시도하기 시작하였다. 노래하는 채플, 모노드 라마, 간증과 노래, 그림자 연극, 음악 예배, 연주 예배, 종교 영화 상영, 국악 연주, 대화 설교 등 당시로서는 파격적인 실험 예배를 도입하였다. 이러한 실험적 채플은 1980년대가 되면서 전국의 기독교 대학으로 확산 되었다.

이계준 목사의 실험적 채플 시도는 한국의 학원 선교 역사에서 획기적 인 사건이라 할 수 있다. 지금도 많은 대학 혹은 중고등학교의 채플이 교리 적 설교를 답습하는 상황이고 보면 이미 1970년대에 행해진 실험적 채플 은 학원 선교의 선구 역할을 했으며 새로운 방향 정립의 장을 열었다 할 것이다. 그것은 채플의 본질 즉 회중이 예배를 찾아가는 것이 아닌 예배가 회중을 찾아오는 채플의 성격상 복음의 접촉에 있어 성육신적 자세가 나타

---

16) *Ibid.*, 217.

나기 때문이다. 즉 청중을 중심으로 채플을 구성하여 복음에 벽을 쌓는 것이 아니라 복음을 둘러 싼 벽을 허물어 복음을 전달하는 선교의 가장 중요한 원리에 접근하고 있기 때문이다.

일반 교회에서 열린 예배가 등장하기 시작한 것이 1990년대라는 것을 감안한다면 연세대학교에서 시도된 실험적 채플은 한국교회의 미래를 당기는 선구자적 역할을 하였다고 감히 단언해도 무방할 것이다. 이계준 목사는 교목실장으로서 대학 채플을 미래지향적인 것, 가치지향적인 것으로 전환하여 오늘날까지 대학 기독교 교육의 선구자적 위치를 보여주었다.

연세대학교는 근대식 기독교 의료기관인 세브란스병원과 의과대학을 운영하고 있다. 따라서 이 의료기관에 어떻게 기독교 정신을 불어넣어 주는가가 세브란스의 정신과 역사적 정체성 확인에 중요한 요소가 된다. 이계준 목사는 세브란스 의료원 안에서 목회 활동의 필요성을 인식하고 새로운 시도를 하게 된다. 그러나 대학교 교목과 병원의 원목은 그 역할에서 근본적인 차이를 보이게 된다. 대학의 교목이 원칙적으로 교육적 역할을 한다면 병원의 원목은 임상적 상담 역할이 중심적인 역할이 된다.[17] 이계준 목사는 이러한 인식을 토대로 1975년 김기복 목사를 의료원 교목실장으로 초빙하였다. 한국에서 처음 시도된 병원 임상목회라는 개념은 김기복 박사를 통해 새로운 분야로 개척되어 전문성을 축적하게 되었다. 사실 병원이란 환자이든 의료진이든 질병과 투쟁하고 생명 연장을 위해 공동의 노력을 시행하는 가운데 희망과 절망이 교차하는 곳이며 생명과 죽음의 투쟁이 쉼 없이 진행되는 곳이다. 그런 점에서 병원은 기독교 신학의 독특한 실험장이기도 하고 기독교 선교의 최전선이라 부를 수 있을 것이다. 따라서 이계준 목사가 도입한 병원 교목 제도는 한국 선교사 및 한국 의료

---

17) *Ibid.*, 221.

사의 중요한 가교를 놓았다 할 것이다.

이계준 목사의 학원 및 병원 사역에서 보여준 특징은 우선 그가 평생 일관되게 유지한 자유정신의 구현이었다. 그의 생애는 자유를 추구하는 것 그리고 그 자유정신이 기독교적 복음의 핵심인 것을 그의 신학사상의 특징으로 형성하여 왔다. 학원 목회의 본질도 학생들에게 자유로운 학문 탐구, 자유로운 시대정신의 구현, 자유로운 선교로 귀결되었다. 그것은 대학 정신의 본질과도 상통하는 것이었다. 그래서 외형적으로는 실험적 채플을 시도하였고 내용적으로는 자유의 추구가 그가 목회하던 연세대학교 대학 채플의 근간을 이룰 수 있었다.

그러나 그의 자유정신은 모험적이고 실험적인 것만이 아니었다. 목회적 안목을 항상 유지했기 때문에 병원 선교에서는 원목을 도입하여 기독병원으로서 신앙 상담과 임상 상담을 가능케 하였고 학원 목회 및 병원 목회의 새로운 장을 열었던 것이다. 그의 목회는 자유는 진보를 이룩한다는 명제를 성립시킨다. 그의 자유정신은 학원 목회의 영역에서 실천됨으로써 선교의 장에 성육신적으로 꽃을 피우게 된다.

V. 이계준 목사의 실험 목회와 시대정신

이계준 목사는 대학에서의 교목 활동에만 국한되지 않고 보다 확장된 목회를 하였다. 연세대학교 교목으로 재직 중에도 연세대학교 대학교회를 맡아 목회하였고, 이 목회를 통해 한국교회가 나아갈 새로운 방향을 제시하는데 기여하였다. 그뿐만 아니라 연세대학교를 퇴임한 후에는 새롭게 개척된 신반포교회를 맡아 대학교회라는 특수한 환경에서 시도되었던 새로운 목회의 모델을 지역교회 안에서 실현함으로써 개혁적이고 건강한 교회가 특수한 여건 속에서만 이루어지는 것이 아니라 새로운 지역교회의 모델 속에서도 이루어질 수 있다는 것을 증명하였다.

이계준 목사는 이미 1957년 군목 시절을 거쳐 미국 유학 중에도 목회자로서의 사역을 결코 쉬지 않았다. 1961년 미국 보스턴 유학 중에는 보스턴 한인교회를 재건하였다. 이때에도 이계준 목사는 새로운 유형의 목회를 시작하였다. 그것은 당시 한인교회를 재건할 때 초기의 개척 단계여서 목회자에게 사례를 하기 어려운 상황이었다. 이계준 목사는 월 2회 예배를 구상하고 담임 목회 제도가 아닌 위원회 중심으로 구성하여 평신도 목회자 공동의 목회를 지향하였다.[18] 이미 이계준 목사는 목회 초기부터 평신도와 목회자의 파트너십을 강조하고 비권위주의적 목회자 상을 지향하고 있었다는 것을 알 수 있다. 그것은 그의 자유정신이 자신의 사상적 자유 추구이기도 하였지만 교회와 성도의 해방이라는 측면에서도 중요한 의의를 갖는다.

그는 그의 이러한 목회 철학이 미국 감리교회에서 일반화된 것이라는 것을 발견하게 된다. 그가 1963년부터 목회하게 된 프랭크포트와 애쉬턴이라는 미국의 전형적인 농촌 감리교회에서 그것을 발견하게 되었다. 두 교회는 각각 100명과 70명의 회중을 갖고 있던 작은 농촌교회였지만 목회자는 목회에만 전념하고 교회의 행정과 재정은 평신도가 운영하는 이원적 분권화를 일반적 형태로 유지하고 있었던 것이다. 감리교회가 감독제라는 일견 외형상으로는 독재적으로 보이는 요소에도 불구하고 실제적으로는 민주적인 운영을 하고 있었던 것이다.[19] 이계준 목사는 자신의 기왕의 민주적 목회철학이 옳았음을 확인하고 그 이후 연세대학교회와 신반포교

---

18) *Ibid.*, 134-136.
19) *Ibid.*, 141.

회에서 이러한 민주적 합리주의를 실천하게 된다.

연세대학교회는 원래 교목실과 분리되어 운영되던 것을 대학교회 담임 목사인 이환신 감독의 은퇴를 계기로 교목실로 이관하게 된다. 그것이 1975년 1월이었다.[20] 이계준 목사는 교목실장의 직책과 더불어 대학교 회 담임목사의 직분을 동시에 수행하게 된다. 이계준 목사는 대학교회의 목회를 그의 자유정신에 기초하여 실시하였다. 그것은 외형적으로는 교회 의 예전과 조직을 새롭게 만드는 것을 통해 시도하였다. 우선 미국 감리교 회의 전통 즉 에큐메니칼 전통을 한국의 상황 특히 대학교회의 현실에 맞 게 수용하는 것이었다. 그리고 제도 역시 미국 감리회를 따라 목회자 중심 의 권위적 구조를 탈피하여 평신도 운영위원회 중심 교회를 재조직하게 된다. 그리고 설교도 미국 대학교회처럼 담임목사가 한 달에 한 번 정도 설교를 하고 초빙 설교자를 통해 설교의 다양성을 추구하였다.[21] 설교자 도 이념적·신학적으로 편향되지 않게 하고 청중들의 신앙적·영적 성찰을 돕게 하였다. 그리고 1980년 이후에는 은준관 목사를 초빙하여 공동 목회 자로서 활동하였다.

대학교회라는 특수성을 감안한다 하여도 이계준 목사가 시도한 목회는 교회가 지켜야 할 건강함을 최우선으로 고려한 것이라고 할 수 있다. 1970 년대 이후 한국교회의 목표는 성장이었다. 그것도 양적 성장에 국한된 것 이었다. 그 시대적 배경은 1960년대 4월 민주혁명이 1961년 군사 쿠데타 로 무너지면서 군사 정부는 오직 경제 성장에 집중하였다. 그리하여 오랫 동안 한국 사회는 민주주의를 희생한 대가로 경제적 부의 축적을 정당화하 였다. 이 관행은 한국 사회가 아직도 벗어나지 못하는 올가미로 작용하고

---

20) *Ibid.*, 155.
21) *Ibid.*, 156.

있다.

연세대학교회가 비록 지역교회는 아니었지만 그럼에도 불구하고 교회 운영의 평등성과 민주적 방법을 도입한 것은 이미 20세기 후반에 21세기 한국교회가 가야 할 길을 예시적으로 보여준 것이라고 하겠다. 최근 교회 개혁운동이 개신교 저변에서 활발하게 일어나고 있다.[22] 이계준 목사의 목회 방법은 최근의 교회 개혁운동에 나타난 표준적 정관과 상당 부분 일치하고 있다. 그런 점에서 이계준 목사는 20세기에 21세기 목회를 선구적으로 시행한 것으로 평가할 수 있다. 그의 자유정신이 예언자적으로 나타난 또 다른 예라 할 것이다.

그는 1997년 여름 연세대학교에서 정년을 맞게 된다. 그러나 그는 곧 신반포감리교회의 개척 목회자로서 새로운 실험을 시도하게 된다. 실은 이미 1982년 신반포교회의 초기 설립 멤버들이 이계준 목사에게 교회의 담임을 요청한 바 있었다.[23] 그러나 학교 업무와 중복 그리고 이중 직분의 문제로 고사하다가 시대에 부응하는 새로운 목회에 대한 구상을 실천하기 위해 신반포교회를 맡게 되었다.

그는 신반포교회를 맡아 여러 면에서 새로운 시도를 하게 된다. 그중 눈에 띄는 것이 주일 예배 시간을 오후 2시로 정한 것이다. 오전 11시 예배라는 관행은 중세 농경 시대의 교회 전통이므로 이를 현대인에게 맞게 적용할 필요를 느꼈던 것이다. 새벽 기도도 성서 연구 강좌나 신학 강좌 등 다양한 프로그램을 새로 개발하면서 대체하였고 새벽 기도를 원하는 교인들에게 각자 열쇠를 하나 씩 나누어 주어 개별 기도를 하게 함으로써 해결

---

22) 교회개혁실천연대, 교회개혁네트워크, 기독교윤리실천운동, 성서적 토지정의를 위한 모임 등 성장 일변도의 권위적 교회 운영에서 탈피하여 미래의 건강한 교회를 이루려는 운동이 2000년대 초에 들어서면서 한국교회 내에 활발하게 일어나고 있다.
23) *Ibid.*, 182.

하였다. 또 공동체의 교제를 강화하고 사귐을 강조하는 공동체를 지향하였다. 헌금도 한국교회가 성장을 목표로 하다 보니 무리하게 헌금을 강조하는 경우가 많았는데 신반포교회에서는 성숙한 신앙을 통한 자율적 헌금을 하게 함으로써 교회 재정을 유지하였다.[24]

신반포교회는 헌장을 만들어 교회의 사명을 명확하게 명시하였다. 그것은 오늘날 개혁적인 교회들이 추구하는 표준 정관의 정신들과 일치한다. 신반포감리교회의 헌장은 1) 교회는 예수 그리스도의 제자들의 공동체, 2) 양적 성장보다 제자도를 실천하는 질적 성장을 추구하는 교회, 3) 평신도가 주축이 되는 교회, 4) 사귐이 중심이 되는 교회, 5) 성서 연구와 신학 연구를 강조하고 연구한 것을 실천하는 교회, 6) 하나님 나라를 지향하는 선교에 헌신하는 교회, 7) 민주적으로 운영하는 교회, 8) 예산을 예배와 친교에 40% 교육에 30% 선교에 30%를 사용, 9) 자율적으로 참여하는 교회라는 대원칙들을 수립하고 천명하였다.[25]

목사가 목회에 성공하려면 권위적으로 독재적인 방법으로 목회할 때 성공한다는 속설이 지배하는 것이 한국 사회였다. 한국 사회는 독재와 권위주의에 익숙한 사회였고 폭력에 무방비하게 노출된 채 한국 근대사의 수십 년을 살아왔다. 오히려 국민의 정치적 선택이 카리스마나 능력이라는 이름으로 포장된 폭력에 자신을 내맡기는 어처구니가 없는 현실에 직면하게 되는 것이 한국 사회의 어두운 단면이다. 그런 점에서 이계준 목사는 교회가 지향해야 할 공동체적 건강을 추구하고 이룩하는 데 성공하였다. 거대 기업처럼 양적 팽창과 독식체제로 군림하는 한국 개신교회의 현상

---

24) *Ibid.*, 183-187.
25) *Ibid.*, 188-189. 헌장은 1982년 12월 26일 신반포교회 당회에서 만장일치로 채택되었다.

속에서 이계준 목사가 목표로 하였고 실천하였던 신반포교회의 정신은 그의 일관된 자유정신, 인격 존중, 민주정신의 마지막 결정체라 할 것이다.

이계준 목사는 짧은 기간이지만 감리교회의 정치 일선에서 활동하기도 하였다. 그 기간은 1974년 감리교회의 분열이 있고 나서 4년 뒤인 1979년 감리교회가 전격적으로 합동을 단행하던 시기에 합동추진위원으로서 활동한 바 있었다.[26] 대학교의 교목으로 학내에서만 활동하던 그는 전혀 새로운 경험에 노출되게 되었다. 이계준 목사는 여러 합동위원들과 더불어 교회가 파벌과 투쟁의 정치적 성격에서 벗어나야 한다고 믿고 있었다. 그래서 이러한 정치화된 교회를 탈정치화하기 위한 방안을 제시하였다. 그것은 4년 전임 감독제를 폐지하고 2년 겸임 감독제를 도입하고, 총회 대표를 목사들과 더불어 동수의 장로를 채우고 거기에 여성 비율을 3분의 1로 채울 것 그리고 개교회의 목사 임직은 개교회에서 결정하게 할 것, 본부에 평신도국을 설치하여 평신도의 지도력과 활동을 강화할 것 등이었다.[27]

이계준 목사의 교회 정치관 역시 민주주의와 평등 특히 남녀평등을 강조한 것을 알 수 있다. 그의 목회 사상은 대학교회 목회이든 신반포교회에서든 감리교회 정치개혁운동에서든 일관된 입장을 보여준다. 그것은 그의 생애를 일관하는 자유정신이다. 그에게 기독교 복음이 자유의 추구와 자유롭게 하는 정신이라는 관점에서 일관되었다. 그 결과 그의 목회는 자유정신의 추구로 표현되었다. 구체적으로는 교회를 권위적 구조에서 해방시키는 것이었다. 그리고 이를 위해 평신도와 목회자의 동등한 파트너십을 형성하고 민주적인 교회 운영 그리고 현대화된 교회 교육을 통해 하나님

---

26) *Ibid.*, 283.
27) *Ibid.*, 284.

나라의 선교를 추구하여 나아가는 교회라는 어쩌면 너무나 당연한 그러나 한국교회가 역사적 한계 속에서 실천하지 못했던 미래지향적 교회를 선구적으로 이룩하였다는 것이다. 그는 이러한 목회를 일관되게 그것도 이미 40여 년 전에 성공적으로 정착시켜 왔다. 그는 한걸음 앞서 미래를 걸어온 한국교회의 조용한 선구자이며 거인이었다.

VI. 이계준 목사의 신학 연구와 시대정신

이계준 목사가 해직될 때 연세대학교 신과대학에서 해직된 분들 중에 죽재 서남동 박사가 있다. 서남동 박사는 한국 신학사에서 현대 신학의 '안테나' 역할을 한 분이다. 그는 한국 민중신학의 아버지로서 한국 신학의 담론의 장을 확장하는 데 기여한 학자이다. 한편 서남동 교수가 안테나라고 불린 이유는 그가 세계 신학의 동향을 파악하고 신속하게 그것을 한국에 소개하였기 때문이었다. 그런 점에서 보면 이계준 목사 역시 한국 신학에 또 다른 안테나의 역할을 하였다. 이계준 목사가 교목실과 대학교회를 맡아 이중적 사역 속에 있었으면서 남긴 새로운 신학의 소개는 분명 한국 신학의 중요한 업적으로 평가되어야 할 것이다.

그는 다음과 같은 저서를 저술하였다. 그의 전공 분야인 선교학 연구로 『한국교회와 하느님의 선교』와 『현대선교 신학』, 『기독교 대학과 학원 선교』, 『웨슬리와 감리교 신학』을 저술하였다. 그리고 그의 오랜 목회 활동의 결과물인 설교집으로 『하느님의 침묵』, 『마르타 콤플렉스』, 『어울리는 삶』, 『축제와 고난』이 있다. 그리고 외국의 신학자들의 저술을 한국어로 번역한 번역서들이 있다. 폴 틸리히의 『궁극적 관심』, 『문화와 종교』가 있고 존 웨슬리의 저술 또는 웨슬리 연구서로 『그리스도인의 완전』, 『새로운 탄생』,

『참된 기독교에 대한 평이한 해설』, 그리고 웨슬리 연구서로는 콜린 윌리엄스의『교회』,『존 웨슬리의 신학』과 스케빙턴 우드의『웨슬리의 선교적 사명』을 번역하여 출간하였다.

그 외에도 여러 신학자들의 저작을 번역하였는데 호켄다이크의『흩어지는 교회』, 마아크 깁스의『평신도의 해방』, 헬무트 틸리케의『그리스도와 삶의 의미』와『기다리는 아버지』, 그리고 칼 브라텐의『현대 선교 신학』, C. S. 송의『희망의 선교』, 그리고 최근에는 존 쉘비 스퐁 감독의『성경과 폭력』,『만들어진 예수 참 사람 예수』에 이르는 방대한 번역서들을 출간하였다.

그의 저술에 나타난 그의 관심은 우선 선교의 본질과 그것을 한국의 콘텍스트 속에서 어떻게 적용할 것인가에 주목한 것으로 보인다. 그는 한국 감리교회 신학의 중요한 전통인 토착화에 주목한다. 그러나 그것은 최병헌에서 시작하여 윤성범과 유동식에서 절정에 이른 문화 신학적 토착화와는 다른 것이다. 그의 토착화는 문화 신학적이지 않고 오히려 선교 신학적이다. 문화 신학이 철학적 상상력 속에서 기독교와 한국 문화의 융합을 꿈꾸었다면 이계준의 선교 신학적 토착화는 기독교와 성서의 텍스트를 한국 근대사의 역사적 상황 속에서 해석하는 방향에서 근접하고 있다.

그의 선교 신학적 토착화는 일견 문화적 토착화보다는 보수적인 방법론을 취하는 것처럼 보인다. 그러나 그의 신학의 토대를 이루는 성서학적 방법의 토대는 더 과학적이다. 그가 수용한 성서 비평의 방법은 역사주의적 방법을 사용하였다고 보인다.

그리고 감리교 토착화 신학이 일반적으로 동양의 정신으로서 한국의 종교와 사상과 서양 정신으로서 기독교라는 거시적 틀을 사용한 것과는 달리 이계준 목사는 감리교 특히 존 웨슬리의 핵심 사상을 놓지 않는다. 이 점 역시 간과해서는 안 될 것이다. 그는 선교 현장에서 평생을 보냈고 설교자로서 기독교의 최선봉에서 사역하였다. 그의 학원과 목회 사역이라는 현장성이 그를 사변적 관념적 신학자가 아니라 선교적이고 설교적인 신학 그래서 회중과 소통하는 신학을 지향하도록 하였다.

그는 한국 감리교의 전통에 맞춰 자유주의를 따른 것으로 보인다. 그러나 그의 자유주의는 성서의 역사 방법론의 충분한 수용 그리고 선교적 방법과 문화적 방법의 융합이라는 현대 신학의 최전선을 앞서 가고 있었지만 그의 자유주의는 이론의 틀을 넘어선 어떤 것을 늘 지향하고 있다는 확신을 갖게 한다. 그것은 그가 신학의 여정을 걸으며 처음부터 이론적 신학자로서 출발하지도 그것으로 끝을 맺지도 않았다는 사실에 기원한다. 그는 자신의 삶의 경험 속에서 기독교를 추구하고 만났다. 그것은 한국 근대사가 겪은 역사적 수난 즉 억압적 체제와 대결하는 기독교 정신, 억압으로부터 개인과 사회가 추구하는 자유의 근원으로서의 기독교라는 출발에서 비롯하였기 때문이다.

그러나 그는 역사를 단순히 힘의 구조를 개편하는 정치적 해방에서 찾지 않는다. 그것을 버리지 않지만 그것에 매몰되지 않는다. 한편 자유주의적 신학을 추구하지만 단순히 방법론적 자유주의에 머물지도 않는다. 그는 정치적 해방을 요구하는 한국 근대사의 현실과 한국 감리교회의 자유주의 전통을 그의 선교 활동과 목회 활동의 경험적 틀에서 새로운 한국적 하느님의 선교라는 방식으로 정립하였다. 그것은 이계준의 선교와 목회를 통해 구현된 자유정신 속에 녹아든 기독교 자유주의라고 부를 수 있을 것이다.

거대한 보수주의로 구성된 한국의 기독교 지형 속에서 이계준 목사의 자유주의적 정신과 목회는 무척 신선하다. 보수주의자들과 근본주의자들은 자유주의가 기독교 혹은 교회를 이끌어 갈 수 없는 신학이라고 주장하였다. 그러나 그의 사역은 자유의 추구가 기독교회와 목회 선교에 오히려 불가피한 핵심적 요소라는 것을 보여준다. 특히 교회의 건강성과 목회윤리적 견고함을 위해서 자유정신은 기독교의 자기성찰의 필수적인 기본 토대라는 사실을 보여준다. 그리고 우리는 거기에서 한국교회의 현재와 미래의 중요한 가능성을 발견하게 된다. 이계준 목사의 신학적 탐구는 복음은 자유라는 것 기독교는 자유라는 명제이다.

VII. 결론적 언급

역사학의 과제 특히 어떤 인물의 역사적 연구는 인류가 한 시대의 사고로부터 어떻게 새로운 시대로 이행할 수 있는가의 과제를 안고 있다. 한국의 근대사는 전근대적 유교적 보수주의 그리고 뒤를 이은 일제의 군국주의 그리고 해방 후에 나타난 좌우의 이념 과잉 속에 드러난 억압적 사유와 체제의 청산이라는 험난한 과제를 안고 있다. 해방 후 한국의 경제 성장이라는 번영의 그늘에는 한국 사회가 외면한 손상된 자유 혹은 왜곡된 자유가 있었다. 한국사에서 자유란 한 가지 의미가 아니라 역사적으로 누적된 억압적 · 정치적 · 사회적 · 문화적 기제들로 복층화되어 있었다. 단순히 어떤 요소 하나를 제거함으로써 한국 사회의 자유의 과제가 그 해결의 실마리를 드러내지 못한다는 데 난관이 있다.

이계준 목사의 신학과 사역은 자유의 추구라는 점에서 한국 근대사의 중요한 시대정신을 그 핵심에서 건드렸다. 그것은 바로 자유의 정신이었다. 그 이유는 원초적으로 그가 목회자 혹은 신학자라는 직업에 기반한 탐구에서 비롯한 것을 넘어서 그의 삶이 추구한 구도적 삶에서 기원한다. 인간에게 자유란 정치적이고 철학적 문제로 여겨졌었다. 아니 정치와 철학의 명제로 다루어져 왔다. 그러나 이계준 목사는 자신의 자서전에서 회고하고 있는 것처럼 자유를 자신의 생애와 사유 그리고 모든 활동의 핵심적 과제로 삼고 씨름하였다. 노년의 그의 삶에 드러나는 자유인의 풍모는 그러한 구도와 고투의 결과물이다.

그의 자유사상은 일제와 공산주의의 억압을 체험한 역사적 경험의 산물이다. 그래서 그의 자유사상은 이론적 탐구의 결과를 현실에 적용하는 일반적 학문의 방법론과는 반대 방향으로 생산되고 적용되었다. 그의 자유사상은 자신의 역사적·사회적 경험에 대한 자신의 내면이 요구하는 자유에 대한 갈망과 탐구가 선행하는 구도적 사유에서 가능한 탐구의 영역으로서의 신학으로 나아간 것이다.

또한 그의 자유사상은 단지 이론과 사유에 머물지 않고 그의 선교와 목회 활동을 통해서 공동체적으로 구현되었다는 점이 강조되어야 한다. 그런 점에서 그는 실천적 신학자, 기독교적으로 행동하는 신학자라 할 것이다.

그의 자유사상은 한국 근대사의 맥락에서 그리고 한국 교회사의 맥락에서 예언적 의미로 확장된다. 그도 그럴 것이 자유의 가치를 일관되게 추구하고 사유하고 실천한 예는 우리 역사에 매우 드물게 보이는 현상이기 때문이다. 그 이유는 한국의 주류 지식인들이 보여준 자기 검열적 통제였다. 이계준 목사가 북한에서 경험한 공산당 제조공정은 그 시대로 한정되지 않았다. 오히려 남한과 북한의 적대적 관계의 확산을 통해 양 체제는 내부적 억압구조를 공고히 하였다. 따라서 북한의 극도의 폐쇄적 체제와 남한의 북한에 비해서 월등한 자유의 분량에도 불구하고 세속적 시장만능주의에 근거한 이념적 폐쇄성이 또한 만연하며 거기에 따른 자기 검열을 강요당하는 것이 또한 한국 사회의 한 단면이기도 하다.

기독교 교회 안에도 이러한 권위주의와 시장만능주의가 팽배하면서 극도의 위기로 치닫고 있는 모습이 여러 형태로 나타나고 있다. 이계준 목사의 자유사상은 그동안 한국의 지성이 그리고 한국 교회가 돌아보지 않았던 복음의 가장 중요한 핵심으로서 자유를 환기시켜 주었다.

그의 삶과 선포와 사역을 통해 나타난 자유사상은 우리 교회가 나아갈 중요한 출구를 가리키고 있다. 그것은 바울이 선포한 바처럼 복음의 본질은 곧 자유라는 사실이다. 그의 사상과 실천을 통해 나타난 자유는 선구적으로 연세대학교와 대학교회 그리고 신반포교회에서 목회 활동을 통해 입증되었다. 역사학의 본질이 단순히 과거의 사실을 아는 데 있는 것이 아니라 현재를 이해하고 미래를 조망하는 데 그 목적이 있다고 본다면 이계준 목사의 사역과 그의 시대와의 갈등 그리고 그가 추구한 자유를 향한 출애굽적 삶은 한국 사회와 교회의 미래를 위한 선명한 진행 좌표를 제공하고 있다.

3
이계준 목사의
감리교회 개혁 운동과 신학 교육

성백걸(백석대학교 교수)

Ⅰ. 보이는 또 보이지 않는 인연의 길로

이 글은 이계준 목사님의 팔순八旬을 맞아 가까운 길벗들, 친지들, 교우들이 따스한 관심과 정성을 모아 그 기쁨과 의미를 함께 나누기 위해 마련한 기념문집에 들어가는 한 숨결이다. 그분과의 보이는, 또 보이지 않는 인연을 말하는 것에서 풀어가야겠다.

되돌아보니, 솔직히 말하면, 나는 그분과 사석에서 한 번도 긴 시간을 가지고 어떤 대화를 나눈 적이 없다. 주로 연신에서 가르치셨으니 감신에서 쭉 공부한 나는 강의를 들어본 적도 없다. 그분의 설교도 그렇다. 그런데 놀라운 것은, 그간 잘 보이지는 않았지만 그분의 자취가 아주 깊게 나의 생에도 각인되어 있다는 사실이다. 우리가 이 세상에 태어나 산다는 것이

어쩌면 그런 것일까.

내가 제일 먼저 '이계준'이란 이름을 들은 것은 1980년대 후반이었다. 1985년 늦가을이나 1986년쯤, 그러니까 감신대 4학년 2학기나 대학원에 다닐 때 나와 채희동, 최규환은 친한 벗으로서 민들레교회 북산北山 최완택 목사와의 소중한 인연을 시작하고 있었다.

어느 한 자리에서 최완택 목사가 이런저런 얘기 중에 당신은 '선배들과 별로 친하지 않은데 존경하는 선배님이 한 분 계시다'고 했다. 그분의 입에서 들려온 이름이 바로, 이계준 목사님이었다. 처음 만난 자리에서 10년이나 연상인 데도 후배를 진중하게 대하고, 왠지 어려워하고, 존댓말을 하고. 한 마디로 어떤 권위나 형식이 아니라 인간적으로, 인간 대 인간, 사람 대 사람으로 진실하게 대하는 것이다.

그의 벗 이현주 목사의 말대로 모든 것을 삐딱(?)하게, 또는 다르게 보는 듯하던 최완택 목사한테서 그런 이야기를 들으니 좀 의아했던 것 같다. 그때도 그 이후에도 이계준 목사님이 누군지 알지 못했고, 얼마 전까지도 그분이 그분인지 정확히 일치시키지 못하고 있었으며, 몇 해 전에 이계준 목사님을 뵈며 '아, 저 분이 막연하게 내 기억의 한편에 인상 깊게 남아 있던 이계준이란 분인가 보다' 생각하며 지냈다. 엊그제 환경운동을 하는 양재성 목사를 통해 '그분이 이분'이란 걸 처음 확인했다.

잠깐 잠깐이었지만 이계준 목사님의 얼굴을 자주 뵙게 된 것은 소금素琴 유동식 선생님을 통해서였다. 우리보다 40여 년이나, 그러니까 두 세대나 연상인 유 선생님의 그늘에서 감히 가까이 지내다 보니 자연스럽게 이계준 목사님을 만나게 되었다. 유 선생님의 고희 기념문집이나 팔순 기념행사, 그리고 전집 출판 작업을 주관해서 그러했고, 연대 교정이나 루스채플에서 한국감리교회사 편찬 같은 일로 유 선생님을 뵐 때면 우연찮게 그분과도 인사를 하게 되었다.

더 흥미로운 것은, 내가 신학공부를 하는 길에서 이계준 목사님이 땀 흘린 수고의 도움을 받았다. 4학년 1학기 감리교신학 과목에 콜린 윌리암즈가 쓴『존 웨슬리의 신학 - 현대적 의의』[1]를 교재로 썼는데, 이번에 보니 이계준 목사님이 번역했던 것이다. 사실, 누가 번역했는지도 모르고 있었다. 그 책을 파란 볼펜으로 줄치며 공부했었다. 또한 선교학 교재로 읽은 호켄다이크의『흩어지는 교회』[2]가 그러했다. 그리고 존 웨슬리의 신앙과 사상을 한국교회에 소개한 대번역 작업인『존 웨슬리 총서』[3]에서 큰 도움을 받고 있었는데, "이 방대한 총서가 나오기까지 집필진의 교섭과 재정적 지원, 원고의 수집과 정리 인쇄 출판에 이르기까지 시종 진력하신"[4] 웨슬리사업회 총무가 이계준 목사님이었다.

이 세상에 태어난 인간들은 시절 인연을 따라 보이게, 또 보이지 않게 서로 영향과 도움을 주고받으며 홀로, 그리고 더불어 새로운 인생을 열어 가는가 보다. 어떻게 그 인연 속에 깃들어 있는 하늘의 뜻을 아름답게 꽃피워 낼 것인가, 이것이 관건이겠다.

나에게 주어진 주제인 "이계준 목사의 감리교 개혁 운동과 신학 교육"과 관련된 자료를 찾아 조사해보니 생각한 것보다도 더 중요한 과제였다. 그분이 교회갱신운동을 하던 1970년대 후반, 분열과 합동 과정을 통해 현재까지도 크게 고치지 않고 사용하고 있는 감리교회 제도의 기본 틀이 만들어졌다. 이계준 목사님의 숨결과 손길도 들어가 있는, 감리교회가 1980년

---

1) 콜린 윌리암즈,『존 웨슬리의 신학 - 현대적 의의』, 이계준 역 (서울: 전망사, 1983) 참조.
2) 호켄다이크,『흩어지는 교회』, 이계준 역 (서울: 대한기독교서회, 1979) 참조.
3) 존 웨슬리,『존 웨슬리 총서』1-8권, 웨슬리사업회 역 (서울: 한국교육도서출판사, 1976-1977) 참조.
4) 존 웨슬리,『존 웨슬리 총서 8 - 일기(下)』, 김영운·송홍국 역 (서울: 한국교육도서출판사, 1977), 7.

대, 1990년대, 2000년대를 살아온 이 제도와 구조의 기본 틀 혹은 패러다임에 관해 전반적인 성찰을 필요로 하고 있으며, 현재 큰 장벽에 부딪힌 감리교회의 미래 패러다임까지도 제시하며 전망해 볼 수 있는 역사적인 주제였다. 하지만 여기서는 이 글의 성격상 이계준 목사님 개인의 활동에 초점을 맞추어 접근하도록 한다.

II. 1970년대 한국 사회의 민주화와 감리교회의 개혁 요청

각 시대를 흐르면서 역사는 그때그때마다 자기에게 필요한 아들-딸들을 낳는다. 인간은 시대와 환경의 산물이면서 동시에 '때가 차면' 그 산 역사에 새로운 비전과 헌신을 가지고 참여하고 개입하면서 자신과 역사가 진실로 원하는 참된 삶의 지평을 열어간다.

이계준 목사는 1970년대, 그러니까 그의 나이 40대부터 역사의 흐름에 동참하면서 그 생명의 맥락을 이어가는 역정을 걸어왔다.

1970년대 한국 사회는 개발독재 군사정권의 전횡에 대응하기 위해 크게 두 가지 방향에서 사람다운 사람들의 책임 있는 참여를 요청하고 있었다. 그 하나는 급격한 산업화와 도시화의 거센 물결에 휩쓸려 이농화 현상으로 도시빈민층을 형성한 가난하고 소외된 사람들의 상처를 위로하고 치유하여 건강한 시민으로 살아가게 하는 사랑의 사역이요, 또 하나는 인권과 민주화 실현으로 한국 사회 전반의 발전을 이루어가는 정의의 사역이었다.

이계준 목사는 당시로서는 보기 드물게 신앙과 양심, 지성과 역사의식을 겸비한 기독교의 목사요 대학의 교수로서 이 사랑의 사역과 정의의 사역이 합치된 지점에서 시대와 역사의 부름에 응답한 것으로 보인다.

종교는, 기독교는, 교회는 언제 어느 때나 "안식일이 사람을 위하여 생긴 것이지, 사람이 안식일을 위하여 생긴 것이 아니다"(막2:27)라는 예수 그리스도의 말씀처럼 자기 자신을 위하여 존재하지 않는다. 무엇보다도 먼저 예수님 자신이 당신의 세력을 불리거나 명예를 과시하기 위해 살지 않았고, 오히려 자기를 부인하고 십자가에 천하보다 더 소중한 자기 생명을 내어줌으로써 모두가 서로 사랑하며 평화롭게 살아가는 부활 생명의 하나님 나라를 개척해 냈다. 이 십자가와 부활의 하나님 나라 실현에 동참한 사람들이 그리스도인들이요, 이 그리스도인들이 모여 그리스도의 산 몸을 형성한 신앙공동체가 바로 기독교 공동체이다.

그런데, 1970년대 한국 기독교, 그중에서도 한국 감리교회는 이런 자기의 본분과 시대의 사명을 감당하기 위해 우선 자기 본연의 건강한 생명과 길을 회복해야 하는 내적인 과제를 안고 있었다. 1960년 4·19혁명에 의해 외부로부터 시대적인 각성과 깨어남의 채찍을 맞아 일어나고 있는 감리교회였지만 여전히 정파와 파벌 간의 교권 싸움으로 얼룩져 있는 혼미한 상태였다.[5]

따라서 1970년대 감리교회는 빛과 소금의 역할을 감당하기 위해 교회 자체가 먼저 예수 그리스도의 사랑의 생명과 정의의 정신으로 개혁되어야 하는 과제를 안고 있었고, 여기에 응답한 것이 이계준 목사의 감리교 개혁 운동과 신학 교육이었던 것이다.

---

5) 1960년 4·19 이후 1960년대와 1970년대 한국감리교회의 흐름과 상황을 파악하기 위해서는, 유동식, 『한국감리교회의 역사 II』(서울: 기독교대한감리회, 1994), 774-868 참조.

Ⅲ. 이계준 목사의 교회갱신운동

이계준 목사 자신의 회고에 의하면, 그의 성숙한 생명이 당대 감리교회 신앙공동체와 본격 대면하면서부터 온몸으로 깨달은 진리는 교회 자체가 제 본분과 사명을 잃고 교권과 이권에 눈이 멀어 부패하고 심각한 병이 든 상태로서 '개혁되지 않으면 안 된다'는 진단이었다. 1967년, 1932년생 이니까 그의 나이 35세 때다.

이것은 사실 그리 유쾌하거나 행복한 대면과 출발이 아니다. 고귀한 뜻과 미래의 희망을 품고 감리교회 공동체의 따스한 환영을 받으며 공적인 생활을 시작해야 마땅할 때에 호헌파, 성화파와 정동파 간의 갈등과 암투6) 로 얼룩진 어지러운 판을 보며 그의 영혼이 어떤 고뇌를 하고 있었을까! 1957년 3월 서울 냉천동 감리교신학교를 졸업하고, 1963년 6월 미국 보스턴 대학교 신학대학원에서 신학석사(S.T.M.) 학위를 받았으며, 1963년 9월에서 1967년 2월까지 사우스다코타 주 프랭크포드연합감리교회에서 목회한 후 귀국한 이계준 목사의 맑은 눈에 비친 감리교회 실상이다.

내가 1967년 미국에서 귀국하니 나의 소속인 감리교단은 정치로 얼룩져 있었다. 소위 호헌(충청도), 성화(평안도), 정동(서울) 등 지역 중심의 정파가 갈라져 서로 이해관계로 갈등과 분열을 일삼고 있었다. 그 이해관계란, 구체적으로 말하면, 감독직을 쟁취하여 본부의 자산과 운영에 관련된 이익을 챙기고 자기 산하에 있는 목사들을 소위 크고 좋은 교회로 파송하는 것이었다. 이러한 풍토는 교회를 정치판으로 만들었고, 대부분의 목사들이 정치 고리를

---

6) 1960년대 성화파와 호헌파와 정동파 간의 갈등과 대립에 대해서는, 이덕주,『서울연회 사 Ⅱ』(서울: 기독교대한감리회서울연회, 2009), 188-192 참조.

붙들기 위해 목회 외적인 것에 목을 매고 동분서주하게 하였다. 자연히 교회는 본연의 기능을 잃게 되고 사회의 지탄 대상이 되고 말았다. 이런 분열 현상은 교단 자체에도 그 원인이 있지만 원초적으로는 한국인의 고질병인 지역주의에 근거하고 있음은 재론할 여지가 없다. 그러나 사회의 악습을 개혁해야할 교회가 세속적인 고질병에 걸렸으니 교회가 존재할 의미와 감당해야 할 사명을 송두리째 잃어버린 것이다.7)

세 파로 나누어져 교회 권력과 재산을 놓고 이해관계를 따라 갈등과 대립으로 자기 본연의 기능을 잃어 사회의 지탄 대상이 된 교회, 사회의 악습을 개혁해야 할 자기 존재 의미와 감당해야 할 사명을 잃고 오히려 지역주의의 세속적인 고질병에 걸린 교회, 이것이 이계준 목사가 함께 살아가야 할 당대 감리교회의 실제 상태였던 것이다.

그런데 중요한 것은, 이계준 목사는 감리교회의 실상을 외면하거나 피하지 않고 뜻을 같이하는 동지들을 모아 새롭게 개혁해 나가는 갱신운동의 길을 걸어갔다. 그리스도의 몸 된 감리교회 신앙공동체를 건강하게 새로 세워 나가자는 깊은 사랑과 정의 신앙의 발로였으리라.

1971년 6월, 그의 나이 40세 때 "감리교갱신추진위원회"가 조직되었다. 이계준, 은준관, 박봉배, 차풍로, 윤병상, 한영선, 김성렬, 마경일, 장기천, 박신원, 김연호, 배동윤, 한준석, 박민수, 이경재 목사 등이 주요 회원이었다. 그 취지는 "파벌 중심의 안배주의 및 교권주의를 지양하고 신앙과 사랑과 협동으로 새로워지는 교회를 이룩한다"는 데 있었다. 그런데 이계준 목사의 회고에 따르면, 그 태동이 이 목사와 은준관 목사의 우정과 동지로서 나눈 염려와 한 뜻에서 비롯되었다.

---

7) 이계준, 『희망을 낳는 자유』(서울: 한들출판사, 2005), 273.

나는 감리교단의 이런 현실을 볼 때 방관할 수 없다는 생각을 가지고 교회갱신의 계기를 마련하기로 작정하였다. 우선 은준관 목사를 만나 교단의 상황을 말하며 함께 의논하였다. 그는 나보다 한 해 늦게 귀국하여 감리교신학대학 교수로 부임하였고 내가 사는 화곡동의 이웃이 되었다. 우리는 동지를 규합하기 위하여 감리교를 새롭게 하는 데 참여할 목회자들을 약 30명 결집하게 되었다. "감리교갱신추진위원회"란 이름으로 모임을 조직하고 당시 아현중앙감리교회 담임자이고 존경받는 목회자인 김성렬 목사를 회장으로 추대하였다. 그리고 "감리교 갱신백서"라는 글도 발표하였다. 이 모임은 그 후 여러 차례 계속되어 갱신의 필요성과 구체적인 내용까지 토론하며 친목을 도모하였고 미래 교회 갱신의 방향을 설정하는 데 나침반 구실을 하였다.[8]

그 후 이 감리교갱신추진위원회는 감신대학 소장파 교수들과 젊은 목회자들이 합류하여 감리교의 희망과 미래를 향한 개혁 방향을 모색해 나갔다. 그 요지는 4년제 전임 감독제와 총리원 권력의 분산에 있었으며, 총리원 기구 축소와 다원 감독제를 골자로 한 갱신안을 마련하여 1973년 특별총회에 기구개혁안을 제출했으나 3분의 2 찬성을 얻지 못해 받아들여지지 않았다.[9]

1974년 12월 12일, 이계준 목사 43세 때, 감리교회 '갱신총회'가 탄생했다. 그해 10월 정동제일교회에서 열린 감리교 12차 총회에서 감독 후보로 호헌신파의 김창희 목사와 성화파의 홍현설 목사가 대결했는데, 누구도 10월 26~27일 13차례 투표에서 재석 162명 중 3분의 2표를 얻지 못했고, 12월 10일 속개하여 진행된 사흘간 11차 투표에서도 마찬가지였다.

---

8) *Ibid.*, 273.

9) 마경일, 『길은 멀어도 그 은총 속에』(서울: 전망사, 1984), 201-202.

그리고 12월 12일 저녁 투표 직전에 다수를 점한 호헌파의 독주에 불만을 지닌 홍현설 목사 지지자 40여 명이 "교단 정화"를 촉구하는 선언서를 낭독하고 퇴장했으며, 김창희 목사는 25차 투표에서 재석 108명 중 82표를 얻어 감독에 선출되었다.[10]

총회장을 떠난 40여명의 총대들은 그날 밤 종교교회에서 "별도 총회"[11]를 속개했고, 12월 13일에는 자교교회 마경일 목사를 감독으로 선출했다. 이 갱신총회의 주장은 "1. 우리는 교회 본연의 선교적 사명을 다하기 위하여 모든 노력을 기울인다. 2. 우리는 지방색이나 파벌의식을 지양하고, 그리스도의 사랑으로 하나가 되어 교회 갱신과 부흥을 위하여 매진한다. 3. 우리는 교회가 지닌 시대적, 사회적 사명의 완수를 위하여 복음의 기치를 높이 들고 하나님의 도우심 아래 일로 매진 할 것을 다짐한다"[12]는 것이었다.

그런데 이 별도 총회가 '갱신총회'란 이름을 지닌 것에서 보이듯이 1971년부터 시작된 "감리교갱신추진위원회"의 갱신운동이 계속 이어진 역사 현상이라고 할 수 있다. 실제로 마경일, 이경재, 박민수, 이계준 목사 등은 갱신총회 조직 실무자로 활동했다.

여기서 이계준 목사가 지닌 갱신총회 인식을 살펴볼 필요가 있다. 그의 증언이다.

감리교단의 분열은 1974년 10월 정동교회에서 모인 총회에서 시작되었다. 호헌파의 일방적인 감독 선거에 반대하는 목사들이 탈퇴 성명을 발표하고

---

10) 기독교대한감리회, 「기독교대한감리회 제12회 총회 회의록」, 1974, 45-46.
11) 기독교대한감리회, 「기독교대한감리회(갱신) 총회 회의록」, 1974. 12. 10-13, 3.
12) *Ibid.*, 14.

새로운 총회를 결성함으로써 가시화된 것이다. 감리교 역사상 최초의 분열은 1950년대에 부산 총회에서 감독 선거를 위한 헌법 개정과 이에 반대하는 소위 호헌파의 탈퇴로 발생하였다. 그러나 제2의 분열은 정파에 관계없이 교회 정치에 식상한 200여 명의 교역자들에 의해 이루어진 것이었다.[13]

이 목사는 1950년대 감독선거로 인한 호헌파 분열을 해방 후 감리교회의 첫 번째 분열로, 1974년 갱신총회를 두 번째 분열로 이해하고 있다. 그리고 이 "제2의 분열은 정파에 관계없이 교회 정치에 식상한 200여 명의 교역자들에 의해 이루어진 것"으로 파악하고 있다.

이계준 목사가 직접 갱신총회 활동에 참여하는 계기와 과정을 보면, 좀 더 자세하게 그가 지닌 갱신총회 인식의 특징을 알 수 있다. 당시 그는 총대도 아니었고 교회 정치에는 관심도 없었기에 별도 총회의 출현도 몰랐다고 한다.

나는 총대가 아니고 교회 정치에 관심도 없었기 때문에 감리교의 분열이나 새로운 총회의 출범을 알 리가 없었다. 그런데 형제처럼 지내는 마상조 선생이 나를 찾아와 그동안 전개된 상황에 대해 자세히 설명해 주었다. 그리고 감독으로 선출된 아버지가 새 교단을 이끌어가는 데 신학적 근거가 필요하니 협력해 달라고 간곡히 요청하였다. 나는 이미 감리교 갱신의 필요성을 인식하고 행동으로 옮긴 사람이니 그렇게 많은 선배들이 갱신의 기치를 들고 나서는 마당에 무관심할 수 없어서 그의 요청을 수락하게 되었다.[14]

---

13) 이계준, 『희망을 낳는 자유』, 274.
14) *Ibid.*, 274.

여기 보면, 그가 갱신총회에 참여하게 된 것은 형제처럼 지낸 마상조 선생이 도움을 요청한 데다, 특히 평소 지니고 있었던 감리교회 갱신의 길을 갱신총회가 가기 시작했다고 판단했기 때문이다.

이계준 목사는 갱신총회에서 1975년에 과정고시 위원, 통역 위원, 웨슬리연구회 위원, 감리교회 소식 편집위원회 위원, 교육사업위원회 위원장, 1976년에 고시위원회 위원, 출판위원회 위원, 교육위원회 전문위원, 1977년에 선교위원회 위원, 고시위원회 일치연구 위원, 총회선교기획원 총무, 감리교회 소식 편집위원회 위원, 군선교위원회 위원, 총회신학교 교수, 1978년에 고시 위원, 웨슬리사업회 총무, 교단합동에 따른 교육국 위원, 감리교회 소식 편집위원회 위원, 선교위원회 상임위원 등을 역임하며 감리교회의 갱신을 위해 수고했다.15)

그중에서도 이계준 목사는 우선 감리교 갱신총회의 정당성을 알리는 일에 주력했다. 뉴스 레터를 발간하기 시작했고, 평신도 학자들을 동원하여 감리교 갱신의 필요성과 방향을 담아냈다. 그 결과 "그 당시 감리교단에 압력으로 작용하던 미국감리교 선교부는 중립적 입장을 취하면서도 갱신총회에 대해 호감을 가지고 있는 듯하였고, 기독교 신문들과 일간지들도 갱신 지향적인 보도를 하는 듯이 보였다. 이에 힘입어 갱신에 참여한 목회자들은 매우 고무되어 있었다"16)고 한다.

이 목사는 1975년 6월 연세대학교에서 해직된 후 갱신총회에 좀 더 적극적으로 참여하게 되었다. 본부 활동을 원활히 하기 위해 조직을 편성하여 유급 총무 한 명과 무급 국장을 여러 명 두기로 하였는데, 선교국 국장직을 맡았다.

---

15) 1974년에서 1978년까지 발행된 갱신 측의 총회록과 연회록 참조.
16) 이계준, 『희망을 낳는 자유』, 274.

그는 젊은 교역자 양성 과정이 필요하다고 생각하여 인턴 제도를 도입하도록 했다. 지도력 있는 교회들을 선정하여 각 교회가 신학교 졸업생이나 대학원에 다니는 전도사들을 1년씩 훈련시키고, 그것을 3년간 반복한 후에 목사 안수를 주는 제도였다. 이것이 진행되어 수명의 목사를 배출했다. 그러나 어떤 교회는 전도사가 마음에 든다고 3년간 붙잡고 있어서 원래 계획에 차질을 빚기도 했다.

또 하나의 선교 정책은 교회들의 선교비를 모아 교회 개척을 한다는 것이었다. 그 기금을 사용한 교회는 일정한 기간에 반환하여 다시 개척교회를 위해 활용하는 "순환기금 제도"로 미국 교회가 오래전부터 실행하여 성공한 제도였다. 그러나 이 제도로 혜택을 입은 교회는 한 곳뿐이었는데, 수혜자인 교회가 기금을 반환하지 않았고, 교회 모금도 지속되지 않았기 때문이다.

이계준 목사가 감리교회의 갱신 역정을 위해 베푼 가장 소중한 선물은 "존 웨슬리 총서의 편집과 출판"이라고 할 수 있다. 갱신총회의 웨슬리사업회 이름으로 1976년 12월에 4권(『표준설교집』 상·하, 『존 웨슬리: 위대한 전도자』, 『존 웨슬리의 신학, 존 웨슬리의 생애』)을 2천 질 출판하고, 출판기념회를 12월 28일 서울기독교청년회(YMCA) 대강당에서 가졌다. 다음해인 1977년 12월에 4권(『신약성서주해』 상·하, 『일기』 상·하, 『감리회초기연회록』)을 발간했다. 이것은 한국 감리교 90년 역사상,[17] 아니 2011년 현재까지도 감리교 127년 역사상 획기적인 일이었다.

여기서 이 목사가 회고한 웨슬리총서 작업의 동기와 착수 과정을 자세히 살펴볼 필요가 있다. 그 선한 동기와 추진력이 돋보인다.

---

17) 마경일, "교회갱신운동의 회고와 전망", 「1977년도 기독교대한감리회 총회 제3회 정기총회 회의록」, 15.

어느 날 나는 고 송흥국 목사와 을지로 거리를 걷고 있었다. 이 분과의 대화는 감리교의 부패와 무기력이 근원적으로 교조인 존 웨슬리 신학의 빈곤에서 비롯되었다는 점에 귀결되었다. 이것이 내가 "웨슬리 총서"를 편집, 출판하게 된 동기가 된 것이다. 이 분은 원래 웨슬리 신학에 관심을 가지고 책을 읽고 있는 중이어서 함께 노력하기로 의견의 일치를 보았다.

당시 웨슬리에 관한 책은 송 목사의 저서와 한두 권의 번역서가 전부였다. 나는 우선 미국의 세계적 웨슬리 연구가인 아우틀러Albert Outler 박사의 저서와 그가 편집한 30여 권의 총서를 기초로 하여 필요한 자료들을 10권 분량 정도 선정하였다. 여기에는 설교, 성서주석, 일기, 신학 논문 등이 포함되어 있었다.

이제 어려운 문제는 번역하고 출판하는 작업이었다. 나는 먼저 감리교 신학자 10명을 선정하여 번역을 부탁하면서 내가 해직될 때 받은 퇴직금 중에서 50만 원을 인출하여 각자에게 5만 원씩을 지불하였다. 이 선착금은 그분들의 바쁜 시간을 우선적으로 활용하는 방법인 동시에 원고 마감일을 지켜 달라는 압력의 표시이기도 하였다.[18]

당시 웨슬리 전문가 송흥국 목사와의 뜻있는 대화로 감리교회 갱신의 근원적인 활력소를 제공하기 위해 웨슬리 총서를 편집, 번역하기에 이른 것이다. 그리고 그 주무를 이계준 목사가 맡아 해직 퇴직금을 번역비로 제공하면서까지 강하게 추진했던 것이다.

그 후 번역은 큰 차질 없이 진행되어 기간 내에 탈고되었으나 출판이 문제였다. 다행히 갱신 측에 속한 최효근 장로가 출판사를 경영하고 있어 인쇄 비용은 책을 팔아 갚기로 하고 출판하여 웨슬리 총서는 빛을 보게

---

18) 이계준, 『희망을 낳는 자유』, 276.

되었다. 하지만 출판사가 열악하여 교정 전문가가 없다 보니 오자가 많아 유감이었다. 초판에 약 2천 질이 인쇄되어 전국에 배포되었다.

이계준 목사는 우리말로 된 웨슬리 자료가 거의 전무한 당시 현실에서 그 정도의 총서가 출판될 수 있었던 것은 퍽 다행한 일이었다고 했다. "질적으로 좀 더 높은 차원에 도달했다면 더 이상 바랄 것이 없겠지만, 이것은 후진들의 몫으로 남길 수밖에 없었다. 나는 가끔 목사들의 서재에서 이 총서를 대하고 웨슬리에 관한 논문에 총서가 인용되는 것을 볼 때마다 교회와 신학 발전에 보탬이 되는 것 같아 보람을 느낀다"19)고 하며, 그 수고에 스스로 감사했다.

이 목사의 웨슬리 신학에 대한 관심은 그 후에도 계속되었다. 그 한 결과로 한국 웨슬리신학회가 조직되고 초대 회장으로 있을 때 여러 분야의 신학자들을 동원하여 『웨슬리와 감리교 신학』(감리교신학대학 출판부, 1999)이란 연구논문집을 편집하여 출판했다. 이것은 웨슬리의 신학 사상을 한국교회를 위해 풀이한 것으로서 신학도들과 목회자들에게 좋은 참고서가 되고 있다.

IV. 새로운 신학 교육 운동
– 대학 개혁의 번뜩이는 지혜가 나타나다

이계준 목사는 갱신총회 참여를 통한 감리교회 개혁운동 과정에서 새로운 신학 교육을 실행하는 소중한 경험을 하게 되었다. 그의 열정과 지혜가 발휘된 또 한 분야이기도 하다. 우선 그가 말하는 감리교회 총회신학교

---

19) *Ibid.*, 277.

설립과 신학 교육 착수 동기를 들어본다.

1976년 어느 여름날 오후 전화 한 통이 걸려왔다. 코리아나 호텔 커피숍으로 속히 나오라는 것이다. 그곳에는 박민수 목사, 조여상 목사, 김선도 목사 등 세 분이 자리하고 있었다. 조 목사는 총회 총무이고 박 목사와 김 목사는 총회 실행위원이었다. 이 분들은 차를 들면서 교단 신학교를 창설해야겠다는 의견을 개진하였다. 교단의 분열이 얼마나 오래 지속될지 알 수 없는 상황에서 교역자 양성에 무관심할 수 없으니 신학교를 세우자고 하면서 나에게 교장직을 맡으라고 하였다.

나는 그들의 의견과 제안에 대하여 아래와 같은 소견을 말했다. 즉 신학교를 설립하되 주간보다는 야간이 좋겠다는 것이다. 그 이유는 첫째로, 현재 감리교신학대학이나 목원신학대학에는 야간이 없으니 만일 교단이 다시 통합하는 경우를 위해서도, 둘째로, 야간은 신학 공부를 원하는 직장인들이나 학문의 기회를 잃은 사람들을 위해서 필요하기 때문이라고 설명하였다. 그리고 교장직은 목회와 교육 경험이 풍부한 감독인 마경일 목사가 맡는 것이 좋겠고 나는 실무인 교무처장직을 맡겠다는 의견을 내놓았다. 이 분들은 내 생각을 받아들여서 총회실행위원회 의결을 거쳐 신학교를 발족할 합법적 토대를 마련하였다. 당시에는 무인가 신학교가 우후죽순격으로 설립되고 이에 대한 규제가 없었으므로 감히 용기를 낼 수 있었던 것이다.[20]

우선 신학교 교실은 퇴계로 5가에 있던 김선도 목사가 시무하는 광림교회 교육관을 사용하도록 허락받았다. 학생 모집 공고를 각 교회에 발송했다. 그런데 광림교회 측에서 분명한 이유도 밝히지 않고 교육관 사용을

---

20) *Ibid.*, 277-278.

허락할 수 없다고 했다. 낭패가 아닐 수 없었다. 하지만 이계준 목사와 조여상 목사는 총회가 인준하고 공고가 나간 이상 도중하차란 있을 수 없다는 일념으로 사직터널 위에 있는 체신노조회관 한 층을 대여했고, 전세금은 몇 교회에서 각출하여 충당했다. 그곳은 길이 협소하고 교통이 불편해 보이지만 서대문과 사직동에서 올라가는 거리는 그리 멀지 않았다.

총회신학교에는 목회신학과, 선교신학과, 기독교교육학과를 두기로 했다. 학생 모집은 50명 정도 지원하면 대성공이라고 생각했던 예상을 뒤엎고 100명을 초과 달성했다. 이 목사는 신학교 지망생이 그렇게 많은 것을 보고 놀라지 않을 수 없었다고 한다. 고등학교 졸업자로 목회 지망생을 위한 목회신학과는 1학년과 2학년, 그리고 3학년 편입생까지 고등학교와 대학 출신들이 찾아왔다. 교회 전도사 양성을 위한 선교신학과는 여성들 특히 중년 부인들이 많았다. 교회학교 교육전도사 양성을 목적한 기독교교육학과는 젊은 여성들이 대부분이었다.

이계준 목사는 이 신학교가 부패한 감리교를 갱신하자는 기치를 들고 나온 교단에 속하므로 교회갱신과 함께 독재정권에 대한 교회의 예언자적 책임을 강조하는 교과목 편성에 초점을 맞추었다. 전통적인 신학 교육의 범주인 성서신학, 역사신학, 이론신학, 실천신학과 함께 교회갱신과 사회개혁을 위한 과목들을 선별하고 창안했다. 이론 과목으로 웨슬리 신학, 아시아 신학, 여성신학, 민중신학 등, 실천신학으로 설교 작성과 연습, 예전의 이론과 연습(신랑 신부의 등장과 관 속에 들어가는 자원 시신), 교양 과목으로 역사와 기독교, 과학과 기독교, 기독교 문학 등은 그 당시 다른 신학교 교과목에는 없었던 신선한 과목들이었다.

그는 여러 대학에서 사귄 선배와 동료 교수들을 비롯하여 해직 교수 출신으로 기독자교수협의회에서 친교를 나누던 저명한 교수들을 강사로 초빙했다. 그들은 신학교가 비록 초라했지만 교육 이념인 '교회갱신과 사회 개혁'에 찬동하여 성심성의를 다해 가르쳤다.

그때 동참한 해직 교수로는 노명식(경희대), 김용준(고대), 이문영(고대), 남정길, 김용성, 변홍규(이상 전북대), 김찬국(연세대) 등이었다. 그리고 강사로는 연세대의 유동식, 은준관, 윤병상, 김기복, 이화여대의 한준석, 국제대의 한승호, 한신대의 주재용, 정웅섭, 박근원, 장신대의 문희석, 서울대의 정진홍, 감신대의 송길섭, 이원규, 목회자로는 박영배, 김영운 교수 등이 있었다.

이계준 목사는, "이렇듯 기라성 같은 교수들이 지성과 인격과 열정을 총동원하여 수백 명에 달하는 졸업생을 배출하였고 훌륭한 목회자로 육성하여 오늘 감리교단 구석구석에서 갱신의 밑거름이 되고 있는 것이다. 그들 중에서 이미 10여 명의 감리사가 탄생하였고 앞으로 교단의 지도자가 나타날 날들도 멀지 않아 보인다. 나는 내 생에 이렇게 귀한 분들과 함께 교단 갱신과 사회 개혁을 위해 교육하고 친교할 수 있었던 기회에 대해 감사와 보람을 느낀다"21)고, 회고했다.

1976년 5월 갱신총회 신학교육위원회 위원장은 명관조 목사, 서기 김만복 목사였고, 1977년도 총회신학교 이사(목사)는 명화용, 김상봉, 박경록, 이호문, 장기천, 감사는 김문희, 최기찬이었다. 이 해 학생은 120여 명이었다.22)

그런데 한국교회의 일반적인 신앙 형태가 열광주의적이기 때문에 총회신학교에 오는 학생들도 그 범주에서 크게 벗어나지 못하였다고 한다. 새로운 교육 과정과 훌륭한 교수들의 강의를 통해 그들의 의식 변화와 함께 바른 지식이 전달되도록 희망하였다. 학생들의 고백에 따르면, 열광적 신

---

21) *Ibid.*, 280.
22) 마경일, "교회갱신운동의 회고와 전망", 15.

앙에서 사고하는 신앙으로 전화轉化하는 시간이 빠른 학생은 한 학기, 늦은 학생은 일 년이 걸렸다고 한다. 물론 영원히 변하지 않는 학생들도 없지 않았다고 한다.

무엇보다도 어려운 문제는 열악한 신학교 재정이었다. 교회들이 신학교에 기부금을 보내도록 결정했으나 실행하는 교회는 10여 개 교회에 불과하였고, 학생들의 등록금은 일반 대학의 50%에 불과했다. 무인가 신학교이고 직장인이나 주부들을 대상으로 하다 보니 정규 대학의 등록금을 요구할 수도 없었다. 자연히 인건비 축소와 교육비의 극대화를 추구하게 되었다.

정식 직원은 교학처장과 사무원 1명만 두고 그 대신 강사들에게는 당시 대학 강사료의 2배라는 거금을 지급했다. 이런 운영 방식을 고수한 결과 5년이 지나 학교 문을 닫은 1981년에는 저축액이 1억 원을 상회하게 되었다.[23]

여기서 아주 중요하며, 현재 문제 많은 한국 대학들의 희망과 미래를 위해 활용되어야 하는 지혜가 번뜩이고 있다. 실제로 젊은 대학생 교육의 탁월한 수준과 질을 담보하는 대학의 주체인 교육 현장의 강사들에게 높은 강사료를 지불하면서도 동시에 많은 액수를 저축할 수 있었다는 사실이다. 대학교의 운영비는 사실 본연의 목적인 탁월한 교육 수행에 대해서만 초점을 맞추어야 하고 그 밖의 잡다한 비용은 절약하면 된다. 도대체 대학이란 교육 기관이 무엇 때문에 존재하는가. 재단의 이익을 위해서라면, 이야말로 주객이 전도된 것이다.

총회신학교 학생들 가운데는 경제적으로 어려운 사람들이 많아서 일반

---

23) 이계준, 『희망을 낳는 자유』, 281.

대학의 절반 정도 되는 등록금도 일시에 내는 것이 부담스러웠다. 이런 학생들에게는 등록금을 2회나 3회로 분납하도록 했다. 여러 학생이 등록금 분납제도를 통해 성실히 납부하고 졸업했다.

그런데 이계준 목사는 그 얼마 후 '미래 비전을 접게 되었다'고 한다. 그는 신학교를 신설하고 교육, 재정, 운영 등 전체를 관리하는 동안 미래에 대한 설계도를 그려 보기도 했다. 특히 중요한 것은 "만일 교단이 재정적 지원을 아끼지 않는다면 바람직한 신학 교육이 가능하리라는 비전이 보였다"고 한다. 그 1억 원의 저축도 이런 생각의 결실이었다.

그러나 시간이 가면서 교회 갱신의 열정이 점점 식어지고 한국교회의 특성인 개교회주의가 강조되면서 신학 교육에 대한 관심과 지원이 점차적으로 감소되어 갔다. 총회신학교의 새로운 도약을 위해 교회의 지원을 기대한다는 것도 어렵겠다는 결론에 이르렀다. 학사에 대한 책임만 지라면 어떤 일도 감수할 자신이 있었지만 혼자서 교육과 운영을 모두 책임지는, 다시 말하면 북 치고 장구 치는 팔방미인 노릇은 더 이상 할 수 없고, 또 해서도 안 된다고 다짐하게 되었다는 것이다.

그는 1980년 봄 연세대로 복직하는 길이 열려 신학교를 떠나게 되었다. "실현이 가능하다고 예견되는 비전을 접을 수밖에 없는 실로 안타까운 마음을 달래며!" 그가 신학교를 설립하고 대가 없이 새로운 내용의 교육과 차질 없는 운영을 맡을 수 있었던 것은 연세대학에서 보고 배운 경험이 가장 큰 도움이 되었다고 한다. 이 목사는 총회신학교를 통해서 많은 분들을 알게 되었고 가깝게 지내게 되었는데, 특히 백조 같은 마경일 목사를 가까이 알게 된 것은 놀라운 은총의 선물이라고 고백했다.

V. 감리교회 합동과 그 틀
– 그 패러다임으로 30여 년을 살다

1978년 10월 26일, 갱신총회 측과 총리원 측은 배화여고에서 합동 총회를 개최하고 분열된 지 4년 만에 다시 하나가 되었다. 이계준 목사가 47세 때였다.

이미 1971년 3월 경기연회가 분립해 나갔다가 1975년 연합 총회를 구성(총회장 김정구 목사)했고, 그해 12월에 갱신 측 총회와 중부중립 측 교회들과 합동하여 갱신총회를 이루었다.[24] 그리고 총리원 측과 통합을 추진하여 합동하게 된 것이다.

1978년 합동을 계기로 감리교회는 그 후부터 현재까지 큰 변화 없이 그때 만들어진 제도와 구조의 틀로 30여 년을 살아왔다.

크게 보아, 한국 감리교회 제도와 구조의 기본 틀은 세 번 만들어졌다. 첫째는 개화기인 선교 초기에 미국 감리교 선교사들에 의해서, 두 번째는 1930년 12월 남북 감리교회가 합동하여 "조선감리교회"를 조직할 때였고, 그 후 일제 말 혁신 교단에 의해 왜곡되었다가 해방 후 재건파와 복음파의 합동으로 복원되어 지내다가, 세 번째로 1978년 10월 총리원 측과 갱신총회 측의 합동총회(제13회) 때였다. 그리고 2011년 현재 한국 감리교회는 새로운 시대를 맞아 신앙과 신학과 제도와 구조의 새 패러다임과 새 틀을 요청하고 있는 것이다.

그런데 흥미로운 것은, 이계준 목사가 이 세 번째 감리교회 제도의 틀을 만들 때 갱신 측 총회일치연구위원으로서 매우 깊이 관여했다는 사실이다.

---

24) 갱신총회 측과 중부중립 측과 연합총회 측의 "통합선언문", 1975. 11. 17 ;「기독교대한 감리회 제1회 통합총회 회의록」, 1975. 12. 2.

1975년 교단 분열 후 갱신 측과 총리원 측은 각기 합동을 염두에 두고 움직였다. 갱신 측은 총회일치연구위원을, 총리원 측은 통합추진위원회를 구성했으며, 두 위원회는 1976년에 모여 통합을 협의했고, 1977년 5월 양측 대표들이 통합을 위한 4개의 "합동 원칙"을 합의했다.

여기서 4개의 합동 원칙이 아주 중요한데, 그 바탕 위에서 이후 감리교회가 30여 년을 살게 되는 교회 제도와 구조의 기본 틀이 만들어졌기 때문이다. 그것은 "1. 완전 다원화 감독제, 2. 사업기구의 독립 및 기능화, 3. 개체 교회 중심화, 4. 총대 선출 방법 합리화"였다. 그 핵심은 역시 권력 집중형인 1인 4년 감독제를 권력분산형인 다원 감독제로 바꾼다는 데 있었다.

이계준 목사 자신의 회고를 따라가면서 합동 과정에서 그가 수행한 역할을 살펴보도록 한다.25)

이 목사는 갱신총회 측에서 임명된 합동 연구 위원으로서 적극적으로 활동했다. 합동을 위한 협상이란 주로 교회, 교단 본부, 총회의 새로운 구조를 논의하는 것이었다. 그는 이때 겉으로 보이지는 않으나 염두에 두어야 할 가장 근본적인 원리로서 불의로 오염된 교회의 '비정치화'를 철저히 구현하는 것에 두었다. 즉 교회의 모든 활동에서 정치를 구조적으로 배제하고 교회가 오직 합리적인 운영과 순수한 신앙생활만을 지향하도록 교회를 개혁하자는 기본 동기였다.

이계준 목사는 여러 위원들과 함께 교회의 '비정치화'를 실현하기 위해 몇 가지 구체적인 복안을 만들었다.26)

---

25) 그는 갱신총회 이사회에 의해 합동추진위원회 갱신 측 위원장으로 임명되었다고 한다. 그런데 이것은 정확히 무엇을 말하는지 잘 모르겠다. 『기독교세계』 1978년 3월호에 의하면 기독교대한감리회 합동위원회 총회 측 위원장은 박민수 목사였다.(『기독교세계』, 1978. 3, 13쪽)

첫째, 4년제 전임 감독제를 폐지하고 2년제 겸임 감독제를 채택한다는 것이다. 이것은 권력과 금력의 상징이 된 4년제 전임 감독제를 2년제 의장 제도로 바꾸는 것이다. 다시 말해, 완전 다원화 감독제의 실현이었다. 이미 총리원 측에서도 1976년 특별 총회에서 연회 감독 선거를 실시했기에 합의될 수 있었다.

둘째, 총회 대표는 정회원 목사 10년급 이상과 이에 상응하는 장로의 수로 하되 여성 대표가 전체 회원의 3분의 1이 되게 하자는 것이다. 이것은 연회에서 정치적으로 대표를 선출하여 감독을 선출하는 총회에 보내는 것을 차단하기 위한 것이었다.

셋째, 개교회는 인사위원회를 두고 목회자의 임퇴를 스스로 결정한다는 것이다. 이것은 그때까지 감리사와 감독이 자기 정파에 속한 목회자의 능력이나 자격을 고려하지 않고 소위 크고 좋은 교회로 무책임하게 파송하는 것을 금지하려는 것이다.

넷째, 본부에 평신도국을 신설하여 평신도 운동을 활성화한다는 것이다. 이것은 미래 교회에 필요한 평신도 신학의 발전과 평신도 지도력을 함양하기 위해서였다.

다섯째, 본부의 각 국은 전문가들로 구성되며 연구에 중점을 두고 그 시행은 각 연회가 맡는다는 것이다. 이것은 일종의 지방분권제로서 지난 날의 비대한 본부를 축소시키고 선교와 교육을 비롯한 제반 활동을 연회가 책임지게 하자는 것이었다.

당시 그는 개교회나 평신도들이 한 번 자유와 권리를 취득하게 되면 그것을 절대로 양보하지 않을 것이라는 확신을 가지고 있었다고 한다. 수차에 걸친 협상 끝에 이 제안을 중심으로 합동하기로 의견의 접근을 보았

---

26) 이계준, 『희망을 낳는 자유』, 284-285.

다. 그리고 이 일이 마무리되기 전인 1978년 가을에 그는 미국 에모리 대학으로 유학을 떠났다. 1979년 봄 애틀랜타에서 감리교회 합동 소식을 듣고서 감개무량했다고 한다.

이계준 목사는 감리교회 개혁운동에 참여하고 정치인 역할까지도 감당해야 했다. 이것을 회고하면서 그는, "나는 감리교 정치인으로 데뷔했음에도 불구하고 아무런 보상도 받은 것이 없다. 목사도 평신도와 마찬가지로 정치에 발을 들어놓을 때는 어떤 종류의 이권 하나라도 기대하는 것이 상례이다. 그러나 나는 그런 욕심이나 관심이 없어서인지 합동한 이후 그 흔한 감독직을 고사하고 위원장직도 차지한 것이 없다. 내가 하겠다고 나서지도 않았고 누가 나에게 권유한 적도 없었다. 다른 사람들을 위해 헛수고한 정치 초단이었음이 분명하다. 내 조상들이 벼슬 하나 쓰지 못하고 민초로 지냈으니 그 혈통이 내게까지 내려온 것일까!"[27]라고 회고했다.

VI. 항상 개혁의 도상에 있는 기독교

이계준 목사는 갱신 운동과 새로운 신학 교육 운동을 전개하면서 여러 가지 달고 또 쓴 경험을 했다.

그중에 목사들의 인간적인 실상에 대해 적나라한 인식을 한 것으로 보인다. 교회라는 집단도 인간적인 한계를 벗어나지 못하였다는 것이다. 갱신에 참여한다고 선언하였던 많은 목사들이 자기의 확신을 포기하는 사태가 일어났고, 목사 자신은 갱신에 동조하지만 정치적 성향이 다른 자기 교회의 평신도들이 담임목사의 입장을 직·간접으로 반대하고 심지어는

---

27) *Ibid.*, 285.

교회를 떠나라는 협박을 일삼기도 했다. 자기 신념이 강하고 교회의 토대가 든든한 목사는 남고 그렇지 못한 분들은 물러가게 되었는데, 그렇게 떠난 사람의 수가 전체의 3분의 1을 초과했다는 것이다. 목회자의 신념도 현실 앞에서는 물거품이 되는 것을 볼 때 참담한 심정을 가눌 길이 없었다고 한다.

그는 2005년 자전 에세이『희망을 낳는 자유』에서 자신의 감리교회 개혁운동 경험에서 우러난 매우 중요한 산 진리를 천명해 주었다. 현재와 미래의 한국교회와 감리교회를 짊어질 청지기들이 뼛속 깊이 명심해야 할 지혜의 소리이기도 하다.

종교개혁자 마틴 루터가 "교회는 항상 개혁되어야 한다"(Ecclesia semper re-formanda)라고 선언한 바 있다. 나는 갱신총회에서 얻은 경험을 통하여 "갱신하겠다는 목회자와 교회야말로 항상 갱신되어야 한다"고 혼자 외칠 수밖에 없었다. 이러한 확신과 경험이 분열된 교회의 일치를 통하여 감리교회 전체가 새로워지고 발전하는 것이야말로 궁극적으로 지향해야 할 목표임을 깨닫게 되었기 때문이다. 그러나 아직 새벽이 오지 않아서 일까! 합동한 지 20여 년이 되었음에도 불구하고 교회가 새로워지고 있다는 닭의 울음소리는 여전히 들리지 않고 있다.[28]

이계준 목사가 감리교회의 개혁과 합동을 위해 땀 흘린 지 30여 년이 지난 2011년 현재 한국 감리교회는 또다시 심각한 부패와 갈등을 겪으며 신음하고 있다. 더 깊이 말해, 새로운 시대 새 사명을 감당할 교회다운 교회로 거듭나기 위해 몸부림치고 있는 것이다. 여기 이 목사의 깊은 깨달

---

28) *Ibid.*, 287.

음처럼 "갱신하겠다는 목회자와 교회야말로 항상 갱신되어야 한다"는 근본적인 신앙과 영성의 각성 위에서 지혜를 모아 추진해 간다면 한국 감리교회는 다시 한 번 하늘과 시대의 요청에 책임적으로 응답하는 자기 갱신과 자기 개혁의 새 역사를 이루고도 남을 것이다.

4

이계준 목사에게서 배우는
Pastorship

림학춘(미국 라구나힐스연합감리교회 담임목사)

I. 여는 말

이계준 목사는 클래식 음악을 좋아 하지만 클래식한 목회자는 아니다. 군목, 이민교회, 미국인교회, 대학목회, 실험교회 등을 거쳐 오며 추구해 온 목회스타일은 재즈에 비유할 수 있다. 클래식 음악이 수학적인 기법 등 정형적인 틀을 가지고 있는 초상화라고 한다면, 현대 음악은 클래식 음악의 틀을 벗어나려는 경향이 있어 추상화와 같다. 그러므로 재즈는 초 상과 추상의 사이에서 클래식 음악이 사용하던 여러 기법들을 새롭게 해석 하면서 크로스오버를 시연한다. 이계준 목사에게는 주제를 놓치지 않고 이끄는 풍성한 자유로움이 그 안에 있다. 감리교의 전통과 신앙의 유산을 소중하게 여기며 발전시키면서도 자유함이 넘치고, 진정한 진보를 이끌어

가면서 창의적인 목회를 해온 팝페라popera 목회자이다. 정의와 진리와 자유에 대해서는 개방되어 있지만, 사회적인 불의와 억압과 타협의 유혹에는 자물쇠를 굳게 걸어둔 신학하는 목회자이며, 하나님과의 관계와 사람과의 관계를 소중한 자산으로 여기며 지금도 그 관계에 활력을 불어넣어 주는 목회하는 신학자이다. 원칙을 중요시 여기며, 그 원칙을 만들고 그 원칙을 실천하는 창의적인 실천가이다.

유동식 교수는 이계준 목사의 자전적 에세이『희망을 낳는 자유』의 권두 축사에서 이계준 목사를 자신의 목사("my pastor")로 내세우기를 주저하지 않는다.

이계준 목사에게는 몇 가지의 칭호가 있다. 목사, 교수, 박사 등이 그것이다. 그러나 그에게 가장 어울리는 칭호는 목사라고 생각한다. 그의 일생이 연세대학교의 교목이었다는 것과 대학교회 및 신반포교회의 담임목사였다는 것 때문만이 아니다. 그 자신의 목사 직책을 통해서 우리에게 이상적인 인간상과 목회상을 보여주었기 때문이다. 우리가 기대하는 목회자는 단순히 영적 목자에 그칠 것이 아니라 풍부한 인간성을 가진 그리스도인이 되도록 길러 주는 교사로서의 목자이다.

이계준 목사에게는 굳건한 신앙과 함께 풍부한 인간성이 구비되어 있다. 이 목사의 신앙과 학문은 언제나 사회적 현실로 이어지는 실천적인 것이었다. 군사독재 정권시대에는 책임 있는 기독자 교수로서 민주화 투쟁에 나섰다. 그로 인해 정부의 압력으로 학원에서 추방당한 해직 교수가 되기도 하였다. 그에게는 언제나 창의적인 실천력이 있었다. 그는 감리교회의 갱신을 위해 갱신총회에 참여하였고, 신학교를 따로 창립하고 운영하는 일에 주동적인 역할을 감당하기도 했다. 그의 이러한 장점은 개인적인 인간관계에서도 발휘되었다. 선배들과 후배들을 하나로 묶기 위해 '노소동락회'를 조직하고 이것을 꾸준히 관리해 오는가 하면 동료들을 융합하여 '기독교 문화 포럼'을 조직하여 이끌기도 했다.

내가 그를 자랑스럽게 생각하는 점은 그의 꾸준하고 성실한 성품이다. 그는 내가 인생의 고비를 맞이할 때마다 관여해 주었다. 나는 이제 염치없게 그에게 또 하나의 수고를 부탁하기로 했다. 그것은 내가 맞이할 마지막 고개를 위한 예식을 주관해 달라는 것이었다.[1]

자신의 장례를 맡아 달라는 글은 쉬 찾아볼 수 있는 글이 아니다. 그토록 오랜 시간 동안 서로 신뢰 관계를 유지하는 목회자가 과연 얼마나 될 것인가! 당신에게는 인생 순례의 마지막 통과 의례를 맡길 목회자가 있는가?[2]

이계준 목사는 별도로 목회 신학을 집필하지 않았지만, 그의 자서전과 설교는 목회자의 교과서라 해도 과언이 아니다. 판사는 판결문으로 말하지만 목회자는 설교로 말한다. 이계준 목사는 지금도 원고 설교에 충실한 설교자이기에 그의 어법에는 그의 신학적 문법이 그대로 반영되어 있다. 또한 목사를 대상으로 한 강연 원고를 목회직의 기초적인 자료로 살펴보며, Pastorship을 10개의 항목으로 나누어, 이 시대에 완주한 이계준 목사에게서 넘겨받은 Pastorship(목회직 또는 목회도)의 원칙을 살펴보고자 한다.

---

1) 이계준, 『희망을 낳는 자유』(서울: 한들출판사, 2005), 24.
2) 미치 앨봄, 『8년의 동행』, 이수경 역 (파주: 살림, 2010). 이 책은 이계준 목사와의 동행을 깊이 생각하게 하는 데 도움을 주었다.

II. Pastorship의 열 가지 원칙

이계준 목사는 그 삶과 목회의 전 과정에 있어서 창의적인 원칙을 제시하고 일관된 헌신의 자세로 실천해 왔다. 그 원칙의 토대는 부친으로부터 물려받은 '자유와 성실성'이라는 유전자이다.[3] 그의 부친은 3·1운동 가담죄로 옥고를 치른 민족정신이 투철한 분이었다. 1936년부터 1948년까지 12년간 맹아학교 교장으로 봉직하며, 목사, 농부로서 1신 3역을 감당하면서도 자녀들에게 사랑을 심어 주는 매우 자유로운 성품의 소유자이며 교육적 원칙주의자였다. 자녀의 생각과 의견을 매우 존중하는 분이었고, 이웃들에게는 교육가요 지도자요 상담가로서 행동하는 사회 사업가였다. 공산당에 가입하지 않은 것이 빌미가 되어 감시 대상이 되자 마침내 자유를 찾아 남하하여 제주읍에서는 피난민 구제사업과 피난민 자녀를 위한 중고등학교 설립에 참여하였다. 자기 몸을 돌보지 않고 남을 위해 평생 일하시다 급성폐렴으로 1952년 57세를 일기로 세상을 떠나셨다. 이 일은 이계준 목사로 하여금 신학을 하게 된 동기가 되었다. 그의 부친에 관한 회상을 읽어 보면 부친으로부터 물려받은 자유와 성실성이라는 DNA가 이계준 목사의 삶에 복제되어 왔다고 해도 지나친 말은 아닐 것이다.

교육적 원칙주의자이셨던 부친의 유전자는 이계준 목사의 가정 목회에서 '배우자 선택의 원칙' 제정에도 반영된다.[4] 대학 목회에서는 채플 운영에 관한 원칙을 정하고 실행하였다[5]

대학교회에 있어서는 "미국교회에서 배우고 경험한 바대로 교회의 여

---

3) 이계준, 『희망을 낳는 자유』, 43-44.
4) *Ibid.*, 325.
5) *Ibid.*, 215.

러 가지 문제에 관한 한 위원회에서 토의하고 결정하면 그대로 처리하는 것을 원칙으로 삼았다."6) 신반포감리교회를 위하여 교회가 지향할 목표와 기능과 원리와 규범을 담은 헌장을 제정하여 목회의 원칙으로 삼았다.7)

이처럼 이계준 목사는 무슨 일을 하든지 원칙을 분명하게 세우고, 그 원칙을 적용하는 교육적 원칙주의자이다. 그러나 율법적인 원칙이 아닌 자유를 소중히 여기는 원칙이라는 점에서 보수주의와는 다르다. 이러한 원칙의 근거에 대해서 이계준 목사는 그의 정년퇴임 설교에서 그 자신의 삶을 이끌어 온 키워드가 '예수의 삶의 원칙 안에서의 자유'였음을 말한다.8)

이제 예수님의 삶의 원칙을 따른 이계준 목사가 실천해 온 Pastorship 의 열 가지 원칙을 살펴보기로 한다.

1. 목회직과 Profession: 초심을 잃지 말고 초보에 머물지 마라

지나간 날들을 회상하면서 내 인생의 좌우명이 무엇인가 스스로 물어볼 때가 있다. 그것은 생각이나 생활에 있어서 어떤 것에 고착되지 않고 가급적 자유의 폭을 넓히는 것과 주어진 일과 만나는 사람들에게 성실하게 대하는 것이었다. 이것은 아버지가 기독교 신앙에서 발견한 그리스도의 진리와 자유를 인격적으로 받아들이고 자신의 생활과 사업을 통해 실현한 열매가 나에게 유산으로 주어진 것이라고 믿는다.9)

---

6) *Ibid.*, 175.
7) *Ibid.*, 188-89.
8) 이계준, "후회 없는 인생"(2004. 4. 18. 설교), http://sbp.or.kr/(2011. 3. 18 검색)
9) 이계준, 『희망을 낳는 자유』, 43-44.

소명은 초심이다. 초심은 영혼의 나침반과 같다. 늘 꺼내들지 않아도 방향을 찾거나 점검할 때 꺼내 보는 것이다. 초심은 마음의 고향과 같아 삶이 고단하고 힘들고 어려울 때 돌아가 쉴 수 있는 곳이다. 흔들리는 세상에서 초심은 방황하지 않게 한다.

이계준 목사의 소명은 부친의 사후 영향력에서 비롯되었다. 부친은 생전에 한 번도 목사가 되라는 말도 암시도 하지 않았다. PK(pastor's kids)로 목사관에서 태어나 교회 안에서 성장하였던 그에게 부친의 급작스런 별세는 자신의 인생을 돌아보는 계기가 되었고, 이것이 소명의 동기가 된 것이다. 그의 글 속에는 부친에 대한 그리움이 많이 배어 있다. 실향에다 실부는 인생의 전환기를 가져온 것이다. 바울에게 '다메섹 거리'의 체험이 있고, 존 웨슬리에게 '올더스게이트 거리'의 체험이 있다면 이계준 목사에게는 '아버지의 급거'라는 체험이 있다. 부친의 임종을 지켜보지 못한 깊은 한스러움이, 부친을 모시지 못한 안타까움이 소명으로 승화한 것이다. 이 소명은 아버지에게서 보았던 '진짜 목사'의 꿈을 꾸게 했다. 그 꿈은 "철저한 소명의식, 심도 있는 훈련 및 신앙과 생활의 일치를 통한 목회와 사회적 영향력"10)으로 자라났던 것이다.

1957년부터 4년간의 군목생활을 마치고, 1961년 9월 보스턴 대학에 진학한 것도 그 이유에서였다. 미국교회에서의 4년간 담임을 마치고 1967년 2월 연세대학에 부임하여 교목으로서 전임강사로, 조교수, 부교수와 교목실장과 대학교회 담임목사가 되었다. 이제 꽃망울이 활짝 피는가 했는데 찬 서리가 내렸다. "진리와 자유"라는 기독교 정신으로 세워진 미션스쿨 연세대학에서 박대선 총장과 더불어 독재정권에 굴하지 않고 동반 해직당한 것이다. 그의 나이 43세였다. 창문이 닫히면 하늘 문을 여신다고 했던

---

10) 이계준, "미래교회와 감리교 목회자상," 미래교회연구원 강의자료, 2004. 6. 22, 1.

가. 여전히 감시를 받는 상황에서도 이계준 목사는 교단 갱신과 신학교 창설에 나섰다. 종합대학 캠퍼스가 아닌 전세로 빌린 빌딩의 두개 층에서 한 명의 사무직원과 학교의 살림을 맡으며, 커리큘럼을 짜고, 교수진을 확보하고, 강의를 하였다. 그의 부친에게서 보았던 1신 3역이 복제된 것이다. 조건이 주어진 것이 아니라 조건을 만들어 가야 했다. 있는 땅을 일구는 것이 아니라 없는 땅을 만드는 간척사업과 같은 것이었다. 지형을 바꾸는 일이었다. "교회갱신과 함께 독재정권에 대한 교회의 예언자적 책임을 강조하는 교과목 편성"을 하고 당시 신학 커리큘럼에 없던 새 과목들을 편성하였다. 교수진은 기독자교수협의회에서 친분이 있는 교수들을 청빙하였는데 강제 해직되어 실업자가 된 교수들이었다. 이들은 지성과 인격과 열정을 다해 강의를 하였다. 이것은 이례 없는 신학교의 혁명이었다. 이와 더불어 "감리교의 부패와 무기력이 근원적으로 교조인 존 웨슬리 신학의 빈곤에서 비롯되었다"는 점을 착안하여 웨슬리총서를 번역하고, 젊은 교역자의 양성을 위하여 인턴제도[11]를 도입하였고, 개척교회 설립을 위한 '순환기금제도'(지금의 연합감리교회 발전기금 UMDF[12]와 같음)를 도입하였다.

이와 같이 무에서 유를 창조하는 숨 가쁜 와중에서도 이계준 목사는 감리교신학대학과 에모리 캔들러 신학교가 연계한 공동박사학위 과정을 마쳤다. 미국 유학에 필요한 학비는 에모리 대학이, 생활비는 미국 연합감리교회 선교부가 책임지는 특전이 주어진 것이다. 그리고 한국교회의 현재와 미래를 위하여 선교 신학에 집중하게 된 것이다.

이계준 목사는 전문화하지 못한 소명과 소명 없는 전문직을 경계하라고

---

11) 지금 기독교대한감리회에서 시행하는 수련목제도와 같은 취지로 지도력 있는 교회에서 1년씩 수련을 거쳐 3년을 순회한 후에 목사 안수를 주는 것으로 당시로서는 혁신적인 제도였다.

12) United Methodist Development Fund.

가르친다.13) 그의 가르침을 이렇게 풀어본다.

전문화professionalization하지 못한 소명은 의학을 공부하지 않은 이가 시술을 하는 것과 같다. 의사의 꿈을 가진 이는 당연히 메디컬스쿨을 가야 한다. 전문의가 되려면 인턴과 레지던트를 거치고 펠로우를 하면서 전문의 시험을 통과해야 자격이 주어진다. 그런데 그 과정을 무시한 채, 자격을 갖추지 않고 의사를 한다면 그것이 가져올 비극을 추론하는 것은 그리 어렵지 않다. 그러므로 목사는 그 소명을 전문화하기 위한 노력을 부단히 해야 한다.

소명 없는 전문직은 인간성이 결여된 로봇수술기와 같다. 그곳에는 사람의 동기와 결단력과 민감함과 감수성이 없다. 입력된 데이터에 의해서 움직일 뿐이지 성취감도 책임감도 도덕성도 없다. 한국의 슈바이처라고 불리는 장기려 박사가 수술비를 낼 수 없는 이들을 위해 병원 뒷문을 열어 주어 내보내고 자신이 치료비를 갚아 나갔던 일은 로봇수술기가 상상도 할 수 없다. 아직도 해야 할 일이 있다며 마지막 길을 떠나면서도 오히려 남은 자들을 걱정했던『울지마 톤즈』의 이태석 신부의 눈물은 더더구나 찾아볼 수 없다.

이계준 목사는 소명과 전문성은 새의 두 날개와 같으며, 조각배의 두 노와 같음을 일깨워 주었다. 철저한 소명의식은 초심이며 심도 있는 신학 훈련은 초보에 머물지 않고 진보하는 것임을 자신이 몸소 실천하였다. 초심은 아날로그처럼, 진보는 디지털처럼 할 것을 배운다.

---

13) 이계준, "미래교회와 감리교 목회자상", 4.

2. 목회직과 Anointing: 하느님의 지시를 따르라

제가 신학공부를 하고 목사가 되기로 결심한 후 오늘까지 군목, 미국 보스턴 한인교회, 미국연합감리교회, 연세대학교, 화양교회, 신반포교회 등 여러 가지 형태의 목회활동에 종사해 왔습니다. 이 목회를 통해서 세상이 깜짝 놀랄 위대한 기적은 나타나지 않았지만 한 가지 일관된 사실은 특수한 형태의 목회란 한 우물만을 파왔다는 것입니다. 미국 교회의 목회를 제외한다면 모두 청년, 지식인, 및 새로운 형태의 목회에 몸담아 왔는데 이것은 나의 의도적인 선택이라기보다는 하느님의 선택이고 부르심이었다고 믿습니다. 한 곳에 머물러 정착하지 아니하고 다양한 목장을 다니면서 다양한 방법으로 복음을 전하였지만 늘 새롭고 실험적인 방법을 응용할 수 있는 도전의 기회가 주어진 것이 저의 목회의 특징이라고 할 수 있습니다.[14]

어노인팅Anointing은 하나님의 GPS(God's Pointing Spirit)이다. 성령의 기름부음이다. 사람의 예감보다 앞서야 하는 것은 하나님의 예언(담긴 말씀)이며, 사람의 인정보다 중요한 것은 하나님의 인정이다. 목회자는 자기 과시의 욕망을 내려놓고 하나님의 계시를 보는 일에 언제나 민감해야 한다. GPS(Global Positioning System)가 위치를 가리키는 기술로 일상생활에 자리했듯이 목회직에 있어서 어노인팅은 목회 전반에 자리해야 한다.

이계준 목사는 목회의 전 과정이 '의도적인 선택'보다는 '하느님의 선택과 부르심' 곧 어노인팅으로 술회한다.[15] 구약성서에서는 왕과 제사장과

---

14) 이계준, "후회 없는 인생".
15) 윌리엄 윌리몬, 『21세기형 목회자』, 최종수 역 (한국기독교연구소, 2004), 17.

예언자들에게 기름을 부어 세웠다. 곧 하나님의 소유이며 하나님을 위하여 점검된 사람이며 멍에를 맨 사람으로 선택한다는 차별화이다. 거룩이란 뜻으로 사용하는 히브리어 "카도쉬"에는 "구별하여 놓다"는 뜻이 있다. 하나님의 목적을 위하여 따로 구별한 것이 거룩한 것이 되는 것이다.

이계준 목사는 이 시대에 차별화된 목회가 무엇인지 보여주고 가르쳐 주었다. 그의 부친이 일반 목회에서 특수 목회로 전환하는 것을 지켜본 그였기에 목회의 새로운 형태에 대하여 자유로웠을 것이다. 이계준 목사는 '하느님의 선교Mission Dei'를 신학의 기본 모토로 삼았다. 그것은 지난 20세기 후반의 한국교회 문화를 지배한 '부흥 일변도'의 '모방'과 '답습'에 역행(The Great Reverse)하는 것이었다. 역행하는 차별화한 신학적 사고가 은준관 목사의 도움으로 제정한 신반포교회의 헌장에 나타나 있다.

1. 이 교회는 하느님이 예수 그리스도 안에서 이룩하신 구원의 은총에 감격하여 모이는 그리스도의 제자들의 공동체이다.

2. 이 교회는 기독교 신앙을 다종교적이고 급변하는 이 땅에 토착화하기 위하여 양적 팽창보다 제자직 수행에 의한 질적 성장에 역점을 둔다.

3. 이 교회는 주체 의식을 지니고, 예배, 친교, 교육 및 선교에 창의적으로 참여하는 "하느님의 백성" 곧 평신도를 주축으로 한다.

4. 이 교회는 하느님의 사랑의 생활을 실현하기 위하여 회원 간의 인격적 사귐을 강조한다.

5. 이 교회는 올바른 신앙생활을 함양하고 기독교적 지도력을 개발하기 위하여 성서 연구와 신학 훈련에 적극 참여하고 헌신적인 청지기 생활을 실천하도록 요청한다.

6. 이 교회는 예수 그리스도의 지상 명령이 하느님 나라 건설을 위한 선교에 있음을 믿기 때문에 이 시대에 적절한 말씀의 선포와 아울러 선구적인 선교

사업에 관심을 두고 실천한다.

7. 이 교회는 각 회원의 인격 존중과 지도력 개발을 중요시함으로써 모든 행정을 민주적으로 운영한다.

8. 이 교회는 그 목적을 실현하기 위하여 예산을 예배 및 친교에 40%, 교육에 30%, 선교에 30%로 편성하고 집행하는 것을 원칙으로 한다.[16]

이 목사는 1세대와 함께 20세기 말의 권위주의적, 획일적, 제도적 교회에서 탈출하는 사명을 감당했다. 이제 2세대에게는 다원적, 글로벌, 전문화된 세계에서 새로운 선교적 사명이 있음을 강조한다. 모방과 답습과 현상 유지에서 벗어나는 결단과 실천이 필요하다는 것이다.[17] 21세기를 살아가는 2세대에게 하나님은 새로운 어노인팅을 하고 계시다는 것이다.

유월절이 되면 유대인들은 한 상에 둘러앉아 자녀들에게 이렇게 묻는다. "이 날은 다른 날과 무엇이 다른가?" 한 달에 한 번 헌장을 읽는 신반포교회 교우들에게 "이 헌장은 이 교회가 존재하는 한 최대한으로 지켜야 할 원리와 규범입니다"[18] 하고 말한다. 이것은 "이 교회는 다른 교회와 무엇이 다른가?"라는 질문이다. "당신은 세상 사람과 무엇이 다른가?" 이에 대한 분명한 답을 세우지 못한다면 GPS를 꺼내들고 보아야 할 것이다. "당신의 목회가 다른 목회자와 무엇이 다른가?" 유행과 역행 사이에서 어떻게 사는가를 배운다.

---

16) 이계준, 『희망을 낳는 자유』, 188-89.
17) 이계준, 『축제와 고난』(진흥, 2008), 303.
18) *Ibid.*, 304.

3. 목회직과 Suffering : 고난을 창조의 기회로 삼으라

현실의 고난과 고통을 접하지 않은 그런 인생, 삶의 고난과 의미를 경험하지 못한 사람, 이런 사람들은 미래에 대한 아무런 기대도 할 수도 없고, 미래에 대한 어떤 구원도 바랄 자격이 없는 것입니다.[19]

고난은 예고 없이 다가왔다. 그것은 그의 부친이 옥고를 치렀던 때나, 자유를 찾아 남하했을 당시에 겪었던 고난과는 다르게 닥쳐왔다. 연세대학에 온 지 8년 만의 일이었다. 루스채플을 건립하고 교목실이 독립한 지 6개월 만의 일이었다. 교목실장과 더불어 대학교회의 담임목사도 맡아 4개월 만에 출석인원이 100명에서 300명으로 늘고 있었다. 부교수가 되어 사회적·경제적 안정과 더불어 화곡동에 지은 커스텀 하우스는 노모와 세 딸을 부양하는 데 아늑한 가정적인 안정을 주었을 때였다.

비감을 삼키며 대학문을 나서는 그에게 광야가 펼쳐져 있었다. 스케줄로 가득한 플래너리가 갑자기 무용지물이 되고 백지가 되었다. 초조감, 배신감, 증오감 등의 가시가 온 몸과 마음에 찌르고 있었다. 정상적인 수입이 없어지고 감시 대상이 된 그는 "행복이란 말이 끼어들 여백이 없었던 시절"이었다.[20] 기약이 없는 광야 학교에 입학한 것이다.

이계준 목사는 외부적인 압력에 모든 것을 내려놓아야 했으나 그의 '자유하는 원칙'까지 포기한 것은 아니었다. 그는 하나님의 사람들처럼 이 광야 기간을 창조적인 고난의 시간으로 만들어 갔다. 모세는 40년간 미디안에서 광야 학교를 다녔다. 그 40년간은 그 다음 40년간을 인도하는 창조

---

19) 이계준, "참고 기다림"(2004. 2. 2. 설교), http://sbp.or.kr/(2011. 3. 18. 검색)
20) 이계준, 『희망을 낳는 자유』, 323.

적인 고난의 시간이 되었다. 바울은 회심 후에 아라비아 광야에 가서 3년간을 지내고 그 후 30년간을 하나님의 택한 그릇으로 사용되었다. 예수도 공생애를 시작하기 전에 40일간의 광야 학교를 거치고 3년간의 공생애 사역을 했다. 이계준 목사는 5년간의 광야 학교를 거치면서 창조적인 사역을 하게 된 것이다.

"나는 그 기간에 참 많은 일을 하였고, 새로운 경험도 수없이 하였기 때문이다. 여러 권의 책 번역, 존 웨슬리 총서 출판, 화양교회 대학생부 목회, 갱신총회 선교국장과 감리교 합동위원회 위원장, 감리교총회신학교 창설 및 운영, 에모리 대학에 유학 등이 이 시기에 벌어진 일들이었다. 그리고 이것이 나의 삶을 보다 깊고 높고 그리고 넓게 만들어 주었으니 고난과 역경 속에서만 주어지는 은총의 선물이 아니고 무엇이랴!"[21]

사람은 평생에 세 개의 반지를 낀다는 미국인들의 풍자적인 말이 있다. 약혼반지Engagement ring, 결혼반지Wedding ring, 고난Suffering이 그것이다.[22] 고난을 일생의 과정으로, 생존의 조건으로 받아들이는 지혜이다.

고난은 가시와 같다. 광야에 사는 선인장은 가시투성이다. 그런데 그 가시는 생존의 조건이다. 가시가 없으면 한낮의 찌는 태양에 화상을 입고 만다. 한밤에 오는 추위에 동상을 입는다. 사막의 들짐승의 먹이가 되고 만다. 그래서 약한 선인장일수록 가시가 더 날카롭고 촘촘하다. 그런 선인장이 피우는 꽃을 본 적이 있는가! 가시투성이인 몸에 피어난 꽃은 신비로울 정도로 모양도 색상도 아름답다.

---

21) *Ibid.*, 323.
22) 이 세 단어 모두 끝이 ring으로 끝난다.

바울의 평생에는 계시와 가시가 공존했다. 바울은 자신이 계시를 받은 것에 교만해질 것을 막으시려고 하나님께서 자기 몸에 찌르는 가시를 주셨다고 한다. "흐르는 시냇물에서 돌들을 치워버리면, 시내는 노래를 잃어버린다." 소리는 공기의 저항에서 비롯되는 산물이다. 공기의 저항이 없으면 소리도 들을 수 없고 새는 비상을 할 수 없다.

우리가 겪는 고통 속에는 어떠한 창조적인 의미가 있다는 것입니다. 그것이 우리를 한 차원 더 높은 삶으로 이끌어 주고 우리를 더 성숙하게 만들어 주고 정말 미래를 향하여 우리의 마음을 열어줄 수 있는 가능성을 제시한다는 것이지요.[23]

목회란 새로운 세상을 건설하고 참여시키고 가동시키는 창조적인 일이기에 이 세상의 가치관과 갈등하고 충돌할 수밖에 없다. 하나님의 나라는 세상을 시끄럽게 하고 요동치게 만들고 불화를 일으킨다.[24] "성직자가 자기를 존중하게 되고 힘을 얻게 되는 자원은 바로 우리가 고백하는 내용, 곧 예수 그리스도와 함께 그가 십자가에 달리셨다는 사실이다."[25] 고난이 성숙시키는 은혜의 다른 얼굴임을 배운다.

4. 목회직과 Theological Training: 깊고도 넓은 도량을 키우라

"강단이 건전하려면 목회자는 곧 신학자가 되어야 하고 이와 동시에 신학이

---

23) 이계준, "참고 기다림".
24) 이계준, "미래교회와 감리교 목회자상", 5.
25) 윌리엄 윌리몬,『21세기형 목회자』, 25.

건재하려면 신학자는 곧 목회자가 되어야 한다고 생각합니다. 목회자가 참신하고 발전적인 목회를 지향하려면 항시 새 시대를 위해 기독교 복음을 재해석하는 작업에 심혈을 기울여야 하고 신학자가 살아 있는 신학을 개발하려면 항시 세계 안에, 세계를 위해, 그리고 세계와 더불어 있는 교회를 위한 신학에 관심을 두어야 마땅합니다. 하지만 오늘의 현실은 목회와 신학이 완전히 분리되어 있다는 데 문제의 심각성이 있는 것으로 보입니다."[26]

신학적 훈련은 신학적 사고를 하기 위한 것이다. 이계준 목사에게서 배운 신학적 훈련의 첫 번째는 독서였다. "책을 떠나면 사고가 중단되고 급변하는 상황에 대한 정보가 결핍되며 목회의 내용이 부실해지는 것이다."[27] 이계준 목사는 독서를 하다가 중요한 주제라고 생각되는 것들은 책 안갈피에 주제와 페이지를 적어 놓았다. 대체로 책갈피 안에 2~30개의 토픽을 어김없이 기록해 놓아서 설교를 준비하거나 집필하는 데 사용하였다. 이 방법은 독서 카드 작성과는 달리 한 책에 주제를 다 적어 놓으므로 전체를 한눈에 파악하면서도 부분적인 주제를 쉽게 찾아내는 방법이었다. 독서의 범위는 신학 서적에 국한하지 않고 시사 잡지, 소설, 수필, 시 등 다양했다. 특히 신학생들에게 수필을 많이 읽으라고 권하여서 언어를 선택하고 사용하는 훈련을 시키기도 하였다.

신학 훈련의 두 번째는 연구와 발표 그리고 자유 토론이었다. 신학교의 강의 시간에는 교수 주도의 일방적인 강의를 하지 않았다. 강의 일정을 제시하고 지정 도서를 학생들에게 주어 읽게 하되 자원한 학생이 주제 발표를 하고 난 후 자유 토론하는 방식을 도입하였다. 그것은 그 자신이 미국

---

26) 이계준, "추천의 글", 김흥규, 『예수의 비유 다시보기』(서울: 프리칭 아카데미, 2009).
27) 이계준, "21세기 한국교회(목회자)의 과제", 연신원 고위과정, 2009. 5. 18, 6.

신학교에서 익혔던 학습 방법이었다. 신학생들에게 신학대학원의 방식을 도입한 것이었다.

연구한 것을 발표하기 위해서는 철저한 준비가 필요하였다. 또한 요약문을 별도로 작성하여 나누어 주고 발표한 후 질의응답을 갖는 것은 결코 쉬운 일이 아니었다. 그 당시 금서로 지정되었던 브라이텐스타인28)의『인간화』(Humanization)의 발제자로 자원했던 기억이 생생하다. 그 학습 훈련은 지금까지 신학 독서의 기본이 되었다. 그리고 유학을 와서 박사과정과 연합감리교회 정회원 과정에 있었던 인터뷰 시험도 큰 어려움 없이 통과할 수 있었던 것도 이러한 신학 초기과정에서 훈련한 열매라 할 것이다.

이계준 목사는 지금도 한 달에 한 번 제자들과 함께 특별한 사유가 없는 한 이 독서 토론 학습을 지속하고 있다. 교회에서는 평신도 신학 강좌를 열어 각 분야의 전문 교수를 초청하여 신학적 훈련을 받게 하였다. 이 일은 지금도 계속되고 있다.

신학적 훈련의 세 번째는 훈련 방식에 적절한 변화를 도입하는 것이었다. 한 가지 운동 기구를 가지고 반복 운동을 하다 보면 편해지는 시간이 온다. 이럴 때 트레이너는 다른 운동 방법을 하도록 권한다. 그것은 이미 익숙해지면 더 이상의 효과를 가져 올 수 없기 때문이다.

신학이란 일종의 패션과 같은 것입니다. 시대의 변화와 요구에 따라서 성서를 적절하게 해석하는 일이 신학입니다. … 많은 목회자들이나 신학자들이 어떤 신학에 심취되고 고정되면 과거에 집착한 나머지 앞으로 나아가지 못하기 때문에 시대에 뒤떨어지는 경우가 많습니다. 그런데 저는 이 다양한 신학들을

---

28) 부광석이란 한국 이름을 쓰며 당시 노동문제와 인권에 깊이 관여했다가 강제 출국을 당했던 선교사였음.

공부하고 취사선택해서 저 자신의 신학 발전과 목회에 활용할 수 있는 기회에 대해 감사하고 있습니다.[29]

신학적 훈련은 목회자의 몸을 갖추는 일이다. 신학적 훈련은 신학적 사고와 신학적인 해석을 가능하게 하며, 이것이 바탕이 된 삶을 먼저 살아가게 하는 것이다. 바울은 디모데에게 목회직에 있어서 훈련의 필요성을 강조한다. "경건함에 이르도록 몸을 훈련하십시오. 몸의 훈련은 약간의 유익이 있으나, 경건 훈련은 모든 면에 유익하니."[30] 여기서 훈련이란 말에 주목할 필요가 있다. 헬라어 성서에는 "gimnazo"이며 "운동하다, 훈련하다, 단련하다"는 뜻을 가지고 있다. 미국인들은 체력 단련하는 곳을 "짐 Gymnasium"이라고 간단하게 부른다. 이 말은 "gimnazo"에서 나온 말이다. 신학과 목회는 불가분리의 관계에 있다.

신학적 훈련은 스프린터sprinter라기보다는 마라토너marathoner에 가까운 일이다. 단거리 경주라면 단숨에 온갖 힘을 다해 달려가면 된다. 그러나 마라톤은 힘의 분배와 조정 등을 요구한다. 그러므로 코스를 익히고 컨디션을 유지하는 것이 요구된다. 이것은 부단한 훈련 없이 가능하지 않다.

목회직은 부단한 신학적 훈련을 통하여서만 갱신된다. 기독교의 역사가 2천 년 동안 내려올 수 있었던 가장 큰 줄기의 하나가 자체적인 갱신이었다는 것을 기억한다면 훈련을 위한 걸음을 결코 멈출 수 없을 것이다. "한 손에는 성서를, 한 손에는 신문을." 신학의 특성상 전문 분야를 깊이 이해하는 것과 함께 살아가는 사람들의 이야기를 들어주고 대화할 수 있는

---

29) 이계준, "후회 없는 인생".
30) 디모데전서 4:7b-8a.

목회자들이 필요하다.

말은 같지만 뜻이 다른 말 가운데 하나가 도량이다. 跳梁: 거리낌 없이 함부로 날뜀, 度量: 너그러운 마음과 깊은 생각, 일을 잘 알아서 다룰 줄 아는 성품이 그것이다. 신학적인 훈련은 도량跳梁의 고삐를 쥐게 하되, 도량度量을 깊고 넓게 해준다. 깊고도 넓은 도량度量을 키우라. 생각도 말도 글도 훈련이 필요함을 배운다.

5. 목회직과 Openness: 학자처럼 개방하고 성자처럼 소통하라

학자는 원리 원칙에 따라 당면한 현안을 풀어 가는 사람이기 때문에 그 원칙에 벗어나면 어떤 요청이나 비판을 받아들이거나 그냥 넘길 수 없는 것이니 자연히 갈등을 일으키기 마련이다. 그러나 성자는 문제된 사안이 무엇이든 간에 상대의 요청이나 비판을 큰 틀 안에서 이해하고 긍정적인 반응을 도출하려고 애쓰니 껄끄러운 일이 생길 리 없는 것이다.[31]

이계준 목사는 개방과 소통의 원칙을 가지고 있다. 학자처럼 개방하고 성자처럼 소통하라는 것이다. 학자는 원리 원칙을 고수한다. 그래서 '예'와 '아니오'가 분명하다. 성자는 그리스도 안에서 인격적 합일을 목적으로 한다. 그래서 포용적이다. 학자는 분석적이다. 그래서 개개인의 유익과 유해를 분별한다. 성자는 거시적이다. 그래서 공동체를 세우는 길과 하모니를 우선으로 한다. 학자는 문제의 해결에 있어서 그냥 넘어가지 않는다. 그래서 갈등을 일으킨다. 성자는 문제보다 사람을 눈여겨본다. 그래서 순응을 기다린다. 학자는 머리로 생각한다. 성자는 가슴으로 생각한다. 개방은

---

31) 이계준, 『희망을 낳는 자유』, 167.

면밀하게 소통은 친밀하게 하라는 것이다.

신학에 있어서 불변의 진리는 신학은 항상 변해야 한다는 것인데 이 신념으로 계속 새로운 것을 배우고 적용하려고 항상 노력할 수 있었던 것은 특별한 은총이라고 믿고 있습니다. 또한 신학이란 순수학문이 아니고 응용학문이라고 할 수 있습니다. 대학에서 배운 것을 교회와 사회 현장에서 응용해야 하는 것입니다. 그런데 저는 새로운 신학을 배워서 그것을 활용할 수 있는 목장을 많이 갖게 된 것을 감사하고 있습니다. 대학에서 노래, 안무, 영화, 연극 등 새로운 매체를 동원해서 예배를 시도하므로 비판과 증오의 대상이 되기도 하였으나 미래로 가는 길은 아무도 막을 수가 없었습니다. 지금 이 새로운 시도는 대부분의 기독교 대학 예배에서 없어서는 아니 될 프로그램이 되었습니다. 하느님의 새로운 역사는 미래를 설계하고 추진하는 데서 이루어지는 것입니다. 미래지향적인 산물에는 우리 교회도 포함된다고 생각합니다. 여러 가지 이색적이고 심지어 이단적으로 보이는 우리 교회의 모습은 과거지향적인 교회의 모습을 버리고 앞으로 나아가는 비전과 용기의 결과이기 때문입니다.[32]

이계준 목사는 21세기 문화의 특징으로 지역화에서 지구촌화, 아날로그에서 디지털 정보화, 획일화에서 차별화, 일원화에서 다원화, 사물 중심적 문화에서 인간 중심적 문화, 이윤 추구에서 서비스화[33]를 들고 있다. 이 문화가 필요로 하는 목회자의 특성으로는 "남다른 소명의식, 미래에 대한 비전과 이를 실현할 수 있는 창의성, 높은 신학적 소양, 언행일치의

---

32) 이계준, "후회 없는 인생".
33) 이계준, "미래교회와 감리교목회자상", 10-11.

영성, 그리스도적 자기희생 정신"34)을 들고 있다. 이러한 문화의 특징과 목회자의 특성을 요약하면 소통과 개방이다. 개방한다는 것은 소통하고자 함이요, 소통하려면 개방해야 한다.

개방과 소통은 함께 가야 한다. 다른 누군가를 사랑하기 위하여 마음과 생각과 문을 열어 놓는 것이 목회직이다. 수문을 열어 놓은 만큼 수로에 물이 흐르는 것이다. 마음을 열었다는 것은 또한 비웠다는 것을 의미한다. 비우지 않으면 채울 수가 없다. 열려 있다는 것은 영향력을 받고 있다는 것이다. "이계준의 리스트"라고 불릴 그들의 이름과 영향력을 이곳에 다 옮길 수 없으나, 그만큼 영혼의 수로가 넓고 깊다는 것을 알게 해준다.35)

개방과 소통은 개인과 공동체의 변화를 추구하는 것이다. 20세기 한국 교회를 부패하게 만든 율법 곧 성장주의, 권위주의, 물질주의를 극복하고, 생명의 물을 공급하는 복음의 진리 안에서 자유하는 공동체로 변화를 가져오는 일에 목회자의 중요한 임무가 있다.

소통과 개방을 목회 현장에 적용한 사례 몇 가지를 들어보도록 한다. 상암 축구경기장이 난지도 쓰레기 처리장이었다는 것을 기억하는 사람은 더러 있다. 그러나 그 쓰레기 언덕 밑에 어린이를 돌보는 궁전이 있었다는 것을 아는 사람은 적다. 그곳의 냄새와 펌프 물에서 뛰어 놀던 아이들과 주사바늘에 찔려 우는 아이가 있었다는 것을 아는 사람은 아주 적다. 교우들과 선교 현장을 직접 방문하여 그 현실을 몸으로 체험한 일은 지금도 잊을 수 없다.

김포의 월곶교회에서 내준 밭에서 교회학교 어린이들과 고구마 순을 심고 가을에 고구마를 직접 수확하여 오면서 흙과 생명, 땀과 수확, 도시와

---

34) *Ibid.*, 18.
35) 이계준,『희망을 낳는 자유』, 342.

농촌의 소통을 배웠다.

예배 전에 새찬송가를 한 곡씩 부르는 일은 새로운 찬송가에 대한 관심을 갖게 하였다.

"성서의 사본은 오래될수록, 번역본은 새로 나온 것일수록 좋다"는 성서 연구에 따라 교회가 시작하던 해부터 새로 발간된 공동번역성서를 교회에 비치하였고 모든 교우들이 사용하도록 하였다. 당시 가톨릭교회와 개신교회가 공동으로 번역한 이 성서는 가톨릭교회에서는 공인성서로 채택하였으나 개신교회에서는 일부 교회만 참여하게 되었다. 개방도 소통도 되지 않는 풍토 속에 쉽지 않은 선택이었지만 모든 교우들이 동참하였다. 이후 표준새번역에 이어 표준새번역 개정판을 교회성서로 사용하고 있다. 성서번역본이 새로 나올 때마다 바꾼다는 것은 열린 마음과 열린 생각 없이는 가능하지 않다.

성만찬의 예문을 리마예식서에 따라 예문을 만들어 지금까지 예문으로 사용하고 있다. 이러한 소통과 개방 정신은 나의 목회에도 적용을 하고 있어 새번역과 매주 성만찬 예배를 드리고 있으며 새찬송도 매주 함께 배워 가고 있다.

이계준 목사는 내게 주택도 개방한다. 한국 체류 시에는 전용방과 열쇠를 내줘 자유롭게 지내도록 배려한다. 대중탕도 우래옥도 함께 간다. 억수차의 떫은맛과 향도 즐기지만 와인의 빛깔과 향과 맛을 나눈다. 혼자 지면 힘겨울 짐도 함께 나누면 어느새 깃털이 된다. 개방과 소통은 목회자에게 있어서는 숨통임을 배운다.

6. 목회직과 Relationship: 관계를 소중한 자산으로 삼으라

목회자의 직능 중에 가장 중요한 것이 설교라고 할 수 있다. 교회마다 목회자를 선정하는 제1의 기준을 설교에 둔다는 현실이 이를 증명해 준다. 그러나 실상 설교보다 더 중요한 것이 있다. 그것은 곧 인간관계이다.[36] 나는 가족을 비롯한 동료나 교우들에게 대한 관계에 있어서도 나의 자유지향적 범주를 벗어나지 않으려고 최선을 다하였다. [37]

목회는 관계이다. 목회의 모든 문제는 관계에서 비롯된다. 설교가 마음에 차지 않는 것은 견딜 수 있어도 관계가 틀어진 것은 참지 못하는 것이 목회의 현실이다. 이계준 목사는 '관계의 달인'이다. '생활의 달인'이라는 프로그램을 종종 보는 때가 있다. 갖가지 생활 묘기를 가진 이들이 하는 일을 보면 감탄사가 저절로 나온다. 그러나 대다수 나와는 별로 상관이 없다는 생각이 든다. 그러한 기술이 부럽다거나 부족하다거나 하는 생각이 들지 않는다. 그런데 이계준 목사의 탁월한 인간관계의 기술은 부럽기만 하다.

이계준 목사는 학자와 성자의 차이를 들어 관계의 기술을 든다. 학자는 이해를 해야 받아들이려 하지만, 성자는 먼저 받아들이고 이해할 때까지 기다린다. 이계준 목사는 성자처럼 이해하고 공감을 이루는 '자유지향적인 관계'를 이룬다. "나를 포함한 모든 사람들이 자유롭게 생각하고 자유롭게 살며 자유롭게 믿을 수 있는 열려진 공간 곧 푸른 초장과 같은 분위기를 조성하는 것이 목사의 역할이라고 믿고 실천"한 것이다.[38]

교회가 설립된 초창기의 일이었다. 추도식에 초청을 받아 갔다. 우리를 초대한 곽 권사는 개척 멤버로 헌신을 하며 열심을 다하고 있었다. 남편은

---

36) *Ibid.*, 166.
37) *Ibid.*, 43.
38) *Ibid.*, 43.

당시 인천경찰서장으로 재직하고 있었다. 교회에 설치할 앰프와 스피커를 외국에서 수입하고 통관하는 일에 협조를 하였는데, 정작 교회는 나오지 않고 있었다. 곽권사는 남편이 교회에 나오는 것이 간절한 소원이라며 속회 때마다 눈물로 기도하고 있었던 차에 마침 시아버님 추도예배라고 하여 교우들을 초대하였다. 상견례의 기회라 생각하여 어렵사리 자리를 만든 것이었다.

그런데 그날 두 가지 곤란한 일에 당면하게 되었다. 첫 번째는 정작 당사자인 남편은 자리에만 앉아 있을 뿐 천장만 바라보다가 아예 몸을 반쯤 돌려 벽을 쳐다보는 것이었다. 무표정과 냉정한 모습에 마음을 쉽지 열지 못하고 있었다. 그런데 두 번째 일이 예배 후에 일어났다. 식탁을 차리는데 윤 선생이 나갔다 들어오며 포도주를 꺼내 놓는 것이었다. 목사님을 대접하려고 사왔다는 것이다. 아무도 예기치 못한 일이 일어난 것이었다.

이 돌발적인 사건 앞에서 나는 당황하고 망설일 수밖에 없었다. 그 순간 이런 생각이 머리를 스쳐 지나갔다. "만일 이 대접을 거절하면 그분에게 복음을 전하는 기회는 오지 않을 것이다." "나는 교인들에게 윤 선생께서 우리를 위하여 준비했으니 함께 잔을 들자고 선언하였다."39)

이 일은 이계준 목사에게는 관계의 시험대를 통과한 첫 성만찬이 된 것이다. 순식간에 어색했던 관계가 소통의 분위기로 바뀌었다. 이후 윤 선생은 은퇴 후 교회에 나와 세례를 받고 충직한 그리스도인이 되었다. 몇 해 전에 내가 섬기는 교회에서 있었던 일이다. 은퇴한 장로 한 분의 딸 결혼식에 초청을 받아 갔다. 컨트리클럽에서 열린 야외 결혼식은 펼쳐

---

39) *Ibid.*, 190.

진 풍광과 함께 멋진 한 쌍이 잘 어울렸다. 결혼식을 마치고 리셉션이 열렸다. 연회장에 들어가기 전에 로비에서 전채를 나눌 때, 장로께서 내게 다가와 이렇게 묻는 것이었다.

"목사님, 만찬장에서 와인으로 축배를 들고자 하는데 허락해 주시겠습니까?" 미국에서 반평생 이상을 의과대학 교수로 지내온 분이었다.

"가나의 혼인잔치에서 예수님은 물로 포도주를 만들어 주셔서 그 잔치를 하늘 잔치로 만들어 주셨습니다. 저는 물로 포도주를 만들 수 없지만 있는 포도주를 나누는 일을 내가 왜 막겠습니까?"

연회장이 열리고 하객들이 자리에 앉자 그분은 와인 잔을 들고서,

"여러분, 우리 담임목사님이 포도주로 건배를 해도 된다고 하셨습니다. 그러니 우리 함께 축배 하십시다." 좌중에서는 즐거운 웃음소리가 울려 퍼졌다. 소통과 개통의 웃음이었다.

이계준 목사가 실천해 온 인간관계를 와인wine으로 정리해 본다. 첫째는 'wide', 폭이 넓다. 이계준 목사의 자서전은 '인간관계의 일지'라도 해도 좋을 것이다. 이 일지에 나오는 분들이 당대에 영향력을 미친 스승들로부터 시작해서 함께 일을 했던 이들로 가득하다.

'in-depth', 깊이가 있다. 당대의 스승들이며 이분들은 또한 나의 스승이기도 하다. 고인이 되어 별빛이 되신 박대선 박사, 마경일 목사 그리고 지금 그 존재만으로 힘이 되신 한승호 목사, 한준석 목사, 유동식 박사, 박영배 박사, 김기복 박사 등은 인생 여정에 큰 영향을 주었다. 또한 심정적으로 가까이 하고 싶은 지성과 인성을 겸비한 인물들이다.[40]

'natural', 자연스럽다. 꾸밈없이 진솔하고 자연스럽게 어울리는 인간관계를 가져왔다.

---

40) *Ibid.*, 342.

'endure', 인내가 있다. 문제가 생기면 시간을 두고 뜸을 들인다. 그는 자신이 원리 원칙을 준수하는 학자이면서도 문제가 일어날 때에는 성자의 입장이 되어 "상대의 요청이나 비판을 큰 틀 안에서 이해하고 긍정적인 반응을 도출하려 했다."[41]

하나님과는 성숙함으로, 부모와는 받아들임으로, 스승과는 열림으로, 가족과는 안정으로, 동료와는 꾸준함으로, 제자들에게는 재충전시킴으로 관계를 지켜왔다. 그리고 이 모든 관계에 있어서 이계준 목사는 '사랑과 존중'을 지켜왔다. 이것이 오랜 관계를 지속해 온 그의 비결이다. 나는 지금도 이계준 목사를 뵈러 갈 때면 와인을 들고 간다. 그가 평생 빚어 온 인생이라는 와인의 빛깔과 향기와 맛을 더 알기 위해서이다.

7. 목회직과 Spirituality: 때로는 목자로서, 때로는 사제로서, 때로는 예언자로서

설교는 하나님의 말씀을 오늘의 상황에 맞도록 해석하고 적용하는 일종의 신학적인 작업입니다. 이 목사의 신학은 항상 미래지향적인 것으로 그러한 맥락에서 성서 이해와 해석을 모색하고 이것을 근거로 설교를 구상하고 발전시키고 있습니다. 특히 그는 새로운 성서 이해를 우리의 현실과 연계시키는 일을 멈추지 않고 있습니다. 그의 설교 내용은 우리의 일상생활과 시사문제 및 그 밖의 평범한 자료들이 연결되면서 말씀의 주제와 일관된 목표에까지 이끌어 가는 놀라운 기술을 보여주고 있습니다.[42]

---

41) *Ibid.*, 167.
42) 이계준, 『축제와 고난』, 11.

영성은 바람과 물과 불에 비유할 수 있다. 바람은 보이지 않으나 볼 수 있다. 물은 담는 그릇에 따라 그 모양이 다르다. 불은 자유로우나 담기가 쉽지 않다. 영성에도 온도가 있다. 따뜻한 바람과 차가운 바람이 있고, 뜨거운 물과 차가운 물, 타오르는 불과 꺼져 가는 불이 있다. 영성에도 빛깔이 있다. 빛과 바람과 물이 만나면 무지개를 만든다.

설교는 목사의 영성을 보여주는 가늠자이다. 바람 불듯 물 흐르듯 하는 설교에 사람들은 영성의 온도를 느끼고 영성의 빛깔을 본다. 불은 영혼에 불을 지르거나 마음을 뜨겁게 한다. 나는 이계준 목사의 설교를 7년간 직접 듣고 보았으며, 이제는 보고 있다. 설교 원고를 토씨 하나 작성하고 전하는 덕분에 지금도 바람 소리 물소리를 들을 수 있다. 특유의 문장 구사력과 더불어, 산들바람과 잔잔한 강물 같은 어조는 예나 지금이나 변함이 없다.

이계준 목사는 1985년 설교집『하느님의 침묵』에서 시대적 상황에 대한 철저한 분석과 성서에 대한 깊은 이해를 통해 사회적 이슈에 대하여 신앙적 답을 주려 했다. 1988년 설교집『마르타 콤플렉스』에서는 역사의 밤과 새벽 사이에 놓여 있는 크리스천 지성인들의 삶의 자세와 사회적 책임과 역사의 전망을 제시하려 하였다. 미래를 안내하는 예언자적 영성이 가장 두드러지게 나타난 때이다.

1992년 설교집『어울리는 삶』은 기독교 신앙의 근거와 방향을 제시하며, 신앙의 깊이와 넓이를 더하려고 했다. 과거의 상처를 치유하는 목자적 영성으로 전환되는 시기였다. 2008년 설교집『축제와 고난』은 원로목사들을 대상으로 한 목사들의 목사(a pastor of pastors)로서의 설교와 은퇴 후의 설교가 담겨 있다. 선비와 절제를 두르고 현재의 삶을 지탱하는 사제적 영성이 깃들여 있다.

영성을 한마디로 정의하라면 하나님을 사랑하는 방식이다. 목자나 사제나 예언자는 사랑의 표현이 다르다 할지라도 다 하나님을 사랑하는 존재이다. 이계준 목사 안에는 세 다른 방식이 공존하거나 교차하기도 한다. 사랑의 대상은 하나이지만 사랑의 표현은 하나가 아니다. 사랑이 한 줄기의 빛이라면 영성은 프리즘을 통해서 보는 색깔처럼 다양하다. 그러므로 감성과 지성과 도덕성의 결정체가 영성이라는 것을 이계준 목사에게 찾아본다. 감성 없는 사랑은 형식일 뿐이며, 지성 없는 사랑은 강요일 뿐이며, 도덕성 없는 사랑은 쾌락일 뿐이다.

모든 종교의 전통을 보면 영성에 대해서 말할 때 '가슴'을 중심으로 하는 것을 볼 수 있습니다. 우리는 비록 이성과 타산의 시대에 살고 있지만 가슴의 신앙을 지녀야 하겠습니다. 그래서 심장이 온 몸에 펌프질을 해서 피를 공급하고 생명이 유지될 수 있도록 작용하는 것과 마찬가지로 우리 자신과 가정, 교회와 사회가 생명을 유지하고 활성화되고 사랑의 열정이 넘치게 하여야 할 것입니다. 43)

목회직에 대한 이해의 차이는 영성의 차이라 해도 과언이 아니다. 지난 1세기에 걸쳐서 한국교회는 전통주의 영성과 행동주의 영성, 열정주의와 지성주의가 서로 대립각을 세워 왔다. 그러나 21세기의 예고되고 예기된 문화의 변화는 글로벌리즘을 가져왔고, 더 이상 자신만을 고집하는 고립주의는 설 자리를 잃어 가고 있다. 소셜네트워크 서비스와 함께 위키피디아는 어렵게 얻은 지식을 나누어 주고, 컴퓨터 운영체계의 오픈 소스를 공개하고, 지구 환경의 변화를 공동의 과제로 새로운 에너지 개발에 시너지를 모으고 있다. 그래서 떠오른 문화코드가 '무한 경쟁'에서 '공감'이

---

43) 이계준, "머리의 신앙과 가슴의 신앙"(2006. 3. 26. 설교), http://sbp.or.kr/bbs/board.
   (2011. 3. 18. 검색)

다.44) 공감이란 생존을 넘어선 공존을 말한다. 지금 세계는 이례적인 자연의 변화에 이대로 질주하다가는 공멸할 수 있다는 위기의식을 함께 가져야 한다. 이계준 목사는 문화의 코드를 먼저 읽고 대처해 왔다. 문화에 대처한 영성의 기본 코드가 "사랑"임을 배운다. "사랑이 없으면, 아무것도 아닙니다."45)

마음을 다하고

마음을 다하여 사랑하라 하셨습니다.

그것은 심장이 다할 때까지라는 말씀으로 받습니다.

하나님은 나를 위하여 마음을 다하셨습니다.

한 분이신 아드님을 나를 위해 아끼지 않으시고 그 심장을 다 주셨습니다.

이것을 알기까지

이것이 마음에 자리하기까지

우리의 사랑은 온전한 사랑이 아닙니다.

마음 없이 주의 전을 드나든 날들을 용서하소서

마음 없이 기도 드린 날들을 용서하소서

마음 없이 찬송 드린 날들을 용서하소서

마음 없이 바친 날들을 용서하소서

하나님이 원하시는 것은 내 마음

하나님이 찾으시는 것은 내 심장

눈에 보이지 않아도 지금 내 안에 뛰어

---

44) 제레미 리프킨, 『공감의 시대』, 이경남 역 (서울: 민음사, 2010).
45) 고린도전서 13:2.

살아 있음을 느끼게 하듯

보이지 않는 하나님과 나를 잇는 고동임을 알게 하소서.

심장을 두시어 내 안에 있는 먼 길을 하루도 쉼 없이 뛰게 하시며

작으나 지치지 않고 쉬지 않게 하심은

주님 향해 끊임없이 가라 하심이며

내가 사는 동안 주님에 대한 열정이 쉬지 말라 하심임을 마음에 새깁니다.

마음 없으면 가장 멀고 지루한 길

마음 다하면 가장 가깝고 즐거운 길

마음 없으면 함께 함이 괴로운 길

마음 다하면 함께 함이 기쁜 길

심장을 주신 이도 뛰게 하시는 이도 주님

이 세상에서 주신 그 심장으로 다하다 그치는 그날에

주님이 새로 주실 영의 심장 가지고

주님 앞에 마음 다하며 살게 하심을 기도합니다.[46]

8. 목회직과 Hospitality: 나와 다르더라도 사랑하고 기도하라

우리에게 필요한 것은 삶의 순수성과 성실성입니다. 그것은 주어진 일을 완전 무결하게 마무리 짓고 언제 다시 만날지 모르는 가족, 친구, 이웃들에게 사랑과 관용으로 대하고 존경과 대접하기를 힘쓰는 것입니다. 이것이 오메가이신

---

46) 림학춘, "마음을 다하고"(자작시).

하느님의 심판을 의식하고 영원한 구원을 향유하는 자의 삶인 것입니다.⁴⁷⁾

목회는 영혼을 돌보는 일이다. '네 이웃을 사랑하고, 네 원수를 미워하여라' 하고 말한 것을 너희는 들었다. 그러나 나는 너희에게 말한다. 너희 원수를 사랑하고, 너희를 박해하는 사람을 위하여 기도하여라. 이 일은 그리스도의 완전으로 가는 길에 대한 시금석이다. hostis(원수)에서 hopes(손님)으로, hostility(적개심)에서 hospitality(따뜻한 돌봄)으로 가는 것이다. 낯선 나그네를 대접하다가 천사를 대접한 아브라함의 이야기는 떠돌이 아람인들의 체험을 반영해 주는 신학적 이야기이다. 사렙다의 홀어미와 엘리야의 만남, 엠마오로 가는 두 제자와 부활한 예수와의 만남, 이 스토리들의 공통점은 경계심에서 환대심으로 바뀌는 순간 찾아온 기쁨을 보여주는 드라마틱한 예증이다. 이들은 경계심을 풀고 맞아들이는 순간에 새로운 현실을 맞이하게 된다. 마음의 벽을 허물고 문을 여니 전혀 다른 현실이 그들을 맞이하고 있다는 것을 깨닫게 된다.⁴⁸⁾

이계준 목사는 방문하는 이들에게 차를 내놓는다. "한 잔의 차를 함께 마시면 당신은 이방인이다. 두 잔의 차를 함께 마시면 당신은 손님이다. 그리고 세 잔의 차를 함께 마시면 당신은 가족이다."⁴⁹⁾ 낯선 사람들에게 갖는 첫 반응은 경계심이다. 그 낯선 사람을 손님으로 맞아들이면 대화와

---

47) 이계준, "알파처럼 오메가처럼"(2010. 12. 26. 설교), http://sbp.or.kr/(2011. 3. 18. 검색).

48) Henry J. M. Nouwen, *Reaching Out: The Three Movements of the Spiritual Life* (Doubleday, 1975).

49) Greg Mortenson, Three Cups of Tea: One Man's Mission to Promote Peace... One School at a Time (Penguin Books, 2007).

대접이 시작된다. 하지만 시간이 되면 손님은 떠난다. 손님으로서의 만남은 손님으로 끝난다. 그러나 가족은 다르다. 가족은 영원하다. 교회의 이름이 브랜드화하고 프랜차이즈화하는 한국교회의 왜곡된 문화와 풍토에 맞서 이계준 목사는 한 상에 머리를 맞대고 세 잔의 차를 나눈다. 이계준 목사는 대접을 하고 받는 것이 자유롭다. 대접받는 데 익숙한 자리에 머물지 않고 대접하기를 즐겨한다. 나에게 있어서도 대접하는 목사는 새로운 이미지이었다. 그래서 이민목회를 20여 년 해오면서 나 자신도 대접도 받지만 대접하며 가족으로 살려고 실천한다. "목사님에게서 대접받는 것은 처음인데요." 가족으로 사는 것이 익숙하지 않고 나그네처럼 또는 손님처럼 살아온 것에 익숙한 이들의 익숙하지 않은 응답이다.

이계준 목사는 접대에 그치지 않고 사회와 영혼을 치료하는 목회를 실천해 왔다. 교회는 제네랄 호스피탈이고 응급실이라고 한다. 여기에서 호스피탈이라는 말에 주목해 보자. 한국어로 옮기면 종합병원이다. 같은 사실을 두고 두 가지 다른 접근을 볼 수 있다. 영어는 돌보는 곳, 한국어는 병을 고치는 곳이라는 의미가 드러나고 있다. 한국의 현대 의학이 도입되고 소개된 '제중원'(광혜원)은 백성을 구제하는 곳이라는 말로 쓰여, 당시 일본 제국이 지은 '한성병원'과 대조되고 있다. 병원이란 말이 주는 분위기는 병들고 아픈 사람들이 모여 있는 곳이라는 부정적인 의미를 부각시켜 준다. 뇌암 수술을 받은 교우가 있어서 30분 정도 거리에 있는 호스피탈을 찾은 적이 있다, 미국 내에서 손꼽히는 암전문센터가 있는 이곳의 이름은 'City of Hope'이다. 이곳은 도시 이름 자체가 'City of Hope'이다. 이곳에 들어서면 병원이라는 생각이 들지 않는다. 편안한 휴양지 또는 갤러리에 온 느낌을 준다. 이계준 목사는 원장실에 가운을 입고 만나기 힘든 원장이 아니다. 그는 따뜻한 차를 내주면서 사람들의 상처를 들어주면서 경계심을 풀어 주고 상처를 고치는 치료자이다. 그러면서도 자신에게 묶어 두려고 하지 않는다. 상처의 치유에 필요하다면 놓아 준다. 너와 내가 다른 것을 인정하고 자유하게 하는 것이 진정한 자유임을 배운다.

내 이웃을 내 몸처럼 사랑하게 하소서

너와 내가 다르다 할지라도
너와 내가 약점을 가지고 있다 할지라도
너와 내가 잘못으로 상처를 입히고 입었다 할지라도
사랑하게 하소서.

차이를 받아들이는 것에 자만하지 않게 하시고
약점을 돌보아 주는 것에 머물지 않게 하시며
용서하는 것으로 다됐다 하지 않게 하시고
주님의 이름으로 축복하게 하소서.

받아들이면서도 함부로 말하지 않는 이해와
덮어 주면서도 상처를 건드리지 않는 배려와
용서하면서도 자만하지 않는 겸손을 주소서.
그리하여
차이를 받아들임으로 주님의 더 큰 섭리를 알게 하시고
돌봄의 손닿는 곳이 몸으로부터 영혼에까지 이르게 하시며
용서함에서 용서의 은혜를 필요함을 늘 고백하게 하소서.

주님의 이름으로
주님의 마음으로

축복하게 하소서.

축복합니다. 사랑합니다.[50]

9. 목회직과 Integrity : 하나님께 솔직하고 타인에게 정직하고 자신에게 강직하라

우리는 지금 신앙의 풀코스를 제대로 달리고 있는지 살펴보아야 합니다. 즉 우리는 하느님 중심의 거룩한 생활에 힘쓰는지, 하느님의 말씀을 이해하기 위해 성경 읽기와 연구에 관심을 가지는지, 그리스도의 사랑을 나누기 위해 애쓰는지 그리고 부르신 사명을 위해 매진하는지 양심적으로 반성해 보자는 것입니다. 자기비판 없이 자기발전은 기대할 수 없기 때문입니다.[51]

2011년 새해 벽두에 한통의 보고서를 받게 되었다. 연합감리교회 캘리포니아 태평양 연회에서 'Clergy Background Check'(성직자 신원과 신용조회)를 한 결과에 대한 보고서이다. 이 조사는 모든 성직자뿐만 아니라 교회와 기관의 유급 또는 자원봉사자를 포함한 모든 스태프들에게 대하여 실시하도록 되어 있다. 그것은 구교와 신교를 막론하고 일부 성직자들의 잘못된 성추행으로 인하여 막대한 손해배상지불명령을 받는 등 교회의 신용하락에 대하여 교회를 보호하고자 하는 방책의 하나이다. 이 보고서를 통해 범죄 사실과 신용 상태 등을 점검하는 것이다. 이와 함께 성전 안전을 위한 지침서를 마련하고 새로 스태프를 고용할 때는 필수적으로 신원 조회

---

50) 림학춘, "내 몸처럼 사랑하게 하소서"(자작시).

51) 이계준, "2011년 달리기대회"(2011. 1. 23. 설교), http://sbp.or.kr/(2011. 3. 18. 검색)

를 하도록 되어 있다. 나의 신용등급은 합격인가 실격인가?

목회에 나서는 모든 이들은 완주하고자 한다. 하지만 모든 이가 완주하는 것은 아니다. 완주를 못 하는 근본적인 요인은 신앙의 열정이나 교인 수나 재정의 부족이 아니라 양심의 부재이다.[52] 이러한 양심 부재는 성적 타락과 경제적 비리 등으로 표출되고 있다.[53] 목회자는 '재물과 성과 명예'라는 세 가지 유혹으로 인한 실격에서 자신을 지켜야 한다.[54]

이계준 목사는 이 세 가지 유혹으로부터 자신을 지킨 "pastor of integrity"이다. 인테그리티는 '재능, 능력, 열정, 노력, 진실성, 완전성, 성실성, 보전, 고결함, 정직'을 담는 말이다. 인테그리티는 보전이라는 의미에서 보존preservation과 뜻을 달리한다. 보전은 성실, 정직, 고결의 영향력이 흘러나오는 것이지만, 보존은 단순히 힘들을 가두어 놓는 것이다. 흐르는 물에도 이끼가 낀다. 하물며 가두어 놓은 물은 썩게 되어 있다.

인테그리티는 세 가지 방향에서 나타난다. 첫째, 위를 향하여 하나님께 대하여 솔직한 것이다. 숨는 것이 부끄러운 것이 아니라 숨기는 것이 부끄러운 것이다. 하나님이 부르실 때 있는 그대로 자신을 드러내 놓는 것이다. "깨어진 마음"을 무시하지 않는 하나님께 자신의 영혼 수면 아래에 가라앉은 감성을 내놓는 것이다. 둘째, 옆을 향하여 타인에 대하여 정직한 것이다. 정직은 지성적인 투명성이다. 셋째, 안을 향하여 자신에 대하여 강직한 것이다. 강직은 도덕성의 투명함이다.

이계준 목사는 목회의 풀코스를 완주한 것으로 경주가 끝났다고 하지 않는다. 유명에서 무명으로, 힘 있는 자에서 힘없는 자의 자세로 돌아가

---

52) 이계준, 『축제와 고난』, 206.

53) *Ibid.*, 37.

54) 이계준, 『희망을 낳는 자유』, 202-205.

백의종군하는 위대한 역전the great reverse의 남은 코스를 달리자고 한다.

우리가 과거에 교회를 성장시키고 발전시키는 동시에 능력 있고 유명한 목회자가 되기 위해 불철주야로 뛰어다녔다고 하면, 이제부터는 가난한 자로, 무력한 자로 예수의 뒤를 따라 자기 자신을 비우고 생명을 바치는 그리스도의 복음 전도자가 되는 것입니다.[55] 과거에는 존경과 접대의 대상이었으나 이제부터는 존경과 접대의 주체가 되는 것입니다. 우리는 신앙과 경험, 겸손과 관용, 침묵과 지혜를 값없이 주는 일에 앞장서는 것입니다.[56]

처음부터 자신의 이름을 내기 위해 신학을 하고 목회를 하는 이들은 없다. 모두가 가난한 마음으로 시작한 일이었다. 완주한 이에게는 더 이상 성장의 포만감과 성취의 자만심에서 깨어나라 하고, 지금 달리고 있는 이들에게는 초대목회자와 초대교회가 가졌던 "Stay hungry, stay foolish"로 돌아가라는 메시지를 듣는다.

뜻을 다하고
뜻을 다하여 사랑하라 하셨습니다.
하나님 사랑한다고 하면서
생각 없이 사랑한 날들을 용서하여 주시고
생각이 모자라 그 뜻을 헤아리지 못한 날들을 용서하여 주소서.

살면서 모자라 낭패라 생각했던 순간들이 떠오릅니다.

---

55) 이계준, 『축제와 고난』, 31.
56) 이계준, 『희망을 낳는 자유』, 32.

녹음했는데 아무 소리가 나오지 않는 테이프,

내용은 사라지고 제목만 보관된 컴퓨터의 파일,

반쯤 서명하다 나오지 않는 롤러 펜,

짜도 나오지 않는 치약 튜브,

눌러도 나오지 않는 샴푸 통,

사용 중에 배터리 나간 무선 전화.

그러나 이보다

생각 없이 나눈 말이 마음에 상처를 입히고

생각이 모자라 미룬 일이 다시는 할 수 없는 일 되어

삼키지도 뱉지도 못 한 가시 같은 날들이 아픔입니다.

이제는

한 번쯤 더 생각하는 마음으로

한 번만 더 품는 마음으로

주님을 우러르게 하시고

주변을 돌아보게 하시고

내 안을 들여다보게 하소서.

눈을 열어주셔서 주님의 뜻을 헤아릴 줄 알게 하소서.

허망한 생각에 스스로 매인 덫에서 풀어주시고

내 마음대로라는 걸림돌을 치우게 하시고

원수가 아니라 친구로 살게 하소서.

주님의 생각하심과 뜻을

내 마음에 새겨 주시고

내 생각에 새겨 주시고

내 머리에 새겨 주소서.

미친 폭우에도 지워지지 않게 하시고

거친 바람에도 날아가지 않게 하시고

열 뜬 태양에도 흐려지지 않게 하소서.

눈 감아도 없어지지 않는 것은

허망한 욕망이 아니라

주님의 뜻이게 하소서.57)

10. 목회직과 Passion: 날마다 처음처럼 날마다 마지막처럼

저는 그 날에 주어진 일에 최선을 다했을 뿐입니다. 이것은 나의 능력이나 생각의 모자람에서 온 결과라고 할 수도 있습니다만 그렇다고 저의 인생을 후회하거나 탄식하지는 않습니다. … 그러나 저는 한 가지만은 말할 수 있을 것 같습니다. 제가 비록 능력이나 영성이 부족한 인간이지만 최소한 인간적인 욕망을 만족시키기 위해서 목회하지는 않았다는 것입니다.58)

열정은 일관된 헌신에 최선을 다하는 식지 않는 내면의 힘이다. 이계준 목사에게는 '고요한 열정'이 있다. 한 번도 소리 높여 설교하는 일이 없다.

---

57) 림학춘, "뜻을 다하고"(자작시).
58) 이계준, "후회 없는 인생".

감정에 휩싸이지 않으면서도 자신감이 넘친다. 소리가 작다고 뒤로 물러서는 일이 없다. 오히려 주도적이며 생산적이다. 직무에 대한 열정이 이제는 선택의 열정으로 바뀌었을 뿐이다.

이계준 목사에게는 '거룩한 열정'이 있다. 열정의 중심이 일이나 사람에 있지 않고 분명한 원칙에 있다. 이계준 목사는 자신이 맡은 일에 원칙을 세워서 그 일을 진심으로 즐겨 왔다. 동시에 일을 즐겨하면서도 사람과 잘 어울리고 있다. 지금도 사람을 만나는 일이 줄어들지 않고 있다. 행여 해외에 다녀오는 일이 있으면 정기모임이 시들해진다고 한다. 그의 부재가 가져오는 즐거운 부작용이다. 일과 사람관계에 있어 치우치지 않고 고른 열정을 쏟는다는 것은 쉬운 일이 아니다. 일에 몰두하다 보면 인간관계가 소홀해질 수 있고, 인간관계에 신경을 쓰다 보면 일을 그르치거나 일의 성취도가 낮아지기도 한다. 거룩한 중심은 바른 중심축을 가지므로 치우침이 문제가 되지 않는다.

이계준 목사에게는 '전염력 있는 열정'이 있다. 이계준 목사의 서재에는 부친의 빛바랜 사진이 걸려 있고, 한승호 목사를 비롯한 동락회의 멤버들이 함께 찍은 사진이 책상 위에 놓여 있다. 한 세대의 지도자들을 키워 낸 전염력 있는 열정을 가진 지도자들이다. 열정은 열정을 옮기고 열정은 더 강한 전염력을 낳는다.

자기 정체성을 찾기에 관심을 집중하는 젊은 시기에 교회 목회자들의 신앙과 생활은 내 삶의 지표가 되었습니다. 한승호 목사님의 열정적이면서도 지성적인 설교와 함께 젊은이들에 대한 관심과 순수함이 나의 지향해야 할 표상이 되었던 것입니다. 혈압으로 쓰러져서 거동이 불편한 지금도 이 분에게서는 패배와 좌절을 발견할 수 없다. 이 분은 주어진 상황에서 최선을 다하는 긍정적이고 미래지향적인 삶의 철학과 열정이 차고 넘치는 만년 청년이시다.[59]

이계준 목사에게는 '온화한 열정'이 있다. 그의 열정은 화로에 비유할 수 있다. 아궁이의 불과 화로의 불은 다르다. 아궁이의 불은 불길을 토해내고 때로는 연기를 뿜어내어 눈물 나게 한다. 아궁이 불은 다가가기가 쉽지 않다. 그러나 화로의 불은 결코 치솟지 않아 가까이 할 수 있다. 눈물 나게 하지 않는다. 화로의 불은 아궁이 불에서 오지만 무작정 불을 담지 않는다. 화로의 불은 그 다음날 다시 아궁이의 불을 지피는 데 쓰인다. 그러므로 그의 열정은 다른 사람에게 화상을 입히는 일이 없다. 그의 설교는 읽는 이의 마음에 불을 지핀다. 이계준 목사는 박대선 총장의 추모사에서 시신 기증이 사제지간에 나눈 것임을 밝히고 있다.

"언젠가 제가 스승님을 뵈었을 때 우리 내외가 시신 기증을 하고 나니 죽음 이후의 문제까지 다 해결되어 마음이 홀가분하다고 말씀드린 적이 있었습니다. 그 얼마 후 스승님도 시신 기증을 약속하셨습니다. 따라서 기증은 제가 먼저 하였는데 사랑의 실천은 스승님이 앞장서셨습니다."[60]

아름다운 마무리를 위한 그의 열정은 지금도 화로처럼 우리와 함께 있다. 오늘 무엇을 주고 무엇을 남기고 갈 것인가를 배운다.

힘을 다하여
힘을 다하여 사랑하라 하셨습니다.
"나의 힘이 되신 주님,

---

59) 이계준, 『희망을 낳는 자유』, 63.
60) 이계준, "은사님의 유산"(2010. 5. 23. 故 박대선 감독 추모예배 설교), http://sbp. or.kr(2011. 3. 18. 검색)

내가 주님을 사랑합니다."

살아갈 힘을 주심은 마음에 멈추지 말고
마음 다해 사랑하심으로 받습니다.
숨 쉬게 하심은 목숨에 그치지 말고
목숨 다해 사랑하심으로 받습니다,
헤아리게 하심은 생각에 머물지 말고
생각 다해 사랑하심으로 받습니다.

마음의 녹을 벗겨 내고
주님의 산에 오르게 하소서,
숨의 악취를 씻어 내고
주님의 집에 들어가게 하소서.
생각의 먼지를 털어내고
주님과 함께 길을 걷게 하소서.

이것쯤이야 하는 자기 교만에서 깨어나
이것만이라도 하는 겸손의 힘을 주소서.
이쯤이면 됐지 하는 그릇된 자기만족을 깨뜨려
최선을 다할 힘을 주소서.
이것을 왜 내가 해야 하나 하는 마지못함에서 깨어나
감사할 수 있는 힘을 주소서.

힘을 다해 사랑하게 하소서.
사랑이 의무에 그치지 않게 하소서.

붓고 또 붓게 하소서.

힘은 하나님이 공급하시는 샘물
비우고 또 비우면 채우시는 은혜
가두면 힘을 잃고,
내주면 새 힘을 주십니다.[61]

III. 맺는 말

이계준 목사는 나의 목회의 아버지이다. 33년간의 동행은 갱신을 기치로 내세운 신학교에서 제자로서 신학의 원천이 되었고, 신반포감리교회에서는 동역자로 목회의 원천이 되었다. 유학을 떠나온 지 22년이 지난 지금까지 목회자의 순례에 동행하는 멘토이다.

"아버지의 자유스러운 이미지"가 토대가 되어 사람이 사람 되게 하는 신학과 진정한 사람다운 목사로서 자유의 장을 열어주는 목사를 희망하며 걸어온 이계준 목사의 목회직을 그의 자서전과 강의록과 설교집을 통해서 Pastorship의 열 가지 원칙으로 구성해 보았다.

성서가 제시한 하나님 사랑과 이웃 사랑의 기본 원칙을 묵상하며 지은 다섯 편의 기도시를 해당하는 장에 첨부하였다. 주일공동기도문을 쓸 기회를 주어 기도시를 쓰며 기도를 배울 수 있게 한 이계준 목사와 동행한 산물이다.

1808년에 제정한 감리교회 연합신도회의 규칙을 기본 시스템으로 삼

---

61) 림학춘, "힘을 다하여"(자작시).

아, 2008년도에 루우벤 잡 연합감리교회 감독이 〈Three Simple Rules〉로 오늘의 새로운 애플리케이션으로 내놓았다. 그 세 가지 원칙은 "해를 가하지 말라, 선을 행하라, 하나님과 함께 사랑 안에 거하라"(Do no harm, Do good, Stay in love with God)이다.[62] 원칙은 새로운 문화를 읽으면서 새로운 애플리케이션으로 제공되어야 한다. 이러한 맥락에서 이계준 목사의 원칙은 소중한 원천이다.

이계준 목사에게는 근본적인 원칙을 유지하면서도 새로운 문화에 적응시킨 원칙이 있는 자유가 있다. 자유함에서 배어난 일관된 성실과 열정이 있다. 그의 인간화 신학에는 자유롭게 하는 목회가 있고, 그의 창의로운 목회에는 변화를 일으키는 신학이 살아있다.

오늘의 사회학자가 내놓은 '호모 엠파티쿠스'(공감하는 인간)을 그는 반 보 앞서 실행하며 원칙을 내놓은 것이다. 그에게 있어서 목회직은 먼저는 자신을 위한 것이었다. 그 자신이 먼저 하나님 없이 하나님 앞에 서는 일을 부단히 해왔다. 그 실험 정신은 실험을 위한 실험이 아니라 원칙을 구현해 보려는 시도였다. 그는 지금도 여전히 의에 주리고 목말라 한다. 이계준 목사는 카리스마틱한 솔로이스트보다는 디토ditto[63]처럼 자유로운 영혼을 연주하는 모습을 보여주고 있다. 그의 자유로운 영혼을 연주하는 일은 계속되고 있다.

목숨을 다하고

목숨을 다하여 사랑하라 하셨습니다.

---

62) Rueben P. Job, *Three Simple Rules: A Wesleyan Way of Living* (Abingdon Press, 2007).
63) 비올라 연주자 용재 오닐을 비롯한 현악 앙상블의 이름으로 '공감'이란 뜻이다.

숨 쉬듯 주님을 사랑하게 하시고
숨 속에 주님의 손길을 느끼게 하소서.
숨 속에 주님의 뜻이 담겼으니
이를 목숨, 목적 있는 숨이라 부르겠습니다.

숨 끊어지면 몸은 한줌의 흙일 뿐
숨 주실 때 그 뜻 생각하게 하시고
숨 쉬라 실 때 그 뜻 안에서 기도하게 하소서.

하나님의 숨길 닿아 내 숨길이 열렸으니
이 땅에서 주신 그 목숨 다할 때까지
목숨 주셔 사랑하신 그 사랑이 나의 숨과 같게 하소서

그 사랑 때문에 무엇으로 바꿀 수 없는 목숨 되었으니
그 어떤 것도 그 사랑보다 앞세우지 않게 하시고
또 그 사랑에 앞서지 않게 하소서.

이 아침에 나의 들숨과 날숨이 기도가 되게 하시니
하나님 사랑합니다.
예수님 고맙습니다.
성령님 도우십니다.[64]

____

64) 림학춘, "목숨을 다하여"(자작시).

5
이계준 박사와
학원 선교

한인철(연세대학교 교목)

Ⅰ. 들어가는 말

이계준 박사는 기독교 지도자로서 다양한 정체성을 갖고 있다. 육군 군목(1957~1961), 미국 프랭크포드 연합감리교회 목사(1961~1967), 연세 대학교 교목(1967~1975, 1980~1997), 감리교총회신학교 교수(1976~1980), 그리고 신반포교회 담임목사(1997~2004). 그러나 기독교 지도자로서 이 박사의 정체성을 결정하는 가장 중요한 것은 무엇보다 연세대학교 교목이 라 할 수 있다. 그것은 기독교계 안에서의 그의 47년 활동 중 25년을 연세 대학교 교목으로 활동했기 때문이다.

연세대학교 교목으로서 이계준 박사가 25년간 해온 일은 학원 선교라 는 한 마디 말로 요약될 수 있을 것이다. 이 박사의 학원 선교 활동은 크게 두 가지 영역으로 나뉜다. 하나는 대학 선교이고, 다른 하나는 대학교회 목회이다. 대학 선교는 교수, 직원, 학생을 대상으로 하는 선교 활동으로, 채플, 강의, 성서 연구, 상담, 수양회, 기독학생 동아리 지도, 의식 집례 등 다양한 방면에서 이루어지며, 대학교회 목회는 연세대학교 안의 루스 채플에서 주 1회 진행되는 주일 예배 중심의 목회 활동이다.

물론 대학 선교와 대학교회 목회는 연세대학교 교목이라면 누구나 참여하는 교목의 일상적인 선교 활동이라 할 수 있다. 그럼에도 불구하고 이계준 박사의 학원 선교 활동은 남다른 데가 있다. 왜냐하면 그는 25년 교목 활동 중 8년간을 교목실장으로 대학 선교를 선두에서 지휘했고, 또 15년간 대학교회 담임목사를 역임했기 때문이다. 달리 말하면, 그는 학원 선교 활동의 두 기둥에 해당하는 대학 선교와 대학교회 목회의 총책임자로서, 연세대학교 학원 선교의 중요한 초석을 놓았다고 할 수 있다.

이 글은 이계준 박사가 교목실장으로서, 그리고 대학교회 담임목사로서 연세대학교에서 이루어 놓은 학원 선교 활동을 검토함으로써 그의 지난 발자취를 더듬어 보는 한편, 앞으로 연세대학교 교목 활동의 새로운 발판을 마련하고자 하는 데 그 목적이 있다. 그러나 대학 선교의 경우 그 영역이 너무 커서 짧은 지면에 모든 것을 다 다룰 수는 없고, 그가 가장 역점을 두었던 대학 채플을 중심으로 다루게 될 것이다.

II. 학원 선교의 개념

먼저 이계준 박사의 학원 선교 활동을 검토하기 위해서는 학원 선교에 대한 그의 개념을 살펴볼 필요가 있다. 일반적으로 말해, 기독교 대학은 학원 선교를 목적으로 한다. 그러나 학원 선교라는 개념을 보다 의미 있게 이해하기 위해서는, 전도와 선교라는 두 개념을 대비하여 이해할 필요가 있다.

전도라는 개념은 한국에서 크게 세 가지 개념으로 이해될 수 있다. 첫째, 전도evangelism는 기독교적인 삶의 길, 보다 정확히 말하면, 예수가 가르치고 살아 낸 삶의 길(道)를 비기독교인에게 전傳하여, 비기독교인으로 하여금 지금까지 살아왔던 옛 삶의 길을 버리고, 예수를 믿고 예수와 같은 길을 걸어가도록 결단하게 하는 것을 의미한다. 이러한 이해는 주로 최근의 역사적 예수 연구에 힘입은 전도 이해라고 할 수 있다.

둘째, 전도는 기독교의 구원의 길, 특별히 한국대학생선교회(CCC)가 만든 사영리로 요약되는 구원의 길(道)을 비기독교인에게 전傳하여, 비기독교인으로 하여금 기독교 이외의 다른 종교를 버리고, 예수를 믿고 구원을 받도록 하는 것을 의미한다. 원래 사영리는 한국대학생선교회에서 만들었지만, 한국의 기독교 대학 내에 있는 대개의 보수적 기독교 동아리들과 대부분의 교회들이 이 사영리를 받아들이고 있고, 이러한 의미에서 이러한 전도 이해는 대학과 교회에서 주류를 이루고 있다고 볼 수 있다.

셋째, 전도는 비기독교인뿐 아니라 다른 교회 교인들에게 자기가 소속한 교회의 길(道)을 전傳하여, 비기독교인과 타 교인들로 하여금 옛 종교와 교회를 버리고, 자기 교회에 등록하여 그 교회 교인이 되게 하는 것을 의미한다. 물론 일반 교회에서 드러내 놓고 이렇게 전도를 가르치는 교회는 많지 않을 것이다. 그것은 다른 교회 교인들을 빼내 오라고 가르치는 것이 될 것이기 때문이다. 그러나 오늘날 한국의 대부분 교회들에서 전도를 말할 때, 그 실제적 함의는 바로 이것을 지향하고 있음을 숨길 수 없다. 이 경우, 전도는 대개 교회 사이에서 교인들의 수평 이동을 의미한다.

이상 세 가지 입장에서 살펴본 전도 이해는 모두 개인적 차원에서 이루어진다는 공통점을 갖고 있다. 이계준 박사는 이러한 세 가지 전도 이해에 대해 어떤 태도를 갖고 있을까? 이에 대한 이 박사의 주장이 선명하게 나타나지는 않는 것 같다. 그러나 이 박사는 그의 은퇴기념 논문집『기독교 대학과 선교』에서 '전도'에 대해 간단히 언급하고 있는데, 우선 "교인화"에 초점을 둔 세 번째 입장에 해당되는 전도 이해에 대해서는 부정적인 태도를 보이고 있다.[1] 그리고 사영리 중심의 구원의 교리를 전하는 전도 이해에 대해서는 거의 언급한 바가 없지만, 이에 대해서도 그리 긍정적이지 않아 보인다. 왜냐하면 이를 언급하지 않은 것 자체가 이에 대해 큰 관심을 보이지 않고 있음을 드러내고 있기 때문이다.

그러나 첫 번째 입장의 전도 이해에 대해서는 상당히 긍정적인 것으로 보인다. 우선 이 박사는 한국 기독교의 전도 이해에 대해 전반적으로 부정적 태도를 보이면서도, "개인적 차원에서의 신앙의 체험과 고백이 없을 때(는) 크리스천의 정체성에 문제가 제기"될 수 있다는 점을 강조하여 지적한다.[2] 인용문에서의 "신앙의 체험과 고백"은 물론 사영리의 틀 속에서 구원의 교리를 받아들여 예수를 믿는다고 고백하고 또한 예수를 믿게 된 경험을 의미하는 것으로 이해될 수도 있지만, 이 박사의 설교 전반에 흐르는 흐름을 보면, 이것은 예수의 길이 참 삶의 길이라는 고백과 그에 따라 예수와 같은 길을 걸어가게 된 체험을 의미하는 것으로 이해하는 것이 좀 더 적절하다고 생각된다. 그 이유 중 하나는 최근 이 박사가 한국기독교연구소에서 나온 역사적 예수 연구서들을 거의 다 탐독하고 있고, 이 박사가 담임목회를 하던 신반포교회에서 수차례 역사적 예수 연구와 관련하여 독서 모임과 강연 등을 열어 온 데다, 본인 자신이 또한 역사적 예수 연구와 관련한 중요한 책 한 권을 직접 번역하기도 했기 때문이다.[3]

---

1) 이계준 편,『기독교 대학과 학원 선교』(서울: 전망사, 1997), 17.
2) *Ibid.*, 19. 괄호는 전자 삽입.

그럼에도 불구하고 이계준 박사의 학원 선교 개념은 이러한 긍정적 측면의 전도 이해에 머물지 않는다. 왜냐하면 '전도'는 궁극적으로 개인적 차원에서 한 인간의 변화를 목적으로 하고 있기 때문이다. 이계준 박사는 1952년 독일 빌링겐에서 개최된 세계선교대회에서 배태된 '하나님의 선교missio Dei'를 신학적 배경으로 하는 '선교' 개념에서 전도는 진일보해야 한다고 본다.4) 전도가 돈과 권력과 명예에 집착해서 잘못 살아온 개인을 회개시켜, 하나님의 뜻을 따라 사는 참된 삶에로 결단하게 하는 것이라면, 선교mission는 그러한 기독교인을 불의와 고통이 만연한 잘못된 세상에 보내어(L. mittere=to send) 불의와 고통이 없는 새로운 세상, 곧 하나님의 나라를 세우도록 하는 것을 의미한다고 볼 수 있다. 달리 말하면, 선교는 한편으로는 힘 있는 사람들이 만들어 낸 사회구조적인 악을 고발하고 저항하며, 다른 한편으로는 그 악에 의해 희생당하고 있는 힘없는 사람들의 아픔을 치유하고 해결함으로써 불의와 고통이 사라지고, 대신 하나님의 뜻이 개인의 차원을 넘어 이 세상 한가운데에서 이루어지도록 하는 것, 바로 이것이 선교라고 할 수 있을 것이다. 이 박사는 이러한 선교 이해는 "1960년대 이후 제3세계의 어두운 정황 속에서 민족해방, 인간화 및 인권 운동에 강력한 정신적, 신앙적 지주가 되었으며, 더욱이 한국에서는 군사 문화의 강압적 통치하에 있던 기독교 지성인들과 학원 선교에 역사의식과 함께 역동적 힘을 제공하였다"고 본다.5)

이러한 의미에서 이계준 박사는 좀 더 통전적 의미의 학원 선교는 한 개인의 변화로부터 시작된 전도가 이 세상 전체의 변화에로 이어지는 선교

---

3) 존 쉘비 스퐁, 『만들어진 예수 참 사람 예수』, 이계준 역 (일산: 한국기독교연구소, 2009).

4) 이계준, 『기독교 대학과 학원 선교』, 18.

5) *Ibid*.

로 발전될 때에 가능할 수 있다고 본다. 그는 전도와 선교의 통전성에 대해 이렇게 매듭짓는다. "선교 역시 기독교의 복음을 전달하는 완벽한 매개물일 수는 없다. 제아무리 역사의식이 투철하고 사회 정의를 위해 헌신한다고 할지라도, 개인적 차원에서의 신앙의 체험과 고백이 없을 때, 크리스천의 정체성에 문제가 제기된다. 그러므로 학원 선교는 '전도'와 '선교'가 균형과 조화를 통해서 건전한 그리스도적 인격과 함께 역사적 사명에 충실한 자들을 육성하는 데 그 초점을 맞추어야 한다고 생각한다."6)

III. 학원 선교와 대학 채플

1. 대학 선교와 채플

연세대학교에서 대학 선교는 매우 다양한 방식으로 이루어진다. 크게 보면, 채플, 강의, 성서 연구, 상담, 기독학생 동아리 지도, 수양회, 각종 의식 집례 등으로 이루어진다.7) 이 중에서 대학 선교의 중심을 이루는 것은 학부 채플이라고 할 수 있다. 왜냐하면 채플은 4학기 동안 주 1시간씩 필수로 이수해야 하는 데다, 학부 학생들에게 미치는 영향이 매우 크기 때문이다. 연세대학교 동문들은 이구동성으로 졸업 후 가장 기억에 남는 것은 '연고전'과 '채플'이라고 말하고 있다.

실제로 이계준 박사도 교목으로 일하는 동안, 특별히 교목실장으로 일하는 동안, 학부 채플에 관심을 집중시켰던 것으로 보인다. 이 박사의 자전

---

6) *Ibid.*, 19.
7) 이에 대해서는 연세대학교 교목실 홈페이지를 참조하기 바란다.

적 에세이를 보면, 이 박사는 교목실과 관련된 그의 활동을 주로 채플과 연관지어 언급하고 있다.8) 이러한 이유로 이 박사의 대학 선교에 관해서는 주로 학부 채플과 관련하여 다루고자 한다.

2. 채플 제도의 정착

이계준 박사가 1967년 처음 연세대학교 교목으로 들어왔을 때에는, 채플 제도가 매우 엄격했다고 한다. 4년간 주 1회 의무 참석에, 한 학기 결석이 3분의 1을 넘으면 졸업할 수 없도록 했다. 이 제도는 너무 엄격하여 졸업을 가능하도록 하기 위해 약간의 보완 장치, 예를 들면 책을 읽고 리포트를 쓰면 졸업을 시켜 주는 그런 보완 장치를 했지만, "이 제도는 현실적으로 잘 지켜지지 않았고 계속 유지하기 어려웠다"고 한다.9)

이 박사는 1975년부터 1980년까지 당시 군부독재에 의해 강제로 사직을 당한 후, 1980년 다시 연세대학교 교목으로 복직하게 된다. 이때 학부 채플은 그 제도가 바뀌어 완전 자유 채플로 운영되었다고 한다. 4년 의무 채플이 한계점에 이르러 그 반대의 극단으로 갔던 것이다. 그런데 학생들의 요구로 자유 채플이 이루어지긴 했지만, 그 채플에 학생들은 거의 참석하지 않았다고 한다. "2천 명이 참석해야 할 대강당에 고작 2-3백 명 정도 출석하니, 그 큰 공간이 썰렁할 수밖에 없었다"고 한다.10)

이 박사는 1980년 복직 후, 당시 안세희 총장에게 채플 제도에 대한 새로운 대안을 제시하게 된다. 2년제 의무 채플, 주 1회 참석, 성적은

---

8) 이계준, 『희망을 낳는 자유』(서울: 한들출판사, 2005), 211-220, 248-262.
9) *Ibid.*, 248
10) *Ibid.*, 249.

P(pass)와 F(fail)로, 그리고 한 학기 3분의 1 이상 결석하는 경우에는 무조건 재수강.11) 안세희 총장은 이 제안을 받아들였고, 교무위원회에서 공식적으로 채택하여 오늘날까지 이어지고 있다. 4년제 채플이 너무 많다는 학생들의 주장과, 채플을 통해 기독교 이념을 구현하고 학생들의 정신과 인격을 제고하려는 교목실의 요구가 적정선에서 합의를 본 것이다. 이 제도는 30여 년이 지난 지금도 무리 없이 진행되고 있다.

3. 채플과 예배

채플은 항상 기독교인과 비기독교인 양측으로부터 공격을 받는다. 기독교인은 연세대학교 채플이 과연 예배냐고 비판하고, 비기독교인은 왜 비기독교인에게 예배를 강요하느냐고 항변한다. 보수적인 기독교인은 연세대학교의 채플을 교회의 예배와 동일하게 구성하자는 것이고, 비기독교인은 채플에서 예배의 요소를 완전히 제거하자는 것, 다시 말해 채플을 아예 없애거나 최소한 강연 성격으로 완전히 바꾸자는 것이다. 교목실은 이 사이에서 교목실이 가야 할 길을 결정해야 한다.

이계준 박사는 보수적인 기독교인의 요구를 받아들이지도 않고, 그렇다고 비기독교인의 요구를 받아들이지도 않는다. 이 박사는 대학의 채플은 "지성과 젊음의 공동체에 적절한 예배 행위가 이루어져야 할 것"이라는 전제하에,12) 제3의 길을 모색한다. 이러한 의미에서 이 박사는 채플 운영과 관련하여 스스로 몇 가지 원칙을 정했다고 한다. 1) 채플은 기독교인과 함께 비기독교인에게도 이해되는 형식이어야 할 것. 2) 설교자는 교내외

---

11) *Ibid.*
12) *Ibid.*, 215.

에서 여러 전문 분야에 종사하는 목사와 평신도로 하되, 젊은이들에게 지성적인 접근을 시도하는 분들을 초청할 것. 3) 채플 프로그램은 다양한 형태를 취할 것. 4) 불의와 부자유의 사회적 상황에 있는 학생들에게 기독교 정신에 기초한 정의와 자유, 사랑과 희망의 메시지를 전달할 것. 5) 채플의 일차적 목적은 대학의 이념에 따라 기독교 정신에 입각한 고등교육에 초점을 둔다.[13]

4. 채플의 신학

위에 언급한 이계준 박사의 채플에 대한 원칙 속에는 몇 가지 기본적인 신학적 전제가 스며들어 있는 것으로 보인다. 이 박사는 이것을 신학적으로 따로 정리하지는 않았지만, 차제에 정리해 보는 것도 장래를 위해 큰 의미가 있다고 생각한다.

첫째, 이 박사의 채플에 대한 이해는 신앙과 삶의 이분법적 분리를 지양하는 것으로 보인다. 하나님과 예수를 믿는 일과 개인과 세상이 변하는 일은 서로 다른 별개의 사건이 아니라, 하나의 동시적인 사건이다. 개인과 세상이 변하는 일 없이 하나님과 예수를 믿는다는 말은 공허한 말이고, 어떤 면에서는 거짓말이다. 이러한 의미에서, 이 박사는 채플에서 전달하고자 하는 것은 궁극적으로 "정의와 자유, 사랑과 희망의 메시지"라고 말하고 있는 것이다. 하나님을 믿고 예수를 믿는다는 말은, 한 개인이 과거와는 다른 새로운 인간이 된다는 말이고, 여기에서 더 나아가 그 새로운 인간이 자신이 살고 있는 지금의 세상을 과거와는 다른 새로운 세상으로 만들어 나간다는 것을 의미한다.

---

13) *Ibid.*

둘째, 이 박사의 채플에 대한 이해는 거룩한 것과 속된 것, 성聖과 속俗의 이분법적 분리를 지양하는 것으로 보인다. 통상 대중적인 기독교 속에서는 성과 속이 장소적으로 엄격히 분리되어 있는 것을 본다. 그러나 이 박사의 채플 이해 속에서는 이 둘이 하나로 통일된다. 이 말은 속된 것을 거룩한 것으로 동일시한다는 뜻이 아니라, 거룩한 것은 속된 것과 분리되어 별도로 존재하는 것이 아니라, 속된 것 속에 자리를 잡고, 속된 것을 통해 표현되어야 한다는 것이다. 이러한 신학적 전제는, 이 박사가 교목실장으로 임명된 다음 1970년대부터 도입한 새로운 형태의 채플, 즉 '실험 채플'에서 가장 잘 드러나고 있다.[14]

셋째, 이 박사의 채플에서는 성직자와 평신도의 이분법적 분리를 지양하는 것으로 보인다. 위에 언급된 채플의 원칙 중 하나는 "설교자는 교내외에서 여러 분야에 종사하는 목사와 평신도로 하되, 젊은이들에게 지성적인 접근을 시도하는 분들을 초청"한다는 것이다. 일반 교회에서는 쉽게 받아들이기 어려운 부분이다. 그러나 이 박사는 채플에 평신도를 강사로 초빙하는 데 아무런 거리낌이 없다. 이 박사는 마틴 루터의 이른바 '만인 제사장' 이론을 채플에서 실천하고 있는 셈이다. 만약 성직자라 하더라도 그가 개인적으로 아무런 변화가 없고 사회적으로 아무런 변화를 일으킬 수 없다면, 그는 설교자로서 적절치 못하고, 오히려 평신도라 하더라도 개인적으로 변화가 있고 사회적으로 변화를 일으킬 수 있다면, 그가 성직자보다 더 적절한 설교자일 수 있다는 것이다.

---

14) *Ibid.*, 218. 이 박사는 당시 실험 채플을 '실험 예배'라는 개념으로 표현했지만, 이것은 그 후 실험 채플이라는 말로 일반화되었다. 이 박사 자신도 채플과 예배를 구분하는 것을 염두에 두면, 실험 예배라는 표현을 실험 채플로 부르는 것이 좀 더 적절하다.

5. 채플의 다양성

이 박사는 위와 같은 기본적인 신학적인 전제 위에 채플의 다양성을 추구해 왔다. 일반적으로 채플은 말로 하는 설교의 형식을 취하게 된다. 그러나 위에 언급한 대로, 이 박사는 1970년대 교목실장에 임명된 이후, 이른바 실험 채플을 도입한다. 이 박사에 따르면, 미국에서는 1960년대에 이른바 "창조적 예배creative worship" 혹은 "실험 예배experimental worship" 로 불리는 "다양한 예술적 방법을 예배에 도입하기 시작했다고 한다.[15] 이 박사는 이러한 채플 운영 방식을 연세대학교에 도입한 것이다.

이 박사는 실험 채플을 근본적으로 "기독교 신앙에 근거한 젊은이들의 축제"라는 하는 측면에서 이해한다.[16] 이것은 물론 채플을 학생들의 눈높이에 맞추어, 학생들의 문화 양식을 채플에 도입함으로써 학생들이 관심을 갖고 채플을 즐길 수 있도록 하기 위한 조치였지만, 앞서 언급한 대로 이는 채플의 형식에 있어서 성과 속의 이분법을 뛰어넘는 과감한 조치였다. 당시 이 박사는 한 학기에 2회 정도 실험 채플을 실시했는데, 여기에는 "전석환 씨의 학생들과 함께 노래하는 '싱 얼 롱 채플', 조영남 씨의 간증과 노래, 극단 가교의 모노드라마 '끝없는 아리아', 모어 선교사의 '그림자극 shadow play', 이화여대 육완순 교수의 '슈퍼스타 예수 그리스도', 곽상수 교수 및 이영조 교수의 음악 예배, 연세 콘서트 콰이어의 연주, 종교 영화 감상, 국악 연주단, 대화 설교 등 다양한 프로그램"이 포함되었다고 한다.[17]

---

15) *Ibid.*, 217.
16) *Ibid.*
17) *Ibid.*, 218.

　실험 채플은 이 박사의 재임 기간 중 이미 어느 정도 틀을 마련한 것으로 보인다. 장르별로 본다면, 음악, 연극, 무용, 영화, 대화 등 다채로운 표현예술이 이미 실험 채플에 도입되었다. 그러나 이러한 실험 채플은 그 이후 교목실을 통해 계속 발전하여, 이제는 어느 정도 안정적인 틀을 갖추게 되었다.

　현재 채플은 강연 채플과 실험 채플이라는 두 개의 범주로 나누어진다. 강연 채플은 교내와 교외로 나누어지고, 교내 채플은 각 단과대학의 교수들이 골고루 참여하게 되며, 교외 채플은 주간별로 주제를 정하여 같은 주간에는 가급적 같은 주제를 여러 강사들이 다룰 수 있도록 하고 있다. 예를 들면, 인권 주간, 환경 주간, 여성 주간, 장애인 주간, 실업인 주간, 언론인 주간, 엔지오 주간 등이 그것이다.

　실험 채플은 특별히 몇 가지 중요한 변화와 발전이 있었다. 그중 가장 중요한 변화는, 실험 채플을 학교 외부의 전문기관에서 만들어 놓은 것을 단순히 안으로 들여오는 것이 아니라, 학교 안에서 학생들이 직접 창작하고 학생들이 직접 진행한다는 것이다. 실험 채플에 '창작'이라는 새로운 개념이 도입되어, 이른바 '창작 실험 채플'이라는 것을 시도하게 된 것이다. 이러한 실험 채플은 크게 네 개의 범주로 나누어 진행하고 있다.

　첫째는 연합 채플이다. 연합 채플은 지난 몇 년간 매학기 실시하다가, 현재는 연 1회 2학기에 진행하고 있는데, 이 채플은 노천극장에서 채플 대상자 10,000여 명이 한꺼번에 모여서 드리는 채플로서, 연고전과 더불어 전교생이 가장 많이 모이는 모임이다. 연합 채플에는 통상 기독교계 중진 목사가 강사로 초빙되며, 음대 성악 전공 300여 명의 합창, 기악 전공 150여 명의 오케스트라 반주, 음대 교수 및 학생 중창단의 특별 찬양으로 이루어지는 채플로, 음악대학이 중심을 이루고 있다.

　둘째는 음악 채플이다. 음악 채플은 한 학기에 한 번 진행하는데, 1학기에는 음악대학 신입생들을 중심으로 신입생 음악회로, 2학기에는 음대 콘서트콰이어 및 교내 주요 음악 동아리들이 출연하는 크리스마스 콘서트로 진행하고 있다. 신입생 음악회의 경우에는, 그해에 입학한 음대 신입생 중 가장 연주력이 뛰어난 학생들로 구성하여, 신입생이지만 가히 전문가 수준이라 할 수 있다. 크리스마스 콘서트의 경우에는, 교수중창단을 포함하여 교내외의 다양한 음악 전문 동아리들이 초대되어 다양한 양식의 캐럴을 연주함으로, 채플에서 성탄절의 분위기를 충분히 만끽하게 된다.

셋째는 무용 채플, 뮤지컬 채플 혹은 연극 채플이다. 이 셋은 번갈아 한 번씩 채플에 올리게 되는데, 몇 년 전에는 이를 모두 학생들이 직접 준비하여 무대에 올렸으나, 요즈음은 외부에서 전문기관의 작품을 들여오고 있다. 학생들이 직접 제작했을 때에는, 무용 채플은 교내 현대무용 전공 학생, 댄스 동아리 회원, 그리고 채플 참석자 중 자원자들이 교내 무용 전문 교수를 중심으로 하나가 되어 창작하게 되고, 연극 채플은 교내 극예술연구회 회원 및 채플 참석자 중 자원자들이 극예술연구회 선배를 중심으로 하나가 되어 창작하게 된다.

넷째는 대화 채플이다. 대화 채플은 매학기 연세 학생 언론기관들인 연세춘추, 연세애널스, 연세교육방송국, 연상제작센터 소속의 학생 및 일반 학생 자원자들이 하나가 되어 만드는 실험 채플로, 매학기 주제를 정하여 그 주제에 해당하는 초대 손님을 모시고 대화 방식으로 진행한다. 대화 채플의 손님은 주로 일반 강사로 초대하기에는 적절하지 않으나, 현재 그 살아가는 삶이 연세인들에게 좋은 귀감이 될 수 있다고 판단될 경우, 그 학기의 주제와 관련하여 초대 손님으로 모시게 된다.[18]

---

18) 최근의 연세대학교 실험 채플에 관한 좀 더 자세한 사항은 필자가 쓴 글을 참조하기 바란다. 한인철, "연세인의 삶과 채플: 연세대학교 채플 사례 연구", 「한국신학논총」

6. 채플의 영향

앞서 학원 선교의 목적은 연세인을 예수와 같은 삶의 길을 가는 새로운 인간으로 만들고, 이들을 통해 이 세상을 좀 더 살기 좋은 새로운 세상으로 만드는 데 있다고 했다. 과연 채플이 이러한 학원 선교의 목적을 달성하는 데 제 역할을 하고 있는 것일까? 연세인은 졸업하고 나면, 연세대학교와 관련하여 두 가지가 가장 기억에 남는다고 한다. 하나는 연고전이고, 다른 하나는 채플이다. 연고전이 평생 기억에 남는 것은 누구나 이해가 가는데, 채플이 그렇다는 것은 아이러니처럼 여겨진다. 왜냐하면 학부 다니는 동안 채플을 좋아했던 사람은 그리 많지 않기 때문이다. 그러나 채플이 평생 기억에 남는다는 것, 더 나아가 채플이 평생에 걸쳐 자신들의 삶에 영향을 미치고 있다는 것은 연세의 모든 선배들이 한결같이 증언하고 있는 틀림없는 사실이다.

교목실에서는 2003년 매우 흥미로운 연구를 한 적이 있었다. 그것은 "연세대학교 채플이 졸업생들에게 미친 영향에 대한 연구"였다. 이 연구에 따르면, 채플이 종교생활에 도움이 되었다고 답한 사람은 5점 만점에 3.14밖에 안 되는데, 그들의 인격과 삶, 그리고 세상에 미친 영향은 매우 큰 것으로 나타났다. 예컨대, 인격 형성에 도움이 되었다는 연세인은 3.43, 가치관 형성에 도움이 되었다는 연세인은 3.37, 도덕적 삶에 영향을 주었다는 연세인은 3.40, 그리고 사회에 대한 책임과 역사의식이 생겼다는 연세인은 3.29였다.[19] 이 통계는 매우 고무적이다. 이것은 교목실이 채플의

8(2009/6), 103-134.

19) 남재현 외, "연세대학교 채플이 졸업생들에게 미친 영향에 관한 연구", 「대학과 선교」 6(2004/2), 21.

궁극적인 목적으로 삼고 있는 것, 즉 졸업 후 연세인의 삶이 바뀌고, 그들의 바꾸어진 삶을 통해 세상이 바뀌기를 바라던 그 꿈이 실제 현실로 드러나고 있다는 것을 의미한다.

그리고 이와 관련하여 또 하나 흥미로운 통계는 학부 시절 비기독교인이었던 연세인이 졸업 후 기독교인이 된 경우가 얼마나 있느냐 하는 것이다. 연세대학교 채플은 물론 개종을 목표로 하지 않지만, 채플의 영향으로 자연스럽게 기독교인이 된 사례가 있다면, 그것 또한 채플이 미치는 중요한 영향 가운데 하나라고 할 수 있을 것이다. 실제로 위의 통계조사에 따르면, 1977년과 1987년에 졸업한 357명 연세인 중 개신교 기독교인은 135명이었는데, 졸업 후 20년 혹은 10년이 지난 뒤 그 숫자는 189명으로 늘어, 54명의 새로운 개신교인이 생겼다. 그리고 26명에 불과했던 천주교 기독교인은 51명으로 늘어, 25명의 새로운 천주교인이 생겼다.[20] 이 둘을 합하면, 총 160명이던 기독교인이 10년 혹은 20년이 지난 뒤에는 240명으로 늘어, 자그마치 50%가 증가하게 된 것이다. 이것은 실로 놀라운 통계가 아닐 수 없다. 기독교인이 증가한다는 것이 단순히 교회의 교인 숫자가 증가하는 것을 의미하는 것이 아니라, 기독교적 가치관에 따라 사는 사람, 그리고 그 가치관에 따라 지금의 세상을 좀 더 좋은 세상으로 만들 수 있는 사람이 그만큼 증가했다고 볼 때, 이것은 기독교의 입장에서뿐 아니라 세상의 입장에서 볼 때에도 매우 특기할 만한 중대한 변화라고 할 수 있다. 채플의 중요성이 그만큼 더욱 부각될 수밖에 없는 중요한 기록이라 할 수 있다.

---

20) *Ibid.*, 22-23.

IV. 학원 선교와 대학교회

1. 교목실, 신과대학 그리고 대학교회

연세대학교 학원 선교의 또 하나 중요한 축은 대학교회 목회이다. 대학교회는 연세대학교에 속해 있지만, 대학 선교와는 다른 차원에서 또 하나의 중요한 선교 영역에 속한다. 앞서 언급한 대로, 이계준 박사는 대학교회의 담임목사로서 15년에 걸쳐 장기간 목회를 담당해 왔다. 이 말은 연세대학교 대학교회의 기초는 대개 이계준 박사의 목회 기간 중 이루어졌다는 것을 의미한다.

이계준 박사가 대학교회를 맡기 이전에 대학교회는 교회 외적인 측면에서 풀어야 할 두 가지 과제가 있었다. 하나는 대학교회와 교목실의 관계이고, 다른 하나는 대학교회와 신과대학의 관계이다.

이계준 박사가 대학교회를 맡기 이전의 대학교회는 교목실과 관계없이 독자적으로 운영되었다고 한다. 구체적으로 말하면, 당시의 대학교회 담임목사는 교목실의 교목이 아닌, 감리교 감독을 역임한 이환신 목사였다. 그런데 재단이사회는 이환신 목사의 은퇴를 기점으로 1975년 1월 대학교회를 교목실로 이관하도록 결정을 내렸고, 박대선 총장은 그 첫 담임목사를 이계준 박사에게 맡겼다.[21] 대학교회의 교목실 이관 문제는 재단이사회를 통해 무리 없이 정리가 된 것이다. 이때 이 박사는 대강당 4층 소예배실과 의과대학 강당에서 드리던 예배를 현재의 루스채플로 옮겼다고 한다.

교회 외적인 측면에서 풀어야 할 또 하나의 문제는 대학교회 담임을 누가 하느냐 하는 것이었다. 1975년 대학교회가 교목실로 이관될 때만

---

21) 이계준, 『희망을 낳는 자유』, 155.

해도, 대학교회 담임은 자연스럽게 당시 교목실장이던 이 박사에게 위임되었다. 그러나 이 박사가 5년간의 해직 기간을 끝내고 1980년 3월 다시 교목으로 돌아오게 되었을 때, 교목실장은 신과대학의 은준관 박사가 맡고 있었고, 대학교회는 은준관 박사와 이계준 박사가 공동목회를 하게 되었다. 하지만 대학교회가 교목실에 이관된 이상, 교목실장은 물론 대학교회의 담임 또한 교목실 교목이 맡는 것이 순리일 것이다. 그러나 누가 이 문제를 해결할 것인가? 이 박사는 자신의 절친한 친구인 은준관 박사에게 단도직입적으로 이 문제를 드러내 놓고, 은 박사로 하여금 교목실에서 손을 떼고 신과대학 교수로 돌아가도록 제안했다고 한다. "그 이유는 신학 교육과 학원 선교가 연관성은 있으나 그 전문성은 다르기 때문에, 교목실의 책임은 교목들이 지는 것이 훨씬 효율적"[22]이라는 것이다. 은 박사는 이 제안을 흔쾌히 받아들였고, 그 결과 교목실장은 교목실의 윤병상 박사에게, 대학교회는 이계준 박사에게 맡겨지게 되었다고 한다. 이렇게 하여 대학교회 목회를 안정적으로 할 수 있는 외적인 제도가 확립된 셈이다.

2. 대학교회의 차별성

대학교회는 지역 교회와 비교해 볼 때 몇 가지 점에서 차별성을 갖게 된다. 첫째, 대학교회는 어느 교파에도 소속되지 않는 초교파적 교회이고, 둘째, 대학교회 담임목사는 주중에 대학 선교를 담당하는 교목실 교목이 맡게 되기 때문에 심방을 하기가 어렵고, 셋째, 같은 이유로 대학교회 집회는 주일 11시 예배 이외에는 다른 모임을 갖기가 어렵다는 것이다. 이러한 이유로 대학교회는 주일 11시 예배를 중심으로 운영될 수밖에 없고, 그

---

22) *Ibid.*, 251.

외의 모든 업무들은 이 예배와 연관성을 갖게 된다.

이계준 박사는 이러한 제약 속에서도 외적인 차별성 외에 연세대학교 대학교회가 갖는 독자적인 내적 차별성을 갖도록 하기 위해, 1975년 대학교회 담임을 맡게 되자마자 몇 가지 중요한 정책적 결정을 하게 된다. 그 중 첫째가 예배 형식이다. 이 박사는 감리교 목사로서 미국 유학 시절 경험한 미국연합감리교회(UMC)의 예배 형식을 약간 수정하여 연세대학교 대학교회에 맞게 순서를 새롭게 만들었다. "그것은 기독교의 전통인 가톨릭을 포함한 에큐메니칼(교회 일치)한 내용으로 구성"된 것이었다.23) 이 예배 순서는 이 박사가 목회할 때부터 지금까지 거의 그대로 지켜져 오고 있고, 대학교회의 중요한 한 전통이 되었다.24)

둘째는 평신도 직제에 관한 것이다. 일반 지역교회는 통상 장로, 권사, 집사라는 직제가 있고, 이러한 직함을 가진 평신도들이 회의 기구를 구성하게 된다. 그러나 대학교회는 이러한 직제를 채택하지 않고, 이른바 '교회위원회'라는 평신도 회의 기구를 만들어 이 기구를 통해 교회를 운영하도록 하고, 이 위원회 안에 교회 운영을 위해 필요한 교회위원들을 두어 각각 맡은 분야를 책임지도록 했다. 이 박사는 이러한 아이디어를 미국연합감리교회에서 힌트를 얻어 대학교회에 도입하였다.25) 이 교회위원회 안에는 예배, 친교, 재정, 선교, 봉사 등을 담당한 교회위원이 있고, 이 위원이 자신을 위원장으로 하여 소위원회를 구성하게 된다. 이 박사는 이러한 직제가 2년 단위 보직으로 담임목사를 맡게 되는 교목실의 체제로 볼 때 좀 더 적절하다고 판단한 것이다.

---

23) *Ibid.*, 156.
24) 대학교회의 예배순서는 교목실 홈페이지에 매주 업그레이드하여 올리고 있다.
25) *Ibid.*, 156.

셋째는 설교자에 관한 것이다. 일반 지역교회의 경우에는 담임목사가 거의 매주 중요 예배의 설교를 맡게 된다. 그러나 이 박사는 대학교회의 설교를 담임목사가 월 1회, 그리고 나머지 주는 교내외 강사를 초빙하는 방식을 채택했다. 이러한 제도는 대학교회 담임목사가 동시에 교목으로 활동하는 데서 오는 시간적인 부담을 덜기 위한 조치이기도 하지만, "교인들이 한 설교자에만 의존하는 것보다 여러 목사의 설교를 통해 보다 풍부한 신앙의 경험과 다양한 지식을 접할 수 있으리라는 생각"이 반영된 것이기도 하다.26) 이 박사는 이러한 아이디어를 그가 보스턴에 있을 때 경험한 하버드 대학교 대학교회의 설교자 운용 방식을 원용했다고 한다. 이러한 제도는 오늘날 대학교회에 이어져 내려오고 있다.

3. 대학교회의 예배

대학교회는 교회위원회의 위원회 숫자만큼 다양한 분야에서 목회 활동이 이루어지지만, 그중 가장 중심을 이루는 것은 역시 예배이다. 대학교회는 매주 11시부터 12시 사이에 일어나는 예배가 목회의 중심을 이룬다고 보아 과언이 아니다. 현재 대학교회의 예배는 이 박사가 15년 목회하던 동안의 그 형태를 거의 그대로 이어가고 있다고 볼 수 있다. 대학교회의 예배가 예배의 가장 이상적인 형태는 아니라 하더라도, 매주 여러 방문객들이 대학교회의 예배를 경험해 보기 위해 예배에 참여하는 것을 보면, 대학교회가 한국교회에 예배의 새로운 전형을 제시하고 있다고 말할 수 있다. 그래서 여기에서는 대학교회의 예배가 어떻게 구성되고 있는지를 간단히 소개해 보도록 하겠다.

---

26) *Ibid.*

대학교회 예배의 순서는 일반 교회와 비슷한 점이 많이 있지만, 대학교회 예배에서만 경험할 수 있는 몇 가지 특징이 있다. 그중 성서 본문, 기도, 찬송, 설교를 중심으로 간단히 소개하고자 한다.

대학교회 예배의 가장 큰 특징은 미국에서 만든 성서정과를 기초로 예배를 구성한다는 것이다. 성서정과는 통상 구약, 서신서, 복음서에서 각각 하나씩의 본문을 제시하여 예배 중에 세 개의 본문을 읽도록 하고, 이와는 별도로 성서정과 내용과 일치하는 시편 본문을 하나 제시하여 추가로 읽도록 한다. 이 세 개의 성서 본문과 시편은 크게 하나의 주제를 지향하고 있으며, 이 본문들이 주어지게 되면, 모든 예배 순서는 이에 준하여 구성하게 된다.

성서 본문이 정해지면, 가장 먼저 예배의 기도문을 준비하게 된다. 기도문은 크게 예배사, 죄의 고백과 용서, 헌신의 기도로 이루어지고, 이와는 별도로 대표 기도가 있다. 앞의 세 개의 기도문은 성서정과와 시편 교독에 흐르는 큰 주제와 일치하여 담임목사가 매주 새롭게 준비하게 되고, 대표 기도는 매주 교회 위원 중에서 한 명이 성경 본문을 기초로 준비하게 된다. 예배사는 그날의 성서 본문과 관련하여 예배에로 초대하는 기도의 형태로 준비되고, 죄의 고백과 용서는 그 주제와 관련하여 회중들이 지금까지 어떻게 잘못 살아왔는지를 고백하고 용서를 구하는 형태로 작성되며, 헌신의 기도는 성서정과의 주제와 관련하여 회중들이 앞으로 어떻게 살아갈지에 대한 공동체적인 결단의 형태로 내용이 구성된다. 그리고 대표 기도는 교회위원들이 직접 준비하기 때문에 대개 자발성에 기초를 두지만, 크게는 그날의 성서정과 주제와 어느 정도 일관성을 갖게 된다.

찬송은 매주 3개를 부르게 되고, 헌금 시간에는 솔리스트의 독창이 있으며, 그리고 성가대의 찬양으로 구성된다. 찬송가 세 개는 통상 반주자가 성서정과와 일치되게 선택하고, 솔리스트 또한 성서정과와 어느 정도 일치하는 독창곡을 선택하게 된다. 그리고 성가대의 찬양 역시 지휘자가 미리 성서정과를 기초로 곡을 선정하여 연습하게 된다. 성가대에는 현재 음대 성악과 재학생 중에 8명의 솔리스트를 대원으로 충원하고 있고, 헌금 시간의 독창은 이 솔리스트 중에 하게 되는데, 이 때문에 성가대의 찬양과 독창은 거의 전문가 수준에 올라와 있다고 해도 과언이 아니다. 그리고 예배 중의 모든 음악은 반주자가 파이프 오르간으로 연주하기 때문에, 예배 전체가 웅장하면서도 감동적이고, 무엇보다 회중으로부터 경건한 마음을 불러일으킨다. 솔리스트와 성가대의 찬양, 그리고 파이프 오르간의 반주는 그날의 설교 못지않게 대학교회 회중들이 예배를 통해 큰 은혜를 경험하게 하는 중요한 요소가 되고 있다.

끝으로 설교는 설교자에게 미리 주어진 성서정과에 기초하여 준비하게 된다. 이 때문에 설교자는 통상 미리 만들어진 과거의 설교를 반복하기가 어렵고, 그날의 성서정과에 따라 새로 설교를 구성해야 하기 때문에, 설교 자체가 상당히 신선하다. 설교자는 이렇게 설교 준비하는 것을 매우 힘들어하지만, 회중의 입장에서는 매주 새롭게 준비된 신선한 설교를 들을 수 있어 항상 기대 속에서 설교를 듣게 된다.

대학교회의 예배는 크게 보면 하나의 예술 작품과 같다고 말할 수 있다. 순서는 다양하지만, 각 예배 순서는 성서정과를 중심으로 하나의 주제를 갖고 구성하게 된다. 이렇게 각 부분별로 잘 준비된 예배의 순서는 전반적으로 멘트 없이 진행이 되고, 멘트가 있는 경우에는 예배 순서가 매끄럽게 이어지도록 아주 짧고 간단하게 하여 멘트가 예배의 흐름을 방해하는 일이 없도록 하고 있다. 이것은 회중들이 예배의 흐름을 타고 예배 속에 깊이 몰입하여 예배와 자신이 하나가 되도록 하려는 노력이라고 할 수 있다. 그래서 대학교회 예배는 일단 시작이 되면, 마지막 끝날 때까지 물 흐르듯이 한 호흡으로 흘러간다.

4. 목회자로서 이계준 박사

대학교회 목회와 관련하여 목회자로서 이계준 박사에 대해 한 가지는 꼭 지적하고 넘어가야 할 것 같다. 필자도 현재 대학교회 목회를 6년째 담당하고 있지만, 대학교회 목회가 쉽지가 않다. 연세대학교의 신과대학 명예교수님들을 비롯하여, 연세대학교의 유명한 교수 직원들과, 사회 각 계각층을 대표하는 중요 지도자들이 대학교회 회중을 구성하고 있기 때문에, 이들과 함께 큰 갈등 없이 목회를 한다는 것은 쉬운 일이 아니다.

그런데 이 박사는 15년 목회하는 동안 아무런 갈등 없이 목회를 마쳤을 뿐만 아니라, 이미 은퇴한 지 14년이 지난 지금도 많은 회중들이 이 박사를 그리워하고 여전히 좋아하고 있다. 과연 무엇이 비결일까? 물론 이 박사는 아주 탁월한 설교가 중의 한 사람임에 틀림없다. 그는 대학교회와 신반포 교회에서 설교한 원고들을 중심으로 이미 3권의 설교집을 내었고,[27] 또 은퇴 후 은퇴 목사님들이 모이는 교회에서 행한 설교를 중심으로 또 한 권의 설교집을 내었다.[28] 이뿐만 아니라, 은퇴를 하고 난 이후에도 교내외를 막론하고 중요한 자리에서 설교자로 초대되고 있는 것이 이를 반증하고 있다. 이 박사를 오랫동안 보아 오고, 연세대학교 안팎에서 늘 그의 설교를 들어 왔던 박대선 총장은 그의 설교에 대해 이렇게 평하고 있다. "이계준 목사의 설교는 기독교의 교리와 크리스천의 생활이 무엇인가를 가르치고 교회와 교인들의 책임과 의무를 명확하게 제시해 주는 수준 높은 설교라고 말하고 싶습니다."[29]

---

27) 이계준,『하느님의 침묵』(서울: 전망사, 1985);『마르타 콤플렉스』(서울: 전망사, 1988);『어울리는 삶』(서울: 전망사, 1992).
28) 이계준,『축제와 고난』(서울: 도서출판 진흥, 1992).
29) 이계준,『어울리는 삶』, 8.

그러나 이 박사가 회중들에게 오랫동안 잊히지 않고 여전히 좋아하게 되는 비결은 설교에만 있는 것은 아닌 것 같다. 어떤 면에서는 설교를 넘어서서, 그의 목회 전반에서 느껴지는 그의 부드러운 인간관계에 있는 것 같다. 그는 이렇게 말하고 있다. "목회자의 직능 중에 가장 중요한 것이 설교라고 할 수 있다. 교회마다 목회자를 선정하는 제1의 기준을 설교에 둔다는 현실이 이를 증명해 준다. 그러나 실상 설교보다 더 중요한 것이 있다. 그것은 곧 인간관계이다. 설교가 시원치 않아 강단에서 퇴장당하는 목사를 별로 볼 수 없는 반면에, 인간관계가 부드럽지 않아 자리를 옮길 수밖에 없는 이들을 수없이 보아 왔기 때문이다."30)

한 번은 대학교회를 담임한 친구 교수가 "당신은 대학교회를 그렇게 오랫동안 목회하면서 단 한 번도 평신도와 싸워 본 일이 없다고 하는데, 그 비결이 무엇이냐"고 물었다고 한다. 이에 이 박사는 '학자와 성자'의 차이라고 말하면서 이렇게 대답했다고 한다. "학자는 원리 원칙에 따라 당면한 현안을 풀어가는 사람이기 때문에, 그 원칙에 벗어나면 어떤 요청이나 비판을 받아들이거나 그냥 넘길 수 없는 것이니, 자연 갈등을 일으키기 마련이다. 그러나 성자는 문제된 사안이 무엇이든 간에 상대의 요청이나 비판을 큰 틀 안에서 이해하고 긍정적인 반응을 도출하려고 애쓰게 되니 껄끄러운 일이 생길 리 없는 것이다"31) 특히 이 박사는 목회 현장에서 쉽게 해결하기 어려운 문제들이 생기면, "당장에 해결하려고 달려들지 않고 시간을 두고 뜸을 들이는 습관"을 키워 왔는데, 이것이 그의 목회에서 목회자와 회중 간에 갈등을 일으키지 않고 부드러운 인간관계를 유지하는 나름의 '처세술'이었다고 술회하고 있다.32)

---

30) 이계준, 『희망을 낳는 자유』, 166.
31) *Ibid.*, 167.

V. 나가는 말

이계준 박사는 연세대학교 교목 25년 재임 기간 동안에 연세대학교 학원 선교의 중요한 기틀을 모두 마련해 놓았다고 해도 과언이 아니다. 필자는 교목실장과 대학교회 담임목사를 역임하면서 이러한 것을 여러 면에서 확인할 수 있었다. 이러한 점에서 이 박사의 학원 선교에 대한 공헌은 크게 치하를 받아 마땅하다고 생각한다.

그러나 이 박사가 마련한 학원 선교의 기틀을 이제 후임 교목들이 더욱 진일보시켜야 하는 과제가 남겨져 있다. 과거에 이 박사가 학원 선교를 할 당시와 비교하여 지금은 여러 면에서 선교적 상황이 많이 바뀌었다. 이 박사가 주로 몸담았던 신촌캠퍼스의 상황이 많이 바뀐 것은 물론, 인천 송도에 국제캠퍼스가 새로 조성됨으로써, 영어권 학생들을 대상으로 새로운 학원 선교의 모델을 마련해야 할 필요성도 생겼다. 이제 연세대학교 교목실은 이 박사가 다져 놓은 탄탄한 토대 위에 학원 선교의 또 다른 문지방을 넘어가야 할 것이다.

---

32) *Ibid.*

6

이계준 목사의
교육 목회

손원영(서울기독대학교 교수)

I. 서론

최근 기독교 교육학계는 '교육 목회teaching ministry'에 대한 관심이 많
다.1) 일찍이 스마트James Smart가 예배와 교육의 통합으로서의 '교육 목회'

---

1) 교육 목회에 대한 최근의 주목할 말한 연구서들로는 은준관,『기독교교육 현장론』(서
울: 대한기독교출판사, 1988); 정웅섭,『현대교육목회의 전개』(서울: 한국신학연구소,
2000); 서울신학대학교 기독교교육연구소 편,『BCM 교육목회: 21세기 기독교교육의
새 방향』(서울: 기독교대한성결교회 출판부, 2007); Maria Harris, *Fashion Me a People:
Curriculum in the Church* (Louisville, Kentucky: Westminster John Knox Press,
1989); Norma Cook Everist, *The Church as Learning Community: A Comprehensive Guide
to Christian Education* (Nashville: Abingdon, 2002); Richard R. Osmer, *The Teaching
Ministry of Congregations* (Louisville, Kentucky: Westminster John Knox Press,

의 필요성을 주장한 이래,2) 지금까지 많은 학자들이 교육 목회 속에서 기독교 교육의 새로운 가능성을 찾고 있다. 특히 교회의 외적 성장이 정체된 한국교회의 현실에서 새로운 목회 패러다임으로 기독교 교육 이론가들뿐만 아니라 현장의 목회자들은 교육 목회의 패러다임에 주목하고 있다. 이런 점에서 교육 목회의 한 모델로서 현장의 한 교회를 사례로 선정하여 비판적으로 살펴보는 것은 의미가 있는 일이다.

특히 한국의 대표적인 선교 신학자요 교목이었던 이계준 목사(1932-)는 많은 신학자들과 목회자들로부터 "신학과 목회의 아름다운 조화"의 모델로서 존경을 받고 있는 현실에서, 그의 목회를 살펴보는 것은 그를 흠모하는 이들에게 뿐만 아니라 교육 목회에 관심 있는 이들에게 의미 있는 일이다.3) 사실 그는 평생 동안 대학이라는 상아탑 안에서만 활동한 것이 아니라 서울의 한복판에 '신반포감리교회'를 개척하여 한 교회에서 20여 년 동안 목회하며 21세기에 부합하는 새로운 교회의 모형을 만들기 위해 노력하였다. 따라서 필자는 그의 목회를 '교육 목회'의 관점에서 검토함으로써 교육 목회에 관심을 갖고 있는 이들에게 하나의 시사점을 제공하고자 한다. 참고로, 본 연구는 교육 목회 이론 중 최근 관심을 끌고 있는 아스머

2005); James C. Wilhoit, *Spiritual Formation as if the Church Mattered: Growing in Christ through Community* (Grand Rapids, MI: Baker Academic, 2008); Gary A. Parrett & S. Steve Kang, *Teaching the Faith, Forming the Faithful: A Biblical Vision for Education in the Church* (Downers Grove, Illinois: IVP Academic, 2009) 등 참조.

2) James Smart, *The Teaching Ministry of the Church* (Philadelphia: The Westminster Press, 1954).

3) 이계준 목사는 선교 신학자요 교목으로 활동하다 1997년 연세대학교에서 정년 은퇴하였고(현재 명예교수), 신반포교회를 설립하여 1982년부터 2004년까지 설교목사 및 담임목사로 봉직하였다(현재 원로목사). 이계준 목사의 삶에 대한 자세한 설명은 그의 자서전 참조. 이계준,『희망을 낳는 자유 – 이계준 자전에세이』(서울: 한들출판사, 2005).

Richard Osmer의 이론을 토대로 하고, 이계준 목사가 목회하였던 신반포교
회를 사례로 하여 그의 교육 목회의 특성과 그 시사점을 찾아보고자 한다.
이를 위해 이계준 목사의 설교집, 그의 자서전과 학술도서, 그리고 신반포
교회에서 발행한 문헌들을 검토하였다.

II. 아스머의 교육 목회 이론

아스머는 최근 출판된 그의 저서 『교육목회의 새로운 패러다임』(*The
Teaching Ministry of Congregations*)에서 독일신학자 몰트만Jürgen Moltman의 신학
에 근거하여 다섯 가지의 교육 목회의 실천을 제시하였다. 몰트만이 교회
란 그리스도의 실천 곧 '크리스토-프락시스Christo-praxis'에 참여하는 제
자들의 공동체로 본 것에 동의하면서, 아스머는 교회가 이 크리스토-프락
시스로서 복음의 기쁜 소식을 선포하는 증언으로서의 마르투리아Marturia,
그리스도의 이름으로 세계의 고통과 고난에 대한 연대에 자신을 개방하는
봉사로서의 디아코니아Diakonia, 부활하신 그리스도의 기쁨에 참여하는
송영으로서의 독솔로지Doxology, 그리스도의 설득력 가르침으로서의 디
다케Didache, 그리고 삼위일체 하나님의 상호내적인 친교(perichoretic fel-
lowship)에 상응하는 성도 간의 상호평등적인 친교로서의 코이노니아Koi-
nonia를 실천하는 것이야말로 교육 목회의 활동이라고 주장하였다. 그리
고 더 나아가 그는 이러한 다섯 가지 실천을 보다 더 구체화시킨 것을 '핵심
실천들'이라고 말하면서, 그것을 다음과 같이 제시하였다. 즉 마르투리아
(증언)은 증언·설교·전도의 실천을, 디아코니아(봉사)는 성만찬·짐 져주기
·사회봉사 활동의 실천을, 독솔로지(송영)는 주일 성수, 찬양, 재창조recre-
ation의 실천을, 디다케(교육)는 카테케시스, 훈계, 분별의 실천을, 그리고

코이노니아(교제)는 세례, 영적 은사의 확인, 환대의 실천을 제시하였다.[4]

그런데 흥미로운 것은 몰트만이 예언자적 직무, 제사장적 직무, 그리고 왕적 직무로 알려진 전통적인 그리스도 3직무론(munus triplex)을 확대하여 '그리스도 5직무론'으로 수정하면서 그것을 '회중의 크리스토-프락시스'라는 말로 재구성하였는데, 아스머는 바로 그것을 적극적으로 수용한 점이다. 즉, 예언자적 직무는 마루투리아의 실천이요, 제사장적 직무는 디아코니아의 실천이요, 변모적 직무는 독솔로지의 실천이요, 왕적 직무는 디다케의 실천이요, 개방적 친교의 직무는 코이노니아의 실천으로 제시하였다.(도표 1)[5] 이러한 아스머의 제안은 예수 그리스도의 교육 목회야말로 가장 구체적인 교육 목회의 실천의 모범이 됨을 예시하여 준다고 말할 수 있다.

그리스도의 5대 직무	회중의 크리스토-프락시스	핵심 실천들
예언자적 직무	마르투리아(증언)	증언, 설교, 전도
제사장적 직무	디아코니아(봉사)	유카리스트, 짐 져 주기, 사회봉사 활동
변모적 직무	독솔로지(송영)	주일 성수, 찬양, 재창조
왕적 직무	디다케(교육)	카테케시스, 훈계, 분별
개방적 친교의 직무	코이노니아(교제)	세례, 영적 은사의 확인, 환대

〈도표 1〉 회중: 크리스토-프락시스의 공동체(아스머)

결국, 이러한 아스머의 교육 목회 이론은 그리스도의 3직무설을 '5직무설'로 확대하였을 뿐만 아니라, 그것을 예수의 교육 목회적 실천의 다섯

---

4) Richard R. Osmer, *The Teaching Ministry of Congregations* (Louisville, Kentucky: Westminster John Knox Press, 2005),『교육목회의 새로운 패러다임』, 장신근 역 (서울: 대한기독교서회, 2007), 435-442.
5) *Ibid*., 437, 442 참조.

차원과도 적절히 연결시킨 점에서 시사하는 바가 매우 크다. 따라서 필자
는 아래에서 이계준 목사의 교육 목회를 살펴보되, 아스머의 다섯 가지
교육 목회적 직무(예언자적 직무, 제사장적 직무, 변모적 직무, 왕적 직무, 개방적 친교
의 직무의 차원)과 핵심 실천들을 범주로 하여 좀 더 구체적으로 살펴보고자
한다.

III. 이계준 목사의 교육 목회적 직무

1. 이계준 목사의 예언자적 직무(마르투리아)

교육 목회의 첫 번째 차원의 실천은 예언자적 직무를 수행하는 것이다.
교회가 실천해야 할 예언자적 직무란 예수께서 죄와 고난과 죽음의 포로가
된 세상을 향하여 하나님 나라의 기쁜 소식을 전하신 것처럼, 교회도 예수
처럼 하나님의 나라의 '기쁜 소식'(복음)을 세상에 선포하는 것이다. 특히
구약의 예언자처럼, 하나님의 말씀에 견주어 볼 때 우리 사회와 권력층이
하나님이 요구하시는 사랑과 정의에서 떠나 불의를 저질렀을 경우 그에
대하여 날카로운 비판의 목소리를 내면서 하나님께 돌아오라고 외치는
것을 의미한다. 이것이 예언자적 직무이다. 이런 점에서 이계준 목사의
예언자적 직무는 어떠하였는가? 아스머의 제안에 따라 예언자적 직무의
세 가지 핵심 실천(증언, 케리그마적 설교, 전도)을 준거로 하여 이계준 목사의
예언자적 직무를 살펴본다.

첫째는 '증언testimony'의 측면이다. 여기서 '증언'이란 "개인적 형태의
나눔을 통한 복음의 전달"6)로서, 개인들의 일상적인 사회적 삶을 통해
복음의 증인이 되는 것을 의미한다. 그런데 여기서 증인이 된다(*marturia*)는

의미는 영어의 '마터martyr, 순교자'로 번역되는 희랍어 단어 '*martus*'와 같은 어원을 가진 의미로 이해될 수 있는 것으로, 순교자적 자세를 갖고 증언하는 것으로 이해될 수 있다. 사실 예수의 하나님의 나라 선포나 혹은 초대교회에서 복음의 증인이 되는 것은 곧 '순교자'가 되는 것과 동일한 의미였다. 그만큼 위험하고 용기가 필요한 일이었다. 그래서 복음의 '증인martus'이 된다는 의미는 곧 순교할 각오를 하고 말씀을 선포하는 것을 의미한다.7) 따라서 예언자적 직무로서 증인된 삶을 산다는 것은 그만큼 위험한 일이요, 자기희생적 활동이라 말할 수 있다. 이런 점에서 볼 때, 이계준 목사의 예언자적 삶은 어떠한가? 그의 삶을 한 마디로 단정하기는 어렵지만, 그는 하나님의 복음의 증인되는 예언자적 삶을 성실히 살기 위해 끊임없이 노력했음에 자명하다. 그것은 그가 복음의 정신에 충실한 증인된 삶을 살다가 1975년 연세대학교 교수 및 교목직에서 해직된 경력에서 잘 드러난다. 그는 해직될 당시의 상황을 이렇게 소개하고 있다.

1975년 6월초 당시 교무처장인 친구 교수에게서 좀 만나자는 전화가 걸려왔다. 우리 둘은 청송대 앞길을 걷고 있었는데 친구는 상부의 지시에 따라 내가 사임해야 되겠다는 말을 전했다. 나는 이 말을 듣는 순간 올 것이 왔구나 하는 생각이 들어 별로 당황하지 않았다. 나는 친구에게 그렇게 하겠다고 간단히 말하고 그 다음 날엔가 당시 총장인 이우주 박사에게 사직서를 제출하였다. … 이것은 교목실장으로 채플을 운영하면서 반정부 인사들을 설교자로 초청하여 학생들을 선동한 죄, 반정부 데모의 주동적인 써클 둘의 지도교수인 죄,

---

6) Osmer, 『교육목회의 새로운 패러다임』, 438.
7) 문상희, "소아시아의 일곱 교회", 『TBC 성서연구: 목회자지침서』(서울: 한국교육목회협의회, 1990), 630.

정부의 시책에 항거한 박대선 총장의 하수인인 죄 등을 포함하고 있었기 때문이다.8)

위의 인용문에서 알 수 있듯이, 그는 복음의 증인된 자로서 예언자적 직무를 충실히 수행한 죄로 연세대학교에서 해직되는 아픔을 겪었던 것이다. 하지만 그는 해직 통보를 받을 때, "올 것이 왔구나 하는 생각이 들어 별로 당황하지 않았다"라고 스스로 당시의 심경을 밝히고 있듯이, 해직되는 것이 전혀 이상한 것이 아닌 오히려 당연한 일로 받아들이고 있다. 왜냐하면 복음의 증인이 된다는 것은 곧 '순교'를 각오한 실천이기 때문이다. 그만큼 그는 증인된 예언자적 직무를 충실히 수행했던 것이다. 그뿐만 아니라 그의 예언자적 직무인 증인된 삶은 그가 신반포교회에서 목회하는 동안에도, 그의 사회적 활동을 통해 계속 이어졌다. 예컨대, 그는 기독자교수협의회, 장애편의시설촉진시민연대, 기독교산업개발원 등과 같은 사회정의를 위한 각종 사회단체의 책임자 역할을 한 것에서 잘 드러난다.9) 결국 이계준 목사는 교육 목회를 위한 예언자적 직무로서 증인된 삶의 모범을 교인들에게 보여준 셈이다.

둘째는 케리그마적 설교kerygmatic preaching의 측면이다. 여기서 케리그마적 설교는 대부분 교회 내의 예배의 맥락에서 선포되는 복음의 전달로서 '설교'를 의미한다.10) 그렇다면 이계준 목사의 설교는 예언자적 직무의 측면에서 볼 때 어떠한 특성이 있는가? 신반포교회 주일예배를 통해 선포된 그의 메시지는 그동안 네 권의 설교집으로 출판되었는데, 그것은 곧

---

8) 이계준,『희망을 낳는 자유: 이계준 자서전』, 246.

9) *Ibid.*, 348.

10) Osmer,『교육목회의 새로운 패러다임』, 438.

『하나님의 침묵』(1985), 『마르타 콤플렉스』(1988), 『어울리는 삶』(1992), 그리고 『축제와 고난』(2008)으로 그 속에 잘 나타나 있다.11) 그는 하나님의 말씀의 증언자로서, 증인이 된다는 것은 곧 순교자가 될 수 있다는 위험한 일임을 인식하면서도, 결코 교회와 사회의 전통적인 통념이나 혹은 불의에 결코 타협하지 않고 하나님의 뜻을 일관되게 전하였다. 예컨대, 그는 한국의 기독교인들이 일반적으로 듣기 좋아하는 물질적인 축복과 같은 기복적인 설교를 일체 하지 않는 대신 왜곡된 신앙과 불의한 정권에 대한 비판, 그리고 사랑의 실천과 같은 성숙한 신앙을 강조하였던 것이다.

특히 흥미로운 것은 성서의 진리는 영원하지만 그것을 해석하고 선포하는 설교는 시대의 제약을 받을 수밖에 없다는 이야기처럼, 이계준 목사의 설교도 시대별로 약간씩 그 강조점을 달리해 왔다. 우선 네 권의 설교집 중 가장 먼저 출판된 『하나님의 침묵』은 제5공화국의 정치적 탄압을 배경으로 하였기 때문에 설교도 주로 정치적 문제와 직·간접적으로 연관되면서 독재에의 항거, 그리스도인의 사회적 책임, 그리고 고난당하는 자에 대한 위로의 말씀을 주로 전하였다. 1988년에 출판된 『마르타 콤플렉스』는 비교적 정치적 자유가 허용되고 또 1988년 올림픽이 열리는 축제적 현실에서 정치적 문제보다는 한국 사회의 문제에 초점을 맞추면서 바람직한 그리스도인의 생활과 관련된 말씀이 선포되었다. 1992년에 출판된 『어울리는 삶』은 전 세계적인 공산주의 이데올로기의 종언과 함께 등장한 세계국가의 경제적 이익을 위한 블록화의 현실에서 그리스도인의 윤리의식 제고와 사회와 민족 그리고 인류 모두의 공동체적 삶의 문제를 중심으로

---

11) 이계준, 『하느님의 침묵』(서울: 전망사, 1985); 이계준, 『마르타 콤플렉스』(서울: 전망사, 1988); 이계준, 『어울리는 삶』(서울: 전망사, 1992); 이계준, 『축제와 고난』(서울: 진흥, 2008).

말씀을 선포하였다. 그리고 2008년에 출판된『축제와 고난』은 신반포교회와 원로목사들이 주로 모이는 늘푸른교회에서 선포한 것을 묶은 설교집으로, 노인 문제에 초점을 맞춘 성숙한 신앙인에 대한 설교이다. 결국 이상에서 살펴본 것처럼, 이계준 목사의 설교는 기복신앙을 비롯한 왜곡된 신앙을 비판하면서, 대신에 언행일치에 대한 강조, 그리스도인의 사회적 책임, 정의와 사랑의 공동체 형성, 그리고 성숙한 신앙인을 지향하는 특징을 지닌 설교라고 말할 수 있다.

셋째는 전도evangelism의 측면이다. 전도는 "신앙공동체 바깥에 있는 자들을 향한 복음의 증언"으로서, 이웃에게 그리스도의 자유와 구원의 복음을 전하는 '선교'를 뜻한다. 그렇다면 이계준 목사의 선교관은 무엇인가, 그리고 그러한 선교관을 어떻게 신반포교회라는 공동체를 통해 구현했는가? 우선 이계준 목사의 선교관은 신반포교회 20주년을 기념하면서 발간한 문집,『스무 해의 사랑과 꿈』에 잘 나타나 있다.

교회란 궁극적으로 선교공동체이다. 예수께서 제자들에게 부탁하신 마지막 말씀은 곧 선교였다. 따라서 선교하지 않는 교회는 교회가 아니다. 선교란 무엇인가. 역사적으로 보면 선교는 교인 증가, 교세 확장, 교회개척, 해외 선교, 기독교 확장 등 여러 가지 형태로 나타났다. 그러나 교회 중심주의나 기독교 중심주의에 따른 선교는 세계 속에 무수한 갈등, 전쟁, 죽음을 가져왔다. 하느님의 이름으로 큰 죄악을 저지른 것이다. 이제 서구 중심주의와 함께 기독교 중심주의의 시대는 20세기와 함께 역사의 뒤안길로 사라지고 바야흐로 다원적 민족, 문화, 종교의 시대가 밝았다. 여기서 기독교 선교란 무슨 의미가 있는가. 그것은 곧 '하느님 나라'의 선포와 그 실현이다. 이것은 예수의 선교의 핵심 메시지로서 우리 인간의 삶과 역사 속에 하느님의 사랑, 정의, 평화를 구체화하는 일이다. 따라서 새로운 교회는 낡은 선교의 틀을 벗어 버리고 하느님의 나라, 곧 모든 인류가 민족, 색깔, 성, 문화, 종교의 벽을 넘어 서로 사랑하고 정의를 실천하며 평화 속에 살아가는 일에 헌신해야 하는 것이다.12)

위의 인용문에서 알 수 있듯이, 이계준 목사는 전통적인 의미의 선교 곧 "교회와 기독교의 확장"이라는 개념 대신에 새로운 선교의 개념을 제안하고 있다. 그것은 "하나님의 나라의 선포와 그 실현"으로써, 우리 인간의 삶과 역사 속에 하나님의 사랑과 정의 그리고 평화를 구체화하는 것이다. 따라서 그의 이러한 혁명적인 선교관은 그대로 신반포교회의 교육 목회 속에 반영되어 있다. 특히 신반포교회는 설립과 함께 「신반포감리교회 헌장」13)을 제정하면서, 선교와 관련하여 두 가지 원칙을 천명하며 지금까지 시행해 오고 있다. 그것은 「신반포감리교회헌장」 6항과 8항에 각각 나오

---

12) 이계준, "신반포교회와 함께 한 20년", 『스무해의 사랑과 꿈: 신반포교회 창립20주년 기념문집』(서울: 신반포감리교회, 2002), 23.

13) 「신반포감리교회헌장」은 1982년 창립되는 해에 이계준 목사가 은준관 박사와 협의하여 작성한 것을 그해 당회(공동의회) 때 제정되어 현재까지 신반포교회 운영의 기본 방향으로 삼고 있다. 특히 「신반포감리교회헌장」은 감리교회의 헌법인 『교리와 장정』이 시대정신이나 구체적인 개 교회의 현실을 모두 담고 있지 못하기 때문에 헌법의 정신과 골격을 그대로 유지하면서 신반포교회의 현실을 반영하여 만들어졌다. 그것은 평신도 중심, 교육 중심, 그리고 선교 중심을 기본 방향으로 하고, 그 토대 위에 모두 9개항으로 구성되어 있다. 간단히 진술하면 다음과 같다. 1) 이 교회는 그리스도의 제자들의 공동체이다. 2) 이 교회는 질적 성장에 역점을 둔다. 3) 이 교회는 평신도를 주축으로 한다. 4) 이 교회는 회원 간의 인격적 사귐을 강조한다. 5) 이 교회는 성서 연구와 신학 훈련에 적극 참여하고 청지기 생활을 실천한다. 6) 이 교회는 이 시대에 적절한 말씀의 선포와 선구적인 선교 사업을 실천한다. 7) 이 교회는 행정을 민주적으로 운영한다. 8) 이 교회는 예산을 예배 및 친교에 40%, 교육에 30%, 선교에 30%로 편성하고 집행하는 것을 원칙으로 한다. 9) 이 교회의 회원의 자격은 교회의 모든 활동에 적극 참여한 다음 그 성격과 목적에 찬동하면 본인의 희망에 따라 결정한다. 더 자세한 헌장의 내용은 『스무 해의 사랑과 꿈』, 21-23, 233-234 참조.

듯이, 하나님의 나라 건설을 위한 선교를 위해 "선구적인 선교 사업"을 실천할 것과 예산의 "30%"를 매년 선교비로 지출할 것을 결의하고 실천한 것이다. 그래서 신반포교회는 '선구적인 선교 사업'으로서 전통적인 교회들이 잘 실천하지 못하는 영역인 학원 선교, 문화 선교와 사회 선교에 보다 관심을 갖고 실천하였다. 예컨대 학원 선교로서 신학자 및 기독교 학술단체(학회) 지원 사업, 문화 선교로서 학술적 가치가 있는 기독교 저서들의 번역 지원 사업, 그리고 사회 선교로서 농촌 교회와 각 사회복지 단체에 대한 지원 사업 등을 들 수 있다. 이러한 신반포교회의 선교 사업에 대하여 신반포교회 교인들의 자부심은 매우 높다. 그것은 신반포교회 20년을 회고한 김수경 장로의 고백에서 잘 나타난다.

> 일찍이 헌장을 제정하여 교회의 목표를 뚜렷이 세우고 예배와 선교와 교육과 친교를 위하여 꾸준히 전진하며 특히 주님의 지상명령인 '성령이 너희에게 임하시면 너희가 권능을 받고 땅 끝까지 내 증인이 되리라' 하신 말씀의 실천으로 선교에 중점을 두고, 과거 난지도와 맹인촌, 결핵 마을, 농촌 의료봉사 등 수많은 선교 사업을 오늘날까지 계속 한 것은 이계준 목사님의 특별한 인도로서 큰 보람이라고 생각합니다.[14]

결국 이계준 목사의 교육 목회, 특히 예언자적 직무로서의 케리그마적 설교, 증언, 그리고 전도는 예언자적 정신에 투철하게, 또 예수의 하나님의 나라 건설을 위한 맥락에서 실천되었으며, 특히 변혁적인 선교관에 따라 복음 증거를 시도하였다라고 말할 수 있다.

2. 이계준 목사의 제사장적 직무(디아코니아)

---

14) 김수경, "회고와 전망", 『스무 해의 사랑과 꿈』, 68.

교육 목회의 두 번째 차원의 실천은 디아코니아로서 제사장적 직무의 실천이다. 마치 제사장이 성소에 들어갈 때, 세상의 아픔을 안고 들어가서 세상의 고통을 하나님께 아뢰고, 동시에 세상을 향해서는 하나님의 자비와 은총을 중재했던 것처럼, 교육 목회는 바로 이러한 제사장적 직무를 수행하는 것이다. 그래서 이 차원은 죄와 죽음으로부터 세계를 자유롭게 하고, 세계를 하나님과의 바른 관계 속에 세우는 그리스도의 '사랑'에 초점을 맞춘다. 따라서 "예수 그리스도의 이름으로 세계의 고통과 고난에 대하여 자신을 개방하면서 기꺼이 자기 자신을 내어주는 섬김"이라는 디아코니아의 측면에서 이계준 목사의 교육 목회는 어떠한가? 아스머가 디아코니아의 핵심 실천으로 "성례전, 짐 져주기, 사회봉사"의 측면을 제시하였는데, 그에 따라 이계준 목사의 제사장적 직무를 살펴보기로 한다.

우선, 성만찬Eucharist의 측면이다. 여기서 성만찬은 그리스도께서 십자가상에서 자기 자신을 내어주신 사랑을 회중이 기억하고 감사하는 것을 의미한다.[15] 이러한 의미를 지닌 성만찬은 교회에서 매주 감사한 마음으로 실천되어야 한다. 왜냐하면 그 성만찬 속에서 그리스도의 사랑이 기억되고 그리스도인으로서 그리스도처럼 사랑의 삶을 살 것을 새롭게 결단하기 때문이다. 그런데 한국 개신교회의 현실은 어떠한가? 몇몇 교회와 교단을 제외하고 대부분의 장로교회와 감리교회는 일 년에 서너 차례에 성만찬을 집례할 뿐이다. 물론 그렇게 적은 횟수로 성만찬이 시행된 데에는 그 나름대로의 이유가 있겠지만, 이제 더 이상 그것을 뒷받침할 만한 신학적 타당성은 없다. 왜냐하면 제2 바티칸공의회와 WCC를 통한 교회일치운동의 결과, 가톨릭교회는 개신교회로부터 말씀 선포로서의 설교의 중요성을

---

15) Osmer, 『교육목회의 새로운 패러다임』, 439.

배워 시행하고 있고, 또 개신교회는 가톨릭교회로부터 성만찬의 중요성을 새롭게 배웠기 때문이다. 심지어 1980년대 초 WCC가 주동이 되어 제정된 'BEM문서'(Baptism, Eucharist, and Ministry)에 따른 '리마예전'은 가톨릭교회와 정교회, 그리고 개신교회를 포함하는 세계의 모든 교회들이 성만찬을 공동으로 집례할 수 있는 모형으로 제시되었다.16) 이런 점에서 볼 때, 이계준 목사는 교육 목회 차원에서 '유카리스트'로서의 성만찬을 매우 중요하게 간주하였다고 말할 수 있다. 왜냐하면 그는 신반포교회 설립 초기부터 지금까지 매월 한 차례 이상 리마 예전에 따라 성만찬 예배를 집례하였기 때문이다. 이로써 그는 교인들로 하여금 그리스도의 사랑에 감사하며 사랑을 실천하는 그리스도인으로 늘 거듭날 수 있도록 안내하였던 것이다.

둘째, 짐 져 주기burden bearing의 측면이다. 이것은 회중이 고난 속에서 도움을 필요로 할 때 그들을 돌보는 실천을 의미한다. 즉 교회 내부의 교인들에 대한 "목회적 돌봄pastoral care"이라고 말할 수 있다. 한국의 교회들은 "정기적인 심방"을 통해서 교인들의 필요를 확인하고 그들을 위해 기도해 주는 전통을 갖고 있었다. 그런데 이러한 정기 심방제도는 맞벌이를 비롯하여 매일 분주하게 생활하는 현대인들에게 간혹 부담을 주고 있는 상황이다. 이런 상황에서 이계준 목사는 신반포교회에서 목회하면서 정기 심방 대신에 비형식적인 차원에서의 목회 상담을 활성화하였다. 그래서 정기적인 심방이 없는 대신 언제든 목사와 삶의 문제로 상담을 받고 싶을 때는 만남이 가능하고, 또 가정에 어려움이 있거나 경조사가 있을 때에는 반드시 심방하여 위로하였다. 그래서 신반포교회는 비록 작은 신앙공동체이나

---

16) BEM문서 및 Lima 예전에 대해서는 세계교회협의회, 『BEM 문서: 세례·성만찬·직제』, 이형기 역 (서울: 한국장로교출판사, 1993) 참조.

신자들의 고통을 모든 교우들이 함께 져 줌으로써 소위 '가족'같은 공동체로 결속력이 높다고 말할 수 있다.

셋째, 사회봉사 활동의 측면이다. 사회봉사는 도움을 필요로 하는 교회 밖의 사람들에게 구체적인 도움을 제공하고 사회적 불의에 직면한 자들의 주장을 옹호하는 섬김과 옹호의 사역을 의미한다. 그런데 신반포교회에서 이계준 목사의 교육 목회는 앞에서 '선교'와 관련하여 언급한 것처럼, 교회 성장에 강조점을 둔 선교보다는 하나님의 나라 건설을 위해 하나님의 사랑과 정의와 평화를 실천하는 것을 선교로 이해하고 있다. 이런 점에서 적어도 신반포교회에서는 선교와 봉사를 결코 이분법적으로 분리하여 생각할 수 없다. 그것은 동전의 양면과 같이 서로 불가분리의 활동이다. 즉 신반포교회에서의 선교는 교회 밖에서 고통당하는 자에 대한 사랑의 실천이요, 동시에 그 사랑의 실천은 곧 복음 선교이다. 이런 점에서 신반포교회는 예산의 30%를 선교비로 하여 집행하면서, 특별히 이웃의 고난에 동참하는 각종 프로그램을 실천했다. 가장 대표적인 경우를 든다면, 농촌 교회 지원, 농촌과 오지 교역자 지원, 소외지역 지원(양동맹인촌, 난지도 어린이궁전, 역촌동 결핵요양소, 탁아소, 부평 청소년교육원 등), 그리고 정기적인 사회복지관 지원을 해오고 있다.[17] 그런데 초창기에는 이웃 봉사 활동의 방법에 있어서 교인들이 직접 찾아가서 돌보는 활동을 하였으나, 점차, 약간의 논란이 되고 있지만, 간접적인 이웃 봉사 방법, 예컨대 전문적인 사회봉사 기관을 후원하는 형식의 방법을 선택하고 있다.[18] 왜냐하면 이러한 직접 봉사는 대부분 일회성에 그칠 경우가 많고, 또 최근의 봉사 구조가 전문성을 요구

---

17) 이계준, 『어울리는 삶 - 창립10주년기념 이계준 목사 설교집』(서울: 전망사, 1992), 320-323.
18) "창립20주년 특별좌담 - 신반포교회의 과거, 현재, 그리고 미래: 향후 10년의 우리교회 나아갈 길의 과제", 『스무해의 사랑과 꿈』, 220.

하는 경우가 많기 때문이다. 따라서 직접 봉사와 간접 봉사를 적절히 조화
시키는 과제를 갖고 있다.

3. 이계준 목사의 변모적 직무(독솔로지)

교육 목회를 위한 세 번째의 실천은 변모transfiguration의 차원이다. 이
것은 그리스도의 종말론적 부활이 지닌 영광과 아름다움을 지칭한다. 부
활에서 나타나는 그리스도의 변모는 그의 영광스럽게 변모된 육체의 광채
와, 죽음 가운데서 파괴된 종의 형체로부터 영원한 생명 가운데 살아가는
존재로서의 신적인 아름다움으로 변형된 것을 지칭한다.[19] 따라서 아스
머는 이러한 변모의 차원을 일컬어 독솔로지doxology라 하였고, 그 구체적
인 핵심 실천으로 다음 세 가지를 제시하였다. 그것은 곧 하나님에 대한
예배와 기쁨을 위한 '쉼'의 날을 따로 구별해 두는 "안식일 지키기", 함께
모인 공동체의 상황에서 음악·기도·시편 찬송·노래·춤·시 등의 다른
유형의 창의적인 자기표현을 통한 "찬양", 그리고 하나님의 창조에 대한
기쁨과 놀이·예술 등을 통하여 개인의 창의적 재능의 발달을 가능케 하는
행위들로서의 "레크리에이션recreation"이다. 그렇다면 이계준 목사의 교
육 목회는 변모적 차원에서 어떠한 실천을 지향해 왔는가?

첫째는 안식일 지키기의 측면이다. 이계준 목사의 안식일 지키기의 실
천은 매우 "완곡하면서 개혁적"인 특성이 있다고 말할 수 있다. 여기서 완
곡하고 개혁적이란 의미는 주일 성수를 다른 교회들처럼 율법적이고 명시
적으로 강요하여 자칫 교인들이 주일을 범하였을 경우 죄의식을 갖는 경우
가 많은데 그것을 피하기 위해 그러한 주일 성수를 강요하지 않는 대신에,

---

19) Osmer,『교육목회의 새로운 패러다임』, 439.

주일만큼은 거룩하게 여겨 교회 생활과 관련된 일체의 활동들(예배, 성경공부, 친교 등)을 주일에 모두 실천하도록 강조한다는 의미이다. 좀 더 구체적으로 서술하면, 신반포교회에는 공식적인 평일의 새벽 예배나 수요 예배 그리고 금요 철야 예배가 없다. 그리고 주일 예배도 단 한 차례 있을 뿐이다. 그래서 예수께서 "아버지께서 일하시니 나도 일한다"라는 말씀처럼, 교인들이 평일에는 그들의 가정과 직업을 위해 최선을 다하도록 격려하고 있다. 하지만 주일 하루만큼은 거룩한 안식일로 삼아 모든 교인들이 교회에 모여서, 교회 중심의 활동들이 모두 하루에 '원스톱one-stop'으로 이루어지도록 하고 있다. 그래서 주일날 예배를 드린 뒤, 함께 성도의 교제로써 친교를 갖고, 성서 연구나 평신도 아카데미에 모두 참여한다. 그 결과 신앙생활이 교회 중심에서 삶과 역사 중심으로 그 축을 옮기도록 돕고 있다.[20] 그런데 이러한 안식일 지키기는 종종 전통적인 습관을 중시하는 교인들에게 오해를 사고 있는 것도 사실이다. 왜냐하면 원스톱 스타일의 안식일 지키기를 오해한 신자들이 종종 주일날 교회 출석을 등한시 여기는 경우도 있기 때문이다. 그럼에도 불구하고 이계준 목사는 신앙생활을 교회 중심에서 생활 중심으로 그 축을 옮기는 것이야말로 진정한 안식일의 의미를 회복하는 것이라고 믿고 있고 실천하였다.

안식일 지키기와 관련하여 한 가지 더 추가하여 언급한다면, 신반포교회는 창립 초기부터 지금까지 주일 예배를 오후 2시에 드리고 있다는 점이다. 이것은 매우 개혁적인 하나의 시도라고 말할 수 있다. 이와 관련하여 이계준 목사는 다음과 같이 말한다.

나는 교회를 담임하면서 처음부터 주일 예배를 오후 2시에 드리기로 하였다.

---

[20] 이계준, "신반포교회와 함께 한 20년", 『스무 해의 사랑과 꿈』, 26.

… 또 하나의 이유는 예배 시간에 대한 고정관념을 깨보자는 것이었다. 한국 교인들은 사회변화에 따라 주일 예배가 여러 번 거행되어도 11시 예배만을 정식 예배 또는 대 예배라고 하는 고착증에 걸려 있는 것이다. 마치 그 시간에만 하느님이 제단에 앉아 계시고 은혜가 넘치는 것처럼 말이다. 그러나 11시라는 시간은 성경에 명시된 예배 시간이 아니고 농경사회의 유물에 불과하다. 그것은 중세기 농경사회에서 농부들에게 편리한 시간으로 동물들에게 먹이를 주는 때를 피하는 시간대에 속하는 것이었다.[21]

위의 인용문에서 언급한 것처럼 이계준 목사는 주일 예배를 전통적으로 11시에 드리게 된 것은 농경 사회의 특수한 상황을 반영한 것일 뿐 절대적인 것은 아니라는 판단하에, 21세기의 현대 사회는 새로운 삶의 리듬(교통, 거리, 시간 등)을 고려하여 주일 예배를 드릴 수 있다고 주장하였다. 그러면서 "오후 2시도 거룩한 시간"[22]라는 논리로 안식일 지키기의 새로운 모델을 제시하였다.

둘째는 찬양의 측면이다. 이계준 목사의 교육 목회는 찬양의 실천이란 측면에서 볼 때, 전통적인 교회 음악과 더불어 한국 문화적 관심에서 실천된 특성이 있다. 그는 최근 젊은이들이 관심을 갖고 있는 소위 CCM(Contemporary Christian Music)과 같은 대중음악적인 찬양의 형태보다는 클래식 중심의 찬양을 선호하였다. 그것은 작은 구성원이지만 은혜로운 찬양을 늘 준비하여 예배 때 부르는 성가대의 활동에서 잘 드러난다. 특히 찬양에 대한 그의 관심은 한국문화적 관심과 매우 밀접한 연관이 있다. 그는 매 주일 예배 시작 전에 항상 찬송가 한 곡을 온 교우들과 함께 부르도록 하였

---

21) 이계준, 『희망을 낳는 자유』, 183.
22) *Ibid.*

는데, 그 찬송은 주로 한국인에 의해 작사 및 작곡된 곡을 선곡하였다. 그에 대하여 이계준 목사는 다음과 같이 언급한다.

> 예배 시작 전에 한국에서 작곡한 찬송가를 한 장씩 부르고 예배를 시작하는 이유는 우리들이 우리나라 정서에 맞는 찬송가를 익숙하게 하고자 하는 뜻이에요. 찬송가를 한국화해야 예배 순서도 한국화할 수 있어요. 우리 교회의 정체성을 찾기 위해서도 이것은 꼭 필요한 일이라 생각해요.[23]

위의 인용문에서 알 수 있듯이, 이계준 목사는 찬양을 통해서 한국교회가 명실 공히 한국 문화에 토착화된 한국적 교회가 될 수 있다고 확신하였다. 그래서 그는 하나님께 한국인의 정서가 담겨진 찬송가를 예배 중에 부를 수 있도록 안내하였고, 또 그 스스로도 "임마누엘 주님"(1978)이라는 찬송가 가사를 작사하였는데, 그것은 『찬송가: 신작증보판』에 실리기도 하였다.[24] 그리고 이러한 이계준 목사의 한국 민요 가락에 맞춘 찬송가에 대한 관심은 후에 신반포교회 창립 25주년 기념사업으로서 이천진 목사에게 연구 의뢰하여 개발한 "한국적 예배 모형 연구"[25]의 형식 속에 잘 반영되어 있다.

셋째는 레크리에이션recreation의 측면이다. 이계준 목사의 교육 목회는 하나님의 창조의 기쁨을 예술적으로 승화하기 위해 여러 '레크리에이션'의 실천을 격려하였다. 가장 대표적인 일 두 가지를 든다면, 하나는 하나님의 창조의 기쁨에 동참하기 위해 자연친화적인 환경을 가진 '샬롬원'이

---

23) "신반포교회의 과거, 현재, 그리고 미래", 『스무 해의 사랑과 꿈』, 219.
24) 이계준 작사 김두완 작곡, "임마누엘 주님", 『찬송가: 신작증보판』(서울: 한국찬송가공회, 1995), 제580장.
25) 이천진, "한국적 예배모형연구", http://www.sbp.or.kr/(2010. 8. 19. 검색)

라는 수양관을 마련하여 활용한 일이다. 이것은 경기도 용인시 구성면에 있는 향린동산 내에 위치해 있는데, 아담한 건물과 고요하고 아름다운 주변 환경으로 많은 교우들에게 하나님의 창조를 노래하며 친교와 영성 훈련을 하는 장소로 활용되고 있다. 특히 신반포교회는 이 공간을 활용하여 각종 수련회와 함께 봄과 가을에 전교인이 소풍을 가서 하나님께서 행하신 창조의 기쁨을 맛보도록 하고 있다. 또 하나는 예배당을 현대미학적으로 단순하면서도 의미 있고 아름답게 조형미를 갖춤으로써 하나님의 사랑을 느낄 수 있도록 만든 일이다. 특히 예배당의 중앙에 위치한 "십자가"는 한국의 여류조각가로 유명한 김효숙 선생으로부터 기증받은 예술작품이고,[26] 신반포교회 현판은 김학수 화백의 글씨이다. 이처럼 신반포교회는 교회의 분위기를 하나님의 창조의 기쁨과 그리스도 부활의 기쁨을 한국 문화의 측면에서 담아 내어 재창조의 실천에 동참하도록 한 특성이 있다.

4. 이계준 목사의 왕적 직무(디다케)

교회 목회를 위한 세 번째의 실천은 왕적 직무로서 디다케Didache이다. 이것은 부활하시고 승천하신 그리스도의 종말론적 주권에 초점을 맞춘다. 이러한 주권은 예수의 지상사역에서 그의 의미가 새롭게 나타난 하나님의 통치와 연속성을 지닌다. 그런데 이 왕적 통치(다스림)는 일반적인 세상의 왕적 통치처럼 복종과 억압에 의한 통치가 아니라 설득과 가르침, 그리고 실례와 같은 형식을 통하여 이루어진다. 그래서 아스머는 왕적 직무를 디다케로 설명하면서, 그의 핵심 실천으로 카테케시스catechesis, 훈계ex-hortation, 그리고 분별discernment로 제시하였다.[27] 이런 맥락에서 볼 때,

---

26) 김효숙, "십자가", 『스무 해의 사랑과 꿈 – 신반포교회 창립20주년 기념문집』, 255.

이계준 목사는 왕적 직무를 위한 디다케의 실천으로서 세 가지의 핵심 사항을 시행하였는데, 그것은 다음과 같다.

첫째는 카테케시스의 측면이다. 카테케시스는 기독교 성서와 교회의 전통을 '전승'하는 실천이라고 할 때, 이계준 목사의 교육 목회는 성서 연구반을 통해 그것을 실천하였다고 말할 수 있다. 사실, 신반포교회는 그 자체가 "성경공부 모임"이 발전하여 설립되었을 뿐만 아니라, 설립 이후에도 끊임없이 성경에 대한 교육을 통해 기독교의 진리와 역사를 전승하고 있다. 특히 이계준 목사는 『TBC 성서연구: 성서교육총체교재』[28)를 활용하여 성서연구 모임을 오랫동안 이끌었다. 그런데 『TBC 성서연구』는 창세기부터 시작하여 요한계시록까지 성서 전체를 조망하는 데 큰 도움을 줄 뿐만 아니라, 세계 교회사와 한국 교회사를 살펴볼 수 있는 장점이 있다. 그런데 여기서 신반포교회가 예배와 성서 연구 모임 시에 공식적으로 사용하는 성서에 대하여 언급할 필요가 있다. 오래 전 신반포교회의 한 성서 연구 모임에서 구약학자이자 연세대학교 총장이었던 박대선 박사가 "성서의 사본은 오래된 것일수록 좋고, 성서의 번역본은 최근 것이 좋다"라는 조언을 한 적이 있다. 신반포교회는 그 조언에 따라 성서 번역판을 선택하였고, 그것은 지금까지 성서 번역판을 선정하는 확고한 원칙이 되고 있다. 즉 한국의 대부분의 교회들이 성서 번역판 중 '개역판'을 사용할 때, 신반포교회는 설립 초창기부터 주변 교회들의 많은 비판에도 불구하고 가톨릭교

---

27) Osmer, 『교육목회의 새로운 패러다임』, 440.

28) 신반포교회는 오랫동안 한국교회교육목회협의회에서 은준관 교수가 중심이 되어 개발한 『TBC성서연구』(서울: 교육목회협의회, 1990) 교재를 갖고 평신도 성서 연구반을 운영하였다. 그리고 신반포교회에서 시행된 성서 연구반에 대한 자세한 소개는 『어울리는 삶 - 창립10주년기념 이계준 목사 설교집』, 343-370;『스무 해의 사랑과 꿈 - 신반포교회 창립20주년 기념문집』, 245-250 참조.

회와 개신교회가 공동으로 번역한 "공동번역" 성서를 공식 성서로 채택하여 사용하였고, 또 "표준새번역본"이 등장한 후에는 "표준새번역본" 성서를 공식적인 성서로 선정하여 지금까지 사용하고 있다.29) 결국 이계준 목사의 교육 목회는 가장 최근에 번역된 성서를 갖고 끊임없이 성서 연구를 하는 특징이 있다.

둘째는 훈계의 측면이다. 이것은 회중들의 도덕 형성을 위한 평신도 교육을 의미하는 것으로써, 신반포교회의 실천 중 가장 활발한 활동이라고 말할 수 있다. 이계준 목사는 신반포교회 초기부터 지금까지 일관되게 평신도 아카데미로 불리는 "평신도 신학 강좌"를 운영하였다.30) 이것은 단순히 소위 "성서 연구"에 그치지 않고, 오히려 성서를 바라보는 '눈'을 키워 주는 교육이라고 말할 수 있다. 특히 신학교에서 가르치는 신학 이론과 교회 현장 사이의 거리가 매우 넓어 수많은 갈등이 그 양자 사이에 존재하는 현실에서, 신반포교회는 평신도 아카데미를 통하여 그 간격을 좁히고자 노력하였다. 그래서 평신도 아카데미는 신학교의 교실에서 연구되고 교육되는 모든 신학 이론들을 하나도 가감 없이 그대로 평신도들에게 전달하는 통로가 되었다. 심지어, 성서비평학, 역사적 예수 연구, 이웃 종교에 대한 이해, 종교와 과학과의 대화 등 신학적으로 매우 예민한 문제들까지도 예외 없이 그 분야 최고의 전문학자들을 모시고 연구하고 토론하였다.

그런데 여기서 주목할 것은 평신도들이 평소에 마음속에 품고 있는 대답하기 곤란한 신학적인 의문들을 목회자와 신학자들이 적극적으로 응답

---

29) 김유동, "창립20년의 발자취", 『스무 해의 사랑과 꿈』, 77-78.

30) 신반포교회의 평신도아카데미의 주제와 전문강사, 그리고 그에 대한 좀 더 구체적인 설명은 『어울리는 삶 - 창립10주년기념 이계준 목사 설교집』, 343-351; 『스무 해의 사랑과 꿈 - 신반포교회 창립20주년 기념문집』, 245-250; 이계준, 『희망을 낳는 자유』, 191-192 참조.

함으로써 평신도들의 큰 호응을 얻고 있다는 점이다. 예를 들어, 신반포교회의 이진홍 장로는 평신도 아카데미를 통해 평소 가졌던 많은 '불경한의심들'이 허심탄회하게 토론되는 과정에서 큰 깨달음을 얻었음을 밝히면서, 그가 고민한 대표적인 것들을 다음과 같이 소개하고 있다.

1) 예수님의 육체적인 부활을 모든 유대 사람에게 (특히 예수님을 핍박하던 무리들에게) 직접 증거 하시는 방법으로 하였다면 그 당시 유대인들 거의 전부에게, 나아가 모든 민족들에게 더 쉽고 더 빨리 예수님을 진정으로 알게 할 수 있었을 터인데 왜 제자와 극히 일부의 사람들에게만 부활하신 육신을 보여주셨을까? 혹시 제자들이 육체적으로는 있지도 않은 부활을 선전하고 다닌 것이 아닐까? 2) 천당은 진짜 있을까? 있으면 어디에 있을까? 3) 자연과학의 세계관이 성경의 세계관과 다른 것은 혹시 하나님은 인간이 만든 것이라는 것을 보여 주는 것이 아닌가? 4) 전지전능하고 세상의 구석구석을 섭리하시는 하나님이 계시다면, 그 하나님이 선하신 분이라면, 인간 세상에서 쉽게 용인하기 어려운 무수히 많은 일은 왜 일어날까? 사랑하는 가족을 사고나 병으로 느닷없이 비참하게 데리고 가시는 하나님은 왜 그렇게 하실까? 사랑하는 가족을 비참하게 잃은 교우는 하나님이 일부러 그러셨다고 믿어야 하나?[31]

이러한 회의와 질문은 평신도 아카데미로 불리는 평신도 신학 강좌를 통해 상당 부분 해소되었다. 이처럼 평신도 아카데미는 대표적인 현대 신학자로 알려진 불트만, 폴 틸리히, 본훼퍼, 스퐁, 마커스 보그, 크로싼, 오강

---

31) 이진홍, "예수는 있다", 『스무 해의 사랑과 꿈 - 신반포교회 창립20주년 기념문집』(서울: 신반포감리교회, 2002), 94-95.

남 등의 신학 이론들을 가감 없이 교인들에게 소개함으로써, 현대 사회에 적절한 기독교적 바른 앎과 바른 삶으로 안내하였다. 결국 이계준 목사의 이러한 교육 목회적 실천은 신반포교회의 중요한 전통이 되어 그가 2004년 4월 기독교대한감리회 서울남연회에서 은퇴한 이후에도 계속 진행되고 있다.

셋째는 분별의 측면이다. 분별이란 성령의 인도하시는 빛을 결정하기 위해 영들을 시험하는 법을 배우는 것이다. 말하자면 일종의 "영성 훈련"이라고 말할 수 있다. 사실 이 세상 속에 살면서 수없이 많은 선택 앞에서 무엇이 하나님의 뜻인지 분별하는 것은 결코 쉬운 일이 아니다. 그것은 영적인 예민한 감수성이 없이는 불가능하다. 따라서 교육 목회는 이를 위해 지속적으로 교인들을 대상으로 분별 교육을 실시해야 한다. 그런데 신반포교회는 이러한 분별 교육의 중요성을 인식하면서도 분별 교육을 위한 별도의 프로그램을 갖지는 못했다. 그러나 앞서 언급한 성서 연구와 평신도 아카데미를 통해서 분별 교육이 진행되었다고 말할 수 있다. 다만 최근 이러한 필요성을 인식하여, 매년 10주 과정으로 진행되는 새신자들의 세례 교육을 위한 "영성 훈련"을 통해 영성 식별 교육을 실시하고 있다.

결국 이계준 목사의 왕적 직무로서 디다케의 실천은 기독교적 바른 앎을 제시하고, 동시에 기독교적 바른 삶을 안내하는 데 큰 역할을 하였다고 말할 수 있다.

5. 이계준 목사의 개방적 친교의 직무(코이노니아)

교육 목회를 위한 다섯 번째의 실천은 개방적 친교의 직무로서 코이노니아koinonia이다. 이것은 예수께서 세리들과 죄인들, 그리고 수많은 사람들과 공적인 우정을 나누며 친교의 식탁 교제를 가진 것에 기초한 '개방적 친교'를 의미한다. 이것은 삼위일체 하나님이 상호 내주와 상호 침투를 의미하는 '페리코레시스perichoresis'를 반영한다. 그리고 이러한 의미의 코이노니아는 신앙공동체 내에서 상호호혜적이고 평등한 사랑의 모습을 지향하며, 아스머는 이러한 코이노니아의 핵심 실천으로서 세례, 영적 은사의 확인, 그리고 환대의 실천을 제시하고 있다.[32] 따라서 이계준 목사의 개방적 친교의 직무로서 코이노니아의 실천은 어떠한지 핵심 실천을 중심으로 살펴본다.

첫째는 세례의 측면이다. 세례는 하나님의 자녀가 되는 공식적 예식이라는 의미와 함께, 신앙공동체에 가입하는 성례전(sacrament of initiation)을 의미하기도 하다. 이런 측면에서 볼 때, 세례는 공동체에의 친교로 들어가는 문이라고 말할 수 있다. 이런 측면에서 이계준 목사의 교육 목회를 살펴볼 때, 그는 매년 부활절과 성탄절에 2차례의 세례식을 집례하였다. 세례를 통해 교인들은 그리스도의 제자들의 공동체인 신반포교회의 일원으로서 하나님과 교인 간의 영적인 친교에 들어오게 된다. 그런데 여기서 주목할 것은 신반포교회의 구성원이 되는 자격은「신반포감리교회헌장」제9항에 언급되어 있듯이, "신자와 초신자를 막론하고 교회의 모든 활동에 적극 참여한 다음 그 성격에 목적에 찬동하면 본인의 희망에 따라 결정한다"고 한 점이다. 즉, 이것은 일반적인 교회들처럼 새신자로 하여금 세례를 받고 또 교회 활동에 적극 참여하도록 '강요'하는 대신, 초신자들이 자발적인 선택에 의해 세례를 받고 성도의 교제 안에 참여하도록 끝까지 기다린다는 점이다. 한 예로, 이계준 목사가 은퇴하기 바로 전 그로부터 세례를 받은 한 교우가 있는데, 그는 신반포교회를 10년 이상 출석한 뒤에서야 비로소 세례를 받고 교회 활동에 적극 참여하였다.

---

32) Osmer, 『교육목회의 새로운 패러다임』, 441.

둘째는 공동체의 모든 구성원들의 은사들에 관한 확인과 양육의 측면으로, 신반포교회는 평신도의 지도력 계발을 중요시하여 왔다. 그것은「신반포감리교회헌장」제5항과 제7항에서 언급되어 있는데, 제5항은 지도력 계발을 위해서 "성서 연구와 신학 훈련에 적극 참여하고 헌신적인 청지기 생활"을 실천할 것을 촉구하고 있고, 제7항은 그 평신도의 지도력 계발에 따라 교회의 "모든 행정을 민주적으로 운영한다"고 밝히고 있다. 즉, 평신도의 은사 확인을 위해 성서 연구와 신학 훈련을 강조하면서, 또 그렇게 계발된 은사는 반드시 교회에서 민주적으로 사용될 수 있도록 격려하고 있다. 실제로 이러한 평신도 지도력은 신반포교회가 성직자 중심이 아니라 '평신도 중심'의 교회로 발전하는 데 초석이 되었다. 예컨대, 신반포교회의 운영을 책임지고 있는 '운영위원회'(장로교의 경우 당회와 동격)는 모든 평신도 대표들이 참여함과 동시에 운영위원장은 목회자가 아닌 평신도가 2년 임기로 맡고 있는 것에서 잘 드러난다.[33]

셋째는 환대로서, 이것은 일반적으로 친구와 가족들에게 베푸는 친절을 낯선 이들에게도 베푸는 것과 함께, 역사 가운데서 교회가 비기독교적 동반자들과의 개방적인 대화를 통하여 공적 영역에서 선의를 보여주는 것을 의미한다. 신반포교회는 이런 점에서 환대의 공동체라고 해도 과언이 아니다. 왜냐하면 신반포교회는 교회에 낯선 이들이 방문했을 때 그들에게 따뜻한 환대의 영성을 베풀고자 노력하고 있기 때문이다. 이것은 신자가 되고자 교회를 처음 나온 사람들에게 처음부터 교회 활동에 적극 참여하도록 강요하지 않을 뿐만 아니라(「신반포감리교회헌장」, 제9항), 또 초신자

---

[33] 신반포교회 운영위원회 규정에 대해서는 신반포교회 창립20주년 기념사업회 편, 『스무 해의 사랑과 꿈 – 신반포교회 창립20주년 기념문집』(서울: 신반포감리교회, 2002) 참조.

들이 자연스럽게 교회에 적응할 수 있도록 소위 친교 모임으로서 매 주일 "3부 예배"를 운영하고 있는 것에서 잘 드러난다. 이에 대하여 이계준 목사는 다음과 언급하였다.

> 우리 교회에는 신앙공동체 대한 관심이 적은 젊은이들이 많았고 그들은 자연히 예배 참석에 소홀히 하는 경향이 짙었다. 예배에 참석하지 않고 저녁초대에 응한다는 것은 아무래도 체면이 서지 않기 때문에 … 나는 예배의 뜻도 살리고 젊은이들의 입장도 옹호할 겸 예배를 1부, 2부, 3부로 나누어서 명쾌한 정의를 내렸다. 1부는 2시 예배이고, 2부는 예배 후 친교시간이며, 3부는 저녁초대를 받는 경우이다. 그러니까 1부 예배에 빠진 교인들도 2부나 3부에 당당하게 참석할 수 있다는 것이다.[34]

이러한 3부 예배는 신반포교회의 자랑이다. 이 3부 예배를 통해 나그네와 같은 초신자들과 방문자들은 공동체의 환대를 받고, 그래서 그들은 신앙공동체에 자연스럽게 참여할 수 있는 기회가 되고 있다. 결국 이와 같은 환대의 정신과 그에 따른 3부 예배는 신반포교회가 사랑의 공동체로 자리매김하는 데 기초가 되었다.

---

34) 이계준, 『희망을 낳는 자유』, 205.

IV. 이계준 목사의 교육 목회의 비판적 성찰

1. 긍정적 차원의 논의

이상에서 논의된 것을 토대로 하여 볼 때, 신반포교회를 중심으로 한 이계준 목사의 교육 목회는 어떤 점에서 긍정적으로 평가될 수 있을까? 이와 관련하여 다음과 같은 세 가지의 측면이 언급될 필요가 있다. 첫째, 신반포교회는 '교육 목회'를 일관되게 실천한 교육 목회의 모범적인 교회라고 말할 수 있다. 신반포교회는 창립 때부터 「신반포감리교회헌장」을 제정한 뒤, "예배, 친교, 교육, 및 선교"(제3항)를 공히 강조하면서 '교육 목회'라는 맥락에서 교회가 운영되어 왔다. 사실 많은 경우, 한국의 교회들은 기독교 교육의 대상을 어린이와 청소년만으로 한정하고, 성인은 예배 출석만 강조함으로써 교회 생활이 예배와 교육으로 이분화되어 있다. 그러나 신반포교회는 창립 초기부터 일관되게 어린이와 청소년, 그리고 성인 모두에게 예배와 교육, 더 나아가 친교와 선교 및 봉사를 통합적으로 시도하면서 교육 목회를 실천하였다. 이런 점에서 신반포교회의 담임자였던 이계준 목사는 선교 신학자나 학원 선교사(교목)라고 불리기 이전에, 철저하게 현장에서 교육 목회를 실천한 '교육 목회자'라고 말할 수 있다.

둘째, 신반포교회의 교육 목회는 교육 목회의 다섯 가지 실천들이 비교적 균형 있게 잘 행해지고 있다는 점이다. 사실 많은 교회들이 아스머의 용어로 한다면, 마르투리아와 디아코니아, 독솔로지, 디다케, 그리고 코이노니아가 균형 있고 조화롭게 실천되기보다는 어느 하나에 편중되는 경우가 많다. 그런데 위에서 살펴본 것처럼, 신반포교회의 교육 목회는 위의 다섯 가지 교육 목회적 실천들이 균형 있게 조화를 이루고 있다는 점이 특징적이다. 따라서 이계준 목사는 교회 목회의 여러 실천들 사이의 절묘

한 조화와 균형을 추구한 점에서 '교육 목회의 예술가'라고 평가될 수 있다.

셋째, 신반포교회의 교육 목회는 개신교의 정신인 '개혁성'을 늘 지향하고 있다는 점에서 매우 시사적이다. "교회는 항상 개혁되어야 하되 항상 개혁되어야 한다"(*ecclesia reformanda et ecclesia semper reformanda*)라는 종교개혁 정신의 모토에 부합하게, 신반포교회는 교회 창립 때부터 계속하여 21세기를 위한 새로운 교회 모델을 창조하기 위해 노력하고 있다. 특히 신학적으로 볼 때, 교회 창립 때의 대표적인 신학인 '하나님의 백성laos tou theo'으로서의 평신도 역할을 강조하는 평신도 신학과, 세상 속에서 하나님의 나라 건설을 강조하는 새로운 선교 신학인 '하나님의 선교Missio Dei' 신학에 근거하여 개혁 지향적인 교회로 발전하였다. 이것은 매월 리마 예전에 따른 정기적인 성만찬 예배, 평신도 아카데미를 통한 신학 훈련과 평신도의 지도력 계발, 교회운영위원회를 통한 교회 행정의 민주화, 그리고 교인의 수적 확대를 통한 교회 성장보다는 사회 속에서 정의와 사랑을 실천하는 것이야말로 하나님의 나라 건설이요 동시에 선교라는 선교에 대한 새로운 이해와 실천, 또한 3부 예배로 알려진 개방적 교제로서의 친교 모임 등의 실천들에서 잘 드러난다. 결국 신반포교회에서 이루어진 이계준 목사의 교육 목회는 새로운 시대의 요구를 예민한 감수성으로 언제나 앞서 수용하면서 용기 있게 실천한 개혁적 교육 목회였다고 말할 수 있다. 따라서 이계준 목사는 이런 점에서 '창조적 교육 목회자'라고 말할 수 있다.

2. 비판적 차원의 논의

한편, 이계준 목사의 교육 목회를 위와 같은 특징에도 불구하고 다음과 같이 세 가지 측면에서 비판적으로 살펴볼 수 있다. 첫째, 신반포교회가 21세기에 부합하는 평신도 중심의 교회를 지향하고 있는 점에서 긍정적이나 새로운 모델을 만드는 과정에서 실험성을 강조하다보니 전통적인 신앙을 가진 이들이 적응하기에는 적지 않은 어려움이 있으며, 또 예기치 않은 갈등이 없지 않다는 점이다. 사실 기독교 전통의 유지와 새로운 실험 사이에는 상당한 격차가 있는 것이 사실이다. 그런데 문제는 그 양자를 어떻게 조화시킬 것인가 하는 과제인데, 신반포교회 역시 그것으로부터 자유롭지 못하다. 특히, 최근 신반포교회가 창립된 지 30년을 앞두고 있는 현실에서, 개혁에 대한 피로감과 함께 현실 안주의 모습이 교회 내에서 종종 발견되고 있다. 따라서 그 개혁 정신이 어떻게 전통 및 현실과 조화를 이루면서 앞으로 계속적으로 이어질 수 있는지에 대한 과제를 풀어야 한다. 이런 점에서 이계준 목사가 마치 '유언'하는 심정으로 "그리스도의 자유를 만끽하는 교회"가 되기를 바라면서 선포한 "우리 교회 과거, 현재, 미래"라는 제목의 설교는 시사하는 바가 크다.[35]

둘째, 신반포교회를 지탱할 새로운 신학적 토대의 구축이 필요하다. 앞서 암시한 것처럼, 지난 30년 동안의 신반포교회는 평신도 신학과 하나님의 선교 신학, 그리고 한국 문화 신학이라는 신학적 기초 위에 세워져 발전하여 왔다. 그렇다면, 이제 새로운 시대에 부합하여 신반포교회를 지탱할 새로운 신학적 토대를 찾을 필요가 있다. 왜냐하면 교회는 개혁되어야 하되 항상 개혁되어야 하는 것처럼, 마찬가지로 신학 역시 계속적으로 개혁되어야 하기 때문이다. 다시 말해, 이계준 목사도 종종 언급하는 것처럼, 신학은 영원한 것이 아니라 마치 하나의 패션처럼 언제나 시대에 따라 변할 수밖에 없다. 이런 점에서 앞으로의 30년을 위해 신반포교회는 어떤 신학적 토대 위에서 교회를 세우고 그 가르침을 바르게 실천할 것인가 하는 큰 과제 앞에 놓여 있다고 말할 수 있다.

---

35) 이계준,『축제와 고난』, 300-309, 특히 301, 305 참조.

셋째, 신반포교회는 새로운 시대에 부합하는 신앙고백과 더불어 그에 따른 실천의 형태들을 새롭게 개발할 필요가 있다. 사실, 신반포교회가 창립된 해인 1982년에 교회 창립과 함께 제정된「신반포감리교회헌장」은 교회의 발전에 중요한 기초가 되었으나, 21세기의 새로운 현실에서 수정의 요구를 받고 있다. 특히 다종교적인 한국 현실에서, 한국 문화에 부합되는 한국적 교회를 만들기 위해서, 지구 전체가 하나의 마을처럼 가깝게 좁아진 지구화 및 다문화적 현실에서, 그리고 디지털 혁명에 따른 지식정보 사회가 삶의 중심을 차지한 현실에서, 하나님이 원하시는 새로운 교육목회의 실천을 위해 제2의 헌장이 제정될 필요가 있다. 그러나 이것은 결코 기존의「신반포감리교회헌장」을 부인하여 폐기하는 것을 의미하는 것이 아니라, 새로운 시대에 부합하는 새로운 신반포교회의 신앙고백과 그에 따른 실천의 다짐으로 이해된다.

V. 결론

성장 중심의 목회가 그 한계를 드러낸 이래, 한국교회는 그 대안을 교육 목회에서 찾고 있다. 그렇다면 교육 목회란 무엇이고 어떠한 실천을 지향하는가? 그리고 그 구체적인 사례는 무엇인가? 이 같은 질문을 갖고 본 연구는 진행되었다. 결국 앞에서 암시한 것처럼, 교육 목회란 단순히 목회를 학교 교육에서 강조하는 지식 전달과 같이 학교 교육식(schooling)으로 목회를 하는 것이 아니라, 삼위일체 되신 하나님께서 먼저 인류를 향해 모범으로 보여주신 하나님의 프락시스God's Praxis에 신앙적으로 응답하는 일체의 실천적 활동이라고 말할 수 있다. 그리고 그것의 구체적인 사례는 예수 그리스도께서 그의 공생애 기간 동안 하나님의 나라를 이 땅에 이루기 위해 몸소 보여주신 그의 실천, 곧 '크리스토-프락시스Christo-praxis'라 말할 수 있다. 따라서 한국교회는 예수 그리스도께서 시행한 교육 목회적 실천을 구체적으로 지향함으로써, 새로운 교회의 탄생을 기대할 수 있다.

이런 점에서 이계준 목사가 신반포감리교회를 중심으로 실천한 교육 목회의 실천은 교육 목회를 지향하는 한국교회에 시사하는 바가 크다. 왜냐하면 교육 목회자로서, 교육 목회의 예술가로서, 그리고 창조적인 교육 목회자로서 이계준 목사는 그 어느 교육 목회자보다 이 시대를 앞서간 '앞선 교육 목회자'라고 말할 수 있기 때문이다. 따라서 그가 보여준 탁월한 균형 감각과 개혁 정신에 기반한 교육 목회의 핵심적인 실천들은 새로운 교회를 지향하는 한국의 많은 교회와 목회자들에게 큰 도전이 될 것으로 사료된다. 모쪼록 교회 안과 밖으로부터 위기를 겪고 있는 한국교회의 현실에서, 이계준 목사의 교육 목회를 모범으로 하여 다양한 교회들이 등장하여 한국교회가 더욱 새로워지고 창조적으로 발전하기를 기대해 본다.

7

신약학의 지평에서 바라본
이계준 목사의 설교

정승우(연세대학교 교수)

Ⅰ. 들어가는 말

이 글의 목적은 선교 신학자로, 연세대학의 교목으로 오랫동안 활동해 온 이계준 목사의 설교들을 신약학적 전망에서 평가하고 정리하는 데 있다. 이 목사는 한국 현대사의 격동기인 1960~80년대를 에큐메니칼 정신과 자유주의적 신학사상에 기초하여 기독교 대학의 개방적 학원 선교 모델을 최초로 타진하고 정초한 분이라 할 수 있다. 그 당시 근본주의 신학의 범주에서 한 걸음도 벗어나지 못하고 있던 기독교 대학의 선교 서클들을 신학적 지성으로 지도함으로써 학원 선교의 새로운 이정표를 세웠다. 또한 개방적인 대학 채플을 실험적으로 도입하여 대학 구성원 모두에게 신선한 충격과 새로운 기독교 대학의 문화를 창출했다. 이를 통해 1970년대 진보적인 기독교학생운동을 담당할 지도자들을 배출하기도 하였다. 이러한 노력의 과정 속에서 생산된 이계준 목사의 설교 속에는 그 시대의 역사, 사회적 쟁점과 상황들, 그리고 그것에 신학적으로 대응하고 성찰하려는 진지한 기독교 지성의 사색과 반성이 어려 있다는 점에서 중요하다. 또한 강단 신학과 교회 현장의 신앙을 매개하려는 진지한 노력과 소중한 증언들이 그의 설교에 녹아 있음을 간과해서는 안 될 것이다.

선배신학자들이 남겨놓은 신학적 유산을 소중하게 정리하고 평가하는데 야박한 한국 신학계의 풍토 속에서, 자유주의 신학자로서 개방적인 대학 선교의 첨병에 서 있었던 이계준 목사의 신학적 유산들을 우리 시대의 관점에서 재평가하는 작업은 분명 의미 있는 일이다. 설교란 그 시대를 비추고 반성하는 거울의 역할을 한다는 점에서, 이목사의 설교는 개인적인 차원을 넘어 한 시대의 모순과 정직하게 대결하며 기독교의 자유를 지키고자 하였던 한국 기독교 지성의 범례적 궤적을 보여주고 있다. 진정한 설교란 단지 시대의 반영만이 아니라 그 시대의 모순을 돌파하고 정의와 사랑, 그리고 궁극적 평화가 실현되는 하느님 나라를 대망할 수 있는 창문의 역할을 수행해야 한다는 사실 또한 그의 설교들이 입증한다. 복음서에 등장하는 예수의 비유가 한결같이 하느님 나라에 관한 전복적 메시지를 담고 있다는 사실은 설교가 지향해야 할 가치와 주제가 무엇인가를 여실히 보여준다.

이 글은 이계준 목사의 설교집,『어울리는 삶』,『하느님의 침묵』,『마르타 콤플렉스』,『축제와 예배』등 4권을 대상으로 하여 그의 설교들을 신약학의 전망에서 분석하고 평가하고자 한다. 이를 위해 먼저 그의 설교가 지닌 신약학적 요소들을 분석해 보고, 이와 더불어 본문의 올바른 이해와 해석을 위해 설교가에게 요청되는 성서신학적 미덕들이 무엇인지를 살펴볼 것이다.

20세기 전반을 풍미했던 양식 비평form criticism은 공관복음서에 등장하는 예수 설교의 구전 양식을 분석하였다.[1] 구전 설교의 다양한 문학적 양식과 전승 단위들을 분류해 내고 그것들이 입과 입으로 전승되어 온 삶의 자리를 추적하였다. 불트만으로 대표되는 양식사학자들의 이러한 노력들은 예수 설교가 추상적인 시공간에서 형성된 것이 아니라, 당대의 구체적인 역사·사회적 삶의 자리에서 형성된 육필담이었다는 사실을 밝혀내었다. 이로써 예수의 설교는 삶의 구체성을 담보하게 되었고, 이후 신약학은 이러한 양식사학자들의 노력을 기반으로 하여 예수의 설교가 유포되고 수집되어 재해석되었던 다채로운 초기 기독교 공동체들의 역사적 경험과 사회적 정황을 재구성할 수 있었다. 이런 점에서 파란만장한 한국 현대사의 시공간이었던 대학가에서 형성된 이계준 목사의 설교들은 중요한 신학적 시사점을 지닌다. 이 목사의 신학 형성에 가장 중요한 영향을 미친 폴 틸리히는 자신의 신학을 구축하기 위해 상관의 방법을 사용한다. 즉 신학은 독백이 아니라 대화라는 사실이다. 진지한 신학이란 시대의 질문에 구체적으로 응답하려는 성실한 노력을 담보해야만 한다는 지적이다. 이러한 폴 틸리히의 문제의식이 이 목사의 설교 속에 심층적으로 녹아 있다. 자신의 처한 역사적 사회적 현실의 프리즘으로 성서 텍스트의 의미를 묻고자 하는 진지한 시도들이 엿보이기 때문이다. 따라서 그의 설교 속에 나타난 대화의 방식을 신학적으로 검토하려고 한다. 마지막으로 이 목사의 그의 설교 속에서 그리고 있는 예수의 초상을 최근의 역사적 예수 연구의 전망에서 평가해 보고자 한다.

---

1) 공관복음서의 구전 단위에 대한 양식 비평은 루돌프 불트만,『공관복음서전승사』, 허혁 역 (서울: 대한기독교서회, 1991)을 참조하라.

II. 신약성서, 설교의 준거점

우리가 누군가의 설교를 평가할 때 그 준거점은 무엇일까? 사실 평가자의 기준은 그가 처한 교단이나 그의 신학적 선입견에 좌우될 수밖에 없다는 사실은 불문가지이다. 근본주의자가 다른 사람의 설교를 평가한다면 그의 작업은 근본주의 신학의 틀 속에서 진행될 것이 분명하다. 그러나 자유주의자의 설교 비평은 자유주의적 전망에서 이루어질 것 또한 자명하다. 이렇듯 모든 설교 비평이 평가자의 신학적 선입견을 벗어날 수 없다면, 설교에 관한 개연성 있는 평가 기준을 세우는 일은 불가능한 것일까? 평가에 관한 최소한의 공통분모는 없는 것일까?

모든 기독교인들이 수긍하는 공통의 기반은 성서이다. 따라서 우리는 설교 비평의 기준점을 성서에서 세울 수밖에 없다. 이런 점에서 기독교 설교의 원형들은 복음서에 기록된 예수의 가르침과 사도행전과 바울의 서신들에 나타난 사도들의 설교에서 찾아야 한다. 가령, 마태가 보도하는 예수의 산상설교(마 5-7장)나 요한의 예수가 제자들에게 행한 고별설교(요 14-17장), 그리고 바울의 고별설교(행 20:18-35) 등을 대표적인 사례로 들 수 있을 것이다. 따라서 모든 설교의 형태와 내용을 평가하기 위한 준거점들은 필연적으로 신약성서에서 찾을 수밖에 없을 것이다.

그러나 외견상 신약성서의 설교들은 그 문학적 다양성과 사상적 다채로움을 보여준다. 공관복음서에 등장하는 예수의 설교는 비유의 형태를 지니고 있으며, '하느님의 나라'라는 종말론적 성격이 강한 메시지를 담고 있다. 이에 비해 바울의 설교는 서신이라는 양식 안에 예수의 십자가와 부활 사건이 함유하고 있는 '하느님의 의'가 지닌 보편적 성격에 초점을 맞추고 있다. 그렇다면 신약성서에 기록된 설교들을 관통하는 일관된 주제는 무엇일까?

일찍이 불트만은 신약성서의 핵심적 주제는 '예수가 그리스도이다'라는 케리그마kerygma에 있다고 지적한 바 있다.2) 즉 신약의 설교는 '예수가 그리스도이다'라는 핵심적 선포를 각자의 삶의 자리에서 변주한 것이라는 지적이다. 예수가 그리스도라는 선포의 주제는 왜 예수가 그리스도인가? 라는 질문을 전제한다. 진정한 설교는 케리그마의 단순한 반복으로 그치는 것이 아니라, 사회·역사적 현실 속에서 예수가 그리스도라는 고백이 의미하는 바를 진지하게 되묻는 것이다. 이런 점에서 "설교란 복음이 설교자의 인격, 곧 그리스도상이란 필터를 통해 여과된 말씀"이라는 이계준 목사의 정의는 적절한 것이다.3) 왜냐하면 설교자는 그리스도라는 거울을 통해 자신의 모습과 그 시대의 모습을 성찰할 수 있어야 하기 때문이다. 복음서는 이러한 성찰의 결과물들이다. 가령 마가복음을 기록한 초기 기독교 공동체는 유대-로마 전쟁의 참화 속에서 자신들이 겪는 수난을 역사적 예수의 수난에 비추어 봄으로써, 예수의 고난을 현재화하고 있다. 그 결과 마가는 고난받는 메시아라는 새로운 그리스도론을 산출할 수 있었다.4)

몇 해 전부터 『기독교사상』을 통해, 정용섭 목사는 한국 대형 교회 목사들의 설교를 신학적으로 분석하는 소위 "설교 비평"이라는 새로운 시도를 해오고 있다.5) 그동안 목회자들의 설교는 신성불가침의 영역으로 간주되

---

2) R. 불트만, 『신약성서신학』, 허혁 역 (서울: 성광문화사, 1989), 1.

3) 이계준, 『축제와 고난』(서울: 진흥, 2008), 104.

4) Garry Wills, *What The Gospels Meant* (London: Penguin Books, 2008), 11-56; Graham N. Stanton, *The Gospels and Jesus* (Oxford: Oxford University, 1989), 34-58 을 참조하라.

5) 정용섭, 『속빈설교 꽉찬설교』(서울: 대한기독교서회, 2006); 정용섭, 『설교와 선동사이에서』(서울: 대한기독교서회, 2007); 정용섭, 『설교의 절망과 희망』(서울: 대한기독교서회, 2008); 유경재 외, 『한국교회 16인의 설교를 말한다』(서울: 대한기독교서회,

어왔다. 근대의 모든 공적 자리에서 요청되는 합리적 의사소통과 진지한 비평적 대화는 한국교회의 설교 강단에서는 좀처럼 찾아보기 힘들었다. 이런 점에서 한국교회는 아직도 근대를 넘어서지 못한 전근대적인 소통 공간이라 할 수 있다. 낡은 교리에 대한 맹목적인 추종과 성서에 관한 무분별한 문자적 해석과 신학적 성찰의 부재는 한국교회를 반사회적이고 몰역사적인 집단으로 만들어 가고 있다. 민주사회가 요청하는 관용과 다양성의 상식적인 세계관이 도무지 통하지 않는 한국교회는 점차 '저들만의 리그'로 전락하고 있다. 교인들이 직면한 다양한 삶의 무늬와 결들을 무시하고 폭력에 가까운 일방적 선동을 설교로 치장하고 있는 실정이다. 말씀을 강조하는 한국교회는 말씀의 진의를 왜곡하고 성서의 메시지를 개인과 집단의 이데올로기로 전락시켜 버리고 말았다.

최근의 설교 비평가들이 제일 먼저 지적하고 있는 것은 설교자들이 선택한 성서 텍스트의 의미가 자의적으로 해석되면서, 그 본문의 원래적 의미가 왜곡된다는 점이다. 정용섭은 다음과 같이 지적한다.

필자는 설교 비평 작업을 전개하면서 기회가 닿는 대로 그 문제를 지적했다. 크게 보면 두 가지이다. 하나는 설교자들이 성서 텍스트에 관심이 없다는 사실이며, 다른 하나는 성서 텍스트가 해석되지 않는다는 사실이다. 성서 텍스트는 실종된 채 설교자의 주관적인 신앙체험이 과잉 생산되며, 성서 텍스트가 다루어진다고 하더라도 단지 규범으로만 취급된다. 이 사실은 복음주의나 에큐메니컬에 상관없이 거의 모든 설교자에게 일반적으로 나타나는 명백한 현상이다.6)

2004)를 참조하라.
6) 정용섭, 『설교와 선동사이에서』, 5.

시중에서 판매되는 대형 교회 목사들의 설교집들을 분석해 보면 본문의 맥락과 문맥에 관한 면밀한 독해가 결여되기 십상이며, 본문의 메시지가 전혀 다른 취지로 곡해되는 경우가 비일비재하다. 가령 누가복음 1장에 등장하는 마리아 찬가가 지니는 사회 윤리적 차원을 무시하고 개인의 기복적 차원에서만 해석하는 경우는 차지하고라도, 예수의 하느님 나라를 내세의 천국으로 이해하고 지칭하는 경우를 대개의 강단 설교에서 발견하게 된다. 또한 한국의 대형 교회 설교자들은 성서의 구절들을 최대한 많이 인용하는 것이 성서적 설교라고 착각하는 경향이 있다. 그러나 본문의 역사적 배경과 문학적 문맥과는 상관없이 구절들을 나열하는 것만으로는 성서적 설교가 될 수 없다. 존 낙스John Knox는 성서의 본문에 기초하면서도 매우 비성서적인 설교를 할 수도 있고, 본문에 얽매이지 않고도 매우 성서적인 설교를 할 수 있다고 지적한다.7) 중요한 것은 본문을 설교자의 의도에 맞추기보다는, 먼저 본문이 전하는 의미와 뜻을 정확하게 파악하고, 본문의 전하는 메시지에 귀를 기울이려는 태도가 선행되어야 한다. 때문에 진지한 설교자는 본문이 전하는 원래적 메시지를 이해하려는 엄격한 언어적-역사적 연구를 게을리 해서는 안 된다.

근대의 역사 비평은 성서 본문의 역사적 삶의 자리를 복원함으로써 성서 텍스트의 역사적 삶의 자리를 규명해 내었다. 그러나 역사 비평은 성서의 본문들을 통시적diachronic으로만 취급함으로써 성서 본문이 지닌 사회적인 성격, 즉 그 공시적synchronic인 측면들을 간과해 왔다. 최근에 등장한 사회과학적 성서 해석은 이러한 역사 비평의 약점을 보완하고 있다.8) 이

---

7) John Knox, *The Integrity of Preaching* (New York: Abingdon Press, 1957), 19.
8) 사회과학적 성서해석에 대해서는 John H. Elliott, *What Is Social-Scientific Criticism?* (Minneapolis: Fortress Press, 1993); Richard Rohrbaugh (eds), *The Social Science and New Testament Interpretation* (Peabody: Hendrickson Publishers, 1996)을 참조하라.

들은 성서본문들이 당시의 사회·문화적 조건 속에서 형성되었다는 사실을 강조한다. 이러한 흐름 속에서 텍스트의 의미는 컨텍스트의 상호작용에서 발현된다는 것이 현대의 성서학이 도달한 해석학적 결론이다.

하버드 대학 신학부에서 오랫동안 신약학을 가르쳤던 스텐달K. Stendahl은 성서 텍스트를 다루고자 하는 사람들이 유념해야 할 두 가지 질문을 다음과 같이 지적한 바가 있다. 첫째, 그 본문이 무엇을 의미했는가?(What it meant?) 이 말은 성서 해석자는 자신이 다루고자 하는 텍스트가 산출된 역사, 사회적 배경과 환경 속에서, 그 일차적 의미를 독해해 내야 한다는 것이다. 성서 본문의 역사성과 사회·문화적 성격을 탐색하는 일은 성서해석에 있어 최소한의 객관성과 합리성을 확보하는 기초적 주석 작업의 일환이라 할 수 있다. 이러한 작업을 게을리 할 때, 성서의 본문은 설교자들의 이데올로기나 욕망을 합리화는 수단으로 전락한다. 예를 들어 고린도 전서 13장에 등장하는 소위 '사랑의 찬가'는 사랑에 관한 무시간적 교리나 추상적인 낭만적 사랑가가 아니다. 고린도전서는 50년대 중반 그리스의 남부 항구 도시에 위치한 고린도 교회의 분열과 무분별한 교인들의 사회적 행태를 훈계하고 교정하려는 의도에서 보내진 상황적인 문건이다. 따라서 고린도전서 13장은 이러한 바울의 목회적 정황과 고린도 교회가 처해 있는 역사, 사회적 환경을 무시해서는 올바로 이해될 수 없는 것이다.

오늘 한국교회의 강단은 성서 본문에 관한 충실한 이해를 위해 필연적으로 수반되어야 최소한의 성서 신학적 이해가 자유주의적 신학으로 매도된다. 대다수의 신학교의 커리큘럼에 들어 있는 역사 비평과 성서 해석학의 전망을 자신의 설교에 반영하고, 발전시키는 목회자들의 거의 전무한 실정이다. 성서에 관한 문자적 이해와 성서영감설에서 벗어나지 않는 한 한국교회는 성서우상주의Biblicism에 빠지고 말 것이다. 이러한 현실 속에서 이계준 목사는 60년대부터 대학의 강단에서 성서비평학을 도입하여 자신의 설교에 적용하고 있다. 가령, "겸손한 마음"이란 설교에서 빌립보서 2장 5-11절을 다음과 같이 평가한다.

필립비 5장 5-11절에는 그리스도의 겸손을 노래하는 찬송이 기록되어 있습니다. 이 시는 원래 안티오키아에 있는 그리스인으로 구성된 교회에서 기원된 것으로, 19세기까지의 성서학자들은 성서를 최초로 편집한 사람이 이 시를 삽입하였다고 보았습니다. 그러나 현대 성서학자들의 공통된 의견은 바울 자신이 이 시를 인용하였다고 생각하는 것입니다. 바울이 이 시를 자기 편지에 인용한 이유는 이 찬송을 함께 부름으로써 예수 그리스도의 철저한 겸손을 배울 뿐만 아니라, 크리스천 공동체 속에서 평화와 조화를 이루게 하려는 것이었습니다.9)

위의 인용문은 이 목사가 현대 바울 신학의 동향을 정확히 파악하고 있다는 사실을 보여준다. 빌립보 5장 5-11절은 바울 자신의 것이 아니라, 이방 기독교인들 사이에서 유통되고 전승되었던 초기 기독교 신앙고백문이었다. 바울은 빌립보 교회에 전하는 편지에서 이 신앙고백문을 수신자 교회의 상황에 맞게 적절하게 편집하고 있다. 바울은 그리스도의 겸손과 자기비하를 노래하는 신앙고백문을 소개함으로써 이를 읽는 교인들에게 그리스도의 겸손을 본받아 교회 공동체 내부에서 실천하기를 권고하고 있는 것이다. 이 목사의 설교는 이러한 본문의 원래적 의도를 정확하게 파악하고 있다. 그리고 한 걸음 더 나아가 이 본문을 우리시대의 문맥에 위치시킴으로써 그 의미를 재맥락화한다.

---

9) 이계준,『하느님의 침묵』(서울: 전망사, 1985), 117-118.

서울에는 세계 최대의 단일 교회가 있고 동양 제일의 교회가 있음을 자랑합니다. 그러나 우리가 비록 모든 것을 다 가졌다고 하더라도, 어떤 무엇으로 우리를 과시한다고 할지라도, 그리스도의 겸손을 배우고 실천하지 못하는 한 하느님에게 높이 들리우는 대신에 스스로 음부에 떨어져서 멸망하고 말 것입니다. 왜냐하면 우리는 겸손하지 못할 때 교만하게 되고, 교만하면 자기를 절대화하게 되며, 자기 절대화는 자기를 우상화하게 되기 때문입니다. 그리고 인간이 신이 될 때 그 인간은 이미 자기를 잃어버린 존재요 분열된 인간이 되고 말기 때문입니다.[10]

이로써 빌립보 교인에게 보내는 편지의 수신인이 교회의 양적 성장과 물질적 교만에 빠져 있는 오늘 우리 한국 교인들에게 보내는 편지가 되는 것이다.

이처럼 설교란 본문이 생산된 원래적 삶의 자리와 아울러 그것이 하느님의 말씀으로 선포되는 '지금 여기'에서의 삶의 자리가 융합되어야 한다. 성서의 본문이 자리하고 사회·역사적 환경만을 재구성하는 것만으로 본문의 해석이 끝난 것은 아니다. 설교자가 성서의 본문을 읽고 해석하는 것은 단순히 과거를 단순히 재생하려는 고고학적 취미에 이끌려서가 아니기 때문이다. 설교라는 것은 일종의 소통의 행위이다. 과거의 하느님의 말씀을 우리의 삶의 자리에서 재맥락화, 의미화하지 않는다면 그것은 설교가 아니라 학문적 주석의 작업일 것이다. 이계준 목사는 자신의 첫 번째 설교집,『하느님의 침묵』머리말에서 훌륭한 설교의 요건들을 다음과 같이 밝히고 있다.

---

10) 이계준,『하느님의 침묵』, 120-121.

설교란 여전히 수월한 것이 아니라는 사실을 더욱 절감하게 된다. 결국 그 까닭은 오늘의 변화무상하고 다원적인 인간적 및 사회적 상황의 요청에 대하여 성서를 바탕으로 하는 적절한 해답을 제시해야 하는 데 있는 것 같다. 훌륭한 설교가 마련되기 위해서는 상황에 대한 철저한 분석과 함께 성서에 대한 깊은 이해가 수반되어야 하는 동시에 교회와 세계가 당면한 문제들을 극복할 수 있는 신앙적 힘과 비전을 내포하고 있어야 하니 말이다.11)

이 때문에 앞서 지적한대로, 스텐달은 성서 본문의 현대적 의미를 묻는, "What it means?"의 질문이 본문의 역사적 자리를 규명하는 "What it meant?"의 물음과 동일한 중요성을 지닌다고 지적한다. 불트만은 성서 본문은 묻지 않으면 침묵한다고 말했다. 그러나 문제는 성서를 읽는 독자와 설교자마다 질문이 다르다는 데 있다. 동일한 본문에 대해서도 독자들과 설교자들이 처한 환경과 실존적 요청이 다르기 때문에 모두가 수긍하는 개연성 있는 질문을 던지기는 거의 불가능하다는 것이다. 이 때문에 현대의 성서해석학은 해석의 전체주의를 경계하고 있다. 자신의 해석만이 절대적이라는 교조적 성서 해석의 폐해는, 이미 한국교회가 경험하고 있는 바이다. 따라서 균형 잡힌 설교가 되기 위해서는 신약성서에 기초한 예수와 사도들의 설교를 바탕으로 삼아야 한다. 그들의 설교 속에는 하느님의 자녀들을 위한 자유와 해방 그리고 정의가 실현되는 하느님의 나라와 예수 사건 속에 도래한 하느님의 의가 중심적 주제로 나타난다. 신약의 설교자들은 자신들이 처해진 역사적 삶의 조건 속에서 케리그마의 의미를 재맥락화하고 자신들의 삶 속에서 예수 사건을 추체험한다. 이계준 목사의 설교는 이러한 신약성서의 설교들을 충실히 따르고 있다는 점에서, 우리 시대

---

11) *Ibid.*, 5.

의 설교자들에게 보기 드문 사례를 제공해 준다. 본문에 대한 깊이 있는 성찰과 견실한 신학적 토대 속에서 이념의 과잉시대에 좌로나 우로 치우치는 설교들이 난무한 시대 속에 균형 잡힌 설교의 전범을 보여주고 있다.

III. 실존과 상황
– 이계준 목사 설교에 나타난 불트만과 폴 틸리히의 영향

성서의 말씀을 '지금 여기here and now'에 선포하기 위해서 설교자는 필연적으로 주석과 해석의 작업을 병행 할 수밖에 없다. 주석exegesis이란 성서의 본문이 지닌 원래적 의미를, 그 본문이 산출된 원래의 문화적·역사적 컨텍스트에서 이해하고자 하는 시도이다. 다시 말해 바울의 갈라디아서의 본문들을 그 당시 갈라디아 교인들의 사회·역사적 경험과 상황에 입각하여 정확하게 이해하려는 것이다. 갈라디아서는 일차적으로 우리와는 사뭇 다른 세계관과 가치관을 지닌 1세기 그레코-로만 사회에 살고 있던 사람들에게 전달된 편지이기 때문이다. 만일 설교에서 이러한 주석적 작업이 전제되지 않는다면 자칫 그러한 설교는 시대착오적anachronism 본문 이해를 수반할 수밖에 없을 것이다. 본문에 대한 적절한 주석 작업이 없는 설교는 설교자의 자의적 해석을 낳을 수 있으며, 본문에 대한 최소한의 객관적 이해를 상실할 위험이 있다. 한국의 대형 교회 설교자들이 대부분이 결여하고 있는 것이 본문에 대한 정확한 주석적 이해라 할 수 있다.

그러나 본문에 관한 역사적인 이해와 지식만으로 설교가 되는 것은 아니다. 설교가 성서 본문이 지닌 현대적 의미를 산출하지 못한다면 진정한 의미에서 설교가 될 수 없다. 오늘 이 자리에서 선포되는 하느님의 말씀이라고 한다면 설교는 반드시 해석interpretation을 수반해야 한다. 일반적으로 강해라고 이해되는 것은 해석에 가깝다. 설교는 이처럼 주석과 해석의 과정을 통해 청중들에게 선포되는 것이다. 그러나 해석의 작업은 주석과 같이 역사적·문헌학적 엄밀성만을 수반할 수 있는 작업이 아니다. 왜냐하면 설교자는 자신의 신학적 선입견과 실존적 경험을 본문에 투사할 수밖에 없기 때문이다. 가부장적 지배질서에 익숙했던 과거의 설교자들은 성서의 여성해방적 본문들을 무시하였고, 근본주의자들은 예수의 전복적인 가르침을 영적인 의미로만 이해하여 왔다. 따라서 설교는 설교자가 몸담고 살아왔던 역사, 사회 그리고 문화적 삶의 자리와 무관하게 이해될 수 없다. 말로써 선포되는 설교보다 글로써 기록된 설교일 경우에는 이러한 특성이 더욱 두드러진다.

비록 하느님의 말씀으로 선포되는 설교일지라도 그것이 한시적이고 상황적인 성격을 지닐 수밖에 없는 인간의 언어로 표현된다는 점에서, 설교자의 언어 행위와 그것 속에 담겨 있는 생각과 사상의 준거틀을 살펴보는 일은 중요하다. 따라서 폴 틸리히의 다음과 같은 지적은 모든 설교자들이 유념해야 할 바이다.

말을 통한 계시revelation through words는 "계시된 말revealed words"과 혼동되어서는 안 된다. 인간의 말은 성스러운 언어로 이루어져 있든지 아니면 세속적인 언어로 이루어져 있든지 간에 인간의 역사 과정 속에서 생산된 것이며, 정신과 실재 사이의 경험적인 상관관계 위에 근거하고 있는 것이다.12)

따라서 설교자의 생각과 사상은 그가 살아온 역사와 그가 몸담고 있는 사회와 일차 준거집단과 밀접한 관계를 지닐 수밖에 없다. 일본 제국주의

---

12) 폴 틸리히, 『조직신학 I』, 유장환 역 (서울: 한들출판사, 2001), 203.

와 북한 정권의 기독교 박해 그리고 6·25와 이승만 독재와 군사정권의 폭압정치와 이에 대항한 민주화 운동 등 한국 현대사의 파란만장한 사건들은, 이계준 목사의 신앙 실존과 신학적 성찰에 커다란 영향을 미쳤다는 사실은 불문가지이다. 그는 목회자의 가정에서 태어나 일제 말기의 군국주의와 해방 전후의 북한의 전체주의적 통치에 저항하였던 부친의 영향으로 기독교적 자유의 의미를 일찍이 몸으로 체득하고 있었다. 그의 자서전, 『희망을 낳는 자유』에서 부친의 기독교적 유산과 신학으로 방향 전환의 이유를 다음과 같이 토로하고 있다.

> 아버지는 나에게 많은 지식이나 재물의 우산을 남겨놓지 않았고 공부를 잘 하거나 훌륭한 사람이 되라는 말씀도 하신 적이 없다. 그러나 아버지는 내가 나 되는데 없어서는 안 될 귀중한 유산을 주고 가셨다. 그것은 자유와 성실성이다. 나는 자라면서 아버지가 3·1 독립운동에 참여했다가 4년간 옥고를 치렀고 그 일로 인해서 일본 형사들이 자주 집에 온다는 것을 알게 되었다. 이것은 일제 치하에서 우리의 자유가 침해당하고 있다는 사실을 깨닫게 하였고, 내 마음에 반일정신이 점점 싹트기 시작하였다. … 학교에서 또한 사회에서 공산주의 선전이 강화되고 병영화되며 개인 언행의 자유가 제한될 때 나는 이에 대한 반발이 점점 거세지게 되었다. 공산주의에 대한 간접적인 저항과 자유에 대한 동경이 교회에 대한 관심을 되살렸고 성화신학교에 입학하는 자극도 되었을 것이다.[13]

이러한 고백에서 알 수 있듯이 이 목사는 기독교 민족주의자였던 부친의 영향 속에서 일본 제국주의의 억압과 해방 이후 북한 정권의 이데올로

---

13) 이계준, 『희망을 낳는 자유』(서울: 한들출판사, 2005), 43.

기 교육에 심한 거부감을 지니게 된다. 그가 평양 제일고급중학교를 그만 두고 성화신학교에 입학한 것도 이러한 연유였다. 그는 생래적으로 자유 주의자이었던 모양이다. 그의 설교에서 유독 자유라는 단어를 자주 발견 하게 되는 것도 결코 우연이 아니다. 그는 "우리는 자유인인가?"라는 설교 에서 고린도전서 10장 23-33절을 본문으로 택하여 우리 시대에 있어 진 정한 자유의 의미를 되묻는다.14) 이 목사의 설교 속에서 2천 년 전 그리스 남부 겐그리아 항구에 위치한 고린도 교회가 직면한 문제를 특수한 문제, 즉 우상의 제물로 바쳐진 고기를 먹는 문제를 다루는 와중에서 거론된 자 유의 문제가, 시공간을 뛰어 넘어 우리 시대의 자유의 문제로 재해석된다.

사도 바울은 고린도전서 10장 23-33정에서 제사상에 놓았던 음식을 먹을 것인가 먹지 말 것인가에 대하여 말하면서, 그리스도인의 자유의 원리를 근거 로 말하고 있습니다. 비록 이 본문에서는 자유의 문제가 제사와 관련된 것이 기는 하지만, 오늘 우리의 현실의 문제를 해결하는 데 하나의 실마리를 던져 준다고 생각합니다. … 오늘 우리가 당면한 모든 자유의 남용은 바로 이 자유 의 통제가 이루어지지 않기 때문에 문제가 된다고 볼 수 있습니다.

즉 자기 자신의 자유를 남용함으로써 이웃과 사회에 손실과 파괴를 가져오 고 있다는 것입니다. 그러나 그리스도인의 자유는 소극적인 데 머무르지 않고 보다 적극적으로 이웃의 자유를 위해 나아갑니다.15)

동일한 본문을 다룬 또 다른 설교, "사랑하는 자유"에서는 '~로부터의' 소극적 자유가 아닌 타자를 사랑할 수 있는 적극적 자유의 의미를 말하고

---

14) 이계준, 『어울리는 삶』(서울: 전망사, 1992), 226-232.
15) *Ibid.*, 228-229.

있다.

하느님이 우리에게 주신 자유는 사랑을 위한, 사랑하는 자유라고 말해도 좋습니다. 사랑 없는 자유는 피의 투쟁이 되고, 무관심과 파괴와 살인을 초래합니다. 사랑하는 자유만이 우리의 삶을 창조적이고 능동적이며 긍정적인 방향으로 이끌어 갑니다.[16]

이러한 자유에 대한 갈망과 강조는 그의 역사적 경험과 아울러 전후를 지배했던 실존주의의 영향 때문이다. 이계준 목사가 신학을 공부하던 시기에 성서학 연구는 양식사학파가 주도하고 있었다. 불트만을 중심으로 후기 하이데거의 영향으로 실존주의적 성서 해석이 주를 이루고 있었다.[17] 이러한 시대 상황을 이 목사는 다음과 같이 고백한다. "제가 신학교에 다니던 1950년대는 세계 사상의 주류가 실존주의였습니다. 신학도, 철학도, 문학도 모두 실존주의를 빼면 읽을거리가 없을 정도였습니다."[18] 이러한 시대 분위기 때문인지 그의 설교에서는 사르트르, 까뮈, 그리고 에리히 프롬과 같은 실존주의 작가들의 작품이 자주 인용된다. 이들의 철학적·문학적 화두는 인간 실존의 문제와 자유에 귀결된다. 동일한 선상에서 2차 세계대전 이후를 풍미하였던 실존주의 성서 해석은 신약성서가 인간의 실존적인 문제, 즉 죄와 죽음 같은 인간의 한계 상황 속에서 구원은 케리그마에 대한 응답인 믿음으로 가능하다고 역설한다. 여기서 믿음이란 하나의 실존적인 결단an existential decision의 행위이며, 이 결단을 통해

---

16) 이계준, 『하느님의 침묵』, 72.

17) 불트만의 실존주의적 성서해석에 대해서는 발터 슈미탈스, 『불트만의 실존론적 신학』, 변선환 역 (서울: 대한기독교출판사, 1983)을 참조하라.

18) 이계준, 『축제와 고난』, 202.

인간이 새로운 방식의 삶을 살게 된다는 것이다. 불트만은 다음과 같이 주장한다.

하나님을 믿기를 원하는 자는 그 자신이 이른바 진공 속에 서 있음을 알아야 한다. 모든 형태의 안정성을 다 포기한 자만이 진정한 안정성을 얻는다. 인간은 언제나 하나님 앞에서는 빈손으로 서 있는 존재다. 모든 안정성을 포기하고 내버린 자는 안정성을 발견하게 된다.[19]

불트만과 더불어 이계준 목사의 신학적 세계관에 큰 영향을 끼친 학자는 폴 틸리히Paul Tillich(1886-1965)이다. 그는 칼 바르트와 더불어 20세기를 대변하는 기독교 사상가로, 신적 계시에 출발하는 바르트와는 달리 인간 상황과 대화하려는 경험 중심적 신학을 전개했다.[20] 그에 따르면 신학의 과제는 그리스도교의 메시지가 전하는 진리를 진술하는 일과 모든 세대를 위해 이 진리를 새롭게 재해석하는 것이라고 주장한다.[21] 폴 틸리히는 이러한 자신의 신학 방법론을 소위 '상관의 방법method of correlation'이라 명명했으며, "기독교 신앙의 내용을 실존적 질문들과 신학적 답변들의 상호관련성을 통하여 설명하려는 것"이라고 정의한다. 즉 인간이 처한 상황을 분석하여 거기에서 제기되는 질문들을 명확히 한 다음, 성서에서 그 답변을 찾아내어 그 둘을 논리적으로 서로 연관시키는 방법이라 할 수 있다.

이계준 목사는 폴 틸리히의 신학을 일찍부터 한국에 소개했다. 그는

---

19) R. 불트만, 『예수 그리스도와 신화』(서울: 신태양사, 1978), 196.
20) 폴 틸리히에 대해서는 박만, 『폴 틸리히: 경계선상의 신학자』(서울: 살림, 2003)을 참조하라.
21) 폴 틸리히, 『조직신학 I』, 13.

틸리히의 저서, 『궁극적 관심: 현대 청년과의 대화』와 『문화와 종교』를 번역했으며, 그의 설교에는 폴 틸리히의 신학 사상이 자주 언급된다. 가령 "인간의 궁극적 관심"이란 설교에서는 요한일서 4장 16-17절을 본문으로 채택하며 폴 틸리히의 '궁극적 관심ultimate concern'에서 해석한다.

틸리히는 "궁극적 관심"이란 인간이 어떤 절대적 존재에게 사로잡힌 상태라고 정의하였습니다. 그러면 이 "궁극적 관심" 곧 우리를 사로잡는 절대 진리란 무엇입니까? 그것은 사람의 종교나 신앙에 따라 그 이해와 표현이 제각각일 것입니다. 그러나 절대자나 절대 진리를 인정한다면 우리를 사로잡는 것은 어떤 추상적이고 철학적인 진리가 아니라 그것이 지닌 사랑의 힘이 아닐까 생각합니다. 우리를 사로잡는 그 진리는 곧 사랑이라는 말입니다.[22]

또한 "위기를 극복하는 신앙"이라는 설교에서는 틸리히의 시간관에 기초하여 마태복음 25장 1-13절의 본문이 전하는 종말론적 삶의 윤리를 제시한고 있다. 이 목사는 틸리히의 시간관을 다음과 같이 소개한다.

신학자 폴 틸리히는 시간을 두 가지로 나누었습니다. 그것은 크로노스Kronos와 카이로스Kairos로서, 크로노스는 셀 수 있는 역사적 시간이지만 카이로스는 셀 수 없는 영원한 시간, 하느님 나라가 도래하는 시간입니다. 크로노스는 과거, 현재, 미래라는 시간의 범주에 속하지만, 카이로스는 그 범주를 초월합니다. 그것은 역사와 시간을 초월하면서 역사 속에 들어오시는 하느님의 시간, 하느님의 나라입니다.[23]

---

22) 이계준, 『축제와 고난』, 155.
23) 이계준, 『마르타 콤플렉스』, 102.

이러한 역사관은 구약의 예언자들과 예수의 역사관이다. 예수의 겨자씨 비유와 지혜로운 다섯 처녀 비유는 미래의 시간에서 침투해 들어오는 하느님의 종말론적 희망을 예시한 것이다. 과거와 현재보다는 미래의 희망의 관점에서 현재의 고난의 뜻에 깃들어 있는 하느님의 구원 섭리를 읽으려는 성서적 역사관이다. 이러한 관점은 "희망하는 사람"이라는 설교에 잘 드러나 있다.

우리의 희망은 수동적으로 기다리는 것이 아닙니다. 그것은 막연한 기대나 바람이 아닙니다. 그것은 적극적이고 창조적인 희망입니다. 기독교 신앙은 그리스도의 부활을 오늘의 산 경험으로 삼는 것과 마찬가지로 희망을 오늘의 삶 속에 실현하는 것입니다. 이것은 곧 우리의 현재의 고난을 미래의 영광스런 하느님 나라의 빛에서 참고 견디는 동시에 미래에 나타날 사랑과 정의의 하느님 나라를 현재의 삶 속에 실천하는 것입니다.[24]

이러한 이 목사의 종말론적 역사의식은 크리스천들의 책임적 응답을 강조한다. "하느님의 해방"이라는 설교에서 그는 8·15 광복절의 의미를 출애굽 전승에 터하여 찾고자 한다. 이는 함석헌 선생이 『뜻으로 본 한국역사』에서 한국의 역사에서 점철된 고난의 의미에서 하느님의 뜻을 찾고자 했던 것과 유사한 기독교적 역사의식이라 할 수 있다. 그는 8·15를 이렇게 해석한다.

8·15는 분명히 하느님의 해방입니다. 함석헌 씨는 8·15를 "하늘이 주신 떡"이라고 표현했습니다. 그것은 하느님의 값없이 주시는 은총의 선물이기

---

24) *Ibid.*, 159.

때문입니다. 그러므로 이것은 우리의 역사적 신앙인 동시에 후세에 바로 전달되어야 할 값진 유산이기도 합니다. 이 신앙적 유산이 우리의 민족사를 새로 창조하는 출발점이 되어야 할 것입니다.[25]

이러한 신앙적 역사의식을 우리는 이 목사의 두 번째 설교집, 『마르타 콤플렉스』에 수록된 "생명의 빵"이라는 설교에서 재확인할 수 있다. 그는 요한복음 6장 1-15절에 등장하는 소위 '오병이어'의 의미를 지금 이 자리에서 이해하고자 시도한다. 이 설교는 1987년 민주화 시위 과정에서, 당시 연세대 학생이었던 이한열이 전경들이 발사한 최루탄을 맞아 18일째 사경을 헤맬 때 그를 위한 기도회에서 선포된 것이다. 우리는 이 설교를 통해 과거의 본문이 어떻게 우리에게 현재적 사건 속에 재현될 수 있는가를 발견한다.

이제 이 소년의 빵과 물고기는 예수의 축복을 통해 5천 명을 만족시키고 열 두 광주리나 남았습니다. 빵은 고난의 이웃과 나눌 때 생명력을 발휘하는 것입니다. 이 기적의 사건이 예수께서 잡히신 과월절을 앞에 두고 일어났음을 상기하면서 소년의 빵이 예수의 희생적 삶을 시사하고 있다는 느낌을 가져 봅니다. … 우리 모두의 민주화의 정열이 한열 군이 하느님에게 바친 생명의 빵에 힘입어 솟아오르기 시작했습니다. 그는 자기가 가지고 있던 보리빵 다섯 개와 물고기 두 마리를 모두 우리에게 주고 자기는 먹지 못했기 때문에 그는 지금도 일어나지 못하고 사경을 헤매는지 모릅니다. 혹은 한열 군은 이 땅에 민주화의 불길을 질러 놓고 홀연히 사라져 버릴 하느님의 사자인지도 모르겠습니다. 하여간 그는 본회퍼가 말한 것과 같이 크리스천이 되는 것은 곧 작은

---

25) 이계준, 『하느님의 침묵』, 24

그리스도가 되는 것임을 깊이 인식했던 것 같습니다. 그러기에 그는 자신의 생명의 빵을 민중을 위해 바친 것이 아니겠습니까?26)

예수에게 빵을 드린 어린 소년과 자신의 몸을 민주화의 제단에 바친 이한열의 희생, 그리고 그 예수의 희생적 죽음을 빵이라는 성만찬의 유비를 통해 연결시키고 있는 이 목사의 혜안은 예언자적 설교의 한 전형을 보여준다. 폴 틸리히는 "신학이 고려해야 하는 '상황'은 모든 종류의 심리적, 사회적 조건 아래에서 역사의 모든 순간에 수행되는 창조적인 실존 해석이다"고 지적한 바 있다. 이 목사의 설교는 이러한 틸리히의 신학적 명제를 자신의 설교 속에 잘 반영하고 있다. 그에게 있어 하느님의 말씀은 성서의 문자나 교리 신학의 테제가 아니라, 성서를 창출하고 성서를 성서이게 만드는 '궁극적 관심', 즉 성서가 증언하는 새로운 존재, 새로운 실재가 영원한 진리이다. 즉 그리스도이신 예수에 나타난 새로운 존재(The new Being revealed in Jesus Christ)가 그리스도인들에게는 궁극적 계시The final revelation이고, 그것이 케리그마의 내용이 된다는 점을 이 목사는 자신의 설교에서 보여준다.

IV. 이계준 목사의 예수 이해

설교자가 어떠한 예수 이해, 다시 말해 어떤 기독론Christology을 지녔는가를 살펴보는 것은 매우 중요한 일이다. 왜냐하면 설교를 통한 선포의 가장 핵심적인 내용이 '예수는 그리스도'라는 케리그마에 있기 때문이다.

---

26) 이계준, 『마르타 콤플렉스』, 69-72.

따라서 설교자는 예수 사건을 자신의 청중들에게 설교를 통해 또는 자신의 삶을 통해 재현할 수 있어야 한다. 그러나 이러한 재현의 방식은 설교자가 지닌 시대정신이나 그의 신학적 프리즘을 통해 드러날 수밖에 없다.

사실 신약성서의 저자들은 다양한 방식으로 예수가 그리스도임을 묘사한다. 초기 기독교의 역사 또한 예수의 정체성을 둘러싸고 벌어진 다양한 기독론 논쟁을 보여준다. 예일 대학의 저명한 교회사학자, 펠리칸 교수는 2000년 교회의 역사 속에서 나타난 다채로운 예수 이해에 관한 흥미로운 책을 저술한 적이 있다.27) 초기 기독교의 목자로서의 예수 이미지로부터, 중세의 권위적인 모습과 근대의 낭만적이고 인간적인 예수의 모습까지 각각의 시대는 그 시대의 주도적인 시대정신으로 다채로운 예수의 이미지를 그려왔다는 것이다. 사실 신약성서의 복음서 또한 초기 기독교 공동체들의 예수에 관한 다양한 신학적 해석을 보여준다. 가령 마태는 예수를 새 이스라엘(교회)에 새로운 가르침을 주는 모세와 같은 인물로 구성한다. 이에 반해 마가는 예수를 수난받는 하느님의 아들이라는 새로운 메시아관을 피력한다. 한편 누가는 잃어버린 자들을 찾아나서는 인물로 그리고 요한의 예수를 하느님과 같은 신적인 인물로 묘사한다. 이러한 예수에 관한 복음서 저자들의 다채로운 해석들은 비일관성의 모습으로 보기보다는 예수 사건의 의미를 둘러싼 초기 기독교인들의 진지한 신학적 성찰의 모습을 보여준다. 그들은 예수가 그리스도라는 주제를 자신들의 처해 있던 사회·역사적 환경 속에서 추체험하며 재맥락화하고 있다는 사실을 우리는 이들의 다양한 예수 이미지 속에서 깨닫게 된다. 히브리서 기자는 "예수 그리스도께서는 어제나 오늘이나 영원히 한결같으신 분이십니다"(히 13:8)라고 고백하고 있다. 그런 그는 예수를 하늘 성소의 대제사장으로 해석하고

---

27) 야로슬라프 펠리칸, 『예수의 역사 2000년』, 김승철 역 (서울: 동연, 1999).

있다. 예루살렘 성전이 로마에 의해 파괴된 상황 속에서 예수 사건의 제의적 의미를 유대적 성전 신학의 패러다임에서 재해석하고 있는 것이다.

슈바이처는 역사적 예수 연구의 고전으로 평가 받고 있는, 『역사적 예수의 문제』(*The Quest of Historical Jesus*, 1906)에서 다음과 같이 말한다. "모든 시대는 예수 안에서 그 시대의 사상을 발견하였다. 그것은 참으로 예수를 살아 있게 하는 유일한 길이다. 왜냐하면 사람들은 늘 자신들의 성격에 따라서 예수를 만들어 냈기 때문이다." 이 말은 역사적 예수를 규명하는 작업은 연구자의 가치관과 시대정신에 의해서 제약될 수밖에 없다는 사실을 암시한다. 따라서 역사적 예수를 재구성하는 작업은 실제 예수real Jesus를 찾는 일이 아니라, 우리 시대의 역사의식 속에서 의미 있게 재현될 수 있는 예수상이 요청될 뿐이다.28) 따라서 설교자들은 자신들의 시대 속에서 끊임없이 예수가 그리스도임을 증언해야 하는 사명이 있다. 그러나 그것은 단지 교리의 나열이나 반복이 아니라, 자신의 역사, 사회적 실존 속에서 예수 사건을 새롭게 증언하고 체험함으로써 가능하다.

1970년대 민중신학자들은 전태일의 죽음 속에서, 한국의 수난받는 민중들의 모습 속에서 예수 사건의 재현을 경험하였다고 고백한다. 그들은 신앙의 그리스도Christ of faith의 배후에 있는 역사적 예수historical Jesus 사건의 현재성을 증언하였다. 대학의 비판정신과 민주주의에 대한 당위적 요구가 무시되던 1970년대에 해직 당한 이계준 목사의 예수 이해에도 민중신학적 기독론의 일단을 엿볼 수 있다. 우선 그는 추상적인 교리적 예수를 뛰어넘어 당대의 역사·사회적 현실 속에서 예수 사건의 의미를 묻는다. 그는 "안식처의 포기"라는 설교에서 다음과 같이 말한다.

---

28) 정승우, 『예수, 역사인가 신화인가』(서울: 책세상, 2005), 10.

"예수께서 머리 둘 곳도 없다고 하신 말씀은 자신의 삶의 자세를 경제적으로 사회적으로 소외된 사람들과 동일시한다는 뜻으로 해석할 수 있다고 봅니다."29)

그러나 예수의 이러한 낮아짐은 계급적 당파성만을 의미하는 것으로 해석될 수는 없다. 왜냐하면 "예수께서 머리 둘 곳 없는 사람들의 편에 선 것은 그 동기가 순전히 그들을 사랑하는 희생정신의 발로이지 정치적 폭동이나 반사회적 운동에서 비롯된 것은 아니었기" 때문이다.30) 이 목사에 따르면 예수의 사명은 특정 계층을 향한 것이 아니라, 하느님의 나라를 대망하는 모든 이들을 향한 보편적 성격을 지닌다는 것이다. 그러나 예수 운동의 목표를 추상적이고 감상적인 영혼 구원의 문제로만 축소시킬 수 없다는 사실 또한 이 목사는 명확히 지적한다.

비록 그(예수)는 사상과 방법에 있어서 젤롯당과 달랐지만, 고난당하고 착취당하는 자기 민족의 자유와 해방을 위해 뜻을 함께 하였다는 것은 복음의 사회-역사성과 깊은 관계가 있다고 느낍니다. 만일 예수께서 홀로 십자가에서 죽으셨다면, 그의 십자가의 역사적 의미는 별로 문제 되지 않고 순수한 종교적 의미로만 가득 찼을지도 모릅니다. 그러나 그가 젤롯당원들과 함께 죽었다는 사실은 그의 죽음이 우리의 삶에 접근해 옴을 실감하게 합니다. 예수의 보편주의적 인간 구원의 역사는 가장 구체적인 인간적, 정치적, 역사적 사건과 직결되므로 그것은 추상적, 관념적 이론이나 종교적 감상주의를 벗어나서 우리의 개인적, 사회적 실존 속에 의미와 희망을 던져 주는 구체적 현실로

---

29) 이계준, 『하느님의 침묵』, 146-147.
30) *Ibid.*, 147.

나타납니다.[31]

그러나 무엇보다 이계준 목사의 예수는 성삼위의 2격인 성자 예수도 아닌, 다윗의 아들도 아닌 질박한 나사렛의 촌뜨기의 모습을 하고 있는 인간적인 너무도 인간적인 인물이었다. 그의 설교 "촌뜨기 나사렛 예수"(『마르타 콤플렉스』, 142-151)에서 그는 자신의 예수관을 다음과 같이 피력한다.

왜 하필 "촌뜨기 나사렛 예수"냐고 묻는다면 우선 그 이유를 두 가지로 말씀드릴 수 있습니다. 하나는 그가 이름도 없는 시골에서 자랐기 때문이고, 다른 하나는 그의 생각과 행동이 그 당시 사회에는 걸맞지 않는 지진아의 것과 같았기 때문입니다.[32]

사실 나사렛 예수는 세련된 도시의 언어를 구사하기보다는 갈릴리 농부들의 투박한 말들을 더 선호했다. 복음서가 소개하는 예수의 말씀은 지식인의 관념적이거나 개념적인 언어이기보다는 이야기라는 대중들의 매체였다. 그리고 그는 하느님 나라를 씨앗과 누룩 그리고 포도원과 같은 투박한 것들로 비유한다. 갈릴리 농부들의 거칠고 투박한 일상생활을 잘 알지 못했다면 이러한 비유들을 예수가 구사할 수는 없었을 것이다. 또한 복음서가 전하는 예수의 행적을 보면, 그는 대도시보다는 갈릴리의 농촌 촌락을 선호하고 있다. 이처럼 예수는 촌뜨기의 삶을 지향했고, 그의 추종자들 역시 베드로와 야고보와 같은 갈릴리의 촌뜨기 무리들이었다.

---

31) 이계준, 『마르타 콤플렉스』, 41.
32) *Ibid.*, 145.

이 목사의 '촌뜨기' 예수는 기존의 사회질서에 영민하게 타협하는 당대의 종교가들과는 다른 차원의 인물이다. 세상의 질서에 얄팍하게 순응하며 자신의 이익을 재빠르게 취하기보다는 하느님 나라의 이상적 질서를 꿈꾸었던 크게 어리석은 자의 모습을 하고 있다. 대지약우大智若愚란 옛말처럼, 복음서에 설파된 예수의 큰 지혜들은 일견 바보처럼 보인다. 슬퍼하고, 의를 위해 핍박을 받는 사람들이 복이 있다는 마태복음 5장에 나타난 소위 산상설교는, 세상 사람들이 어리석은 것으로 간주되는 것들을 축복의 항목으로 제시한다. 사람들이 선호하는 크고 넓은 문들보다는 좁은 문으로 가라는 예수는, 분명 세상물정 모르는 촌뜨기의 모습 그 자체라 할 수 있다. 예루살렘으로 행진할 때 호산나를 연호하는 사람들 사이로 위풍당당한 백마가 아닌, 어린 나귀를 타고 입성하는 예수의 행동은 촌뜨기 메시아의 어설픈 행동에 다름 아니었다. 그러나 예수의 이러한 가르침과 행동은 높고 큰 것만을 숭배하는 기존 질서에 대한 야유와 풍자의 전략이 숨어 있다.33) 오히려 권력과 폭력으로 점철된 세상 질서를 무력화시키고 해체하려는 의도가 숨어 있다. 예수의 십자가 처형은 세상의 관점에서는 어리석음의 극치라 할 수 있다. 그러나 바울은 십자가 사건 속이 함의하고 있는 하느님의 '큰 지혜'를 다음과 같이 역설적으로 선포한다.

십자가의 말씀이 멸망하는 자들에게는 어리석은 것이지만, 구원을 받는 사람인 우리에게는 하나님의 능력입니다. … 이 세상이 그 지혜로 하나님을 알지 못한 것은, 하나님의 지혜 안에서 된 일입니다. 그래서 하나님께서는 우리의 어리석은 선포로 믿는 사람들을 구원하시기를 기뻐하셨습니다. 유대 사람은

---

33) 기존의 폭력적 질서에 대한 예수의 해체 전략에 대해서는 월터 윙크,『사탄의 체제와 예수의 비폭력』, 한성수 역 (서울: 한국기독교연구소, 2004), 277-306을 참조하라.

표적을 구하고, 그리스 사람은 지혜를 찾으나, 우리는 그리스도를 전하되, 십자가에 달리신 분으로 전합니다. 이것은 유대 사람에게는 거리낌이고, 이방 사람에게는 어리석음이지만, 부르심을 받은 사람에게는, 유대 사람에게나 그리스 사람에게나, 그리스도는 하나님의 능력이요, 하나님의 지혜입니다. 하나님의 어리석음이 사람의 지혜보다 더 지혜롭고, 하나님의 약함이 사람의 강함보다 더 강하기 때문입니다.(고전 1:18-25)

이처럼 하느님의 '어리석음'을 찬양한 바울을, 이계준 목사는 다음 같이 평가한다.

사도 바울로는 자기의 특권의 상징인 로마 시민권도 포기하고 율법의 지식, 당대의 명문인 가믈리엘 문하의 교육 모두를 포기하고 스스로 지진아가 되었습니다. 그가 다마스커스로 가는 길에서 거꾸러진 것은 그리스-로마의 문화인이 촌뜨기 나자렛 예수 앞에 항복한 것이었습니다. 문화의 모든 가면을 벗어버리고 하느님 앞에 적나라하게 서는 순수한 인간상을 그리스도에게서 발견한 것입니다. 바울로는 스스로 촌뜨기가 됨으로서 기독교를 세계화하는 데 공헌하였습니다. 여기에 촌뜨기의 역할이 있습니다.[34]

이 목사에 따르면 하느님의 큰 지혜를 실천한 예수와 바울은 세속의 질서로부터 초연한 그야말로 얼뜨기들이었다. 이런 촌뜨기 예수상은 최근 서구 신학이 재구성한 사회 혁명가 예수나 현자 예수와는 사뭇 다른 예수상이다.[35] 이런 예수는 현실 권력을 장악해 줄 것을 요청한 젤롯당의 척도

---

34) *Ibid.*, 149-150.
35) 사회 혁명가로서의 예수상에 대해서는 R. Horsley, *Jesus and the Spiral of Violence*

로는 이해될 수 없는 예수이다. 또한 촌뜨기 예수는 세련된 그레코-로만의 수사학적 언변으로 초월적 지혜를 설파한 철학자 예수도 아니다.36) 겟세마네에서 하느님의 침묵을 묵묵히 견디며, 가시 면류관을 쓰고 십자가에서 세상 사람들의 조롱을 받으며 피 흘려 죽어 간 무력하고 바보스러운 그런 예수이다. 이러한 예수는 신학적인 관념 속에서 찾을 수 있는 것이 아니다. 자신의 이권을 위해 영악하게 세상과 타협하고 세속의 질서에 야합하기 바쁜 현대인들의 얄팍한 마음으로는 도저히 상상할 수 없는 예수이다.

이 목사의 촌뜨기 예수상은 『열자列子』〈탕문편湯問篇〉에 등장하는 우공이산愚公移山이라는 고사성어에 등장하는 어리석은 노인과 닮아 있다. 크게 어리석은 노인의 이야기는 다음과 같다.

옛날 중국에 태형太形과 왕옥王屋이라는 산이 있었다. 이 두 산은 둘레가 7백 리, 높이가 8만 척이나 되는 거대한 산이었다. 두 산 북쪽에 사는 아흔 살 먹은 우공이라는 노인이 산에 가로막혀 통행이 불편하자 자식들과 의논하여 산을 옮기기로 하였다. 우공은 동네 사람들을 모아 놓고 자신의 결정을 알리자 동네 사람들은 그를 비웃으며 말했다. "당신 같은 늙은이가 그 두 산을 어찌 옮기려고 하시오? 또 설령 두 산을 파낸다 하여도, 그 흙과 돌은 어디에다 버리려고 하오?" 이에 우공은 대수롭지 않은 듯 말했다. "그 흙과 돌은 발해

<hr>

(Minneapolis: Fortress, 1987)을 참조하라.
36) 최근의 예수 세미나 멤버들, 크로싼(D. Crossan), 펑크(R. Funk), 보그(M. Borg)와 같은 학자들이 재구성한 예수가 이러한 현자 예수상을 그리고 있다. 존 도미닉 크로산, 『역사적 예수』, 김준우 역 (서울: 한국기독교연구소, 2000); 로버트 펑크, 『예수에게 솔직히』, 김준우 역 (서울: 한국기독교연구소, 1999); 마커스 J. 보그, 『예수 새로 보기』, 김기석 역 (서울: 한국신학연구소, 1997)을 참조하라.

끝과 은토 북쪽에 버리면 될 것이오." 이리하여 우공은 자손들을 시켜 산을 파내며 이산작업에 들어갔다. 흙을 발해 만까지 운반하는 데 한 번 왕복에 1년이 걸렸다. 이것을 본 우공의 친구, 지수智搜가 비웃으며 만류하자 우공은 정색을 하며 말했다. "나는 늙었지만 나에게는 자식도 있고 손자도 있으니 자손대대로 파 나갈 걸세. 그러면 언젠가는 산이 변하여 평지가 될 날이 오겠지." 지수는 말문이 막혔다. 이 말을 들은 천제天帝는 우공의 의지에 감복하여 대력사인 과아씨의 두 아들을 보내 밤중에 두 산을 옮겨 놓았다.

이 우화는 세상에 자기 자신을 맞추기보다는 자기 자신에게 세상을 맞추려는 우공의 우직한 믿음이 세상을 좀 더 인간다운 것으로 변화시킨다는 사실을 전하고 있다. 자신의 믿음으로 산을 옮긴 우공처럼 '촌뜨기' 예수도 제자들에게 겨자씨만 한 믿음이 있다면 산을 옮길 수 있다고 가르쳤다. 마태복음 17장 20절에서 예수는 "너희가 만일 믿음이 한 겨자씨만큼만 있으면 이 산을 명하여 여기서 저기로 옮기라 하여도 옮길 것이요 또 너희가 못할 것이 없으리라"라고 말씀한다. 하느님 나라라는 현실적으로 불가능한 희망을 실현하려 했던 예수는 이 목사의 지적대로 세상물정 모르는 촌뜨기였을지도 모른다. 그러나 예수의 신념과 헌신이 한 알의 밀알이 되어 역사 속에서 하느님의 자유와 해방을 위해 대지약우大智若愚들의 밑거름이 되었다는 사실을 기억해야 할 것이다.

V. 나오는 말

설교 강단을 떠난 설교는 어쩌면 화석화된 글일 것이다. 설교는 일차적으로 말이며 대화이다. 따라서 대화의 상대인 청중들의 반응과 응답 또한 설교를 평가하는 데 있어 중요한 요소이다. 그러나 기록된 설교는 이러한 현장성과 역동성이 소실된다. 따라서 필자는 기록된 설교문들을 평가할 때 가장 적실適實한 방식이 무엇인가를 고민하지 않을 수 없었다. 이 글을 쓰면서 염려했던 것은 과연 설교문 행간에 묻어 있는 저자의 고뇌와 사유의 길을 얼마나 제대로 따라갈 수 있을까 하는 것이었다. 설교 텍스트 배후에 숨어 있는 역사·사회적 문맥을 어떻게 해량할 수 있을까 하는 것은 또 다른 문제였다. 어차피 저자의 손을 떠난 모든 글들은 애초의 의도와는 상관없이 이제 공적 영역으로 들어온다. 독자의 적극적인 참여를 통해 과거의 글들은 새로운 생명을 얻게 된다. 우리가 다시 이 목사의 글들을 호명하는 것은 우리의 현재적 필요 때문일 것이다. 따라서 그의 글 속에서 그의 시대가 요청했던 것보다, 우리 시대에게 필요한 신학적 지혜와 신앙적 성찰을, 더불어 가려 읽을 수 있는 맑은 지혜가 요청된다.

수십 년 전에 쓰인 글들을 들출 때마다, 우리는 주제의 낡음과 방법론의 진부함에 자칫 실망감을 표시한다. 그러나 우리 모두는 거인의 어깨 위에 서 있는 난쟁이들임을 명심해야 한다. 우리의 생각과 글들이 과거의 것보다 나아 보이는 것은, 우리가 그들의 학문적 어깨 위에 서 있다는 사실을 쉽사리 망각하기 때문이다. 특히나 젊은 신학도들은 자신의 학문적 전통을 쉽사리 망각한다. 그리고 역사의 무게를 진부함으로 상치시키며, 과거의 글과 연구 속에 깃들어 있는 '오래된 미래'를 성찰하지 못한다. 학문의 방법론은 시대에 따라 부유한다. 그러나 과거 학인들의 글과 생각이 낡아 보임에도 불구하고, 그 주제의식은 세월의 먼지 속에서도 선연히 빛을 바라는 보편적 문제의식이 있음을 우리는 확인한다. 필자는 이계준 목사의 설교들을 읽으며 이러한 사실을 재차 확인했다. 일제와 해방 그리고 분단과 군사독재라는 어려운 시대를 살아오며 불의에 굴하지 않고 참다운 그리스도의 자유를 선포하였던 그의 용기 있는 설교들은 우리 시대가 간직해야 할 소중한 기록이라 할 수 있다. 하느님의 말씀이 주술과 선동, 그리고 이데올로기로 전락하는 부박한 이 시대에, 이계준 목사의 설교들은 예수 안에서 진정한 길을 찾기 원하는 크리스천들에게 미래의 이정표를 제시해 줄 것이다.

8

이계준 목사의
설교 세계

나형석(협성대학교 교수)

들어가는 말

이 글에서 필자는 이계준 목사의 설교 세계를 조명한다. 그가 출판한 네 권의 설교집에(李桂俊, 1985; 李桂俊, 1988; 李桂俊, 1992; 이계준, 2008) 수록된 144개의 설교문과 자전적 에세이(이계준, 2005)를 기본 자료로 사용하였다. 이계준은 군목, 미국 연합감리교회 목사, 연세대학교 교목, 신반포교회, 그리고 마지막에는 늘푸른교회 설교 초빙목사로서 긴 설교 사역을 감당해 왔는데 네 권의 설교문에는 그의 대표적 설교들이 수록되어 있다. 이 설교 문들은 민주화, 산업화, 정보화, 세계화, 우주화(생태)가 사회적 이슈로 민족의 삶에 도전하고 그리스도교적 답을 요청하던 지난 50여 년의 역사적 시절을 그 배경으로 한다. 그의 선포 사역의 주요 대상은 그가 말한 대로 지성인이다. 연세대 교목, 연세대학교회, 화양교회청년부, 신반포교회, 그리고 늘푸른교회(감리교 은퇴 성직자 예배 모임)에서 설교해 왔기 때문이다.

그는 예배력, 역사적 사건들, 개인적 경험들, 성경에 따른 묵상들을 기초로 설교 본문을 정하고 있다. 144개의 방대한 주제들은 우리가 생각할 수 있는 거의 모든 삶의 언어들(신학적, 윤리적, 실천적, 경제적, 정치적, 사회학적, 심리학적, 생태학적 영역들)을 통해 하나님의 존재와 구원 사역을 비추어 낸다. 그의 설교집 제목들을 살펴보면 마치 동방정교회 예배실에 들어와 있는 듯하다. 그림대신 언어의 아이콘이 그 내벽을 이루고 있다는 것만 제외하면 말이다.

이 글에서는 네 장에 걸쳐 이계준의 설교 세계를 탐구해 본다. 첫째 장에서는 이계준의 예배론을 다룬다. 설교의 과제는 예배(하나님을 향한 존경과 감사)라는 디자인 안에서만 그 전모가 의미 있게 탐구될 수 있기 때문이다. 둘째 장에서는 예배와 관련하여 드러난 이계준 설교의 과제를 조명해 볼 것이다. 셋째 장에서는 세 개의 설교문을 예로 선택해 이계준 설교의 대체적인 구성 형식을 분석해 보고자 한다. 넷째 장에서는 설교문과 자서전 안에 숨어 있는 설교자로서 이계준의 영성을 두 가지 관점에서 살펴볼 것이다.

I. 예배: 설교적 과제의 조망점

이계준 목사의 설교적 과제를 파악하기 위해 먼저 그의 예배에 대한 이해로부터 시작하도록 하겠다. 설교란 예배 안에서 그 과제를 부여받기 때문이다. 이계준의 예배 이해는 그가 연대 루스채플의 예배 비전과 의식을 전면적으로 개정하면서 그 일의 당위성을 설명하기 위해 썼던 설교문

"생동적 예배"에 적시되어 있다. 생동적 예배란 이계준 목사의 예배 신학이
며 동시에 그의 설교적 과제를 조망할 수 있는 전망점이 된다. 이 설교문에
서 그는 로마서 12장 1절의 말씀을 인용하면서 그 본문에 "생동적 예배"라
는 제목을 붙인다. "여러분 자신을 하느님께서 기쁘게 받아 주실 거룩한
산 제물로 바치십시오. 그 것이 여러분이 드릴 진정한 예배입니다", "하나
님께서 기쁘게 받아 주실 거룩한 산 제물을 드리는 것"이 생동적 예배,
"산제사이고 영적 예배"이며1) 그것이 루스채플에 모인 교회의 공동 행위
(라이투르기아)가 되어야 한다는 것이다.

1. 이 땅에서 감격적으로 하나님께 존경과 감사 돌리기

이계준에게 생동적 예배란 회중이 하나님께 "감격"적으로 "존경과 감사
를 드리는" 행위이다.2) 이러한 예배 이해는 예수로 말미암아 드리는 찬양
과 감사의 제사(히 13:5)라는 복음적 예배이해와 궤를 같이하고 있다.

이계준에 따르면 이러한 존경과 감사의 자리는 베들레헴 잊혀진 동네,
영아 살해의 현장, 병들어 부정하게 된 몸들, 무지와 교만 가득한 이 세상
왕들의 회의실, 귀신들린 자들의 괴성과 달음질 가득한 무덤가, 미래를
잃은 노년, 쪽방촌이어야 한다. 하나님을 향한 감격에 겨운 존경과 감사는
아직도 증거와 순교가 동의어로 쓰이며 하늘에서의 탄생과 이 땅에서의
죽음이(saint) 동시적일 수밖에 없는 바로 이 땅에서 올려져야 한다. 성찬
감사기도문을 통해 우리가 참여하는 저 위대한 스랍들의 찬양은 아직은
모든 이데올로기들로 분열되고 하느님의 침묵만 가득한 저 세속의 식탁에

---

1) 이계준, 『하느님의 침묵』(서울: 전망사, 1985), 33.
2) *Ibid.*, 31-32.

서 드려져야 한다. "거룩하다 거룩하다 거룩하다 만군의 여호와여 그의 영광이 온 땅에 충만하도다"(사 6:3). 그래서 이 땅에서 하나님께 존경과 감사를 드리는 일은 쉽지 않다. 그것도 감격적으로 말이다. 불가능한 일 같다. 존경과 감사의 이유가 분명하지 않다면 말이다. 그러나 실로 그럴만 한 이유가 있다는 것이 믿음의 가르침이며 이계준의 생각이다. 그는 자신 의 공동체가 모이는 이유가 하나님께 존경과 감사를 돌리기 위함이라고 했다. 하늘이 아니라 이 땅에서 그것도 "감격적"으로 말이다. 이러한 예배 이해와 관련해서 이계준에게 설교의 과제는 이 존경과 감사의 이유를 들추 어 내주는 것 아니겠는가.

2. 진리와 영 안에서 존경과 감사드리기

이계준에 따르면 이 땅에서의 참된 예배는 그러나 오직 진리와 영 안에 서만 가능하다.3) 즉 그리스도와 영 안에서만 가능하다는 말이다. 그리스 도는 악의 땅 한 가운데서 감히 존경과 감사를 드렸던 분이며 그런 예배 행위의 모범과 터와 소망이 되시는 분이기 때문이다.

말씀은 세계를 입으셨다. 따라서 이 세계의 죄의 현실을 전 폭에서 아신 다. "우리에게 있는 대제사장은 우리 연약함을 체휼하지 아니하는 자가 아니요 모든 일에 우리와 한결같이 시험을 받은 자로되 죄는 없으시니라. (히 4:15) 따라서 그 분만이 이 세계와 함께 이렇게 탄식할 수 있다. "나의 하나님 나의 하나님 어찌하여 나를 버리셨나이까"(마 27:46). 그리고 그분 만이 이 땅에서의 찬양이 그럼에도 자신 안에서 가능해졌음을 선언하신다. "다 이루었다."(요 19:30) 그러하심으로 죄와 악의 힘 한 가운데서도 존경과

---

3) *Ibid.*, 31.

감사를 드린 첫 사람이 되셨다. 그런 분으로 그는 우리의 예배의 모범이다.

우리가 이 땅에서 그런 감사를 드릴 수 있는 것은 머리되신 그리스도와 연합하여 그분의 몸으로 변모될 때만 가능하다. 오직 그리스도 안에서만 그런 예배가 가능하다면 그분의 몸이 되는 길밖에 없다. 따라서 이 땅에서 그리스도의 몸으로 거듭나고 그런 몸으로서 분투하며 머리 되신 그리스도와의 더욱 깊은 연합을 소망하고 도모하며 산다는 것은 삶의 이유가 하나님에 대한 찬양인 우리 신앙인들에겐 존재론적인 요구사항이 된다. 이런 예배 이해에서 이계준의 설교의 과제는 회중을 그리스도의 몸으로 변모시키는 일이 된다.

3. 역사 안에서 존경과 감사드리기

이계준에게 예배는 거룩한 시공 안에 갇혀 있지 않다. 참된 존경과 감사의 예배는 삶에서 드려져야 한다. 주일 예배는 따라서 역사 속에서 심화되고 확대되어야 한다. 감사의 응답을 불러 일으킬 만한 모든 일들을 이 역사와 구체적 삶 속에서 이루어 내고 계시기 때문이다. 하나님께서 창조하시고 구원을 위해 몸을 입고 죽고 부활하신 곳 그리고 그 완성을 위해 재림하실 곳은 바로 이 역사 가운데이기 때문이다. 따라서 특정 시공 안에서의 의식으로서 예배가 아니라 삶이야말로 그분의 사역의 실체가 증거되고 존경과 감사가 올려져야 될 곳이다. 논밭에 열매가 맺히지 않는다면 마을 회관에서의 가을걷이 축제가 얼마나 공허하겠는가? 구체적인 삶 속에서 그분 사역의 흔적과 실체가 포착되고 증거되지 않는다면 예배라는 추수의 축제에 무슨 감사와 존경이 있겠는가? 그에게 생동적 예배란 이 역사 안에서 그분의 구원 활동을 증거하고 그것에 참여함으로써 더욱 깊은 존경과 감사를 드리는 일이 된다. 이계준은 이러한 생동적 예배를 선교 공동체의 예배라고도 한다.

> 예배란 교회 안에서 시작하고 끝나는 것이 아니라 우리의 삶의 현장인 사회와 역사에 직결되어야 한다는 뜻에서 생동적이고 역동적인 예배인 것입니다. … 이스라엘 민족의 신은 유목민의 신으로 유목민과 함께 움직이는 동태적 신이었습니다. 한 걸음 나아가서 우리의 하느님은 예수 그리스도 안에서 역사 속으로 침투하시고 거기서 온 인류의 구원을 위해 활동하시는 분입니다. 그러므로 우리의 예배는 역사 안에서 그리스도의 고난에 참여하는 동시에 그의 부활을 통한 구원을 축하하는 선교 공동체의 예배가 되어야 하는 것입니다. 이것이 곧 산 제사이고 영적인 예배입니다.[4]

삶의 예배라는 이러한 예배 이해와 관련해서 이계준에게 설교의 과제는 역사의 현장 안에서 일어나는 하나님의 구원사역을 회중이 볼 수 있도록 가리키고 증거하는 일이 될 것이다.

II. 이계준의 설교적 과제

1. 깨어 있게 하기

이계준에게 설교의 과제는 그리스도의 몸 된 교회를 끊임없이 그 본질 앞에 세워 자기를 반성하고 성찰하게 하는 데 있다. 무비판적 이데올로기의 종교적 수호자가 되든지 혹은 탈정치적 게토가되어 하나님 나라의 정치

---

4) *Ibid.*, 33.

적 함의를 왜곡하고 방치하고 있는 교회를 향해 이계준은 비판적 깨우기를 시도한다.

> 17대 대통령 취임식. 이제 우리가 새로운 정부의 탄생을 축하하는 데 그치지 않고 앞으로 우리 사회가 더욱 하나님 나라에 근접하는 데 도움이 되기 위해 적극적 관심을 기울여야 한다고 생각합니다. 그러기 위해서는 건국 이후 우리 교회와 크리스천의 정치 참여가 어떠했는지 간단히 살펴보면서 반성과 성찰의 계기가 있어야 하지 않을까 합니다.5)

머리되신 그리스도의 부활을 선언해야 하는 그 어느 부활절 아침, 여전히 교권주의와 세속주의의 무덤 속에 누워 있는 그리스도의 몸 된 교회를 발견하고 놀라움과 두려움으로 흔들어 깨우는 비판의 소리는 신랄하고 자극적이다.

> 오늘 예수 그리스도의 부활을 축하하는 한국교회는 반성해야 합니다. … 부활하신 그리스도의 몸 된 교회가 아직도 무덤 속에 시체로 남아 있지는 않은가? 그리스도와 함께 부활하여 모든 구속과 장애물을 헤치고 하느님의 진리와 자유와 평화를 선포함으로써 세상의 모든 세력들을 상대화하고 무력화하는 일에 동참하고 있는가?6)

자신의 뜻과 하나님의 뜻을 구별 못 해 나르시스적 과대망상증에 걸린 교회를 위해 설교는 반성을 촉구한다.

---

5) 이계준,『축제와 고난』(서울: 진흥, 2008), 240.
6) 이계준,『하느님의 침묵』, 39.

우리는 여기서 우리의 현실적인 삶을 하느님의 말씀에 비추어 반성해 봅시다. 우리의 생각과 하느님의 생각, 우리의 뜻과 하느님의 뜻의 괴리 현상에서 오는 문제점을 파악하고 신앙적으로 교정하며 거듭나는 자세를 지녀야 하지 않을까 합니다.[7]

자신의 본질에 무지하고, 서야 할 길에서 일탈한 교회를 향해 눈물과 탄식으로 회심을 권면하는 것은 구약의 모든 예언자적 전통의 선포적 과제이다. 왜 그리스도와 더불어 일어나 세상을 상대화시키고 무력화시키지 못하나? 회개의 촉구는 자명경을 들이대는 일이며, 모질지만 수치스러운 우리의 모습을 그대로 보여주는 일이다. 이계준에게 설교의 한 과제는 분명 교회의 얼굴에서 너울을 벗겨 버려 저들로 하나님의 존재와 사역 앞에서 다시금 제 모습을 발견하고 심각하게 응답할 수 있도록 하는 데 있다. 교회와 세계를 깨우기 위해 즉 너울을 벗기기 위해 이계준은 다양한 비판 도구들(사회학적, 통계학적, 이데올로기 비판적 도구들)을 사용한다. 합리적인 현실분석을 위해 이계준이 사용하는 비판적 도구들의 합리성과 조리가 때로 엄격하여 회중들에게 대학 강의실 강의 시간 같다는 느낌을 일으키기도 하는가 보다. 그리고 내심 이계준은 그런 피드백이 마음에 걸린다.

나의 스승 한 분의 말씀. 이목사의 설교는 아무래도 교육적이야. 이 논평은 내 설교가 복음의 선포라기보다는 오히려 신앙적 강의에 속한다는 것인지도 모르겠다. 그렇다면 결국 내 50년간의 수고는 허무로 돌아가는 것인가 아니면 작은 씨앗이 어느 구석에 떨어져 자라고 있는 것인가 스스로 문제된다. 실로 설교란 어려운 것임에 틀림없다.[8]

---

7) 이계준, 『어울리는 삶』(서울: 전망사, 1992), 216.

철저한 현실 분석, 올곧은 개념 설명, 엄격한 논리성, 다양한 세속적 분석 도구의 자유로운 사용 등으로 인해 아마 교육적이라는 인상을 받았음이 틀림없다. 역사적으로 합리성은 언제나 미신과 우상에 대한 전형적 파괴 도구였다. 모든 정치적 이데올로기나 종교적 신화에 대한 우상 파괴 전통은 합리성에 근거해 있다. 회개를 위해 너울을 걷어내는 이 합리적 접근은 어쩌면 대학 강단의 것과 유사하다고도 할 수 있다. 그러나 그 목적은 복음의 씨를 심기 위한 땅 갈아엎기이다. 합리성으로써 이계준이 한 일은 회개의 나무통을 깊이 파내는 일이었다. 그 안에 아기 주님이 누일 수 있도록, 그래서 그 주변에 아버지를 향한 존경과 감사가 넘쳐날 수 있도록 말이다. 합리성으로 이계준이 한 일은 큰 산과 작은 산을 무너뜨리고 광야에 대로를 만든 것뿐이다. 속히 그리고 걸림 없이 주님이 우리에게 임하시고 그리스도의 몸 된 우리 안에서 아버지에 대한 존경과 감사와 찬양이 봉헌될 수 있도록 말이다. 이렇게 본다면 자신의 설교의 수고가 허무로 돌아갈지도 모른다는 이계준의 엄살 섞인 작은 염려는 근거가 없다고도 할 수 있지 않을까.

2. 존경과 감사의 이유 짚어 주기

교회의 존재이유가 이 죄악된 세상 한가운데서도 감히 감격적으로 하나님께 존경과 감사를 드리는 것이라면 설교의 과제란 회중들에게 그분께 존경과 감사를 드릴 수밖에 없는 이유를 끄집어내고 가리켜 주는 데 있을 것이다.

그러나 새 것이란 없는 그런 세속의 일상 안에서, 교회와 세계가 당면한

---

8) 이계준, 『희망을 낳는 자유』(서울: 한들출판사, 2005), 195.

변화하는 상황들 안에서, 회중들로 깨어 있어 그것을 지켜보아 그 안에서 그 분을 듣고 따르도록 해야 한다는 것이 얼마나 어려운 일이겠는가? 회중들로 하여금 저들 삶의 "너무도 너무도 인간적인" 것들 안에서 흥미를 잃거나 그 속에 매몰되지 않은 채 감히 여호와 하나님을 보고 존경과 감사의 산제사를 드릴 수 있도록 돕는다는 것이 얼마나 힘에 벅찬 일이겠는가? 어떻게 그런 식으로 일상을 볼 수 있을까? 그런 눈은 어디에서 얻을 수 있나? 이 불투명한 세계를 새롭게 볼 수 있는 힘과 비전을 이계준은 성서와 (우리를 향한 하나님의 사랑과 섬김의 역사) 그 이야기를 통해 증거되는 하나님의 사랑에 대한 깊은 신뢰 혹은 믿음에 두고 있다. 만일 설교가 이 사랑의 이야기의 빛에서 지금 활동하고 계시는 그분의 존재와 사역을 밝히 드러내고 증거할 수 있다면 따라서 사람들로 능히 이 땅 한가운데서 그분께 존경과 감사를 돌릴 수 있도록 돕는다면 그 것이 이계준에게는 훌륭한 설교가 된다.

> 훌륭한 설교가 마련되기 위해서는 상황에 대한 철저한 분석과 함께 성서에 대한 깊은 이해가 수반되어야 하며 동시에 교회와 세계가 당면한 문제들을 극복할 수 있는 신앙적 힘과 비전을 내포하고 있어야 한다.9)

성경은 그분이 우리를 사랑하사 몸을 입고 우리 중에 오셨다고 선포한다. 따라서 이계준은 그분을 보기 위해 우리가 주목해야 할 곳으로 바로 삶을 가리킨다. 이제 그에게 삶의 모든 것은 그분에 대해 말하고 가리키는 그 무엇이다. 그의 설교의 대부분의 주제들은 그분의 사역을 보기 위해 그가 들여다보았던 구체적 삶들이었다. 예를 들어 그는 이웃, 노년의 고독,

---

9) 이계준, 『하느님의 침묵』, 머리말.

그 어느 시절 서울 중구 양동, 슬픔 혹은 의의 실종과 같은 개인적·사회적 삶의 실체들 안에서 우리를 향한 하나님의 사랑을 듣고 본다. 그의 설교는 그런 식으로 그분의 구원 사역을 세속의 구체적 자리에서 들추어낸다. 그럼으로써 회중들에게 마땅히 존경과 감사를 돌려야 할 이유를 짚어 준다.

예를 들어 설교 "하나님의 마음"에서 이계준은 이웃 안에서 하나님을 보고 그분의 가까이 계심을 느낀다. 이웃을 인간에게 허락된 하나님 인식의 길 그리고 그분 임재의 자리 즉 시은소로 경험한다. 그리고 이 사실을 증거하고 있다. 감사할 이유를 보여주는 것 이것이 설교의 과제이다.

> 우리 인간이 생명의 근원이신 하느님을 배신하고 방황할 때, 절대자를 찾았다고 외치고 자랑할 때, 그의 마음은 우리를 계속 사랑하시고 그 때문에 고통하시며 아들을 희생하시면서까지 구원하십니다. 이것이 하느님의 마음입니다. … 하느님은 멀리 계시지 않습니다. 그는 그리스도의 사랑 안에, 이웃을 위한 희생적 사랑 속에 계시는 것입니다.[10]

하나님이 우리와 함께 하신다는 임마누엘의 믿음을 가진 자에게 인간의 존재론적 그림자인 고독은 실은 하나님 임재의 사인sign이다. 하나님께 들어가는 문이다. 그분이 아주 가까이 계신다는 느낌이다. 이계준은 일상의 고독이라는 경험 안에서 그분의 가까이 계심을 들추어낸다. 그에게 설교의 과제는 모든 세속적 경험 안에서 세상이 볼 수 없고 줄 수 없는 것을 보고 증거하는 것이다. 그럼으로써 하나님께 존경과 감사를 드릴 만한 이유를 회중에게 밝혀 주는 것이다.

---

10) *Ibid.*, 198.

예수님은 우리와 다름없는 고독을 씹으며 외로운 길을 걸어가셨습니다. … 물론
고독감과 허무의식은 끊임없이 엄습하는 것이 우리 인생의 현실입니다. 그러나
그것은 우리가 자율적으로 해결해야 할 곤혹스런 문제라기보다 하나님께로 나아
가라는 일종의 신호로 생각하면 어떻겠습니까? 고독이란 우리의 삶을 고통스럽
게 만드는 악마적 요소가 아니라 하나님이 우리와 함께 계신다는 현존의식임을
깨닫고 나를 향하신 그의 뜻이 무엇인지 묻는 길로 들어가는 문이라고 믿는다는
것입니다. 밤이 깊어지고 어두움이 짙어지는 것은 새벽이 다가오고 있다는 징조
인 것과 같이 우리의 고독이 심각해질수록 하나님의 임재가 멀지 않다는 증거가
아닌가 합니다. 우리가 그 문을 통과할 때 하나님 안에서 영원한 고독에서 벗어나
게 되고 세상에서 찾을 수 없는 기쁨과 평화를 느끼게 되는 것입니다.11)

설교문 "박사들과 아기 예수"에서 이계준은 성경의 구속사 중 탄생 이야
기의 빛에서 진리를 찾아 나선 오늘의 현인들을 그리고 있다. 그는 본문의
빛에서 오늘날 그 진리가 어디에 있는지를 가리키고 있다. 가장 비극적
인간 지대라 소개한 서울 중구 양동의 골목길에서 이계준은 베들레헴을,
그 거리의 가난한 자들 안에서 메시아를, 그리고 저들을 섬기고 있던 30여
명의 젊은이들 속에서 말구유에 누인 메시아를 찾아 섬기는 동방의 현인들
을 보고 있다. 예수 탄생 이야기는 이계준에게 디즈니 동화는 아니다. 믿음
안에서 받아들여질 때 회중에게 세계를 재인식하고 재서술할 수 있게 해주
는 힘과 비전이다. 지금 여기 어디선가 실제로 일어나고 있는 계시 사건에
로 우리를 주목하게 하고 이끄는 구름과 불기둥이다. 이계준은 성서 이야
기의 빛에서 너무도 척박하고 세속적인 남산 밑 양동에서 당대 일어나고
있었던 거룩한 성탄 사건을 기쁨과 놀라움으로 찬찬히 그려내고 있다. 그

---

11) 이계준, 『축제와 고난』, 113-114.

분의 존재와 사역을 보게 된다면 그분에 대한 존경과 감사와 찬양이 어찌
천사들만의 것이 되겠는가?

우리 지성인들은 지혜의 별을 따라 기나긴 여행을 계속하고 있습니다. 진리
탐구를 위해 헌신하는 것입니다. … 그러나 우리들이 찾는 궁극적 진리란 무
엇입니까? 그 진리를 이사야는 다음과 같이 표현했습니다. "메마른 땅에 갓
돋아난 햇순 같고, 늠름한 풍채도 멋진 모습도 없으며 눈길을 둘 만한 볼품도
없으나, 우리들 때문에 고통을 당하고 멸시를 받음으로 우리가 자유한 인간이
되게 하려는 것입니다." 우리들은 이 메시아의 모습을 오늘의 비천하고 나약
한 사람들 속에서 찾아야 합니다. 그들은 아기 예수가 대변한 오늘의 메시아
인지도 모르기 때문입니다. 그들은 우리들을 위해 억울하게 소외되고 저주받
으며 십자가를 지고 가는 하느님의 어린양들일 수 있습니다. 지성인들은 그들
속에서 메시아를 만나야 합니다. 그리고 우리들의 지식과 소유와 재능을 그들
을 위해 헌신적으로 바쳐야 합니다. 나는 서울역 앞 양동이란 곳을 찾아가
본 적이 있습니다. 그곳은 직업이 없는 맹인 70 가정과 일반 지체부자유자
50 가정이 비참하게 살아가는, 우리 사회의 가장 비극적인 인간 지대 중 하나
입니다. 지금 거기에는 때 묻지 않은 젊은이 약 30명이 불행한 이웃을 돕기
위해 탁아소, 식당, 세탁소를 차려 놓고 그들의 물질과 시간과 정열을 퍼붓고
있습니다. 그들은 거대화된 교회와 근대화된 사회에서 완전히 소외된 무력한
인간들을 찾아 나섰습니다. 이들이야 말로 오늘의 베들레헴 말구유에 누운
아기 예수를 찾은 동방의 박사들이 아닐까 느껴 보았습니다.[12]

돌 위에 색깔과 형태로 그려진 아이콘icon 안에서 주님 그리고 세계와

---

12) 이계준, 『하느님의 침묵』, 44.

하나님의 얼굴을 들여다보고 놀라워 허리를 굽혀 경외를 표하는 동방교회의 신자들같이 이계준은 하느님의 침묵에 귀 기울여 그 안에서 우리를 향한 그분의 관심, 사랑 그리고 가까이 계심을 느낀다. 허리 굽혀 경외를 표한다. 그리고 회중들로 하여금 이 침묵과 부재에 주목하게 한다. 저들도 그 침묵 안에서 들을 수 있도록 하기 위해서 그럼으로써 저들도 존경과 감사의 이유를 가질 수 있도록 하기 위해서 말이다.

하느님의 침묵 속에는 아들과 함께 하시는 고통이 있고, 사탄의 계략을 극복하는 인내의 사랑이 있으며, 인간을 구원하시는 고독한 진리가 내포되어 있습니다. 하느님의 침묵은 무정이 아니라 사랑이며, 하느님의 침묵은 무관심이 아니라 관심이며, 하느님의 침묵은 고독이 아니라 우리와 함께 하심입니다. 참으로 하느님의 침묵은 위대하고 신비로운 것입니다.[13]

신적 사랑의 이야기와 시선 안에서 살아가는 그리스도의 몸 된 교회에게 슬픔의 실체는 다른 맛과 모양을 가지게 된다. 이 빛 안에서 슬픔은 전적으로 다른 이유와 결과를 갖게 된다. 하갈처럼 눈 뜨인 설교자는 이 슬픔의 우물 저 깊은 곳에서 샘솟는 신적 위로를 발견한다. 그리고 회중을 서둘러 이곳으로 모으고 그곳으로부터 함께 비밀스레 위로와 기쁨을 퍼 올려 마신다. "아! 감사합니다!" 감사와 찬양의 예배는 설교의 자연스러운 열매이다.

오늘 우리의 슬픔과 고난이 진주를 품은 굴조개의 아픔처럼 창조적인 것이 된다면, 오늘 모든 슬퍼하는 사람들에게 기쁨과 위로를 줄 수 있고 슬픔을

---

13) *Ibid.*, 55.

만드는 사람에게 새로운 삶의 기회를 갖도록 도울 수 있지 않을까 합니다. 바로 이것이 오늘 우리가 슬퍼하는 이유와 결과가 되어야 하지 않겠습니까? '슬퍼하는 자는 행복하다. 그들은 위로를 받을 것이다.' 우리의 슬픔의 심연 속에서 하느님의 영원한 위로가 함께 하실 것입니다.14)

우리의 질문은 인간의 자연적이고 전통적인 것을 뛰어 넘어서 슬픔의 의미를 찾아보자는 것입니다. 그 슬픔 속에는 우리에게 영원한 기쁨을 안겨 줄 비밀이 있을지도 모르기 때문입니다.15)

요약하면 회중들로 하여금 성경의 구속사가 열어 주는 새로운 시각에서 세계의 신학적 가치를 그 액면가 아래쪽에서 다시 매겨 보게 하는 것, 신적 사랑의 이야기가 안내하는 아주 낯선 세계로의 틈을 발견하고 거기서 본 세계를 서술해 주는 일, 그런 식으로 회중들로 하여금 이 죄악 된 땅에서 하느님의 구원 사역을 보고 경험하게 해줌으로써 저들에게 존경과 감사의 이유를 제공하는 일, 이것이 이계준에게 설교의 과제이다.

3. 그리스도교적 룰 제시하기

이계준에게 설교의 과제는 그리스도의 몸이 온전케 될 수 있도록 구체적이고 다양한 삶의 룰들을 제시하는 데 있다. "자기 부정"에서 이계준은 자기 부정을 그리스도의 몸을 세우기 위한 룰로 제시한다.

---

14) *Ibid.*, 60.
15) *Ibid.*, 55.

이제 우리에게는 자기 긍정이 아니라 자기 부정이 날마다 삶의 출발점이 되어야 하겠습니다. 우리 모두가 밀알 하나가 되어 썩을 때 많은 열매를 맺고 그리스도와 함께 죽을 때 그와 함께 부활한다는 복음의 본질을 이해하고 몸소 실천해야 되겠습니다. 그때에 우리는 인간의 잘못된 자기 긍정이 가져오는 환멸과 가기 기만과 파멸을 극복하고 그리스도의 자기 부정을 통한 창조와 기쁨과 희망의 역사로 들어가게 될 것입니다.[16]

다른 설교에서 안식처의 포기를 그리스도의 몸 된 교회의 룰로 제시한다.

"나는 머리 둘 곳 없다"는 예수 그리스도의 삶을 따르는 제자가 되려면 머리 둘 곳이 없는 민중과 합류하는 것이 오늘 우리에게 주시는 예수 그리스도의 명령이 아닐까요? 이것이 우리 크리스천들의 삶의 목적과 의미가 아닐까 생각해 봅니다.[17]

이 세상 한 가운데서의 제자도, 헌신, 믿음, 선행, 충성, 사랑과 같은 다양한 룰들이 그리스도의 몸을 이루기 위한 매체로 제시되고 있다. 박대선은 이계준의 이러한 룰의 제시로서의 설교를 이렇게 설명한다.

이계준 목사의 설교는 기독교의 교리와 크리스천의 생활이 무엇인가를 가르치고 교회와 교인들의 책임과 의무를 명확하게 제시해 주는 수준 높은 설교라고 말하고 싶습니다. 이 설교를 읽는 분들의 신앙이 더 깊어지고 생활에 큰 변화를 가져와 "내가 누구를 보내며 누가 위를 위하여 갈 것인가?" 하는 하느

---

16) *Ibid.*, 136.
17) *Ibid.*, 150.

님의 부르심에 "내가 여기 있나이다 나를 보내소서" 하고 응답하고 일어설 수 있기를 바랍니다.18)

4. 결단 촉구하기

이계준에게 설교의 또 다른 과제는 분투하는 지상의 교회로 하여금 그 순례의 여정에서 매번 바른 방향을 선택하도록 촉구하는 데 있다. 우리가 선택할 수 있는 길들이 무엇인가에 대한 선명한 설명이 있다. 그리고 이것인가 저것인가(either-or)라는 실존적 결단이 요청되거나 권면된다. 그의 설교가 이루어 내고자 하는 과제 중 하나가 분명하다. 여행은 방향이 있고 이는 지속적인 선택의 과정이기 때문이다.

"두 배신자"에서 이계준은 배신을 자신의 종말로 삼은 가룟 유다와 그것을 새로운 출발점으로 삼은 베드로의 삶을 대비적으로 기술한다. 회중들이 도착하는 곳은 이 두 배신자 중 누구를 선택할 것인가라는 질문 앞이다. 흔히 그렇듯 전형적 배신자와(가룟유 다) 참 제자(베드로) 사이의 선택이 아니다. 두 배신자 중 선택이다. 배신자와 참 제자 사이의 결단도 쉽지는 않다. 하물며 두 배신자 중 한 편에 자신을 세우기는 더 어렵다. 그의 설교는 회중에게 머리 둘 곳을 주지 않는다. 회중을 불편하게 한다. 십자가 위에 세운다.

우리는 그리스도를 가까이 모신 제자들 가운데서 두 배신자를 보았습니다. 어쩌면 그들은 우리들의 대변자일지도 모릅니다. 그렇다면 우리는 어느 배신자를 선택할까요? 예수 그리스도에 대한 우리의 배신이 삶의 종착역이 아니

---

18) 이계준,『어울리는 삶』, 축하의 말씀.

라 새로운 출발점이 되어야 하지 않을까요?19)

"사랑하는 자유"에서 회중은 투쟁하는 자유, 도피하는 자유 그리고 사랑하는 자유 중에서 하나를 선택하도록 초대받고 있다.

우리 모두 하느님이 주시는 자유, 이웃과 하느님을 사랑하는 자유로 돌아갑시다. 인간들은 자유를 위해 투쟁하고 쟁취하기도 합니다. 또한 그들은 자유로부터 도피하고 무관심하기도 합니다. 그러나 우리는 투쟁하는 자유와 도피하는 자유를 넘어서서 사랑하는 자유로 날아갑시다. 하느님께서는 우리에게 모든 것을 주셨습니다. 그러므로 우리는 자유합니다. 어떤 여건에서도 우리는 자유해야 합니다. 그리고 그 자유는 사랑하는 자유이어야 합니다.20)

"쟁반에 담긴 요한의 머리"에서 이계준은 세례 요한 저 광야의 외치는 소리, 진리를 위해 대로를 예비하던 소리가 어떻게 세상에서 죽음을 그러나 그리스도 안에서 새 생명을 얻게 되었는지 그 삶을 소개한다. 그리고 우리를 제 머리를 잃은 덕분에 그리스도 안에서 새로운 머리를 갖게 된 요한의 삶으로 초대한다.

우리는 그리스도를 따르는 자일뿐 아니라 요한처럼 그리스도의 오시는 길을 준비하는 자들입니다. 인간 광야의 무법 지대에서 참회를 외쳐야 하고 불의를 고발해야 할 책임이 있습니다. 여기에는 우리의 절제 생활과 겸손이 전제되어야 합니다. 그 때 하느님을 바탕으로 한 신앙에서 불의에 대해 충고할 수 있는

---

19) 이계준,『하느님의 침묵』, 66.
20) *Ibid.*, 74.

동기가 솟아오릅니다. 우리에게는 요한처럼 희생이 주어질지 모릅니다. 그러나 우리는 그리스도 안에서 다시 살게 될 것이며 그를 통해 의의 소리를 계속 외치게 될 것입니다.[21]

5. 삶의 예배로 파송하기

이러한 결단을 통한 성숙한 신앙은 구체적 삶 속으로 연장되어야 한다. 그리스도의 몸은 이 세상의 십자가에 달려야 하기 때문이다. 이 땅에 머리 둘 곳 없는 그리스도처럼 교회 역시 예배라는 어떤 거룩한 시공에 잠자리를 펴서는 안 된다. 이는 무덤이다. 이계준에게 설교의 목표는 회중을 세상에서 분투하는 그리스도의 몸으로 세워 내 보내는 일이다. 이미 그곳에서 그분 일하고 계시기 때문이다. 이는 선교 공동체로서의 예배이다. 그는 말한다.

우리가 이와 같은 신앙적 요소를 담은 새로운 순서로 예배드릴 때 예배의 외형적 변화뿐 아니라 공동예배를 통하여 보다 생동적이고 보다 역사적인 차원으로 우리의 신앙생활이 심화되고 확장될 것을 믿어 의심치 않습니다.[22]

유동식은 이계준이 참여했던 민주화 투쟁과 교단갱신운동과 같은 사회적 실천들을 소개하고 있는데 이런 실천이라는 것이 사실 설교를 통해 파송받아 이계준이 드렸던 삶의 예배 혹은 선교적 예배 아니었을까?

---

21) *Ibid.*, 81.
22) *Ibid.*, 31.

이계준 목사의 신앙과 학문은 언제나 사회적 현시로 이어지는 실천적인 것이었다. 군사독재 정권 시대에는 책임 있는 기독자 교수로서 민주화 투쟁에 나섰다. 그로 인해 정부의 압력으로 학원에서 추방당한 해직 교수가 되기도 하였다. 그리고 부조리에 가득한 감리교단의 운명을 보고는 교회 갱신의 기치를 들고 일어서기도 했다.[23]

설교는 회중을 삶의 예배로 파송한다. 설교는 "변모산" 경험이다. 설교를 통해 구체적 삶의 일상들이 갑자기 하나님 임재의 공간으로 변모됨을 보게 되기 때문이다. "황홀한" 경험이다. 그러나 설교는 가리킬 뿐이고 실제 이 변모의 황홀한 경험은 구체적 삶 속에서 발견되고 경험되어야 한다. 설교가 끝나고 회중은 산을 내려간다. 저 아래 동네 그 길가와 이웃들과의 삶이 하나님 접촉의 거룩한 매체로 변모되는 것을 보고 경험하기 위해서이다. 그리고 이 경험으로 인해 죄악된 세상 한 가운데서도 감히 그분께 존경과 감사를 드릴 수 있도록 하기 위해서이다. 혹은 설교는 세속적이고 일상적인 삶 속에서 일어나고 있는 하나님의 구원 사역(mysterion, 신비)을 증거한다고도 표현할 수 있을 것이다("신비한 영적 경험"). 이제 회중은 설교가 가리켰던바 구원 사역의 신비가 진행되고 있는 삶 속으로 교회 문을 박차고 뛰어든다. 변모산에서 아랫동네로 그리고 신비한 영적 체험에서 교회 문 밖의 사회 속으로 나감은 바로 저 낮은 곳 저 문 밖의 공간에서야 비로소 황홀한 경험, 신비한 영적 경험이 가능하기 때문이다. 그리고 그곳에서만 하나님을 향한 존경과 감사의 예배가 가능하기 때문이다. 이계준의 목회 비전에 대한 박대선의 평가를 이계준이 참여하고 가르쳤던 삶의 예배, 선교적 예배에 관한 것으로 해석해도 되지 않을까?

---

23) 이계준, 『희망을 낳는 자유』, 15.

예수님이 제자들 셋을 데리고 높은 산에 올라가 변모하셔서 제자들에게 황홀한 경험을 하게 했을 때 제자들은 거기에 영주하고 하산하기를 원하지 않았었습니다. 그러나 예수님은 대중이 기다리고 있는 사회로 제자들을 데리고 내려오신 사실을 우리는 주목해야 합니다. 교회에서 신비한 영적 경험을 하고 나서 교회의 문을 열고 사회를 향하여 뛰쳐나가는 교회가 교회다운 교회입니다.24)

6. 삶의 성찬에로 초대하기

이계준에게 설교의 과제는 회중을 역사 속으로 내보내는 것이다. 삶의 예배에 참여할 수 있도록 말이다. 대체 삶의 예배에서 우리가 경험하게 될 황홀한 경험, 신비한 영적 경험이란 무엇인가? 우리의 일상적 삶 속에서 그분이 우리에게 무엇을 해주신다는 것인가? 우리로 하여금 그분을 향해 존경과 감사를 돌리게 할 만큼이나 그렇게 황홀한 경험, 신비한 영적 경험이란 무엇인가? 세계가 실은 우리를 위해 주님께서 펴신 성찬상이라 이해한다면 이야말로 황홀한 경험, 신비한 영적 경험이 될 수 있지 않을까. 이계준에게 세계는 삶의 예배 그 가운데 차려진 성찬상이다. 우리가 매일 겪는 삶의 경험은 실은 그분이 우리를 위해 베푸시는 성찬의 떡, 생명의 떡이다. 삶이라는 예배의 공간에 차려진 식탁에서 주님은 우리를 먹이신다.

언젠가 연세대학교 앞길에서 차려졌던 주님의 식탁을 그 신비한 영적 경험을 이계준은 잊지 못한다. 이한열은 민주화 시대 신촌에서 정치적 속박을 월담하다가 최루탄催淚彈에 맞아 산화했다. 눈물을 재촉하는 이 시대

---

24) 이계준,『어울리는 삶』, 축하의 말씀.

의 낡선 아픔을 팔 벌려 받아들이고 죽은 것이다. 그의 죽음에 붙여진 한 설교에서 이계준은 이 역사적 사건을 오병이어의 기적으로 재서술한다. 아니 그렇게 본 것이다. 이한열을 오병이어 기적을 위해 자기 삶을 주의 손에 바친 어린아이의 보리떡으로 본다. 주께서 그 떡을 찢어 그곳에 모인 자들에게 나누어 주셨다고 본다. 먹고도 12광주리가 남았다고 본다.

> 마음으로는 바라지만 육신이 약해서 유보되었던 우리 모두의 민주화의 정열이 한렬 군이 하느님께 바친 생명의 빵에 힘입어 솟아오르기 시작했습니다. 그는 자기가 가지고 있던 보리빵 다섯 개와 물고기 두 마리를 모두 우리에게 주고 자기는 … 사경을 헤매고 있는지 모릅니다. 그는 자기의 생명의 빵을 민중을 위해 바친 것이 아니겠습니까?[25]

이계준에게 역사적 사건으로서의 8·15 역시 하늘이 내려주신 떡 혹은 만나이다. 그곳에서 사람들은 하나님이 차려 놓으신 성찬상에 앉는다. 설교는 이 사실을 증거하고 그 삶의 식탁으로 회중을 초대한다.

> 8·15는 분명히 하느님의 해방입니다. 함석헌 씨는 8·15를 "하늘이 주신 떡"이라고 표현했습니다. 그것은 하느님의 값없이 주시는 은총의 선물이기 때문입니다.[26]

때로 이계준에게 하나님의 침묵은 어두운 역사 속에서 그분이 우리에게 베푸시는 거룩한 식탁이다. 이 침묵의 식탁에서 우리는 "하나님의 인내의

---

25) 이계준, 『마르타 콤플렉스』, 72.
26) 이계준, 『하느님의 침묵』, 24.

사랑, 인간을 구원하는 고독한 진리, 사랑, 관심, 우리와 함께 하시는 사랑, 신비"를 먹는다.27) 노년의 가난, 비참함 역시 우리 주님이 차려 놓으신 성찬상이다. 이 가난의 성찬상에서 우리는 "하나님의 은총의 선물, 놀라운 선물, 남에게 이제 무엇인가를 줄 수 있는 마음"을 먹는다.28) 참으로 황홀한 경험, 신비한 영적 경험이다. 설교는 이러한 양식이 주어지는 삶의 일상으로 회중을 보낸다. 임마누엘 하나님의 사랑의 이야기와 그것에 대한 믿음을 가지고. 이계준 설교에 대한 나원용의 감사는 삶의 일상에서 생명의 떡을 먹었던 그 신비한 영적 체험 때문일 것이다.

이 목사님은 열심히 들도록 도전하고 생각하며 답을 얻고 교훈을 받게 해주시니 참으로 고마울 따름입니다. 특히 우리 원로들을 위해 두고두고 영혼의 양식을 먹을 수 있게 해주시는 일에 감사드리며 뜨거운 가슴으로 큰 일 이루신 것에 축하드립니다.29)

그러고 보니 이계준이 자꾸 루스채플 밖으로 나가고 교단의 집 밖으로 나가며 그 마음이 길거리, 판자촌, 잊혀진 자들 그 변두리에서 서성거렸던 것은 그곳에서 주의 상을 보았고 그곳에서 먹고 마실 수 있었던 때문 아니었을까? 수로보니게 여인처럼 혹시 그곳에서 주의 몸 그 한 조각이라도 먹고 배부르고 위로받고 힘을 얻기 위해서 아니었을까? 설교는 이 삶의 성찬으로 이계준과 그의 회중을 내보낸다.

---

27) *Ibid.*, 55.
28) 이계준, 『축제와 고난』, 31-32.
29) *Ibid.*, 9.

Ⅲ. 이계준의 설교 본문 분석

이계준 설교 중 세 편을 선택해 분석해 본다. 그의 설교는 다양한 주제와 구성 그리고 수사적 장치로 가득 차 있다. 단 세편으로 그의 설교의 모든 것을 말할 수는 없다. 그의 설교를 왜곡할 수도 혹은 독자들에게 오해를 불러일으킬 수도 있다는 분명한 한계를 전제로 특별한 의도 없이 세 편을 골랐다. 대체로 어떤 구성과 의도를 가지고 설교가 흐르고 있는지에 주목해 보았다.

1. "화해의 소식"

본문

"하느님께서는 그리스도를 내세워 우리를 당신과 화해하게 해 주셨고 또 사람들을 당신과 화해시키는 임무를 우리에게 주셨습니다"(고후 5:18)

"그는 우리가 앓을 병을 앓아 주었으며 우리가 받을 고통을 겪어 주셨습니다"(사 53:4).

A. 서론

이계준에게 서론의 목적은 설교가 다루게 될 주제 혹은 영역을 제시하는데 있다. 성탄절을 맞이하여 그리스도의 나심의 의미가 큰 주제가 된다.

우리는 한 해를 보내는 끝머리에 가서 성탄 축하 예배를 드리곤 합니다. 그러기에 우리는 한 해라는 시간을 살아온 우리에게 그리스도의 나심은 어떤 의미가 있는 묻게 됩니다.[30]

그리스도의 나심이라는 이 주제는 오늘이라는 역사적 삶의 현실을 문맥 혹은 배경으로 하여 그 메시지의 색감, 무게, 방향성을 얻게 된다. 그에게 성경의 메시지는 오직 성육된 말씀으로서만 존재 가능하며 따라서 성탄의 메시지는 구체적 삶이라는 상처 난 말 먹이통에만 담기거나 내걸린다.

인간에게 주어진 자유의지의 왜곡되고 악마적인 남용으로 인하여 초래된 이 비극의 역사 속에서 전율과 공포에 질린 우리들과 온 인류에게 하나님이 주시는 성탄의 메시지는 무엇이라고 생각하십니까?"… "오늘의 파멸 직전의 역사적 현실에서 마지막으로 남은 희망은 무엇이며 오늘 우리가 드리는 이 성탄의 예배는 이 희망의 출구를 보여줄 수 있습니까?"31)

기쁨, 소망, 그리고 감사를 아직은 슬픔, 절망 그리고 불행 가운데서밖에는 경험할 수 없는 것이 이 분투하는 세계 내 교회의 현실이다. 그러한 교회를 향해 성탄의 화해와 평화의 소리를 진정성 있게 제시할 수 있는 방식으로 이계준은 대비라는 수사적 방식을 선호한다. 그에게 성탄의 평화와 화해는 아래와 같은 상황에서 그럼에도 불구하고 선포되고 발견되어야 할 역설적 평화이다.

역사가 토인비는 『역사의 연구』에서 5천 년의 인간 역사 가운데서 전쟁 없이 지내온 기간은 불과 250년밖에 되지 않는다고 말하였지만, 1983년의 365일은 하루도 남김없이 전쟁과 파괴와 살해와 눈물로 점철된 시간들이라고 말해도 좋을 듯합니다. 영국의 포클랜드 침공을 위시하여 미국의 그래나다 공격,

---

30) 이계준, 『하느님의 침묵』, 11.
31) *Ibid.*, 11-12.

베이루트 미국 해병대 사령부 폭파, 필리핀 아키노 위원의 피살, 아프리카인들의 아사, 그리고 KAL기 격추와 아웅산 참사 등 지난 1년은 피와 죽음과 한숨으로 얼룩진 역사의 한 장으로 기록된 채 넘기게 되었습니다.[32]

가장 가치 있으며 그 존재와 실현이 막연하지만 당연시 되던 이 평화와 화해의 개념이 피와 죽음과 한숨의 역사적 현실에 놓여 대비되면서 갑자기 회중들에게 낯설고 동떨어지고 불가능한 메시지처럼 들려온다. 아기 예수, 성탄 트리, 선물, 파티, 웃음, 평화, 트리와 반짝이는 장신구 그리고 촛불의 안락함으로 가득했던 회중의 삶이 갑자기 역사의 매서운 길바닥으로 내 몰린다. 이계준은 이런 대비라는 장치를 사용하여 회중들을 발가벗은 삶의 현실에 맞세운다. 그럼으로써 평화와 화해라는 이 성탄의 복음을 진정으로 그 도발성과 치명적 매력에서 드러내 보려 한다. 성탄 메시지와 역사적 현실은 화해될 수 있나? 서론에서 이계준은 이런 대비적 장치를 사용하여 회중을 복음의 도전성이나 낯섦에 노출시킨다. 그렇게 동기 부여하여 이 역설적 평화를 보게 해줄 치유의 여행으로 저들을 초대한다. 회중들에게 주제와 관련하여 피해갈 수 있는 우회로란 없다. 선명하게 제시되고 있기 때문에 회중들은 자신의 기존의 신앙에 흔들림을 경험하거나 혹은 숨어있던 곳에서 끌려 나오게 된다. 처음부터 어느 정도는 들을 수 있는 용기와 결단이 필요한 것이 이계준의 서론이다.

그는 모든 회중을 이 설교의 여정에로 참여시킨다. 저들이 어디에 있는지 혹은 저들이 같은 곳을 보고 있는지 수시로 질문을 통해 확인한다. "이 비극의 역사 속에서 성탄의 메시지는 무엇이라 생각하고 믿으십니까?"[33], "이 현실에서 성탄의 예배는 희망의 출구를 보여줄 수 있습니

---

32) *Ibid.*, 11.

까?"34) 회중들에게 설교를 통해 함께 걷게 될 길이 좁은 길임을 주저 없이 선언한다. 회중의 참여를 위한 이런 친절함은 거룩한 음모일 수도 있다. 일단 들은 후에는 주제가 주는 멍에를 벗기 위해 본론의 깊은 곳까지 따라 갈 수밖에 없도록 서론이 제시되니 음모랄 수밖에. 그의 서론은 회중들을 철저히 한군데로 몰아간다. 이계준은 반드시 회중들과 함께 떠나고 저들을 이해와 논리의 끝자락까지 밀어붙여 그곳에서 복음의 역설에 맞서게 한다.

B. 본문 주석, 해석과 적용

본론에서는 먼저 그리스도의 화해의 사역에 대한 바울의 말이(고후 5:18; 사 53:4) 주석적·신학적 차원에서 해석되고 있다. 하나님의 의도로서의 화해와 화해의 결과들, 이 일을 실현시키기 위한 그리스도의 사역의 내용들이 선포되고 있다.

하느님께서는 인간의 죄를 묻지 않으시고 그리스도를 내세워 인간과 화해하셨습니다. … 인간은 하느님과 원수가 될 때 이웃도 원수가 되고 자연도 원수가 되며 자기 자신도 원수가 됩니다. … 예수 그리스도의 오심은 이 왜곡되고 탈선한 인간에게 본래적 관계 곧 하느님과 인간의 신뢰관계를 회복하고 따라서 인간과 인간의 사랑 관계를 회복하시려 하는 것입니다. 사실 따라서 예수 그리스도의 삶은 개인과 사회가 멸망하지 않고 사는 길은 서로 사랑하는 데 있음을 몸소 실천함으로써 가르쳐 주셨다는 사실을 가르치셨습니다.35)

---

33) *Ibid.*, 11.
34) *Ibid.*, 12.
35) *Ibid.*, 12-13.

본문에 대한 주석적·신학적 해석 후에 적용이 이어진다. 그리스도께서 이 화해의 복음을 들고 낮은 곳에 오사 하나님과 인간의 관계를 치유하심으로 사람, 자연, 이웃, 사회, 역사 간의 죽음의 관계를 생명의 관계로 회복시켜 주셨듯 그렇게 그리스도인들도 이 한숨, 눈물, 분열의 한가운데 들어가 그리스도의 화해의 사역을 선포해야 한다는 것이다.

그러므로 오늘 인류의 위기라는 배에 동승하고 있는 우리는 화해를 외치기 위해 장場으로 나아가야 합니다. 하느님의 사랑을 통해 화해라는 길만이, 자기의 죄를 고백하고 자인하면서 원수인 "너"에게 나아가는 길만이 모두의 살 길이고 참으로 사는 길임을 말해야 합니다.[36]

그리스도의 화해와 받아들임의 사역을 회중에게 설득력 있게 그리고 실체감 있게 제시하기 위해 얍복강에서 하나님과 그리고 형제들과 화해했던 야곱의 이야기와 미우라 아야꼬의 소설 『빙점氷點』이 예화로 부가된다.

C. 권면

회중을 위해 메시지가 요약되어 선포된다.

하느님의 화해에는 조건이 없습니다. 우리의 죄를 따지거나 계산하시지 않습니다. … 우리가 하느님 중심의 삶에서 자기중심의 삶으로 계속 변절함에도 불구하고 우리의 죄를 용서하시고 사랑하시면서 성령의 은총을 통하여 다시금 삶의 바른 중심 위에 서도록 촉구하시고 도우십니다. 이것은 하느님의 무한대한 사랑과 인내하시는 고통의 행위이기도 합니다."[37]

---

36) *Ibid.*, 13.

그리고 그런 내용에 대한 지적 동의가 요청되며 그런 삶으로 회중은 초대받는다. "화해의 복음이 나 자신과 국가와 인류를 구원하는 성탄의 진리임을 믿습니까? 믿는다면 그대로 살아갑시다."[38]

2. "하느님의 침묵"

본문

예수께서 다시 한 번 큰 소리를 지르시고 숨을 거두셨다. 바로 그 때에 성전 휘장이 위에서 아래까지 두 폭으로 찢어지고…(마 27:50-51)

A. 서론

불의와 부정의 세력은 활개를 펴고 의롭게 살고자 하는 자는 고난을 당하며 의의 판단자이신 하느님은 그 존재감을 느낄 수 없는 역사적 현실 속에서 회중들이 경험하는 하나님 부재와 침묵의 현실을 의미 있게 설명해 줌으로써 이 현실을 기쁨과 인내로 수용하여 극복할 수 있도록 돕는 데 설교의 과제가 있다. 현실 해석의 눈과 귀 그리고 입을 열어 주는 것이 설교의 과제이다. 그런 의미에서 설교는 눈먼 자를 고치는 치유 행위가 아닐까? 아니면 새로운 세계를 그려 주는 예술 행위 아닐까?

어떤 주제이든 회중이 자신에게 의미 있고 중요하며 무게 있는 것이라 스스로 여길 수 있도록 제시하여 경청하도록 하고 그럼으로써 저들로 높은 기대와 예상 속에서 설교자와 대화하며 길 떠날 수 있도록 길라잡이 해주는 것이 이계준의 서론의 역할이다. 1943년 스탈린그라드 전투가 치열할

---

37) *Ibid.*, 15.
38) *Ibid.*, 15.

때 함부르크의 성 미카엘 교회에서 나치즘을 반대하던 젊은 목사 헬무트 틸리케의 설교 한 절을 인용함으로써 이계준은 회중들을 그런 식으로 주제 앞에 세운다. 그럼으로써 회중들을 하느님의 침묵이라는 논의의 출발선에 위치시키고 이 침묵의 휘장이 감싸고 있는 지적 어두움의 저편 시은소를 설교자와 함께 응시하도록 일깨우고 고쳐 세운다.

> 십자가는 하느님의 위대하신 침묵입니다. 마침내 어둠의 권세가 하느님의 아들에게 최후의 일격을 가하게 되었던 것입니다. 악마들이 풀려나고 아담이 타락한 이후로 가장 무서운 고난이 활개를 치게 되었습니다. 그런데 하느님은 아무 말도 하지 않으셨습니다. 다만 그 침묵에 대하여 왜 자기를 버리느냐는 물음을 묻는, 죽어가는 이의 울음소리만이 있었습니다. 하늘의 별도 울었지만 하느님은 조용하셨습니다.[39]

B. 본문 주석, 해석 및 적용

명시적으로 삼대지 설교 형태를 취하지는 않았으나 성경 본문을 통해 하느님의 침묵을 세 포인트에서 재해석하고 있다.

이렇게 하는 이유는 다각적 조명을 통해 주제의 함의를 심화·확대시키는 데 있으리라. 세 포인트를 시작하는 부분에 회중들이 메시지 내용에 현실적으로 공감하며 개입할 수 있도록 저들의 현실적 신 체험(하나님의 침묵) 관련 의심과 질문들을 시편 탄식조 형식에 담아내고 있다. 이러한 의심과 질문들 안에서만 복음적 역설의 승리가 진정한 것일 수 있기 때문이리라. 따라서 그의 본론은 회중의 신앙적 상식을 깨는 혼란스런 세 개의 질문으로 시작한다.

---

39) *Ibid.*, 49.

하느님은 전지전능하시다고 자처하시면서도 자신의 외아들이 로마의 정치형인 십자가에 죽는 이 비극에 대하여 일언반구도 말하지 않으셨습니다. 예수의 행동이 윤리적으로 타락했거나 정치적으로 반란을 일으켰거나 하느님에게 신앙적으로 반역한 사실이 전혀 없는 청렴결백한 것임에도 불구하고 이 무죄한 죽음에 대하여 침묵을 지키는 하느님의 생각은 도대체 어떤 것일까요?[40]

하느님은 예수가 십자가 위에서 죽음의 고통에 시달릴 때 자기를 보고 조롱하는 자들에 대하여 침묵을 지키셨습니다. … 십자가의 고통은 참을 수 있을지 모릅니다. 그 것은 육신의 고통이기 때문입니다. 그러나 조롱은 결코 참을 수 없습니다. 그 것은 인격과 신성에 대한 모욕이기 때문입니다. 그럼에도 불구하고 하느님의 입은 열리지 않았습니다. 어찌하여 하느님은 침묵하고 계셨습니까?[41]

예수께서는 손발에 찍힌 못자국의 아픔과 조롱의 비통이 절정에 다다랐을 때 "엘리, 엘리, 라마 사박다니" 하고 아버지 하느님을 향해 절규했습니다. 무정하신 하느님은 아들의 마지막 순간에 발하는 물음에도 침묵하십니다. 그의 침묵은 철저하고 절대적인 것입니다. 그 이유가 어디에 있다고 생각하십니까?[42]

회중의 편에서 저들과 함께 던지는 이러한 질문은 회중들을 참된 걸림

---

40) *Ibid.*, 49.
41) *Ibid.*, 51.
42) *Ibid.*, 52.

돌 즉 복음의 역설 앞에 세우기 위함이다. 하느님의 침묵이 갖고 있는 그분의 역설적 말 거심과 사랑의 참여를 밝혀낸 후 이계준은 회중에게 확신과 기쁨을 가지고 하나님의 침묵에 대할 것을 간접적으로 권면하고 있다. 메시지의 적용이다.

> 그러나 바로 이 하느님의 패배 속에서 우리는 새로운 삶의 희망을 봅니다. 하느님은 그리스도의 십자가의 고통과 조롱과 절대적 배신당함에 함께 동참하면서 바로 그곳에서 하느님과 인간을 갈라놓았던 휘장을 찢으시기 때문입니다. 바로 그곳에서 그리스도께서 위하여 죽으신바 고립된 우리에게 찾아오시는 모습을 바라보기 때문입니다.[43]

C. 초대

결론 부분에서 이계준은 "그것이 아니라 바로 이것입니다"(not··· but···)라는 명쾌한 수사적 장치를 이용해 침묵 속에서 발견한 하나님의 사랑과 관심과 신비를 찬양하며 간접적으로 회중을 이 결론적 찬양으로 초대한다. 여기서 설교의 과제는 침묵의 현실 속에서 오히려 복음적 영광송을 부르도록 하는 데 있다. 전체적으로 이 설교는 시편과 같아 애가와 찬미가 역설적으로 서로의 존재를 그리워하며 넘나든다. 여기에 곡을 붙여서 설교 후에 부르면 얼마나 좋을까?

> 하느님의 침묵은 무정無情이 아니라 사랑이며, 하느님의 침묵은 무관심이 아니라 관심이며, 하느님의 침묵은 고독이 아니라 우리와 함께 하시는 것입니다. 참으로 하느님의 침묵은 위대하고 신비로운 것입니다.[44]

---

43) *Ibid.*, 53.

3. "가난한 성탄"

본문

눅 2:1-7, 빌 2:6-11

A. 서론

이계준은 선명한 주제 제시를 통해 회중을 자신과 같은 출발선에 세우고자 한다. 서론의 목적이다. 그가 서론이나 본론 혹은 때로 결론에서도 즐겨 사용하는 방식은 "그러나" 혹은 "이것이 아니고"(not… but…) 구문으로 이루어진 반전적 수사 장치이다. 본 설교의 서론에서 이계준은 회중들의 통상적 경험으로서의 탄생의 축제적 성격과 그리스도의 탄생의 비천함을 대치시킴으로써, 즉 회중들의 전제를 비판적으로 끌어들임으로써 설교 전개 방향을 결정하고 그리스도의 탄생의 본질에 관련된 새로운 해석 가능성을 향해 회중들의 관심과 기대를 한껏 부추겨 나가고 있다.

언제부터인가 교회는 이 날을 [성탄절] 최대의 명절로 간주하고 잔치를 베풀어 왔습니다. 한 가정에서 태어난 어린아이의 돌잔치도 정성을 다해 차리는데 하물며 인류의 구원자 메시아가 탄생한 날에 큰 잔치를 베푸는 것은 당연한 일이 아니겠습니까? 오늘의 성탄일 12월 25일은 로마인들이 섬기던 태양신의 축제일입니다. … 로마인들의 태양신 축제가 어떤 모양으로 펼쳐졌는지 알 수 없으나 최고의 빛의 신인만큼 그 규모나 화려함이 대단했을 것이라고 추측됩니다. 따라서 교회도 성탄일을 최고의 축제로 삼았을 것입니다.

---

44) *Ibid.*, 53.

그러나 우리가 복음서의 탄생기사를 보면 예수의 탄생은 그렇게 화려하거나 요란한 것이 아닙니다. … 예수의 탄생 자체는 매우 가난하고 소박합니다. 인류 구원자가 나약한 어린 아이로, 여관방이 없어 마구간의 말구유에서 태어난 것입니다. 예수의 탄생은 본래 화려한 축제가 아니라 그 부모밖에 모르는 소박한 사건이었습니다.[45]

이제 서론은 물질과 영적 권력의 중심부에서 퇴위해 지독한 가난과 소외의 변방에서 자신의 호적을 신고하고 길거리 동네 베들레헴 말구유에서 자기 삶의 새로운 거처를 확인하고 있는 은퇴한 성직자들에게 가난하게 태어나신 그리스도를 축하한다는 성탄의 정신이 무엇인지 논의하게 될 것이라고 내용 전개 일정을 제시하고 있다. 특히 같은 은퇴 성직자로서 함께 생각해 볼 것을 제안하는 대목이 회중 참여를 위한 언어 장치로 눈길을 끈다.

오늘 우리는 물질만능적이고 권력지향적인 시대 속에서 가난한 모습으로 오신 그리스도를 축하한다는 의미가 무엇인지 함께 생각해 보고자 합니다.[46]

B. 본문주석, 해석 및 적용

본론은 서론에 약속된 대로 그리스도의 가난의 의미를 세 가지 명제를 통해 제시하고 있다. 이 세 가지 명제는 복음적 역설의 현실을 집중력을 가지고 파고들어 숨김없이 들추어낸다. 산 정상 마지막 40분처럼 급피치의 숨 가쁨을 느끼게 된다. 이런 식이다. 예수는 물질적으로, 기득권에 있

---

45) 이계준, 『축제와 고난』, 25-26.
46) *Ibid.*, 26.

어서, 그 영혼이 가난한 자로 태어났다.[47] 둘째, 예수의 가난한 탄생은 무엇인가를 주기 위함이다. … 예수는 가난하기 때문에 줄 수 있었다.[48] 셋째, 가난하게 오신 그가 가난한 사람들에게 주고받은 대가는 부나 권력이나 명예가 아니라 바로 그 가난한 사람들과 권력자들에 의한 배신과 아픔과 죽음이었다.[49] 그리스도에게 가난은 도피의 대상이 아니라 주는 자, 풍요의 출처로서의 자신의 존재 형식이며 그런 가난의 거처는 배신과 죽음의 자리로서의 십자가뿐이라는 복음적 역설 앞에서 회중은 문득 듣는 것도 용기가 필요하다는 사실은 느끼게 된다.

적용은 대상에 따라 예언적 비판의 소리가 되기도 하며 삶을 새롭게 보고 수용할 수 있도록 돕는 위로자의 소리가 되기도 한다. 그리스도의 가난이라는 이 복음의 역설이 교회의 삶에 적용될 때 이는 예언자적 비판으로 나타난다. 자기 회개가 촉구된다. 비판의 효율성을 위해 이계준은 위장막 제거를 위한 전형적 형식을 사용한다. "…이 아니고, …이다"(…not, …but).

오늘날 우리 교회 지도자들과 그리스도인들은 사회의 귀감이 되지 못하고 비난의 대상이 되고 있습니다. 그 이유가 무엇이라고 생각하십니까? 교회가 주려고 하지 않기 때문입니다. 하나님의 영광을 위한다고 말하면서 제도적 교회와 인간의 영광을 위하고, 죄인들에게 복음을 전한다면서 자기 구원에만 도취되어 있지 않나 스스로 반성해야 할 것입니다.[50]

---

47) *Ibid.*, 26.
48) *Ibid.*, 29-30.
49) *Ibid.*, 29.
50) *Ibid.*, 29.

그러나 이러한 가난의 역설이 은퇴 후 재정적으로, 법적으로, 심리적으로 가난에 던져진 은퇴 성직자들에게 적용될 때 이는 저들에게 새로운 자의식, 새로운 사명감을 갖게 할 수 있는 시각 그리고 삶의 자세로서 위로와 격려와 소망의 메시지가 된다.

그러므로 우리는 우리가 가난에서 오는 마음의 아픔과 상처 뒤에 숨은 하나님의 비밀을 보는 통찰력이 필요한 것입니다. 우리의 인간적이고 비참한 경험 뒤에는 하나님의 은총의 선물이 놓여 있음을 기억하자는 것입니다. … 하나님은 이번 성탄절을 기해서 가난해진 우리에게 새로운 은총의 선물을 주실지 모릅니다. 우리가 젊고 유능하고 패기만만하던 시절에 생각조차 못하고 행동으로 옮기지 못하였던 사명을 모른다는 것입니다. 그것은 곧 가난했던 주님을 지금부터 성실하게 따르는 일입니다.51)

C. 초대

결론에서 이계준은 성탄 안에 숨겨진 이 가난의 복음적 역설, 즉 하나님의 은총과 놀라운 선물로서 가난의 실체를 가리키고 증거함으로써 회중들을 가난 속에서의 감사와 찬양의 봉헌, 즉 투쟁하는 교회의 역설적 예배에로 초대하고 있다.

존경하는 여러분 오늘 가난했던 예수의 성탄을 축하하면서 우리가 가난해진 것을 하나님의 은총으로 깨닫고 이 놀라운 선물을 나누기 위해 우리의 신앙과 열정을 불태울 수 있다면 우리의 성탄절이 얼마나 축복되고 아름답겠습니까! 우리는 이 축복과 환희 가운데 가난하나 새로운 성탄절을 우리의 마음과 뜻을

---

51) *Ibid.*, 31.

다해 축하할 수 있음을 감사할 수 있습니다.[52]

IV. 설교자 이계준의 영성

그리스도의 삼중직은 세례받아 그리스도의 몸에 참여한 모든 자들의 삶의 본질이다. 세례자이며 안수받은 감리교 목사로서 이계준에게 이 삼중직은 그가 위탁받은 말씀 사역을 통해 실천되고 있다고 본다. 설교자 이계준 혹은 이계준 설교의 영성은 그가 참여한 이 삼중직과 그 직 수행을 위한 그의 자세에 선명히 반영되어 있다고 본다.

1. 왕 · 사제 · 예언자

A. 왕

모든 수세자는 그리스도의 몸으로서 머리 되신 그리스도의 왕직에 참여한다. 창조의 말씀으로서 그리스도는 전 피조세계의 왕이다. 그분의 왕권은 전 피조세계에 미친다. "거룩하시다 거룩하시다 거룩하시다 만군의 여호와여 그의 영광이 온 땅에 충만하도다"(사 6:2). 그분은 특정 시대, 언어권, 인종, 성, 연령, 나라, 사상, 혹은 정치적 경제사회 시스템을 미화하거나 합리화시키는 종교적 이데올로기로서의 부족신이나 우상이 아니다. 혹은 당신이 만드신 세계를 버리고 세상이 만들어준 거룩한 영역으로 숨어들어간 은퇴한 왕도 아니다. 전 피조세계의 왕이다. 그는 이 세상의 한가운데서 이 세상을 당신의 영역으로 선포하신다.

---

52) *Ibid.*, 32.

그러나 주인을 알아보지 못하고 혹은 알기 때문에 배척하려는 세상에서 이 사랑과 평화의 왕이 자신의 왕권을 주장할 수 있는 곳은 무관심 혹은 죽음과 배척의 위협 한 가운데뿐이다. 참된 왕의 자리이다. 그가 머리 둘 곳은 무관심과 죽음의 십자가뿐이다. 요람에서 무덤에 이르기까지 이 왕의 거처는 없다. 세상이 거절하고 있다. 세상은 영아들의 죽음 그리고 강도들의 죽음에 이 왕의 머리 둘 곳을 마련했다. 왕의 오심을 증거하는 복음서는 소동 속에 예루살렘을 빠져나오는 살기 가득한 병사들로 시작해 무덤을 지키는 병사들로 끝난다. 이것이 이 세상 한가운데서 세상을 자신의 영토로 감히 선언하려는 참된 왕의 자리이다. 이 평화의 왕직은 십자가를 보좌로, 가시를 왕관으로, 조롱과 멸시를 찬양으로, 높이 매어 달림을 왕의 영광으로, 그리고 죽음을 승리로 삼는다.

이계준에게 설교는 이 그리스도의 왕권에 참여하는 행위이다. 왕권 행사 행위이다. 머리되신 그리스도를 따라 몸 된 그의 설교는 전 피조세계를 선포의 영역으로 삼는다. 전 피조세계를 그분의 것이라 선언한다. 따라서 이계준의 선포에는 영역에 제한이 없다. 늘 교회의 벽 너머 길거리, 병원, 양평동 쪽방, 길거리 가게, 노인, 공장, 군부대, 대기업 사무실을 지향한다. 개인 심리적 영역, 윤리적 영역, 우주 문제, 자연, 전쟁, 경제, 정치, 기아, 가난, 교회의 문제가 다 그의 설교적 언어를 통해 십자가로 세워진다. 주께서 그 위에 높이 들리사 왕으로서 당신의 역설적 복음을 선포하실 수 있도록 말이다. "다 이루었다 내가 세상을 이겼노라!" 이런 식으로 이계준은 설교를 통해 십자가 위에서 세계를 당신의 것으로 주장하시는 그리스도의 왕직을 수행한다.

B. 사제

사랑과 섬김으로서의 그리스도의 왕직은 아버지의 능력과 은총을 비는 당신의 사제직에 의해 완성된다. 왕적 사제되신 그리스도는 이 세계의 아픔을 자기의 것으로 지고, 느끼고, 보고, 슬퍼하신다. 그리고 하나님 앞에 서서 제 몸을 보이시며 세상을 위해 탄식으로 간구하신다. 옛 제사장 아론은 지성소에 들어가 어둠 속에서 말씀 앞에 설 때 (법궤) 혼자 서 있지 않았다. 이스라엘 전 백성의 죄와 슬픔을 지고 섰다. 이스라엘의 열두 부족을 상징하는 열두 개의 돌이 달린 사제복을 입고 말이다. 그리고 백성들의 아픔에 담겨오는 사죄, 치유 그리고 위로의 말씀을 들었다.

설교자는 사제이다. 그리스도의 몸으로서 머리되신 분의 사제직에 참여한다. 설교자는 그리스도의 마음으로 회중의 아픔을 지고, 느끼고, 보고, 슬퍼한다. 지성소에 들어가 무지와 불신앙의 어둠 속에서 두려움으로 설 때 혼자 서지 않는다. 세계의 죄와 슬픔을 함께 지고 선다. 그리고 이 죄의 아픔에 감응해 들려오는 사죄, 치유 그리고 위로의 말씀을 듣는다. 설교는 회중을 지고 저들의 마음과 귀로 말씀의 지성소 앞에 서는 행위이다. 설교의 시작은 그분이 입을 열 때부터이며 사제가 귀로 듣는 때부터이다.

설교자 이계준에게 설교 행위는 그리스도의 사제직 수행이다. 사제로서 그는 세계의 아픔을 지고, 느끼고, 보고, 슬퍼했다. 말씀의 지성소에 들어가 막막함과 무력감의 어둠 속에 설 때 결코 혼자 서본 적이 없다. 세계의 죄와 고통을 지고 섰다. 그리고 이 깊은 죄의 슬픔을 통해 들려오는 하나님의 사죄, 치유 그리고 위로의 말씀을 듣고 전했다. 물론 설교자이기 전에 한 신앙인으로서, 예를 들어 해직 교수라는 새 이름과 함께 시대의 아픔과 미래를 맛본 바도 있지만 설교자로서 그는 설교적 언어라는 자신의 몸을 통해 시대의 어둠을 품고 섰던 것이다. 이계준이 사제로서 하나님 말씀 앞에 설 때 그가 입고 들어간 언어의 사제복에 어떤 세계 혹은 누가 달려 있었나? 그의 언어는 어떤 삶의 역설들 즉 세례 요한의 목이라는 상징을 담아내고 있었나? 그가 언어를 휘둘러 거칠게 판 후 흑암의 어둠 베들레헴 마구간에 내놓은 말구유는 무엇이었나? 어떤 사람들, 어떤 슬픔들이 이계준의 언어의 십자가에 올려저 감히 주님께 제 본질을 고백하고 미래를 위해 간구할 수 있게 되었나. "예수여 당신의 나라에 임하실 때에 나를 기억하소서"(눅 23:42). 그의 설교집을 잠시만 뒤적여도 이계준의 사제적 언어에 덧붙여지고, 받쳐지고, 파이고, 높이 달렸던 이 시대의 이스라엘, 세례 요한들, 말구유들, 강도들이 누구인지 분명해진다.

고향을 떠난 실향민 혹은 탈향민들, 365일 하루도 남김없이 전쟁과 파괴와 살해와 눈물로 점철된 시간 속에 사는 자들, 자기에게 주어진 자유의지의 왜곡되고 악마적인 남용으로 인해 초래된 이 비극의 역사 속에서 전율과 공포에 질린 우리들과 온 인류, 1975년 학원사태로 인해 제적된 모든 학생들, 핵가족의 풍토와 개인주의적 문화 속에서 모든 종류의 감사를 상실하고 비인간화되어가는 이 시대, 경제적 불균형에 의한 부익부 빈익빈, 물질 만능주의의 사생아인 한탕주의에 빠진 이 나라, 국제 사회의 정치적 장난, 봉건시대의 벼슬아치와 지주들의 온갖 착취와 비인간적인 취급, 일제 총독부와 친일분자들의 억압과 수탈, 전쟁의 참상, 독재의 억압의 삶을 십자가로 지고 고난의 억울함과 눈물 속에 사는 얼굴과 목소리를 잃은 대중들, 사랑과 단절되고 죽음의 두려움 속에서 사는 자들, 가면이라는 무덤 속에 있는 시체들, 시한부 삶을 사는 자들, 과다 소유욕의 화신인 대기업의 문어발식 기업 확장으로 질식되어 가는 중소기업, 아파트 투기로 울음 속에 사는 무주택자들, 밭떼기꾼들의 농간으로 메말라가는 농촌, 부당한 방법으로 일확천금하려는 한탕주의와 범행으로 인해 귀한 재산을 강탈당하는 자, 소유라는 무덤을 파고 그 속에 들어가 시체로 창백히 누워 있는 자들, 권력체계나 종교체계에 의해 무시당하는 하층 구조의 사람들, 권력과 금력이 결탁된 속된 장소로 변질되고 가고 있는 성전. KAL기 폭파와 아웅산 테러로 가족을 잃은 자들.53)

경기침체와 폐업으로 실직한 자, 하층계급에 속하는 백성들, 가난과 질병에 걸린 자들. 교회에서 은퇴한 가난해진 원로목사, 생태학적 위기 그리고 세계화가 가져오는 위기 앞에 선 교회, 양심의 부재로 인해 부조리의 자가당착에 빠지고 부도덕한 종교집단으로 전락할 위기에 빠진 교회.[54]

'사제적 듣기Priestly Listening'라는 말이 있다. 세계의 아픔을 듣고 그 아픔을 가지고 말씀 앞에 서서 듣는 행위를 가리킨다. 설교의 사제적 차원을 가리키는 용어이다. 이런 사제적 듣기를 린더 켁과 윌리암 윌리몬은 이렇게 정의하고 있다.

이것은 설교자가 회중을 대신하여 그 말씀에 귀를 기울이는 것, 그 특정 시기와 장소에 속해 있는 특정 공동체를 위하여 특정한 메시지에 귀를 기울이는 일, 설교자가 회중을 위한 말씀을 그들을 대신하여 듣는 일이다. 회중의 자리로 내려 앉아서 그들의 말에 귀를 기울이는 일이다.[55]

목사가 성서를 읽을 때 그는 사제로서 온 교회를 위해 본문에 귀를 기울인다.[56]

이계준의 언어는 이 세계의 구체적 삶의 아픔들을 담아낸다. 말씀이 몸을 입듯 그리스도의 몸 된 자로서 그의 언어는 늘 이 세계라는 몸을 담아낸다. 깊이 내려가 그 안에서 세계의 탄식을 듣고 본다. 그리고 그 슬픔으로

---

53) 이계준, 『하느님의 침묵』.
54) 이계준, 『축제와 고난』.
55) 정장복 외, 『설교학 사전』(서울: 예배와 설교 아카데미, 2006), 619.
56) William Willimon, 『21세기형 목.회.자.』, 최종수 역 (서울: 한국기독교연구소, 2004), 152.

채워진 귀와 눈으로 하나님 앞에 선다. 그분이 임재하실 시은소로서 말이다. 그리고 그분의 침묵과 어둠 가득한 귀와 눈을 회중에게 돌린다. 회중으로 그 안에서 은혜 중에 하나님의 소리와 모습을 볼 수 있도록 말이다. 설교자로서 이계준의 영성은 이 사제적 들음과 봄에 있다고 할 수 있다. 그는 귀와 눈으로 설교한다. 이런 점에서 이계준 설교의 본질을 밝은 귀와 맑은 눈에서 읽어낸 나원용의 아래의 글은 이계준의 설교가 갖춘 사제적 영성에 대한 매우 적절한 평이라 생각한다.

> 그동안의 많은 설교자들 가운데 오래 기억되는 이들은 대개 귀가 밝고 눈이 맑으며 적절한 말과 정리된 표현으로 메시지를 알아듣기 좋게 전달하는 동시에 자신의 뜨거운 가슴도 함께 드러냈습니다. 그런데 금번 이계준 박사의 설교들 듣기도 하고 읽기도 하면서 그런 면모를 고루 갖추신 것을 느끼게 되었습니다. 설교자의 귀가 밝아야 한다는 것은 듣는 사람들이 평소에 가슴으로 호소하는 그런 말을 듣기도 하고 이에 대해 주시는 하늘의 음성도 들어야 하기 때문이고 눈이 맑아야 한다는 것은 개인과 사회의 역사 속에 일어나는 일들과 이에 대한 하나님의 원하시는 바가 무엇인지를 보는 눈이 있어야 하다는 뜻입니다. 감사하게도 이 목사님은 귀도 밝고 눈도 맑아서 말씀을 듣고 읽어가면서 동감하고 용납하도록 도움을 주십니다.57)

이런 식으로 그는 설교 사역을 통해 그리스도의 사제직에 참여한다.

C. 예언자

이계준의 설교는 예언자적이다. 설교의 예언적 차원은 사제직과 관련

---

57) 이계준, 『축제와 고난』, 8-9.

되어 있다. 세상의 죄와 슬픔을 지고 지성소 하나님 말씀 앞에 설 때 어떤 일들이 생기겠는가? 사제가 품고 있던 세상의 죄가 하나님의 불꽃같은 눈앞에 그 폭과 넓이와 깊이에서 노출되지 않겠는가? 부정한 것은 하나님 앞에 설 수 없다. 영광의 빛 앞에서 죽게 되기 때문이다. 하나님께서는 시내산에서 모세를 만나실 때 40일 낮밤의 어둠, 골짜기, 그리고 당신의 손으로 어둠의 너울을 만드사 부정한 모세로 당신의 영광을 접하고도 죽지 않도록 해주셨다. 어둠 속에서 여호와를 만났음에도 모세의 얼굴에는 하나님 영광이 가득하였다. 산 아래 백성들은 감히 그 영광의 잔상 그 보랏빛 노을조차 두려워 바로 보지 못했으니 모세에게 부탁하여 그 얼굴에 수건을 써달라고 부탁했다. 가까이 다가갈 수 있도록 말이다. 그러하니 사제의 품에 있긴 하나 그분 앞에 바로 선(Coram deo) 세상이 그 죄와 부정으로써 어찌 그분의 영광의 빛을 견디어 낼 수 있겠는가? 아마 죽고 말 것이라. 그리고 이렇게 죽게 하는 것이 설교의 예언적 사역이리라. 루터의 소원은 중세 교회가 말씀 위에 씌어 놓은 이 수건을 벗겨 버리는 것이었다. 교회가 말씀의 빛 앞에서 죽을 수 있도록 말이다. 하나님의 정결함과 영광 앞에서 자신의 부정과 수치를 있는 그대로 드러내 보여주는 이 비판적이고 파괴적인 설교의 예언적 기능을 실제로 설교에서 작동시키기 위해 이계준은 이사야가 세속국가 바벨론 안에서 보았던 소위 하나님의 몽둥이를 다양한 근대 비평방법론들 안에서 보는 듯하다. 이계준은 세상의 실상을 드러내기 위해 사회, 경제, 정치, 종교에 대한 모든 종류의 비판적 방법론들을 설교에 동원한다(사회 비평, 성경에 대한 역사적 비평 작업, 민중신학적 사회경제 이데올로기 비평 방법, 문명 비평 등). 시, 문학, 영화와 같은 문화적 매체들 역시 삶의 어둠을 벗겨 내는 비평적 소스로 받아들이고 있다. 목적은 하나님 앞에 자신을 가리고 있는 모든 종류의 가면들, 모든 수건들을 깨고 벗겨 내는 일이다. 세상을 깊은 참회와 탄식 그리고 완전한 죽음으로 이끌기 위해서이다. 이것이 예언자적 설교의 영성이다.

그러나 오직 여기에만 머문다면 율법적 설교와 무엇이 다르겠는가? 예언적 설교는 그리스도 안에서 하나님이 이미 세계를 당신과 화해시키셨다는 은혜의 사실을 전제한다. 세계는 이미 그리스도의 사랑 안에서 극복되었다. 그분의 사랑이 그분을 향한 세상의 무심, 배반, 폭력을 치유하시고 변모시켰다. 이 사랑은 무덤에 묻혀 있거나 돌과 창으로 지켜질 수 있거나 혹은 기껏해야 그 부활이 야사나 루머로만 떠돌아다닐 수 있는 그런 것이 아니다. 세상을 얻기 위해 세상 안으로 침노해 오는 이 거룩한 사랑의 대홍수를 향해 이 세상은 사제의 품을 통해 감히 자신을 던져 넣는다. 어린 아이의 피부로 정결한 몸으로 다시 일어서기 위해, 무지개가 약속하는 새로운 세계로 넘어가기 위해, 약속의 땅으로 유월하기 위해, 죽고 다시 살기 위해서 말이다. 예언적 설교는 그리스도 안에서 화해되었다는 복음적 소망을 전제로 그 모든 죽음의 기능들을 작동시킨다. 예언적 설교의 기능은 따라서 근본적으로 그 과제가 세계의 회복과 치유에 있다. 따라서 예언이 노출시키는 파괴, 울음, 슬픔, 아픔, 절망은 이미 회복, 웃음, 기쁨, 치유, 소망의 전망 안에 있다. 예언자는 고난을 축제의 빛에서 소통 부재의 허무함을 만물을 채우시는 신적 침묵의 충만함 안에서 본다.

이계준의 예언적 설교의 비판적 시각에서 현시대는 그 죄된 본질이 지적되고 들추어진다. "일류병, 명예병, 출세병, 호화병, 재벌병에 걸려 고생하는 현대인들, 바벨탑의 문화, 피라밋의 문화 속에 갇혀 구원 없이 멸망만을 기다리고 있는 자들."[58] 심리적 정치적 경제적 인종적 종교적 편협성, 배타주의, 집단이기주의의 포로가 된 세계, 비인간화를 가속화시키는 것으로서의 도시 문화, 물질문화, 기술문화,[59] 청소년 범죄, 가정 파탄, 생명

---

58) 이계준, 『마르타 콤플렉스』, 11.

경시의 온상으로 타락해 가는 도시와 산업 시스템.[60] 권력 체제를 만들고 이데올로기를 만들며 그 것을 절대화하고 신격화하며 그 속에서 스스로를 소외시키는 현대인들의 비극적 현실.[61] 그러나 이러한 현실 비판은 그 것을 단 한 번에 완전히 극복하셨고, 당신의 몸 된 분투하는 교회를 향해 그 종말론적 극복을 약속하신 그리스도의 사랑에 대한 믿음과 소망 안에서 전망된다.

종말론적 승리에 대한 믿음 안에서 삶의 어둠과 그 것이 주는 두려움을 받아들이고 그런 식으로 세계의 치유와 변모와 회복을 선언하고 있다는 점에서 이계준의 설교는 그 영성에 있어서 예언자적이다. 그는 강남에서 가난의 미학을 말하고 노년의 빈곤함과 소외의 현실 속에서 은총의 풍성함을 선포하고 진리의 자못 역사적 패배인 듯한 사건들 속에서 감히 승리를 외치고 있지 않은가?

2. 겸손, 순종, 감사

A. 겸손

설교자로서 이계준의 영성은 겸손이다. 사세기 동방교부 크리소스톰은 설교자에게 가장 큰 유혹의 자리로 강단을 들었다. 설교자가 교만해질 수 있는 최적의 자리이기 때문이리라. 예배 공간의 중앙 가장 높은 곳, 거룩한 색으로 구별된 곳, 꽃과 찬양으로 둘러싸인 곳, 회중의 눈과 귀가 침묵하고 순종으로 집중하는 곳, 엘리아데가 말한바 저 세계의 축 혹은 기원의 시간,

---

59) *Ibid.*, 82-83.
60) *Ibid.*, 195.
61) 이계준, 『하느님의 침묵』, 39.

그 강단은 영광의 자리가 분명하다. 유대교 회당 같으면 소위 언약의 두루마리가 들어 있는 법궤ark가 있었을 것이요 더 거슬러 올라가면 십계명판이 들어 있던 법궤와 그 위 시은소施恩所가 있던 곳 아닌가? 그 모임 그 시간에 입을 열 수 있는 자는 오직 설교자만이다. 설교자는 하나님과 사람 간 유일한 영매가 된다.

크리소스톰은 당대 설교자들에게 회중의 환호를 끌어내기 위해 설교할 것인지 혹은 저들의 영적 성숙을 위해 설교할 것인지 분명히 하라고 권면한다. 마귀는 사역에 나선 그리스도에게 그리고 3년 후 십자가에 걸려 있는 그리스도에게 같은 유혹의 말을 던진다. "뛰어내리라!" 회중들의 요구 가운데로 뛰어내리라는 것이다. 저들이 듣기 원하는 말을 하라는 것이었다. 대중의 아멘과 박수와 환호 속으로 뛰어내리라는 것이었다. 물론 그리스도는 거절했다. 그러나 얼마나 많은 설교자들이 아멘과 박수를 위해 그 위에 오르고 그러한 반응을 끌어내는 자신에 대해 자랑스러워하는가? 내가 없었다면 누가 이 종이 무덤 속의 그리스도를 부활시킬 수 있었을까? 내가 아니었다면 누가 무지한 자들을 설득할 수 있었을까? 때로 설교자는 하나님을 보편적 원리로 박제해 버리거나 수학공식처럼 정형화해 버린다. 때로는 양복쟁이처럼 회중의 삶의 요구에 맞추어 그분의 뜻을 디자인하고 재단한다. 말씀의 달인이라도 되는 듯 말씀을 통제하고 관리하고 조작할 수 있는 자신의 능숙한 기술을 자랑한다. 사냥꾼처럼 그분의 속성과 활동을 손금 보듯 아는 체하며 행동한다. 의사처럼 하나님의 다양한 속성을 계산하여 회중의 요청에 약 처방을 내린다. 전문 조련사나 되는 듯 자유하신 그분의 거룩한 야성을 가축화시키려 한다. 회중이 원하는 대로 신상을 만들어 주는 우상공방으로 예배시간을 만든다. 말씀의 종이 아니라 말씀의 주인과 조련사로 자신을 이해한다. 말씀에 귀 기울이지 않고 말씀을 자기주장의 증인으로 세운다. 때로는 말씀의 보호자를 자처하지만 말씀에 재갈 물려 제 식으로 몰며 학대한다. 말씀을 섬기는 것이 아니라 말씀을 이용한다. 말씀 다루는 능력을 자랑스러워하며 신문과 광고에 자신을 선전하고 회중들의 찬사와 인기 속에서 교만해져 간다.

이계준은 말씀을 종교 비즈니스의 한 도구로 사용하거나 회중의 반응에 연연하며 그 인기도로 설교자로서 자신의 성패를 가늠해 보려는 얄팍한 종교적 엔터테이너는 기질상 아니다. 그는 설교 즉 하나님의 말씀 섬기는 일이 평생의 즐거움이면서도 지기 힘든 십자가이었다고 고백한다. 십자가임에도 내려올 수 없었던 것은 그것으로 그 자신이 늘 은혜를 받아서이기도 했겠지만 안수 때의 서약 때문이었으리라. 그때 말씀과 성례의 책임을 위임받고 파송되지 않았던가? 설교와 한 짝이 되어 세상으로 보냄 받았으니 그분이 합하신 것을 어찌 그가 나눌 수 있었겠는가. 건강할 때나 병들었을 때, 부할 때나 가난할 때나 그 어떤 상황에서도 이 말씀을 아끼고 사랑하겠노라 이 설교 사역과 더불어 피차에 서약했으니 어찌 그 사랑의 굴레에서 벗어날 수 있었겠는가. 설교와 이계준이 서로에게 상처 주며 화해하기를 얼마나 거듭했겠는가. 설교의 십자가를 질 수 있었던 것은 이 안수의 거룩한 서약에 대한 사랑에 넘치는 겸허한 순종 때문 아니었을까?

겸손이라는 이계준의 설교적 영성은 1963년 미국 사우스다코타에서 그가 프랭크포트 감리교회와 애쉬턴 감리교회 두 곳을 섬기던 시절 있었던 한 경험으로 유추해 볼 수 있을 것이다. 그의 나이 팔십이 가까워 출판된 자서전에서 그는 삼십대 초반 초년 설교자로서 미국 연합감리교회 설교사역 중 얽힌 일화를 소개하고 있다. 이 글을 자서전에 올린 것은 설교 사역의 끝에서 그 시작을 단순히 추억하기 위함일 수도 있을 것이라. 즉 이제 성숙한 설교자가 되어 부족했던 옛 시절을 여유와 즐거움으로 추억해 보기 위함일 수 있다는 것이다. 그러나 어찌 보면 이제야 자신이 얼마나 말씀 앞에서 부족한 설교자인지 깨닫게 된 자로서 아직 그 사실을 몰랐던 시절을 감사한 마음으로 돌아보기 위함일 수도 있다. 이 일화는 아마 매번 되돌아가 설교자로서의 자신의 자세를 비추어 보곤 했던 자명경이 아니었을까 추측해 본다. 그는 이렇게 쓰고 있다.

> 미국교회를 경험한답시고 용감하게 교회를 맡은 것이다. 그러나 나의 이상과 현실 사이에는 거리가 이만저만이 아니었다. 교회의 규모는 차치하고 마치 고양이가 소 대가리를 맡은 것 같아 할 일이 막막하였다. 한국에서도 군목 경험밖에 없는 내가 사회, 문화, 인종이 다른 곳에서 목회하려고 하니 그럴 수밖에 없었다. 사람이 무식하면 그런 만용을 부릴 수 있는 것이다. 그러나 이제는 도망갈 수도 없고 최선을 다하는 길만 남아 있었다.[62]

그는 이 글에서 미국인을 대상으로 설교하면서 공동의 경험과 언어 부재로 인한 소통 단절 문제 그리고 그것을 극복할 수 없었던 한계로 인해 당황했다고 말한다. 말씀을 전달할 수 있다는 이상과 낯선 언어와 발음 그리고 사회·문화·인종적 문법의 상이함이라는 현실 사이의 그 먼 거리로 인해 회중과 함께 표면적 이해조차도 함께 나눌 수 없었다고 토로하고 있다. 소통을 가능케 할 수 있다는 젊은 이계준의 자신감과 용기에 대해 팔십의 이계준은 이제 보니 그것이 다름 아닌 무식과 만용이었다고 자평한다. 그런데 만일 그의 사역이 미국이 아니라 한국에서 있었다면 영어가 아니라 모국어를 썼었다면 그리고 익숙한 문화. 언어적 문법과 경험을 공유한 회중을 향해 설교를 했었다면 이런 일화가 생겼을까? 없었을 수도 있을 것이다. 그럼 이 일화는 재미있는 추억거리에 불과한가? 만년의 이계준에게는 이제 그리 교육적일 것도 더 생각할 여지도 없는 빈 이야기에 불과한가?

---

62) 이계준, 『희망을 낳는 자유』, 137.

다르게 생각해 보면 어떨까? 이 일화를 설교자 이계준의 일과적 사건으로서가 아니라 그의 개인적 신화로 본다면 말이다. 그 안에서 말씀에 대한 이해, 말씀에 대한 자세, 말씀과 자신의 관계 즉 설교자 영성의 근원적 본질이 지속적으로 질문되고 드러나게 되었던 신화, 즉 그 이후 이계준의 설교적 영성을 결정했던 아주 중요하고 의미 있는 이야기로 본다면 말이다. 의미는 '텍스트' 앞에 있다고 했다(Paul Ricoeur), 과거를 이야기하는 것은 그럼으로써 현재와 미래를 열기 위함이라는 뜻이리라. 공연히 과거 이야기를 하는 자는 없다. 과거를 이야기하는 것은 실은 현재와 미래를 말하는 것이다. 그런 의미에서 혹시 이 일화가 실은 그 사건 이후 지금까지 설교자 이계준의 현재와 미래의 설교 영성에 영향을 주어 온 중요한 '텍스트'일 수 있다고 생각하면 안 될까?

그리 볼 때 이 이야기는 무엇을 말하는가? 혹시 이계준은 현재까지도 하나님과 사람 사이의 공유된 언어와 문법 그리고 경험 부재로 인해, 하나님의 말씀이라는 이상과 그분과 전적으로 다른 이 땅의 존재 사이의 그 먼 거리로 인해, 설교에 늘 막막함을 느끼고 있는 것은 아닐까? 현재까지도 하나님의 말씀을 섬긴다는 것을 마치 고양이가 소 대가리 맡은 듯 힘겹게 느끼고 있는 것은 아닐까? 선포하라는 그 요청 앞에 도망갈 다시스도 없고 그렇다면 팔순의 이계준이 보아도 설교 사역과 관련하여 남은 길은 비록 스스로 그 것을 비하했음에도 결국 여전히 그 무식과 그 만용의 길이라고 생각하고 있는 것은 아닐까? 막막함, 무식과 만용, 피하고 싶은 두려움, 이런 것이 그가 하나님 말씀을 받아 온 그릇 아니었을까? 이런 겸손의 영성으로 그분의 임재를 받아 회중에게 보여주어 왔던 것은 아닌가?

자신의 설교 내용, 언어, 구성이 회중 가운데서 일으킬 수 있는 적극적 반응의 가능성이나 현실을 모르는 바 아님에도 불구하고 근본적으로 설교의 성패라는 것이 하나님께 속한 것임을 아는 터라 이계준은 자신의 설교

를 향한 칭찬을 "인사치례"로 돌리거나 스스로도 확신이 가지 않는 설교
운운하며 피해 간다. 이런 자세 뒤에서도 설교의 주체는 하나님이시고 사
람은 단지 종이요 도구에 불과하다는 겸손의 영성을 추측해 볼 수 있다.

설교가 훌륭하다. 설교가 영감이 있다는 등 찬사를 아끼지 않았는데 이것이
진심에서 나오는 말인지 인사치례인지 통 알 수 없었다. 설교자인 나 자신에
게 확신이 없으니 그럴 것은 당연하다.63)

B. 순종

설교자로서 이계준의 영성은 순종이라 할 수 있다. 이계준은 자신이
하나님 말씀에 대해 천치요 바보라고 말한다. 50년을 말씀 사역에 헌신했
지만 여전히 어렵고 고통스럽다고 한다. 따라서 일단 전한 설교는 다시
보지도 않는다 한다.

나는 25세에 신학교를 졸업한 다음 군목이 되어 설교하기 시작하였다. 그
것이 2004년 4월 72세가 될 때까지 계속되었으니 근 50년간 설교한 셈이다.
어떤 일에 50년간 종사했다면 천치 바보가 아닌 한 그 일은 누워서 떡먹기여
야 할 것이다. 그러나 나에 관한 한 설교는 그렇지 않았다. 그것은 언제나
어디서나 준비하는 것도 전하는 것도 고통스러운 작업이다. 그 괴로움이 얼마
나 심하였던지 일단 전한 설교 원고를 다시 본적이 별로 없었다.64)

옛 설교문을 돌아보지 않는 것은 단지 그것이 설교 준비와 전함의 고통

---

63) *Ibid.*, 139.
64) *Ibid.*, 194.

스러운 기억을 새롭게 하기 때문일까? 지금 그분을 따라 다니느라 옛 것을 돌아볼 필요가 없어서 아니었을까. 이계준에게 설교는 언어의 성막이다. 그분이 임하시도록 언어의 자리를 세우는 것이다. 이계준의 하나님은 자유하신 분이다. 사랑을 위해 자유하신 오리지널 히브리 즉 떠돌이이시다. 그분을 따라 다니려면 얼마나 그 언어의 집들 해체되고 다시 세워져야 되었을까. 이계준이 50년간 행한 설교문은 하나님의 유랑을 따라 세워져 왔던 수많은 성소들의 흔적들이리라. "일단 전한 설교 원고", 한때 그분이 머물다 간 언어의 성소를 되돌아와 마음 둘 필요가 없었을 것이다. 나를 따르라 하셨는데 옛 원고나 돌아보다가는 소금기둥이 되지 않겠는가. 그런 두려움이 없었을까? 전한 설교는 (옛 성소) "다시 본적이 별로 없다"는 이 말은 실은 그분의 유랑을 따라 다니며 언어의 회막을 짓고 헐어대느라 힘겨웠던 이계준의 악착같은 순종의 증언이 아닐까.

　이계준에게 설교자는 통역자이다. 하나님을 통역하는 사람이다. 그런데 온전한 통역은 불가능하다. 그의 반역자론에서 보면 그렇다. 그에게 통역자는 반역자이다. 뜻을 반대로 풀어내는 사람(反譯者)이든지 절반만 풀어내는 사람이다(半譯者).65) 이 냉소적 유머는 하나님의 완전한 통역자가 된다는 것이 불가능함을 선언한다. 어거스틴의 고백록 앞부분에는 하나님을 표현할 수 있는 적절한 언어를 찾지 못해 고백 자체에 들어가지 못하는 자의 고민이 나온다. 알기 위해 언어를 택했는데 무지만 쌓일 뿐이다. 그분께 오르기 위해 언어를 택했는데 바벨과 흩어짐으로 끝난다. 대화를 위해 언어를 택했는데 언어의 갈래를 따라 흩어지기만 할 뿐이다. 통역은 반역이라는 이계준의 선언 뒤에는 이런 고민의 그림자가 드리워져 있다고 본다. 그럼에도 이계준이 반역을 계속해 왔다면 이는 그럼에도 선포하

---

65) *Ibid*., 225.

라는 그분의 명령에 대한 교회의 기나긴 순종을 그가 따르고 있기 때문 아닐까?

이계준이 익살스레 소개하고 있는 자신의 통역 관련 비화에는 설교자 이계준이 하나님 말씀 앞에서 얼마나 왜소해지는지 그리고 그 말씀 앞에서 인간적으로 얼마나 두려움을 느끼고 있는지를 비유적으로 잘 보여주고 있다.

한번은 캐나다연합교회의 선교국 총무가 채플에서 설교할 때였다. 그는 심한 브리티시 악센트를 쓰는 사람이었는데 그의 말이 내 귀에 전혀 들어오지 않는 것이다. 그날따라 채플에 박대선 총장과 명예총장인 백낙준 박사, 그리고 20, 30명의 교수들이 강단 뒤 의자에 좌정하고 있었다. 알아들을 수 있는 말도 빗나가게 되어 있는 분위기였다. 일단 통역자로 섰으니 통역하지 않을 수 없어 나는 귀에 걸린 말만을 대충 엮어서 그야말로 중언부언하였다. 채플을 끝내고 나니 정신이 몽롱해지고 등골에 식은땀이 올랐다. 설상가상으로 천문학과 교수가 나에게 다가와서 하는 말이 '최고의 통역'이라는 것이다 그렇지 않아도 도망갈 심정인데 그분의 말이 설사 찬사였다고 할지라도 빈정대는 말로밖에 들리지 않았다. … 1974년인가 영국성공회 캔터베리 대주교이자 신학자인 폴 램지 박사가 졸업식에 명예학위를 받고 채플에서 설교하게 되었다. 지난번 캐나다 선교국 총무의 설교를 통역하다가 반역자가 된 비참한 경험을 생생하게 기억하고 있었다. … 사색이 된 나는 통역을 극구 사양했다. … 내 말은 통하지 않았다. 다가오는 비극을 모면하기 위해 대주교의 강연원고를 부탁했으나 그런 것은 없다고 하였다. 다급해진 나는 제목만이라도 알려달라고 하소연했으나 그것도 모른다는 것이다. 참으로 앞이 캄캄하고 몸살이 나는 듯 온 몸이 떨리기까지 했다. 운명의 시간은 어김없이 다가왔고 나는 장에 갇힌 새나 다를 바 없는 신세가 되었다.[66]

　자신의 귀에 전혀 들어오지 않는 하나님 말씀의 심한 악센트, 언어의 귀에 걸려 대충 엮인 후 중언부언의 그릇에 담기는 하나님 말씀, 자신을 늘 몽롱하게 하고 등골에 식은 땀 나게 하는 말씀, 자신을 늘 최고의 반역자로 만들고 조롱하는 듯한 이 통역의 직, 도망가고 싶게 만들고, 어떤 찬사조차 빈정거림으로 들리게 만들며, 인간적으로 자신을 늘 비참하게 하고, 사색死色으로 몰아넣는 그래서 극구 사양하고 싶은 말씀 사역, 강연 원고도 제목도 미리 받아낼 수 없어 함부로 제어할 수 없으며 그래서 항상 자신을 다급하게 하고 허공을 향해 메아리 없는 하소연밖에 할 수 없게 만드는 설교 사역, 자신을 무지한 자로 만들고 때마다 앞을 캄캄하게 하며 몸살 나게 하고 온 몸을 떨게 만드는 이 말씀 사역, 그러나 주일마다 어김없이 찾아오는 운명의 시간, 예감되는 비극에서 벗어날 수 없어 장에 갇힌 새 같이 기다려야 하는 이 설교 사역. 인간적으로 보아 누구에게도 밀리지 않고 그것도 평생을 설교한 자의 이러한 고백은 그 본질이 무엇인가? 통역으로 제어될 수 없고 그 의미가 항상 우리의 언어보다 넘쳐 나는 말씀의 위대함에 대한 고백, 그 앞에서 느끼는 한 인간의 두려움과 떨림의 자기 고백 아닐까? 그럼에도 불구하고 그 빈정거림과 비참함, 사색死色과 다급함, 막막함과 조급함을 지고 평생 이 말씀을 통역하며 섬기게 한 것은 무엇인가? 자신이 만용이라 불렀던바 통역자로 부르신 하나님의 부르심에 대한 절대 순종 아니었을까?

C. 감사

---

66) *Ibid.*, 226-227.

설교자로서 이계준의 영성은 감사에서 파악해 볼 수 있다. 과연 이계준에게 설교 사역이 단지 선포하라는 말씀에 대한 순종만으로 가능했을까? 그에게 설교는 기쁨과 감사의 근원인 듯하다. 설교 사역 안에서 무엇인가 진실로 감사할 만한 것을 얻고 있다는 말이다. 단지 공허하고 실체 없는 사명감과 책임과 순종만의 문제이기만 하다면 이 정직한 자유인이 제 스스로 그 자리를 박차고 나오지 못할 이유가 없었을 것이다. 못으로 박히기라도 한 듯 그 설교의 막막함, 당혹함, 두려움으로부터 뛰어내리지 못할 이유가 없었을 것이다. 게다가 "불완전"한 설교 그리고 청중의 "인내심" 운운하며 스스로의 설교를 비하하면서까지 그렇게 감사의 마음을 띠울 필요가 없었을 것이다. 해직되어 당장 어려운 것도 많았을 텐데 기껏 서울 외곽의 한 무리 교회 청년들을 향한 설교 사역의 기회에 오랜 시간이 지난 후에도 그리 감격스레 감사를 언급할 이유가 없었을 것이다.

> 감사를 헌정하고 싶은 자들. 첫째는 불완전한 설교를 하나님의 말씀으로 믿고 인내심으로 경청하여 주신 회중들, 둘째는 해직되어 설교할 곳을 잃었을 때 교회 안팎의 극심한 압력을 극복하면서 설교단을 제공해 주신 목사님들이다.[67]

웨슬리 전통에 서 있는 이계준에게 말씀을 듣고 묵상하고 전하는 모든 과정은 은총의 방편임에 틀림없다. 설교를 준비하는 과정이 은혜를 받는 귀한 자리로 경험되었으리라는 것은 분명하다. 회중을 위해 말씀의 상을 차릴 때 힘들기도 했겠지만 이는 아마 하늘의 진미를 제일 먼저 골고루 맛보는 특권에 비해 아무것도 아니었으리라. 어머니들이 오래 사시는 것

---

67) 이계준, 『하느님의 침묵』, 머리말.

은 아마 부엌에서 음식을 준비하느라 분주히 몸을 움직이고 식탁을 위해 이런 저런 맛들을 다 보아야 했기 때문이 아닐까. 청중을 위해 말씀의 식탁을 차릴 때 그 은밀한 부엌에서 얼마나 많은 은총을 그가 맛보았겠는가? 설교 사역은 안수 목사로서의 사명이었겠지만 그 이전에 한 신앙인으로서 그가 은혜받고 힘을 얻는 귀한 자리였음에 틀림없다.

해직의 진정한 충격은 강단 상실, 말씀의 식탁 상실이었으리라. 경제적 어려움도 적지 않았으리라 능히 추측해 볼 수 있겠으나 그것을 압도한 것은 아마 연대 루스채플에 차려진 말씀의 식탁 상실이었으리라. 이것이 거룩한 말씀을 섬길 부엌과 식탁을 준 목사에게 그가 그리도 감사를 표할 수밖에 없었던 이유가 아니었겠는가. 그 목회자가 이 조그마한 말씀 사역의 자리, 은총의 식탁을 제공하지 않았다면 어떻게 해직의 긴 바벨론 포수 기간 중 그의 얼굴이 왕의 진미를 먹던 다른 소년들보다 더 윤택할 수 있었겠는가?

> 청하오니 당신의 종들을 열흘 동안 시험하여 채식을 주워 먹게 하고 물을 주어 마시게 한 후에 당신 앞에서 우리의 얼굴과 왕의 진미를 먹는 소년들의 얼굴을 비교하여 보아서 보이는 대로 종들에게 처분하소서 하매 그가 그들의 말을 좇아 열흘을 시험하더니 열흘 후에 그들의 얼굴이 더욱 아름답고 살이 더욱 윤택하여 왕의 진미를 먹는 모든 소년보다 나아 보인지라.(단 1:12-15)

말씀 앞에 선 설교자 이계준의 존재는 본질이 기쁨과 감사임에 틀림없다. 그곳에서 그가 하늘의 진미를 먹고 생수를 마셨기 때문이리라.

나가는 말

이계준의 설교 세계를 그의 예배 이해로부터 시작했다. 그에게 예배란 죄가 개인적, 사회적, 역사적, 우주적 차원에서 그 힘을 압도적으로 행사하고 있는 이 구체적 삶 속에서 그럼에도 불구하고 하나님께 존경과 감사를 돌리는 일이다. 그것은 역사를 이미 이루어진 하나님 나라로 착각하고 그것의 일부가 됨으로써 하나님을 찬양하는 것이 아니고 그렇다고 그분이 오시지 않은 듯 세상을 마귀에게 내어주고 소위 종교라는 도피성에 스스로를 기만하고 갇혀 세상과 분리된 채 하나님을 찬양하는 것도 아니다. 예배란 이 죄의 힘 안에서, 그 무게의 전폭을 견디며, 그럼에도 감격적으로 그분의 하신 일로 인해 존경을 드리고 감사하는 행위이다.

이계준에게 설교의 과제는 회중들이 이렇게 존경과 감사의 예배를 드릴 수 있도록 돕는 데 있다. 그러려면 당연히 이 땅에서 저들이 하나님을 찬양하고 감사드릴 만한 이유들을 설명하고 보여주는 수밖에 없다. 그의 설교 사역은 감사와 찬양의 이유를 밝혀주는 데 있다. 저들이 이 복음의 역설적 승리를 보고 느낄 수 있도록 말이다. 이미 우리를 위해 하신 일들, 지금 행하시는 일들, 결국은 이루실 일들, 그런 것을 가리키는 쉬울까? 어쨌든 이계준에게 설교적 과제는 이미 받은 은혜와 복을 가리키고 증거하는 것이다. 저들이 보고 격려받고 위로받고 찬양 돌릴 수 있도록 말이다. 그런 의미에서 그의 설교적 과제는 오아트만J. Oatman. Jr.의 찬양가사에 잘 나타나 있다.

세상 모든 풍파 너를 흔들어 약한 마음 낙심하게 될 때에

내려 주신 주의 복을 세어라 주의 크신 복을 네가 알리라

세상 근심 걱정 너를 누르고 십자가를 등에 지고 나갈 때

주가 네게 주신 복을 세어라 두려움없이 항상 찬송하리라

세상 권세 너의 앞길 막을 때 주만 믿고 낙심하지 말아라
천사들이 너를 보호하리니 염려없이 앞만 보고 나가라
받은 복을 세어 보아라 크신 복을 네가 알리라
받은 복을 세어 보아라 크신 복을 네가 알리라[68]

이계준이 누구인가? 그의 설교를 언젠가 어디선가 들었던 누군가가 이렇게 대답했으면 좋겠다. "그가 누구인지 모릅니다. 세상의 길거리에서 집어 올려 내 눈에 발라주었던 그 언어의 진흙이 어떤 것인지 어떻게 내게 작용했는지도 모릅니다. 내가 아는 단 한 가지는 전에 소경이었던 내가 이제 보게 되었다는 것입니다"(요 9:25). "따라서 삶에서 그분께 감사와 찬양의 예배를 드릴 수 있게 되었다는 것입니다."

훗날 이 땅에서의 자신의 설교 사역을 기억하며 그 부실하고 파산 선고받은 사람의 언어로써 주의 거룩한 구원 사역을 다 감당한 후 이계준은 하늘에 먼저 간 모든 승리한 감리교 설교자들과 이 땅에 남아 여전히 십자가 세우며 분투하는 감리교 설교자들과 함께 자신의 연약함과 그것으로써 놀라운 일을 행하신 하나님의 힘과 은총을 한없이 노래하게 될 것이라. 웨슬리 형제와 함께.

한량없는 힘과 은총의 하나님 당신이시여!
당신의 길들, 방식들이 어찌 그리 기이한지요!
저희의 가장 고매한 생각 저 위에 계시나이다!

---

68) 한국찬송가공회, 『찬송가』(서울: 성서원, 2007), 제429장.

가장 초라하고 하잘 것 없는 것들 안에서[사람의 언어]

당신의 가장 엄청난 일들이 이루어지나이다.(61장 1절)

당신의 법궤만으로 이 성벽을 둘러 돌게 하소서.

양뿔 나팔 소리만 울리게 하소서.

그 성이 더 이상 자신의 높음을 자랑하지 못하게 되리이다.

그 성벽이 삽시간에 무너져 내리리이다.

그 거대한 성벽이 소리로 인해 무너져 내리나이다.

그 것이 전능한 힘 앞에서 붕괴되리이다.(61장 2절)

그러나 이러한 것들에게서 힘이 나오지는 않나이다.

나팔들, 지팡이들, 옷들, 혹은 그늘들…

당신의 손만이 일을 만들어 내나이다.

당신의 지혜가 도구들을 선택하시고

당신의 은총이 주어지면 저들은 구원을 위한 거룩한 용도를 갖게 되나이다.

구원은 오직 하나님으로부터만 오나이다.[69]

이계준은 그의 자서전에서 해직되어 화양감리교회 청년들을 섬기던 시절 예배실 벽에 청년들이 만들어 걸어놓은 십자가를 두고 저들과 나누었던 유쾌한 대화를 소개하고 있다. 언어의 십자가를 만들고 그곳에 임재하신 그리스도의 역설적 복음을 이 세상을 향해 평생 보이고 다녔던 자신의 설교사역을 두고 훗날 이계준과 우리 주님 사이에서 일어날 수도 있는 대화

---

69) 존 웨슬리 · 찰스 웨슬리,『웨슬리 형제의 성만찬 찬송』, 나형석 역 (서울: KMC, 2004), 111-112.

의 한 장면 같아 흥미롭다.

나는 예배 도중에 전면에 십자가가 하나 걸려 있으면 예배 분위기가 훨씬 좋겠다고 말한 적 있었다. 그 다음 주일에 가보니 마침 십자가가 벽 전면에 걸려 있었다. 그것도 갈대발을 벽에 대고 그 위에 구부러진 아카시아 나무를 껍질도 벗기지 않은 채 십자가를 만들어 걸어 놓은 것이다. 한국적이고 예술적이란 인상을 받게 되어 참으로 기쁘고 그 놀라운 착상과 솜씨를 칭찬하였다. 그런데 도대체 저 십자가를 만든 나무는 어디에서 구한 것이냐고 물었더니 한 친구가 대답하기를 교회 옆에 있는 세종 대학 담을 넘어가서 아카시아 나뭇가지를 잘라온 것이라고 하였다. 위험하게. 그의 솔직한 말을 들은 나는 예수께서 강도까지 용서해 주셨는데 십자가 만들려고 나무를 훔친 도둑이야 더욱 용서해 주시지 않겠느냐고 하며 함께 웃은 일이 있었다.[70]

우리 주님께서는 세상을 월담해 그 검고 파이고 매끄럽지 않은 아카시아 나무를 잘라와 당신이 걸릴 수 있도록 언어의 십자가를 만들어 이 세상에 당신의 머리 둘 곳을 마련한 화양 청년 이계준의 위험한 만용을 어떻게 보실까? 강도까지 용서하신 주님이 십자가 만들겠다고 세상의 부질없는 언어 좀 훔친 도둑쯤 더욱 용서해 주시지 않을까. 아마 이계준과 함께 유쾌하게 웃지 않으실까? 아니 이렇게 말하실 지도 모르겠다. "네가 그 나무를 훔친 청년들과 함께 웃을 때 그때 이후 나 너로 인해 웃음을 그쳐본 적 없노라!"

---

70) 이계준, 『희망을 낳는 자유』, 150-151.

7
통전적 선교 신학을 위한 여정
– 하느님의 나라, 실천, 그리고 자유를 위한 이계준 목사의 선교 신학

김상근(연세대학교 교수)

I. 신학자, 목회자, 설교자

1932년생인 이계준은 평양 출신으로, 감리교 신학대학에서 신학의 세계에 입문한 후 도미渡美하여 보스턴 대학과 에모리 대학에서 학문을 닦은 신학자였다. 육군 군목을 거쳐 미국 유학 시절에는 한인 교회에서 이민 목회를 경험하였고, 귀국한 이래 연세대학교의 교목으로 봉직(1967-1997)하셨던 목회자이기도 하다.[1] 연세대학교의 각종 채플과 신반포교회의 강

---

1) 이계준의 자서전적 에세이를 통해 삶과 사상의 족적을 추적할 수 있다. 이계준,『희망을 낳는 자유』(서울: 한들출판사, 2005).

단을 섬겨 온 이계준은 논리적이면서도 구도적인 설교자로 널리 알려져 있다. 이렇게 신학자, 목회자, 설교자라는 세 가지 역할을 각각 수행하였지만 그의 신학적, 목회적, 설교적 메시지는 초지일관하였던 것으로 판단된다. 그의 신학 정신, 목회적 지향점, 그리고 설교적 메시지의 핵심은 "하느님의 나라"로 요약될 수 있다. 이계준은 신학, 목회, 설교를 통해 하느님의 나라 도래를 외치던 광야의 소리와 같은 꾸준한 삶을 살아왔다. 이계준은 오실 메시아를 대망하는 신학을 절차탁마切磋琢磨하였으며, 하느님의 나라를 위해 행동적인 삶을 살라는 목회적 삶을 살면서 본인 스스로 솔선수범하였고, 하느님의 나라를 이 땅에 건설하기 위해 무엇보다 먼저 자신의 영혼을 성찰하라고 촉구하던 명 설교자였다.

은준관으로 추정되는 "이계준 박사 회갑 기념 출판 위원회"의 간행사가 적시하고 있는 대로 이계준은 "겉으로는 보기에는 차가운 인상을 풍기며 조용한 성격의 소유자이지만, 그의 가슴에는 늘 개혁자적인 정열이 뜨겁게 용솟음치고 있다"는 평가를 줄곧 받아 왔다.[2] 한 인격에 "냉철한 이성과 뜨거운 열정"이 공유되기 힘들지만, 이계준의 경우는 예외였다. 이성과 감성이 통전적으로 합일했던 그의 선교 신학을 고찰하는 것이 이 연구 논문의 주제이다. 그는 이성적 진리를 논리적인 설교의 틀 속에 담아 세상에 선포하였지만, 그 핵심에는 감성적 자유함의 갈구가 통전적으로 자리 잡고 있었다는 것을 밝히고자 한다.

---

2) 은준관 추정, "간행사", 이계준 엮음, 『현대 선교 신학: 한국적 성찰』(서울: 전망사, 1994), 1.

II. 통전적 선교 신학

이계준은 자신의 선교 신학의 궁극적인 목표를 "통전적 선교 신학"으로
천명하고 있다. 그는 본인의 회고대로 "사람을 교리나 이념의 틀에 넣고
화석화하는 신학이 아니라, 사람답게 생동적으로 살 수 있도록 풀어주고
북돋아주는" 신학을 추구하여 왔다.[3] 그는 신학이라는 학문의 한계성을
처음부터 정확하게 인식하고 있었기 때문일 것이다. 이계준은 "통전적 선
교 신학을 향하여"라는 논문에서 신학의 한계를 이렇게 지적한다.

> 신학은 어디까지나 시대적 산물로서 교회와 세계를 섬기는 종인 동시에 제한
> 성과 상대성을 지니고 있는 것이다.[4]

신학은 어느 한 시대나 제한된 지역 문화에 완벽한 해결책을 제시하지
못한다. 복음주의 신학은 복음주의 신학대로 한계를 지니며, 진보적인 신
학 역시 그 정치적 한계에서 벗어날 수 없다. 따라서 진정한 신학은 "제한성
과 상대성"을 인정하고 통전적이어야 하며, 언제나 상보적相補的이어야 한
다. 이계준은 복음주의 선교 신학의 역사와 쟁점을 면밀히 고찰한 다음,
복음주의 선교 신학의 한계를 이렇게 지적한 바 있다.

> 교회가 자기중심적이 되고 세계 안에, 세계를 위해, 그리고 세계와 더불어
> 존재한다는 사실을 망각할 때 복음주의적 선교 신학은 종교 집단을 위한 신학
> 으로서 세계에서 설 자리를 잃게 되고 만다.[5]

---

3) 이계준, 『희망을 낳는 자유』, 26.
4) 이계준, 『현대선교 신학』, 19.

통전적 선교 신학을 추구하는 이계준은 복음주의적 선교 신학에 대한 비판에만 머무르지 않는다. 그는 다시 토착화 신학과 이른바 종교 신학에 근거한 진보적인 선교 신학 기조에 대해서 면밀한 역사적 검토를 시도한 다음, 아래와 같이 진보적 선교 신학의 장·단점을 가차 없이 비판하였다.

상황화의 접근을 시도한 (진보적) 선교 신학은 서구의 추상적, 교리적 구각을 탈피하고 기독교의 역사성을 구체적으로 실현한 현대적 신학의 모델이기도 하다. 그것은 인류의 유구한 역사를 통하여 인간을 억압하는 정치 제도, 착취 하는 경제 제도, 부자유하게 하는 사회 제도 등 일체의 구조악에 도전하고 혁신하는 것이 곧 하느님의 구원의 사역에 참여하는 선교로 간주하였다. 그럼 에도 불구하고 이 신학은 그것이 지닌 극단적 성격 때문에 기성 교회와의 관계 단절과 사회 계층 간의 극심한 갈등과 대립을 초래하였다.6)

복음주의 선교 신학과 진보주의 선교 신학을 공히 비판하고 있는 이계 준은 "앞으로의 선교 신학의 여정"을 "개방성과 포괄성"을 가지고 전개되 어야 할 것이라고 주장하였다.7) 이러한 통전성이 확립될 때, 선교 신학의 존재 이유와 학문적 방법론이 정립될 것이라고 보았기 때문이다.

---

5) *Ibid.*, 19.
6) *Ibid.*, 19-20.
7) *Ibid.*, 20.

Ⅲ. 통전적 선교 신학의 목표: 하느님의 나라

이계준은 복음과 선교의 존재 이유에 대해서 그것을 "하느님의 나라 지상 건설"로 잡고 있다. 이계준의 선교 신학이 추구했던 지향점은 바로 "하느님의 나라"였다. 위에서 언급했던 "통전적 선교 신학을 향하여"의 말미의 문장은 바로 선교 신학자 이계준의 사상적 지향점을 정확하게 보여 준다.

앞으로의 선교 신학의 여정은 개방성과 포괄성을 지니고 전개되어야 하지 않을까 생각된다. 즉 우리는 각 유형(복음주의와 진보주의 선교 신학)이 내포하고 있는 특성들이 서로 불가분리적 관계에 있음을 복음의 빛 가운데서 인정하고 모두를 수용함으로써, 조화롭고 통전적인 선교 신학의 수립이 가능하다고 본다. 그때에 신학을 위한 신학 때문에 발생하는 불필요한 갈등은 해소되고, 인류를 구원하고 하느님 나라 건설에 동참하는 선교 신학의 탄생을 맞이하게 될 것이다.[8]

이계준의 선교 신학을 일목요연하게 정리하고 있는 이 부분에서 우리는 그가 "하느님 나라 건설에 동참하는 선교 신학"을 지향하고 있음을 확인할 수 있다. 그의 신학은 "하느님의 나라" 건설에 집약되었다. 그는 "하느님의 백성과 비전"이라는 설교에서 우리가 추구해야 할 하느님의 나라에 대한 비전을 자세히 소개한다.

하느님의 백성은 하느님의 역사적 섭리가 인류 공동체 완성에 있음을 깨달으

---

8) *Ibid.*, 20.

면서 살아가야 합니다. 그러므로 인류 모두가 하느님의 자녀로 함께 살 수 있다는 인식과 실천이 필요로 합니다. 하느님의 역사 발전 계획은 인간 창조에서 씨족으로, 씨족에서 민족으로, 민족에서 인류 중심으로 발전합니다. 따라서 우리는 잠정적인 것, 과도기적인 것에 얽매이지 말고 하느님의 미래 곧 약속의 세계를 보면서 계속 전진해 나가야 합니다. 온갖 종류의 인간 중심적 바벨탑은, 그것이 개인적인 것이든지 민족적인 것이든지, 경제 블록적인 것이든지 간에, 결국은 하느님의 능력에 의해 허물어지고 말 것입니다. 우리는 민족과 남북과 인류가 하나 되기 위해 모두를 포용할 수 있는 그리스도의 마음을 지녀야 합니다. 그래서 배타보다 관용을, 비방보다는 이해를, 분석보다는 종합을, 독단보다는 타협을, 독존보다는 공존을 선택하는 훈련도 계속해야 합니다. 그러므로 드디어 하느님의 역사 완성의 일익을 감당해야 합니다. 이 사명을 위해 하느님은 우리를 선택하셨습니다. 20세기 후반기에 생명이 주어진 우리 하느님의 백성은 태동하는 역사의 아픔과 변화 속에서 하느님의 놀라운 섭리를 보고 그것을 미리 맛보고 기뻐하며 그것을 알리고 실현하기 위해 개인적으로, 집단적으로 사회 각 분야에서 헌신해야 합니다. 이 일을 위해 우리 함께 기도하고 결단하고 실천하면서 세상으로 나아갑시다.[9]

IV. 구체적인 실천의 중요성

이계준의 "하느님의 나라" 선교 신학은 실천적인 덕목을 지속적으로 강조해 왔다. 자칫 사변으로 치우치거나 공허한 구호로만 남을 수 있는 "하느님의 나라" 건설을 위해서 구체적인 실천의 덕목을 강조한 것이다.

---

9) 이계준, 『어울리는 삶』(서울: 전망사, 1992), 247-248.

그는 어느 8 · 15 독립 기념주일 예배 설교에서 이러한 "책임적 생활이 우선해야" 함을 역설한다.

> 우리가 국토 통일이나 복지 사회나 또는 정의 사회를 구현하는 일도 중요하겠지만, 이에 앞서서 우리의 현주소를 인식하고 하느님의 구원의 약속에 대한 신앙과 이에 걸 맞는 책임적 생활이 우선해야 하겠습니다. 그것만이 우리를 가나안으로 인도하는 도약대가 될 것입니다. 바로 여기에 우리 크리스천의 막중한 사명이 있다고 믿습니다.[10]

이계준에게 구원, 즉 하느님의 나라를 지상에 건설하는 것은 구체적인 것이지 율법의 형식주의나 영지주의적 지혜, 혹은 신비주의도 아니었다. 그에게 구원은 "자유와 평화와 희망을 주는 가장 구체적인 것"이었다.

> 예수의 구원은 소외 계층을 억압하는 유대교의 율법에 의한 것도, 영지주의의 지혜나 바른 지식도 아니며, 헬라주의의 신神 속으로 신비적으로 흡수되는 것도 아니었습니다. 예수의 소외 계층을 위한 구원은 현실적으로 자유와 평화와 희망을 주는 가장 구체적인 것이었습니다.[11]

구체적인 실천을 강조하는 이계준의 선교 신학은 수시로 인본주의적 이상을 경고하면서, "믿음과 인내와 희망 속에서" 실천적인 신앙인의 자세를 견지할 것을 요구하고 있다.

---

10) 이계준, 『하느님의 침묵』(서울: 전망사, 1985), 28.
11) *Ibid.*, 239.

오늘 우리는 모든 것을 신의 절대 주권에 맡김으로써 인간을 완전히 무력하게 만든 종교개혁의 비관주의적 신앙이나, 인간의 선한 능력을 신의 것 이상으로 과장한 르네상스의 낙관주의로도 오늘을 위한 구원이 불가능함을 알아야 합니다. 바울의 말대로 과거에 우리를 구원하신 하느님께서 앞으로도 계속 구원하시리라는 바로 그 믿음과 인내와 희망 속에서 잃어버린, 비인간화된 인간과 사회를 찾아 나서는 것이 그리스도의 구원의 역사를 계승하는 우리의 역할이 될 것입니다.[12]

V. 오, 자유와 기쁨이여!

종국적으로 이계준 신학은 "자유함"을 추구하는 방향으로 확대되었다. 스스로 목회자, 설교자, 신학자로서의 삶을 회고하면서 이계준은, "나를 자유롭게 하는 신학, 즉 사람이 사람 되게 하는 신학이 무엇일까에 대해 관심"을 가지고 살아왔음을 밝힌다.[13]

나를 포함한 모든 사람들이 자유롭게 생각하고 자유롭게 살며 자유롭게 믿을 수 있는 열려진 공간 곧 푸른 초장과 같은 분위기를 조성하는 것이 목사의 역할이라고 믿고 실천해 본 것이다. 바로 이 자유의 풍토 속에 사람과 이웃이 있고, 만남과 대화가 있으며 생명과 희망이 있기 때문이다. 나와 우리 모두의 자유함을 통해 희망의 세계, 곧 하느님의 나라의 잔치를 조금이라도 맛볼 수 있다면 그 이상 더 바랄 것이 무엇이겠는가![14]

---

12) *Ibid*., 240.
13) 이계준,『희망을 낳는 자유』, 26.

여기서도 다시 "하느님의 나라"에 대한 언급이 나온다. 즉, 이계준은 하느님의 나라를 이 땅에 건설하기 위해 구체적인 삶의 덕목을 외치며 살아왔고, 스스로 그러한 삶을 살았기에 자유함을 누리게 되었노라고 밝히고 있다. 그는 자신의 회고록 말미에 연세대학교와 신반포 교회에서의 은퇴 생활이후의 삶을 돌아보면서 이렇게 자유함을 토로하고 있다.

> 그리스도께서 우리를 해방시켜 주셔서, 자유를 누리게 하셨습니다. 그러므로 굳게 서서, 다시는 종살이의 멍에를 메지 마십시오.(갈 5:1) 오, 자유와 기쁨이여! 이것이 하느님 나라를 위해 수고한 부족한 인간에게 주어지는 영원한 보상이 아닐까!15)

이계준의 회고록 마지막 부분에서 우리는 그가 평생을 통해서 이룩하고자 했던 선교 신학의 요체와 그것의 아름다운 결과까지 확인할 수 있다. 그는 "하느님의 나라를 위해 수고한 부족한 인간"이라고 스스로를 밝힌다. 그리고 그 달려갈 길을 다 마친 후에, "오, 자유와 기쁨이여!"라는 탄성으로 자신이 받은 영원한 보상을 정리하고 있다. 이러한 자유함의 기쁨이야말로 바로 이계준의 선교 신학이 추구했던 "하느님의 나라"의 진정한 모습일 것이다.

이계준의 선교 신학은 하느님의 나라 건설을 구체적인 목표로 설정함으로써 시작되었고, 사변적인 신학의 굴레에서 벗어나 신앙적이며 실천적인 삶을 살 것을 촉구하는 설교로 이어졌으며, 종국적으로 그리스도 안에서 자유함이 완성되는 모범적인 목회자의 삶으로 이어진 것이다. 한 사람의

---

14) *Ibid.*, 26-7.
15) *Ibid.*, 352.

생애 가운데 나타난 신학자, 설교자, 목회자의 초지일관했던 삶의 태도는 한국 교회와 신학의 발전을 위한 탁월했던 모범으로 남게 되었다.

10
종교사회학적 관점에서 본 이계준 목사의 한국교회론

이원규(감리교신학대학교 교수)

I. 머리말

한국교회 현실에 대한 위기감이 교회의 안과 밖에서 확산되고 있다. 이것은 2천 년대에 와서 한국교회가 쇠퇴의 길로 접어들었다는 양적인 측면뿐만 아니라, 끝없이 그 위상이 추락하여 사회적 공신력을 상실했다는 질적인 측면에서 생겨나는 문제의식이라 할 수 있다. 실제로 우리나라의 대표적인 종교 가운데 유일하게 개신교만 교인 수가 줄어들기 시작했다. 더욱 심각한 것은 한국교회가 사회적으로 존경과 신뢰를 잃어버리고, 오히려 지탄의 대상이 되고 있다는 사실이다.

물론 섬김과 나눔의 실천을 통해 사회적으로 모범을 보인 교회들의 아름다운 이야기도 있기는 하지만, 세상에 비쳐진 한국교회의 자화상은 부끄러운 모습을 드러내고 있다. 한국교회는 그동안 돈과 권력과 명예를 놓고 끊임없이 다투며 갈라졌고, 이권과 파벌과 금권으로 얼룩진 교단 정치의 구태를 벗어나지 못하고 있다. 교단 간의 이합집산과 갈등, 되풀이되는 이단 시비와 사이비 교회 집단의 출현도 문제가 되고 있다. 일부 대형 교회의 목회 세습과 재정 비리, 상업화 혹은 기업화된 운영, 초호화판 건물 건축도 매스컴이 한국교회를 비판할 때 어김없이 단골 메뉴로 등장하고 있다. 물량주의와 성장 제일주의, 그리고 개교회주의에 물들어 있는 것도 세속화의 전형으로 지적되고 있다. 타 종교와 전통 문화에 대한 지나친 배타성도 사회의 따가운 시선을 받고 있다. 그래서 이제는 교회가 사회를 염려하는 것이 아니라 사회가 교회를 염려하는 지경에 이르렀다는 개탄의 목소리도 들린다.

한때 높은 도덕성으로 사람들로부터 인정받고, 예언자적 통찰력과 운동으로 사회변형에 선구자 역할을 했던 한국 개신교가 오늘에는 가장 비판받는 종교, 가장 신뢰받지 못하는 종교로 전락하고 말았다. 과연 한국교회는 어디로 가고 있는 것인가? 이제 우리는 한국교회의 어제와 오늘을 다시 한 번 냉철하게 돌아보고, 겸허하게 반성할 때가 되었다고 본다. 필자는 지난 30년간 종교사회학자로서 이러한 한국교회의 문제에 대하여 연구하고 분석하는 작업을 해왔다. 그러나 그동안 아쉬웠던 것은 우리나라의 신학자나 목회자 가운데서 한국교회의 현실에 대하여 신앙적인 측면뿐만 아니라 사회적인 측면에서 진지하게 고민하고 그 대안을 제시한 경우가 별로 없었다는 사실이다. 이런 의미에서 종교사회학적 관점에서 볼 때 이계준 목사는 한국교회에 대하여 정확하게 진단하고 평가하고 있다.

이계준 목사는 신학자이며 교육자이며 목회자로 평생을 보냈다. 그의 신학 사상, 그리고 신앙관을 보면 매우 통전적이면서도 역사의식과 사회의식이 매우 강하다는 것을 알 수 있다. 그것은 그의 삶 속에서도, 그가 이루어낸 신학자, 교수, 목회자, 설교가로서의 업적을 통해서도 알 수 있다. 그러나 필자가 특히 주목하고 있는 것은 그가 보여주고 있는 한국 사회와 교회에 대한 예리한 진단과 평가, 그리고 그것의 책임적 과제에 대한 것이다. 그의 설교에서는 종교사회학자들이 분석하고 있는 한국교회 연구와 많은 친화성이 발견되고 있다.

이 논문은 종교사회학적 관점에서 본 이계준 목사의 한국교회론에 대한 것이다. 그의 설교들을 통하여 필자는 이계준 목사의 신학적 관점, 한국 사회 비판, 한국교회 비판, 그리고 한국교회의 책임적 과제에 대한 입장을 종교사회학적으로 평가하려고 한다. 이를 위하여 전반부에서는 한국교회에 대한 종교사회학적 분석의 요점을 정리하고, 후반부에서는 이와 관련된 이계준 목사의 사상을 소개할 것이다.

II. 한국교회에 대한 종교사회학적 이해

종교사회학은 종교 현상을 과학적이고 객관적으로 연구한다. 따라서 한국교회에 대한 종교사회학적 분석은 한국교회의 현실과 전망을 구체적인 자료와 근거를 가지고 그 실상을 밝힌다.

1. 한국교회의 현실

한국 개신교는 기독교 선교 역사상 가장 성공적으로 성장한 사례의 하나로 꼽히고 있다. 그래서 최근까지 종교, 특히 기독교를 연구해 온 세계적인 종교학자, 신학자, 사회학자들은 한 목소리로 한국교회의 성장을 예찬하고 있다. 한때 종교의 세속화 현상을 돌이킬 수 없는 시대적 추세라고

주장했던 세속화 이론의 대표적인 사회학자 피터 버거Peter Berger도 나중
에는 지구의 여러 지역에서 종교가 성행하는 탈세속화desecularization 현
상이 나타나고 있다고 하면서 그 대표적인 예로 한국을 꼽았다.1) 종교
세속화론의 또 다른 대가인 데이비드 마틴David Martin 역시 성령운동에
힘입어 한국 개신교회는 아시아에서 대표적으로 성장했다고 소개하고 있
다.2) 세계 기독교의 현실과 전망을 광범위하게 분석한 종교학자 필립 젠
킨스Phillip Jenkins도 아시아에서 위대한 기독교 성공 이야기 가운데 하나
가 한국이며, 이제 한국에서는 기독교가 다수인의 종교가 되었다고 지적
하고 있다.3) 기독교의 미래를 연구한 역사신학자 알리스터 맥그래스
Alister McGrath는 한국이 기독교가 성장한 주목할 만한 사례라고 길게 설명
하고 있다.4) 특히 종교학자 존스톤Patrick Johnstone과 맨드릭Jason Mandryk
은 선교 비전에 있어 한국은 세계에서 가장 성공한 나라라고, 그래서 아시
아에서 개신교인 비율이 가장 높은 유일한 나라라고 치켜 올리고 있다.5)
이들은 한 목소리로 오늘날 기독교가 그 본 고장이었던 유럽에서 쇠퇴하고
있고 미국에서는 세속화되고 있는데 반하여 아프리카, 아시아에서는 기독
교가 크게 성장하고 있으며, 그 대표적인 경우가 한국이라고 설명하고 있

---

1) Peter Berger, "The Desecularization of the World: A Global Overview," in Peter
   L. Berger (ed.), *The Desecularization of the World: Resurgent and World Politics* (Grand
   Rapids, MI: William B. Eerdmans Publishing Co., 1999), 9.
2) David Martin, *Pentecostalism: The World Their Parish* (Malden, MA: Blackwell, 2002),
   160-62.
3) Phillip Jenkins, *The Next Christendom: The Coming of Global Christianity* (New York:
   Oxford University Press, 2007), 82.
4) Alister McGrath, *The Future of Christianity*, 『기독교의 미래』, 박규태 역 (좋은씨앗,
   2005), 50-53.
5) Parick Johnstone and Jason Mandryk, *Operation World* (Harrisonburg, VA:
   Donnelley & Sons, 2006),387-88.

다. 물론 이것은 사실이다.

한국의 개신교회 숫자는 1960년 5천 개에 불과했으나 2010년에는 6만 개로 50년 사이 12배로 늘어났고, 교인 수도 같은 기간 동안 60만 명에서 900만 명으로 15배로 늘어났다. 이것은 마틴의 표현대로 '기독교 열병 Christianity fever'과 같은 것이었다.6) 교회 성장 과정에서 메가 처치도 많이 생겨났다. 그래서 세계에서 가장 큰 교회, 가장 큰 장로교회와 감리교회, 두 번째로 큰 침례교회가 한국에 있다. 세계에서 가장 큰 메가 처치 10개 가운데 5개가 한국에 있다고 한다.7) 세계에서 가장 큰 기독교 대학교와 신학대학교도 한국에 있다. 오늘날 한국 장로교인은 미국 장로교인의 두 배에 달하고, 한국 감리교는 미국에 이어 세계에서 두 번째로 큰 교세를 가지고 있다.8) 한 마디로 그동안 한국교회의 성장은 그야말로 눈부신 것이었다.

한국교회의 급성장은 주로 1960년대 이후에 이루어졌는데, 그 성장의 요인으로는 상황적인 것과 교회적인 것이 있다. 우선 지난 몇 십년간 한국에서의 정치, 경제, 사회 상황의 변화가 교회 성장에 중요하게 작용했다.9) 1960, 70년대 군부독재 체제 아래서 정치적인 공포와 불안의 분위기가 조성되고 있을 때 마음의 평안을 제공하는 종교가 사람들에게 위안을 주었다. 경제적으로 절대적 빈곤 혹은 상대적 박탈감으로 좌절하고 있는 사람들에게 물질적 축복을 약속함으로 종교는 사람들에게 희망을 주었다. 급격한 산업화와 도시화 과정에서 소외감을 느끼는 사람들에게 종교가 소속

---

6) David Martin, *On Secularization: Towards a Revised Theory*,『현대 세속화 이론』, 이원규 외 공역 (한울, 2005), 79-83.

7) *The Economist* (November 3rd-9th 2007), 6.

8) Phillip Jenkins, *The Next Christendom*, 82.

9) 이원규,『한국교회 무엇이 문제인가?』(감신대출판부, 1998), 182-85.

감과 공동체성을 마련해 주었다. 이러한 심리적, 혹은 사회심리적 기능을 수행할 수 있었기에 많은 사람들이 교회를 찾았던 것이다. 사회학자들은 어려운 정치, 경제, 사회 현실에서 종교가 성장할 수 있는 중요한 근거는 종교가 부와 건강(wealth and health)을 약속하기 때문이라고 보면서 그것을 소위 '번영의 복음Gospel of prosperity'이라고 부르고 있다.[10]

지난 몇 십 년간의 한국교회 성장에 크게 영향을 미친 또 하나의 요인은 교회적인 것이다. 1960년대 이래로 한국교회에서 나타난 두드러진 특징은 활기찬 신앙적 열정의 표출이었다.[11] 그것은 부흥운동, 성령운동, 신유운동, 카리스마운동 등으로 뜨겁게 분출되었다. 그 운동은 나아가서 배가운동, 전도운동, 성경공부와 기도회, 셀 조직과 선교회 조직 활동의 활성화로 이어지게 되었다. 이러한 모든 운동이 교회성장의 활력소가 되었다. 특히 성령운동은 한국교회 성장의 가장 강력한 동력을 제공했다.[12] 물론 이러한 성령운동이 성공적일 수 있었던 것은 교회의 복음이 한국의 무교적인, 기복적인 문화와 혼합되면서 사람들의 "필요를 찾고 필요를 충족시키는"(find needs and meet needs) 작용과 맞아 떨어졌기 때문이라는 지적이 있다.[13] 어쨌든 1960년대 이후 한국에서는 상황적, 교회적 요인에 의해 교회가 급성장할 수 있었다.

그런데 최근에 교인 수가 줄기 시작했다. 1960~70년 사이 교인 수는 412%나 증가했고, 1970~85년 사이에도 103%나 증가했지만, 1985~95년 사이에는 증가율이 35%로 떨어졌다. 그러다가 1995~2005년 사이에는 14만 4천 명이 줄어들어 -1.6%의 마이너스 성장률을 보이게 되었

---

10) David Martin, 『현대 세속화 이론』, 79.
11) 이원규, 『한국교회 무엇이 문제인가?』, 179-81.
12) 서광선 외 공저, 『한국교회 성령운동의 현상과 구조』(대화출판사, 1982).
13) David Martin, *Pentecostalism: The World Their Parish*, 161-62.

다.14) 같은 기간 동안 가톨릭 신도는 무려 220만 명이나 늘어나서 74.4%의 증가율을 보였다. 불교의 경우에는 40만 명이 늘어나서 3.9%의 증가율을 보였지만 같은 기간 동안 전체 인구는 5.6% 증가했기 때문에 비율에 있어서는 오히려 약간 감소했다고 할 수 있다. 한 마디로 요약하여 최근 한국 종교의 동향을 보면 가톨릭은 급성장했고 불교는 정체되고 있으며 개신교는 쇠퇴하기 시작했다고 하겠다. 왜 한국 개신교는 쇠퇴하고 있을까? 이제부터 이 문제를 살펴보기로 한다.

2. 한국교회의 문제

한국교회가 양적으로 쇠퇴하고 있는 것은 사회적 공신력의 약화와 밀접하게 관련되어 있다. 물론 한국교회가 쇠퇴하게 된 데는 여러 가지 인구학적, 상황적 요인이 작용하고 있는 것이 사실이다. 우선 인구학적으로는 세계에서 가장 낮은 출산율(2009년 1월 15일)로 인해 인구가 늘지 않을 뿐만 아니라 급격한 고령화로 새 신자의 수가 감소되고 있다고 하겠다. 뿐만 아니라 경제적으로 성장하고 정치적으로 민주화되고 있으며 사회적으로 복지제도가 정착되고 있는 것도 교회성장에 부정적인 요인으로 작용하고 있다.

사회학적으로 박탈-보상 이론deprivation-compensation theory이라고 불리는 설명은 정치적, 경제적, 사회적으로 박탈을 경험하고 있는 사람들에게서는, 그리고 박탈의 수준이 높은 나라에서는 그것에 대한 보상을 종교에서 찾으려 하기 때문에 종교성이 강하고 교회도 성장하기 쉽다고 본다.15) 요약하면 사람들은 삶이 가난하고 힘들고 혼란스러울수록 종교에

---

14) 이원규, 『종교사회학의 이해』(개정판) (나남, 2006), 571.

의지하려고 하지만, 배부르고 편하고 생활이 안정될수록 종교로부터 멀어지게 된다. 실제로 세계적으로 볼 때도 정치적으로 안정되어 있고(민주화 수준), 경제적으로 풍요로우며(소득 수준), 사회적으로 보장되어 있는(복지 수준) 나라들에서는 대개 교회가 쇠퇴하고 있다.[16]

우리나라는 1990년대 이후 정치적으로 상당히 민주화되었다. 경제 수준이 크게 향상되어 1인당 국민소득이 2만 달러를 넘어서게 되었다. 복지 제도 역시 확대되고 있다. 따라서 한국 사회의 향상된 정치, 경제, 복지 수준이 오히려 종교에 대한 사람들의 동기와 요구를 약화시키게 되었다. 그러나 이러한 상황변화가 한국 개신교의 쇠퇴 요인의 전부는 아니다. 왜냐하면 지난 10여 년간 유난히 개신교만 쇠퇴하고 있기 때문이다. 따라서 한국교회의 침체는 사회적 공신력이라는 측면에서 이해되어야 한다. 다시 말하면 한국교회의 본질적 위기는 개신교가 사회적 신뢰를 잃고 있다는 것이다.

그러면 한국 개신교에 대한 사회적 신뢰의 수준은 어느 정도인가? 한 마디로 그것은 비참할 정도로 낮다. 기독교윤리실천운동이 GH 코리아에 의뢰해서 2010년 실시한 조사 자료를 근거로 한국 개신교 신뢰도 수준에 대하여 살펴보자.[17] 한국 개신교에 대한 한국인의 신뢰도를 보면 "신뢰한다"는 응답자는 17.6%에 불과한 반면에 "신뢰하지 않는다"는 응답은 48.4%에 이르고 있다. 이것을 100점 척도로 산출하면 41.5점에 해당하는 것이다. 한국 개신교를 신뢰하는 비율은 무종교인에게서는 7.6%, 가톨릭 교인에게서는 10.7%, 불교인에게서는 8.8%로 더욱 낮게 나타나고 있다.

---

15) 이원규, 『한국교회의 위기와 희망』(KMC, 2010) 제9장.
16) 이원규, 『인간과 종교』(나남, 2006) 제12장.
17) 기독교윤리실천운동, 「2010년 한국교회의 사회적 신뢰도 여론조사」(2010).

심지어는 개신교인 가운데서도 59.0%만 개신교를 신뢰하고 있다. "기독교인의 말과 행동에 믿음이 간다"는 데 대하여는 16.5%, "목사님의 설교와 행동에 믿음이 간다"는 데 대해서는 22.2%, "개신교회의 활동은 사회에 도움이 된다"는 데는 26.5%만이 "그렇다."고 응답하고 있다.

개신교에 대한 낮은 신뢰도는 종교기관 평가에서도 그대로 드러나고 있다. 예를 들어 가장 신뢰하는 종교기관이 가톨릭이라는 응답은 41.4%로 가장 높고, 다음은 불교로 33.5%인데 비하여 개신교는 20.0%로 가장 낮다. 무종교인의 평가는 더욱 차이가 나서 가톨릭은 44.9%, 불교는 34.9%인데 비하여 개신교는 11.7%에 불과하다. 호감도에 있어서의 평가도 비슷한 결과가 보이고 있다. 즉, 가장 호감이 가는 종교는 가톨릭 35.5%, 불교 32.5%, 개신교 22.4%로 나타나고 있다. 특히 무종교인 가운데는 그 응답 비율이 가톨릭 37.6%, 불교 36.1%, 개신교 14.4%로 차이는 더 벌어진다.

왜 한국교회의 사회적 신뢰도는 그렇게 낮은 것일까? 한국 개신교의 문제는 무엇일까? 한국 개신교가 세계에서 가장 성공적으로 성장했다고 소개했던 존스톤과 맨드릭은 같은 책에서 한국 개신교의 문제적인 현실을 정확하게 분석하고 있다.[18] 첫째는 영적 자만심이다. 성공과 번영이 하나님의 축복을 나타내는 것이라는 믿음을 가지고 있다는 것이다. 통계적인 성장, 인상적인 조직과 건물에 대한 자만심이 있다고 했다. 교회 지도자들이 십자가를 지기보다는 성공, 부, 학위를 추구하는 유혹에 빠져 있다는 것이다. 둘째는 분열이다. 모든 교단이 분열되어 있다는 것이다. 특히 장로교는 일제 강점기 말 1개였으나 지금은 100개나 된다고 질타하고 있다. 교리적으로나 지역적으로나 조직적으로 분열되어 있는 것이 문제라는 것

---

18) Patrick Johnstone and Jason Mandryk, *Operation World*, 388.

이다. 셋째는 교회의 지도력 형태에 대한 것이다. 지도력이 너무 권위적이라는 것이다. 목회자의 높은 지위가 성서적인 섬기는 지도력을 방해하고 분열, 형식주의, 율법주의를 촉진하고 있다고 지적한다. 넷째는 윤리적 가르침이 소홀히 되고 있다는 점이다. 성서적 진리가 사회 주제에 적용되지 못하고 낮은 윤리적 기준에 머물고 있다는 것이다. 매우 정확한 진단과 평가가 아닌가 한다.

한국인들은 한국교회의 어떤 점이 문제라고 보는 것일까? 이 문제는 한국교회에 대한 낮은 신뢰도의 요인이 되기 때문에 매우 중요하다. 한미준과 한국 갤럽의 조사에 따르면 다음과 같은 것들이 한국 개신교의 문제점으로 지적되고 있다.[19] 한국교회는 양적 팽창/외형에 너무 치우친다는 것이다. 물량주의에 너무 물들어 있다는 것이다. 세속화되어 세상 사람들과 다를 것이 없다는 것이다. 사회봉사와 이웃사랑의 실천에 인색하다는 것이다. 교파가 너무 많고 단합이 안 된다는 것이다. 전도활동이 지나쳐서 혐오감을 준다는 것이다. 타 종교인과 무종교인에게 너무 배타적이라는 것이다. 너무 시끄럽고 요란하다는 것이다. 헌금을 지나치게 강요한다는 것이다. 도덕적으로 사회에 물의를 일으키는 경우가 많다는 것이다. 목회자의 사리사욕/이기심 등 그 자질이 떨어진다는 것이다. 지나치게 자기 교회 중심적이라는 것이다.

이러한 한국교회의 문제는 결국 영성, 도덕성, 공동체성의 문제라고 할 수 있다.[20] 첫째는 영성spirituality의 문제다. 영성이란 영적인 삶을 사는 것이다. 세상이 아니라 하나님을 사랑하는 것이다. 물질주의, 성공주의,

---

19) 한미준·한국 갤럽, 『한국교회 미래 리포트』(두란노, 2005), 262-64.
20) 이원규, "한국교회, 새 희망을 말할 수 있는가?" 『신학과 세계』 68호(1020, 여름), 199-205.

출세주의와 같은 이 세상적 가치보다는 영적 가치를 사랑하는 것이다. 그동안 한국교회는 말로는 영성을 외치면서도 실제로는 이 세상적인 물질, 명예, 권력, 성공 등에 집착하는 과오를 범했다. 교회와 목회자의 성공 척도를 교인 수, 건물 크기, 예산의 규모에 두었고, 교인에 대한 평가도 사회경제적 지위, 헌금 액수로 이루어지는 경향이 있었다.[21]

영성은 종교의 가장 중요한 특징이기 때문에 종교의 수준을 평가할 수 있는 가장 중요한 기준이 된다. 그러나 한국 개신교의 영적 수준은 매우 낮다. 한 조사 결과 "한국교회가 영적 문제에 대한 해답을 주고 있다"는 응답자는 15.0%에 불과하며, "교회 지도자의 (영적) 자질이 우수하다"는 응답 비율도 18.7%에 머물고 있다. 반면에 한국교회는 "진리 추구보다는 교세확장에 더 관심이 있다"는 데 대하여는 66.7%가 동조하고 있다. 한편 비종교인 가운데 "종교 지도자의 자질이 우수하다"는 응답이 신부는 31.8%, 승려는 21.2%이지만, 목사의 경우는 16.5%로 가장 낮게 나타나고 있다.

둘째는 도덕성morality의 문제다. 도덕성이란 바르고 의롭게 사는 것이다. 정직하고 신실하게 사는 것이다. 목회자와 교인의 삶은 사람들에게 모범이 되고 칭송받을 만한 것이 되어야 한다. 세상이 목회자와 교인을 평가하는 잣대는 신앙의 수준이 아니라 삶의 도덕적 수준이다. 직장에서, 가정에서, 지역사회에서 존경과 신뢰를 받을 수 있도록 솔선수범하고 법과 질서를 지키며 바른 길을 가야 한다. 특히 성직자가 품위를 잃어 사회의 지탄 대상이 되어서는 안 된다.

그러나 한국교회의 도덕성 수준에 대한 일반적인 평가는 부정적이다.

---

21) 박영신, "경제주의와 종교적 삶", 박영신·정재영,『현대 한국사회와 기독교』(한들출판사, 2007), 113-26.

도덕성의 수준을 나타내는 중요한 척도는 말과 행동이 얼마나 일치하는가 하는 것이다. 기윤실의 조사 결과 향후 개신교회가 신뢰받기 위해 개선되어야 할 점으로 지적된 첫 번째는 "교인과 교회 지도자들의 언행일치"(38.8%)로 나타나고 있다(다음은 "타 종교에 대한 관용"으로 29.7%).22) 이 조사에서는 또한 향후 개신교회가 신뢰받기 위해 바뀌어야 할 점으로 교회 지도자들(28.3%), 교회의 운영(20.7%), 교인들의 삶(18.8%) 순으로 지적되었다. 도덕성 문제에 있어서는 교회 지도자의 위상이 특히 중요하다. 그런데 목회자의 도덕성에 대한 평판은 별로 좋지 않다. 직업인들의 정직/윤리 수준을 평가한 한 조사 결과 신부가 1위를 차지했고, 승려는 3위, 그리고 목사는 5위에 머물고 있다.23) 교회 지도자들 가운데 금전적인, 혹은 성적인 비리가 드러난다든가, 일부 대형 교회에서 목회자가 교회를 사유화하고 담임 자리를 세습한다든가 하는 것도 교회 지도자뿐만 아니라 한국교회 자체에 대한 부정적 평가에 중요하게 작용하고 있다. 교단 내에서 끊임없이 일어나고 있는 지도자들의 권력 다툼과 갈등도 교회에 대한 신뢰를 약화시키는 요인이 된다. 이와 같이 한국 개신교의 낮은 도덕성 수준이 한국교회에 대한 낮은 사회적 신뢰도의 요인이 되고 있는 것이다.

셋째는 공동체성의 문제다. 공동체성이란 더불어 사는 삶의 모습을 의미한다. 공동체성은 세 가지 형태가 있다. 하나는 민족 공동체성의 문제다. 북한 주민과의 민족 공동체성, 타 종교 혹은 전통문화와의 문화 공동체성이 그것이다. 그런데 한국교회는 북한 동포를 북한 정권과 동일시하며 돌보지 않고 있다. 그리고 개신교는 타 종교와 전통문화에 대하여 지나칠 정도로 매우 배타적이다.24) 그래서 종교 간의 갈등과 분쟁의 근원이 되고

---

22) 기윤실, 「2010년 한국교회의 사회적 신뢰도 여론조사」(2010).
23) 한국 갤럽, 「직업인들에 대한 윤리수준 평가」(1996).

있다. 한국교회의 종교적 배타성은 타 종교인, 무종교인들로부터 심각한 문제로 지적되고 있다.25) 그래서 한국교회는 민족 화합과 상생에 기여하지 못하고 있다.

공동체성의 두 번째 주제는 교회의 일치와 연합이다. 이것은 교회적 공동체성의 문제라고 할 수 있다. 한국교회는 짧은 선교 역사에도 불구하고 수없이 갈라지고 나뉘어졌을 뿐만 아니라, 서로 다른 신앙 집단 사이에 심각한 긴장과 갈등이 있어왔다.26) 개신교는 이미 300개가 넘는 교파로 분열되었고, 오랜 기간 동안 소위 보수적인 교회와 진보적인 교회는 서로 적대감을 보여 왔다. 단순히 교리적인 문제뿐만 아니라 정치적, 경제적, 사회적 주제에 있어 사사건건 대립하고 마찰을 일으켜 왔다. 그래서 교파 분열과 갈등은 개신교인, 타 종교인, 무종교인 모두로부터 항상 한국교회의 가장 심각한 문제의 하나로 지적되어 왔다.27)

공동체성의 세 번째 형태는 이웃 사랑과 관련된 것이다. 이것은 사회적 공동체성의 문제라고 할 수 있다. 물론 지금까지 한국교회는 사회봉사와 구제에 가장 앞서 왔고, 그래서 많은 일을 했던 것이 사실이다.28) 그럼에도 불구하고 한국교회는, 가지고 있는 것에 비해서는 아직도 충분히 나누지 않고 있다. 한국교회는 엄청난 물적, 인적, 시설 자원을 가지고 있다. 더욱 돌보고 섬겨야 한다. 왜냐하면 세계에는, 그리고 우리나라에는 아직도 배고프고 목마르고 춥고 아프고 외롭고 슬프고 힘든 사람이 많이 있기 때문이다. 섬김을 통한 사랑의 실천은 교회의 본질적인 사명의 하나일 뿐

---

24) 이원규,『한국교회 어디로 가고 있나?』(대한기독교서회, 2000) 제6장.
25) 한국 갤럽,『한국인의 종교와 종교의식』(2004), 96-100.
26) 이원규,『한국교회의 위기와 희망』제7장을 보라.
27) 한미준·한국 갤럽,『한국교회 미래리포트』, 262-65.
28) 이원규,『한국교회의 위기와 희망』, 222-26.

아니라 세상이 교회를 신뢰할 수 있는 가장 확실한 길이다. 실제로 "향후 개신교회가 신뢰받기 위한 중요 사회적 활동"으로는 사람들의 다수 (48.2%)가 "봉사 및 구제활동"(다음은 "윤리와 도덕 실천운동"으로 28.1%)이라고 지적하고 있다.

이상에서 우리는 한국교회의 현실과 문제에 대한 종교사회학적 분석 결과를 요약해 보았다. 이제부터는 이계준 목사의 설교를 통하여 이러한 주제들에 대한 그의 성찰과 이해에 대하여 살펴보기로 한다.

Ⅲ. 이계준 목사의 사회 복음

이계준 목사는 네 권의 설교집을 발간했다. 그것들은 『하느님의 침묵』(1985), 『마르타 콤플렉스』(1988), 『어울리는 삶』(1992), 『축제와 고난』(2008) 등이다. 앞의 세 설교집은 한국 사회가 정치적, 경제적, 사회적, 문화적으로 격변을 겪으며, 많은 시련과 혼란이 있던 시기에 했던 설교들의 모음이다. 여기에서 그는 사회적 부조리와 모순을 고발하고 문제적인 사회 현실에 대하여 비판적인 경고와 제언을 하고 있다. 이 설교들은 1980, 90년대 한국의 상황을 그대로 반영하는 주제들로 구성되어 있다. 마지막 설교집은 이계준 목사가 은퇴한 후에 지금까지의 삶의 경륜을 그대로 반영하는 성찰적인 내용이 주를 이루고 있다. 물론 그의 설교 주제들이 모두 사회 복음을 말하는 것은 아니고 개인의 믿음, 회개, 치유, 구원에 대한 것도 많이 있으나 여기서는 주로 사회 복음과 관계된 내용을 중심으로 그의 설교를 살펴보기로 한다.

이계준 목사의 신학은 한편으로는 하나님의 창조와 섭리, 성육신, 예수의 십자가와 부활, 구원과 종말 등 전통적인 교리와, 다른 한편으로는 의인

義認과 성화聖化, 그리고 완전完全과 같은 웨슬리적인 사상에 토대를 둔, 성서적이고 개혁적이며 감리교적인 신학이라고 할 수 있다. 특히 구원에 대한 그의 견해는 개인의 구원을 말하는 개인 복음과 사회의 구원을 강조하는 사회구원을 아우르는 총체적이고 통전적인 구원관이라고 할 수 있다. 물론 그 역시 개인의 죄 문제를 심각하게 다룬다.

> 우리 인간은 하느님과의 관계에서만 사람답게 살아가도록 만들어진 존재임에도 불구하고 하느님의 영역에서 이탈하여 자기중심적인 아집에 사로잡혀 자기 능력으로 개인과 사회와 역사를 지배하려는 교만 때문에 개인과 사회의 불행은 찾아오는 것입니다.[29]

> 역사적으로 인간의 정신과 권력과 제도가 완전을 향해 절대화되고 우상화되어 드디어는 스스로 파멸로 치닫는 이유는 인간이 자신의 한계성, 피조성, 불완전성에 대한 인식 부족과 교만에 기인하는 것입니다.[30]

이와 같이 죄의 근원은 하나님께 대한 인간의 교만과 불순종이라는 점이 분명히 드러나고 있다. 그러나 죄는 개인의 과오뿐만 아니라 사회적인 무책임도 포함하는 것이며, 회개 역시 개인의 참회뿐만 아니라 사회적인 죄책 고백도 필요한 것으로 이해된다.

> 우리는 개인의 죄와 함께 이웃에 대한 교회의 무관심의 죄를 참회하고 모든 사회악에 대한 책임을 지지 않는 한 개인적으로나 교회적으로나 민족적으로

---

29) 이계준, 『마르타 콤플렉스』(전망사, 1988), 19.
30) *Ibid.*, 64.

나 구원의 희망은 기대하기 어렵다고 생각합니다.[31]

우리의 불안과 공포와 죽음과 슬픔이 이웃에 대한 우리의 무관심, 민족 사회에 대한 무책임, 역사에 대한 불성실에 기인한 것이 아닌가 생각됩니다. 우리 민족과 교회는 역사상 고난과 슬픔의 원인인 우리의 죄에 대하여 반성하며 참회하며 민족과 하느님 앞에 적나라한 모습으로 서 본 일이 없습니다. 우리가 진정으로 죄를 뉘우치고 하느님 앞에 서게 될 때 우리의 양심은 되살아나고 정의는 제자리에 서게 됩니다.[32]

통전적인 구원 이해는 가장 올바르고 당연한 구원관임에도 불구하고 그의 구원 이해가 주목을 받고 있는 것은 지금까지 한국교회에서는 개인의 영혼이 구원받아 이 세상에서는 복을 받고 죽어서는 천당 가는 것이 구원이라는 이해가 지배적인 것이 되어 왔기 때문이다. 이계준 목사는 이러한 개인 중심적인 구원을 넘어서는 사회 구원에 대한 복음의 중요성을 강조하기 때문에 그가 전하는 구원은 사회 복음의 성격이 강하다고 할 수 있다.

하느님이 창조하신 인간의 존엄성, 그리스도가 탄생하신 순수하고 개방적이며 자유로운 인간성을 파괴하려는 모든 사악한 힘들을 차단하고 우리들이 가야 할 길을 별의 빛을 따라 걸어야 하겠습니다. 바로 여기에서 예수 그리스도를 통한 개인과 사회의 구원이 전개될 것입니다.[33]

---

31) 이계준, 『어울리는 삶』(전망사, 1992), 211

32) 이계준, 『하느님의 침묵』(전망사, 1985), 59.

33) *Ibid.*, 45.

기독교 신앙은 개인의 내면적 및 정신적 문제에만 관계되는 것이 아니라, 인간의 경제적, 사회적 및 정치적 문제에까지 연결되는 것이며, 그래서 인간의 전인격적 자유와 구원의 성취를 목표로 하기 때문에 필연적으로 사회의 권력 구조와 갈등을 일으키게 되고, 힘에 의한 역압을 받게 되는 것입니다.[34]

사회 복음의 의미는 복음과 구원이 보편적인 성격을 지니고 있다는 점에서도 드러나고 있다.

예수의 보편주의적인 인간 구원의 역사는 가장 구체적인 인간적, 정치적, 역사적 사건과 직결되므로 그것은 추상적, 관념적 이론이나 종교적 감상주의를 벗어나서 개인적, 사회적 실존 속에 의미와 희망을 던져주는 구체적 현실로 나타납니다.[35]

이계준 목사의 사회 복음은 그의 설교 가운데 좀 더 지배적인 주제가 교회의 제사장적인 역할보다 예언자적인 역할에 대한 것이라는 사실에서 드러나고 있다.

믿는 자들은 그리스도와 함께 죽고 다시 살아남으로써 육적인 욕망과는 결별할 뿐만 아니라, 사회구조악의 도구가 되지 않기 위하여 양심의 눈을 밝히 떠야 하며, 이 사회의 죄악을 격감시키는 일에 앞장서야 하는 것입니다.[36]

---

34) 이계준, 『마르타 콤플렉스』, 156-57.
35) *Ibid.*, 41.
36) *Ibid.*, 46.

그는 나아가서 우주적 구원에로 구원의 영역을 확장하고 있다. 이것은 창조 신학, 생태 신학의 근거를 제시해 주는 이해라 할 수 있다.

기독교가 우주와 자연을 인간 중심에서 보고 이해하고 남용한 것과 인간의 구원만을 위한 신앙의 패러다임을 버리고 자연과 함께 인류 모두를 아우르는 우주적 구원이라는 새로운 안목과 실천에 관심을 집중해야 하는 것입니다.[37]

사회 복음에 대한 그의 관심은 또한 그가 하나님의 선교Missio Dei를 강하게 주장하고 있다는 점에서도 알 수 있다.[38] '하나님의 선교' 개념은 전도를 통해 사람을 교회로 끌어들여 개인의 영혼을 구하는 개인 복음이 아니라 교인들이 세상을 향해 나아가서 세상을 변화시키는 '흩어지는 교회'로서의 책임을 감당하여, 이 세상에 하나님의 사랑과 정의를 실천함으로 하나님의 나라를 이 땅 위에 이루는 일에 동참해야 한다는 사회 복음의 의미를 가지고 있는 것이다. 사회 복음은 사회 현실에 대한 비판적인 진단과 대안적인 과제를 제시한다. 이계준 목사는 그의 역사의식과 사회의식에 근거하여 한국 사회의 문제적인 현실에 대한 냉철한 분석과 함께 문제 해결의 방안을 제언한다.

---

37) 이계준, 『축제와 고난』(진흥, 2008), 184.
38) 선교와 관련된 이계준 목사의 저서와 역서는 모두 '하나님의 선교'와 관련된 것이다. 『한국교회와 하나님의 선교』; 『현대 선교 신학』(편저); J. C. 호켄다이크(이계준 역), 『흩어지는 교회』; 칼 브라텐(이계준 역), 『현대 선교 신학』 등이 그것들이다.

VI. 이계준 목사의 사회 비판

예언자적 통찰력은 그 시대의 상황을 반영하는 것이고, 따라서 사회 비판은 시대의 문제에 대한 진단과 평가에 근거한다. 우리나라의 1980년 대는 정치적으로 군사정권에 의한 관료적 권위주의가 지배적인 통치철학으로 작용하다가 1987년 민주항쟁의 확산에 따라 군부독재 체제가 종식되고 민주화가 이루어지기 시작한 시기였다. 아울러 사회 전반적으로 분출되기 시작한 요구는 사회적 갈등과 혼란을 야기하기도 했다. 1980년대 이후 경제적으로는 성장의 그늘 아래서 분배정의가 실현되지 못하고, 새로운 빈곤층의 형성으로 계층 간 위화감이 팽배하게 되었다. 그뿐만 아니라 사회복지의 혜택을 받지 못하는 많은 소외계층의 문제가 대두되기도 했다. 문화적으로는 가치혼란과 이데올로기의 대립, 도덕성의 실추와 같은 문제들이 심화되기도 했다. 이러한 상황에서 이계준 목사는 한국 사회의 문제를 여러 측면에서 지적하고 있는 데 그것들은 몇 가지 주제로 요약된다.

첫째는 세속주의 풍조에 관한 것이다. 한국 사회가 1960년대 이후 눈부시게 경제적인 성장을 이루어 냈고, 민주화의 수준이 향상되고 있음에도 불구하고 세속주의적 가치관의 만연으로 많은 부조리와 모순이 생겨나고 있다는 점을 지적하고 있다.

우리 문화는 모두 일류병, 명예병, 출세병, 호화병, 재벌병에 걸려 있습니다. 이것은 바벨탑의 문화이고 피라미드의 문화입니다. 여기에는 구원은 없고 멸망만 있을 뿐입니다.[39]

---

39) 이계준, 『마르타 콤플렉스』, 11.

민주주의는 무책임한 언동과 쓰레기까지 버리는 자유를 허용한다는 방종, 자본주의 사회에서는 돈이 제일이고 소비가 미덕이며 사치는 인생의 목적이라는 쾌락주의, 서구 지향적인 정치, 경제는 종속이고 노예라는 마르크스-레닌주의, 그리고 그것에 기초한 김일성 주체사상은 존경의 대상이라는 이념의 편향성, 통일 방안을 일방적으로 발표하고 국회의 동의를 얻지 못하는 풍토, 대안도 없으면서 무조건 반대하는 태도, 이 모든 형태는 우리의 미숙한 사회성과 저질적 문화 수준을 말해 줍니다.[40]

세속주의에 대한 비판은 물질만능주의 사회 풍조에 대한 비판으로 이어진다.

이 하느님을 망각한 세속주의의 특징은 물질주의와 인간 경시 사상입니다. 여기서 물질 지상주의와 향락주의, 그리고 인권 유린과 인간 살상행위가 판을 치게 됩니다.[41]

돈이면 불가능한 것이 없다는 물질 만능주의가 이 사회를 풍미하고 있는 한 경제적 불안은 계속될 것이고, 가진 자와 못 가진 자의 격차는 더욱 심화될 것이며, 불안과 불의와 한탕주의는 백주에 난무하게 될 것입니다.[42]

세속주의와 관련된 이데올로기 문제도 비판의 대상이 되고 있다.

---

40) 이계준,『어울리는 삶』, 93.
41) 이계준,『하느님의 침묵』, 93.
42) *Ibid.*, 97.

서구 민주주의 사회는 모든 권력을 상대화하고 인간의 자유와 사회의 정의를 향해 발전하였습니다. 반면에, 궁극적 관심을 하나님께 두지 아니하고 인간 권력에 두었던 나치즘, 파시즘, 일본 제국주의는 멸망하였고, 공산주의는 황혼기에 접어들었습니다. 물론 하느님 신앙 없는 자본주의도 퇴화할 것입니다.[43]

우리는 사유 재산의 절대화가 하느님의 사랑과 정의에 위배되고 물질 만능주의와 우상 숭배를 자초하므로 동조할 수 없는 반면에, 개인의 자유를 부정하고 입으로만 만민 평등을 부르짖는 공산주의적 경제 질서에도 동조할 수 없습니다.[44]

인간은 권력체제를 만들고 이데올로기를 만들 때 또한 그것들을 절대화하고 신격화합니다. 그러나 그런 우상들은 잠정적일 뿐만 아니라, 하느님의 진리를 구속할 힘이 없습니다.[45]

이계준 목사의 사회 비판의 두 번째 주제는 도덕성 문제라고 할 수 있다. 즉, 우리 사회에서 보이고 있는 도덕성 붕괴가 또 하나의 심각한 사회문제라는 것이다. 그는 많은 설교에서 이러한 도덕성 부재 혹은 상실과 관계된 사회 현실을 지적하고 있다.

비싼 것이 가치가 있다는 물질주의, 새로운 것이 아름답다는 유행주의, 높은

---

43) 이계준, 『마르타 콤플렉스』, 27.
44) 이계준, 『하느님의 침묵』, 102.
45) *Ibid.*, 38.

곳이 귀하다는 계층주의, 상대를 눌러야 한다는 권위주의 등이 날로 확산되어 가지 않나 생각됩니다.[46]

오늘 우리가 20여 년간의 군정을 종식하고 민주화로 진입하려는 이때에 장애가 되는 것은 낡은 정신과 도덕의 노예 상태에서 벗어나지 못하고 사람과 제도만 바꾸면 된다는 생각에 있다고 봅니다. 정치인이나 국민이나 모두 불질주의와 권력주의라는 이방 종교를 계속 받들고 과시하며 지방색과 흑색선전과 폭력주의라는 가치관을 실천하면서 민주화로 가겠다는 데 모순과 미래의 불확실성이 있습니다.[47]

우리 사회의 모든 사람들이 도덕적으로 불감증에 걸려 있다는 데 심각성이 있는 것입니다. 가령 정치인들은 국민을 무시하고 불합리한 정책을 수립하거나 당리당략의 노예가 되고 있고, 관료들은 안일과 편의주의에 사로잡혀 공복 의식을 망각하고 있으며, 국민들은 이기주의와 불로소득에 혈안이 되어 있고, 젊은이들은 무절제와 폭력과 쾌락주의에 빠져 있습니다.[48]

결국 오늘 우리의 문제는, 겉이 화려하고 물질적으로 풍요하며 기술적으로 높은 수준에 있는 데 비하여 우리의 정신적, 도덕적 수준이 미달하는 데 있다고 말할 수 있습니다.[49]

오늘 우리를 지배하는 세력들은 인간을 인간되게 하고 삶의 질을 격상시키며

---

46) *Ibid.*, 140.
47) 이계준, 『마르타 콤플렉스』, 28.
48) 이계준, 『어울리는 삶』, 166.
49) *Ibid.*, 149.

합리적 사고와 양심적 행위가 통용되게 하는 도덕적 사회에 대한 비전이 없습니다. 거기에는 다만 개인적 및 집단적 이기주의와 욕망만이 도사리고 있을 뿐입니다.[50]

이계준 목사의 사회 비판의 세 번째 주제는 공동체성에 관한 것이다. 즉, 우리 사회의 또 다른 문제는 더불어 살려고 하지 않는다는 것이다.

우리는 상대의 인품과 능력과 사상을 존경하고 따르기보다는 인연, 지연, 학연에 의해서 불가분리적으로 결속되고 삶을 영위해 나가는 것이 상례입니다. 이것이 정치, 경제, 심지어 종교에까지 영향을 미쳐서 갈등과 대결을 치르고 있습니다.[51]

우리는 인간 공동체의 창조에 관심을 두어야 하겠습니다. 인간의 개인적 및 사회적인 모든 활동은 그 자체가 사람이 살되 사람답게 살 수 있는 조건을 형성하는 것인데도 불구하고 정치, 경제, 문화, 사회의 모든 분야가 인간을 위하기보다는 인간 위에 군림하고 인간성을 파괴하는 불가항력적인 로봇이 되었습니다.[52]

오늘의 세계가 평화를 누리지 못하는 것은 권력, 언어, 인종, 빈부, 계급, 종교 등의 장벽이 가로놓여 있고 이것을 뚫고 나가 서로 인격적으로 대면하지 못하고 정직한 대화와 책임적 실천을 하지 못하기 때문입니다.[53]

---

50) 이계준, 『마르타 콤플렉스』, 157.
51) *Ibid.*, 240.
52) *Ibid.*, 83, 85.
53) 이계준, 『하느님의 침묵』, 156.

그는 또한 지나친 배타성으로 야기되는 양극화가 공동체성의 걸림돌이 되고 있다고 하면서 포용성의 중요성을 강조한다.

지금 우리 사회는 노인이나 기득권층은 보수적이고 젊은이와 소외계층은 진보적이라는 새로운 이분법과 흑백논리가 지배할 뿐만 아니라 이 극한 대립이 절정에 이르렀습니다. 그 결과 보수주의자는 폐기처분되어야 할 고물 취급을 받게 되었고 젊은이들과 진보주의자들은 자기들의 행태는 무조건 정당하고 정의로운 것이라는 과대망상증에 빠지고 말았습니다.[54]

우리가 참으로 사람이 되는 길은 자신과 함께 이웃을 궁극적 가치로 인정하고 받들 때에만 가능한 것이고, 우리가 문화 국민으로, 민주 사회로, 복지 국가로 발전할 수 있다는 것입니다.[55]

한국 사회에 대한 이러한 비판적 성찰은 한국교회의 사회적 책임의 문제로 이어지게 된다. 다시 말하면 문제적인 우리 사회의 현실, 하나님 나라를 이루어가는 데 걸림돌이 되고 있는 세속주의, 도덕성 붕괴, 공동체성 상실에 직면하고 있는 현실 가운데 한국교회가 나아가야 할 방향, 수행해야 할 책임의 문제가 제기될 수 있는 것이다.

---

54) 이계준, 『축제와 고난』, 42.
55) 이계준, 『마르타 콤플렉스』, 85.

V. 이계준 목사의 한국교회 비판

심각한 수준에 있는 한국 사회의 문제적인 상황은 교회가 감당해야 할 사회적 역할이 무엇인지를 돌이켜보게 한다. 이것은 한국교회가 어떻게 우리 사회에서 빛과 소금이 될 수 있는지, 그리고 그 구체적인 과제는 무엇인지 성찰하게 한다. 그러나 현실을 돌이켜보면 이러한 사회적 책임을 한국교회가 제대로 수행해 왔는지는 의문이다. 앞에서 살펴보았듯이 한국교회는 세상을 변화시키기보다는 오히려 세상에 물들어 사회적으로 심하게 지탄을 받고 있다. 따라서 한국교회의 사회적 책임과 과제를 논하기에 앞서 한국교회는 무엇이 문제인지 진단하는 일이 선행되어야 한다. 이 점에 있어 이계준 목사의 입장은 분명하다. 따라서 여기서는 그의 한국교회 비판에 대하여 살펴본다. 그 내용은 세 가지로 구분될 수 있을 것이다.

첫째는 영성과 관계된 문제다. 이것은 한국교회가 영성을 잃어버렸다는 현실을 말하는 것이다. 즉, 한국교회가 세속화되었다는, 혹은 이 세상적인 천박한 세속주의 가치에 물들어 있다는 것이다. 무엇보다 심각한 것은 물질주의, 물량주의에 물들어 있는 한국교회의 모습이다.

한국교회는 해방 이후 교권주의로 인하여 분열을 거듭했고, 정치권력의 시녀가 되어 섬겨야 할 하느님의 자녀들을 저버렸으며, 물질주의의 노예가 되었습니다. … 오늘 한국 교회의 표준은 교회 강단에서 진정한 하느님의 말씀이 선포되고 있는지, 또한 교인들이 개인적으로, 사회적으로 예수 그리스도의 제자로서의 삶을 제대로 영위하는지 따위가 아니라, 교인의 수와 교회당의 크기와 예산의 규모가 바로 교회의 척도가 되었습니다. 오늘날 불경기로 인해 기업과 가정이 위기에 직면했는데 하늘 높이 솟아 올라가는 것은 교회 건물뿐이고, 하느님을 믿는 종교가 물질을 섬기는 유물론으로 변모되었습니다. 그리고 대부분의 교인들은 자기도취와 신비주의에 빠져 있습니다. 역사의식과 윤리적 책임을 망각한 종교는 민중의 아편은 될지 몰라도 기독교는 아닙니다.[56]

예수가 태어난 곳은 냄새나는 마구간인데 지금 그를 모시는 곳은 화려한 궁전입니다. 예수는 가난하게 태어났는데 오늘의 교회는 지나치게 부자입니다. 그는 겸손한 아기로 태어났는데 그를 섬긴다는 사람들은 너무 교만합니다.[57]

이 세상적 가치를 맹목적으로 따라가는 한국교회의 현실도 문제로 지적되고 있다.

60년대 이후에는 오히려 역사의 변화보다는 사회 변화를 모방하는 일을 해왔습니다. 즉, 산업화로 인한 구조의 대형화를 따라 교회도 대형화 추세로, 경제 발전에서 오는 물질주의에 따라 교회도 물질주의 추세로, 정치의 독재체제에 따라 교회도 카리스마적 지도자에 의한 독재 체제로, 전문적 관료체제의 발달에 따라 교회도 전문화와 계층적 관료주의 체제로, 사회의 획일주의에 따라 교회도 특성 없는 획일주의 체제로 오늘에 이르렀습니다.

이것은 지난 반세기 동안 교회가 역사에 대한 각성과 그 도전을 깨닫지 못하였다는 증거로서, 대형주의, 획일주의, 독재주의, 물질주의, 관료주의의 노예가 되고 사회의 오류를 무비판적으로 수용하고 인정함으로서 생긴 교회 자체의 침체 현상이라고 하겠습니다.[58]

---

56) 이계준, 『하느님의 침묵』, 214.
57) 이계준, 『축제와 고난』, 27.
58) 이계준, 『어울리는 삶』, 25.

교회가 권력이나 금력과 결탁했을 때 중세 기독교는 쇠퇴하여 종교개혁을 자초하였고, 근대 서구 교회가 식민지 정책과 자본주의와 동일시될 때 배척을 받았으며, 한국 교회도 막강한 교인 수와 금력과 권력과 밀월을 즐기는 동안 타락과 무력에 빠지고 있습니다.[59]

결국 영성을 잃은 교회는 신앙이 목적이 아니라 수단으로 전락된다는 사실을 그는 분명히 밝히고 있다.

현대인은 십자가를 지는 것이 아니라 그것을 교회 건물 위에 높이 올려놓거나 강단에 매달거나 또는 금목걸이나 배지를 만들어 장식용으로 사용합니다.[60]

이와 같이 오늘날 한국교회의 결정적인 문제 가운데 하나는 영성을 잃어버렸다는 것이다. 이 세상적인 성공과 출세, 명예와 부를 추구하는 교회의 모습은 본질을 상실하고 세속주의에 물들어 있는 문제적인 현실을 드러내고 있다고 하겠다.

이계준 목사의 한국교회 비판의 두 번째 주제는 도덕성에 대한 것이다. 한국교회가 도덕성을 상실하여 바르고 올곧지 못하다는 것이다. 이것은 사회적 공신력을 약화시키는 데 있어 치명적인 문제가 되고 있다. 여기서는 특히 교회 지도자들의 도덕성이 문제로 지적되고 있다.

이러한 사회적 정황 속에서 빛과 소금의 역할을 감당해야 할 교회마저 지나치게 자기중심주의로 기울었고 목회자들의 성적 타락, 경제적 비리, 예언자적

---

59) 이계준, 『마르타 콤플렉스』, 116.
60) 이계준, 『어울리는 삶』, 120.

기능의 상실 등으로 교회는 빛 잃은 등불과 맛 잃은 소금이 되기도 하였습니다.[61]

오늘 우리 목회자의 이미지와 교회를 파괴하는 부조리의 근본 원인은 무엇이라고 생각하십니까? 그것은 신앙의 열정이나 교인의 수나 재정의 빈곤에서 오는 것이 아니라 오히려 양심의 부재에 기인한 것 같습니다.[62]

결국 교회의 도덕성 실추는 사회를 변화시킬 수 있는 교회의 동력을 약화시키게 된다.

교인 간의 시기와 질투, 교인과 교역자 간의 반목과 배신, 성직자들의 비도덕적 행위 등을 우리는 어떻게 이해해야 하겠습니까? 교회가 구원의 모체라면 신자의 개인적 중생과 함께 부정과 부패로 얼룩진 사회가 변화되어야 하는데 교인과 교회가 증가할수록 사회악도 정비례하니 문제가 아닐 수 없습니다.[63] 우리가 처한 시대는 사회-경제적인 여건으로 보거나 교회적인 물적 및 인적 자원의 시각에서 볼 때 엄청난 발전을 이룩했습니다. 그럼에도 불구하고 목회자의 중심, 곧 온전한 그리스도 상을 보기가 점차 어려워지고 있으니 실로 유감스러운 일입니다. 지금의 교회는 외적으로는 풍요하지만 정신적 빈곤과 도덕적 부패로 인해 아마도 교회 역사상 가장 혼탁한 상황에 처한 것이 아닌가 합니다. 따라서 사회 구성원들이 목사들을 정신적-도덕적 귀감으로 여기지도 않고 존경하지 않는 것은 당연한 귀결이라고 말할 수 있습니다. 그것은

---

61) 이계준, 『축제와 고난』, 37.
62) *Ibid.*, 206.
63) 이계준, 『마르타 콤플렉스』, 129.

곧 목사들이 세속주의와 물질주의의 노예로 전락하였기 때문입니다. 예수께서 극복하신 마귀의 유혹 곧 물질, 명예, 권세의 유혹을 극복하지 못한 것입니다.64)

한국교회의 세 번째 문제는 공동체성에 관한 것이다. 한국교회는 하나 되지 못하고 섬기지 않기 때문에 더불어 사는 세상을 만들지 못할 뿐만 아니라, 교회 자체도 공동체성을 잃어버렸다는 것이다.

우리 교회는 크게 부흥 발전하여 세계 최고의 성장과 최대의 교회를 자랑하고 있습니다. 그러나 사랑과 일치를 외치는 교회는 자기 분열과 반목과 갈등을 일삼고 있습니다.65)

한국 교인들이 자기와 하느님과의 관계를 위하여 산상집회, 철야, 금식, 십일조 등으로 신앙심을 발휘하지만, 고난과 역경에서 헤매는 동료 교인에 대하여는 사랑, 희생의 관심을 별로 표현하지 않습니다. 이것은 건전한 공동체가 아니라 불건전한 종교 집단이며, 성숙한 사회가 아니라 미숙한 사회인 것입니다.66)

한국 교회는 말로는 사랑을 많이 외쳤으나 이에 합당한 사랑을 구체적으로 이룩하지는 못했습니다. 가난하고 소외된 이웃에 대한 관심이 적었을 뿐만 아니라, 타 종교를 원수처럼 여기고, 구교와 신교간의 장벽을 높이 쌓고, 교파

---

64) 이계준, 『축제와 고난』, 101-2.
65) 이계준, 『어울리는 삶』, 49.
66) 이계준, 『하느님의 침묵』, 175.

주의에서 벗어나지 못했으며, 교회 내의 보수와 진보, 장년과 청년, 남성과 여성의 간격과 차별을 극복하지 못했습니다.[67]

이상에서 살펴본 것처럼 이계준 목사는 한국교회가 참된 영성, 도덕성, 공동체성을 잃어버렸다고 질타하고 있다. 이것은 뼈아픈 자기반성이며 자기성찰이라고 할 수 있다. 이러한 평가는 종교사회학적으로 볼 때 정확한 것이며 정당한 것이라 할 수 있다. 그러나 비판은 대안으로 이어져야 한다. 따라서 그는 한국교회에 대한 애정을 가지고 한국교회가 나아가야 할 방향을 제시한다.

VI. 한국교회의 책임과 역할

이계준 목사는 한국교회가 하나님의 나라와 의를 구하기 위해 감당해야 할 역사적, 시대적, 사회적 책임이 있다는 점을 분명히 하면서 그 과제를 밝힌다. 그 내용도 역시 크게 나누면 세 가지 주제로 구분될 수 있다고 본다.

첫째는 영성의 회복이다. 이미 보았듯이 한국 사회의 문제 가운데 하나는 지나치게 세속주의에 물들어 있는 것인데도 불구하고, 한국교회는 이를 치유하지 못하고 오히려 교회마저도 세속화되어 영성을 잃어버렸다. 따라서 한국교회의 우선적인 과제는 무엇보다 영성을 회복하는 일일 것이다. 이계준 목사는 이 점을 분명히 하고 있다.

---

67) 이계준,『어울리는 삶』, 29.

우리가 역사 속에서 그토록 바라는 하느님의 이상 사회, 곧 자유하는 만큼 책임지고, 있는 것들을 함께 나누어 먹으며, 어느 누구나 사람으로 대접받고, 사랑으로 얽히며, 평화 속에 살 수 있는 나라는 어떤 인간적 힘이나 제도로 이루어지는 것이 아닙니다. 보이지 않는 세계를 볼 수 있는 눈, 들리지 않는 하늘의 소리를 들을 수 있는 귀, 사람의 마음을 꿰뚫어볼 수 있고 이해하고 용서할 수 있은 마음을 지닌 그리스도 안에서 변화된 인간 없이 그 나라는 실현되지 않을 것입니다.68)

영성의 근거는 무엇보다 하나님에 대한 사랑이라고 할 수 있다.

하느님의 사랑이 궁극적 진리라고 하는 것은 바로 그 사랑이 모든 생명의 근원이고, 죄인을 용서하는 자비이고, 무든 인간이 평등하게 살 수 있는 정의이며, 온 인류가 평화롭게 살 수 있는 원리이기 때문입니다.69)

우리가 그리스도를 통하여 하느님의 영원한 사랑을 경험하고 새로운 자아로 재창조된 경험을 하였다면, 우리의 개인적, 사회적 생활 속에서 자연적으로 그리스도의 복음 곧 인류를 구원하시는 하느님의 희생적 사랑이 나타나야 하고 그것을 통해 많은 사람들이 그리스도를 믿게 되어야 한다는 것입니다.70)

한국교회가 영성을 회복하려면 세속화를 극복하고 거룩해져야 한다.

---

68) 이계준,『하느님의 침묵』, 188.
69) 이계준,『마르타 콤플렉스』, 37.
70) 이계준,『하느님의 침묵』, 238.

우리 교회는 예수 그리스도를 가두는 무덤이 되는 교권주의를 버려야 하고, 세상과 결탁함으로 예수 그리스도를 무덤 속에 가두어 놓으려는 세속주의를 포기해야 합니다.[71]

오늘 우리 한국의 크리스천들은 소위 종교의 자유라는 공간 속에 살면서 다양한 종교적 행사와 활동에는 분망하지만, 그것이 마땅히 지녀야 하는 가장 본질적인 거룩한 열매를 맺고 있는지, 세속주의와 기술주의가 지배하는 세태 속에서 사람들에게 영원을 느끼고 사모하도록 돕는지, 특히 고난 당하는 이웃과 더불어 사랑을 나누는 결단적 실천이 있는지 물어야 합니다.[72]

이와 같이 이계준 목사는 하나님에 대한 사랑을 깨닫고, 교회가 영적인 능력을 회복하여 이 세상적인 세속주의를 극복하는 과제가 한국교회에 절실히 요구되고 있다고 밝힌다.

둘째는, 도덕성 회복이다. 도덕성이 붕괴된 사회에서 한국교회는 이를 치유하기보다는 그마저도 도덕성을 잃고 있다는 사실에 대한 반성과 회개가 있어야 할 것이다. 따라서 한국교회의 또 다른 과제는 교회가 도덕성을 회복하는 일이다. 도덕성을 갖추기 위해서는 우선 자기반성과 희생이 필요하다.

우리는 우리 자신과 주변을 돌아보면서 참회할 것이 없는지 눈여겨보아야 하겠습니다. 끝을 모르는 풍요와 사치, 자기의 자랑과 이웃에 대한 무관심, 자기 아니면 가정도 기업도 정치도 불가능하다는 잘못된 우월감이 우리가

---

71) *Ibid.*, 39.
72) *Ibid.*, 127.

개인적으로나 사회적으로 참회할 조건들입니다. … 우리 스스로 민주사회로
들어갈 입장권, 곧 도덕적 순결, 겸손, 인격 존중을 실천합시다.73)

우리가 진정한 그리스도인이라면, 이 사회, 이 민족, 국가를 새롭게 하는 정신
적, 도덕적 힘을 분출하는 사람들이어야 할 텐데 그 길은 자기 몫을, 자기
떡을, 자기 생명과 사랑을 이웃과 민족과 인류를 위해 주는 것입니다. 이것이
자기 혁명이고 사회 혁명이요, 도덕과 정신의 혁명입니다74)

도덕성 회복은 구체적인 삶의 현장에서 일어나야 한다.

크리스천 정치인들은 민주주의의 빛을, 크리스천 경제인들은 정의의 빛을,
크리스천 지성인들은 자유의 빛을, 크리스천 공무원들은 신뢰의 빛을, 크리스
천 행정가들은 책임의 빛을, 크리스천 노동자과 농민들은 성실의 빛을, 모든
종교인들은 사랑과 평화의 빛을 각기 비추어야 합니다.75)

우리가 십자가를 지는 것은 하느님의 사랑과 정의를 위해 우리의 삶 전체를
헌신하는 것입니다. 나와 가정과 사회, 그리고 정치, 경제, 문화의 모든 구석을
좀먹고 죽게 하는 악과 불의와 부정을 추방하면서 사랑과 정의를 확장하는
작업입니다.76)

그러므로 도덕성을 회복하고 사회를 구원하는 일은 하느님의 구원의 드라마

---

73) 이계준, 『마르타 콤플렉스』, 221, 225.
74) 이계준, 『어울리는 삶』, 46.
75) 이계준, 『마르타 콤플렉스』, 173.
76) 이계준, 『어울리는 삶』, 121.

속에 참여하고 있는 우리 자신들의 과제라고 아니할 수 없습니다. … 우리 하나하나의 양심의 촛불이 뭉쳐서 봉화가 되어 사회와 민족을 비출 때 우리가 반드시 이루어야 할 민주주의, 복지사회, 남북통일이 성취되며, 우리자손들이 인간답게 살 수 있는 공동체가 21세기에는 전개되리라고 믿습니다.[77]

셋째는 교회와 사회의 공동체성을 회복하는 일이다. 우리 사회의 문제 가운데 하나는 공동체성이 붕괴되어 개인 간, 집단 간, 민족 간에 갈등과 분열이 있다는 것이다. 그리고 돌봄을 받지 못하는 소외된 사람들이 아직도 주변에 많다는 사실이다. 그러나 한국교회는 사회를 통합하고 화해와 일치를 가져오는 일을 제대로 하지 못했을 뿐만 아니라 오히려 교회 자체도 공동체의 모습을 보이지 못하고 있다. 나아가서 한국교회는 소외된 이웃을 돌보는 일도 충분히 하지 못하고 있다. 따라서 한국교회의 과제는 우리 사회와 교회에서 공동체성을 회복하는 일일 것이다. 우선 화해와 중재의 역할을 통해 통합을 이루어 내는 사제적인 책임을 감당해야 한다.

그리스도의 평화는 화해를 통한 평화입니다. 그는 우리 인간이 하느님께 반역함으로써 하느님과 인간, 인간과 인간, 인간과 자연이 서로 원수 된 것을 화해시키려고 육신을 입고 역사 속에 오셨고, 그는 화해를 이루시려고 사시고 죽으시고 부활하셨습니다. 따라서 그를 믿고 따르는 사람들은 화해자이고 평화를 만드는 사람입니다.[78]

이제 하나님과 화해한 우리는 그리스도의 십자가를 통해 완성된 그 사랑을

---

77) *Ibid*., 179-71.
78) 이계준, 『하느님의 침묵』, 156.

힘입어 사람들이 서로 화해하고 하나 되어 하나님 나라에 참여하도록 사도직을 수행해야 하겠습니다. 하나님을 진정으로 사랑하는 자가 화해자가 될 때 갈등과 분열이 있는 곳에 만남과 대화, 협력과 새로운 삶이 전개되는 새 역사가 통트는 것입니다.79)

이때 공동체성을 확립할 수 있는 원리는 바로 사랑이라는 점이 분명히 드러나고 있다.

복음은 모든 인간이 하느님을 중심으로 한 가족을 이루는 사랑의 세계 공동체를 뜻하는 것입니다. 그 나라에는 억압하는 자도 없고 억압당하는 자도 없으며, 권력과 결탁하여 치부하는 자도 없고, 이유 없이 해고당하는 자도 없으며, 종교의 미명 아래 십일조를 강요당하는 자도 없고, 믿고 바치면 축복받는다는 자도 없습니다.80)

신앙인의 행복한 삶 곧 영원한 생명은 사랑받기보다는 사랑하는 것이고, 관심의 대상이 되기보다는 소외된 사람에게 관심을 갖는 것이며, 이웃의 고난과 아픔 속에 동참하는 것입니다.81)

한편 사랑의 공동체는 신앙에 근거하여 점차 그 영역을 확장해 나아가야 한다.

---

79) 이계준, 『축제와 고난』, 45.
80) 이계준, 『하느님의 침묵』, 50.
81) 이계준, 『어울리는 삶』, 101.

우리는 그리스도 안에서 하느님과 하나 된 사람들로서 계층이 하나 되고 민족
이 하나 되고 세계가 하나 되는 복음의 명령을 수행하기 위하여 이웃과 동료를
사랑하는 능동적 노력을 해야 하겠습니다. … 그리스도를 믿는 우리는 우리의
가족이나 이웃이나, 친구나 원수나, 동료나 경쟁자나, 동향인이나 타향인이
나, 동족이나 다른 민족이나 간에 우리의 삶의 행동반경을 넓혀 가면서 하느
님 안에서 하나 되려는 데 최선을 다해야 하겠습니다.[82]

우리의 자유는 하느님의 뜻, 곧 사랑과 정의와 평화가 충만한 나라를 이루기
위한 것이어야 합니다. 그것은 이익이나 이념이나 체제의 갈등과 정복이 아니
라, 대화와 이해와 협력을 통한 일치를 지향하는, 정신적 · 도덕적 · 정치적
· 경제적으로 성숙한 몸짓이어야 합니다. 그때 자유는 하느님의 은총으로 사
회적 통합과 민족통일이라는 선물로 완성을 보게 되는 것입니다.[83]

기독교의 근본인 하느님을 사랑하는 신앙은 이웃 사랑과 직결되는 것이고,
이웃 사랑은 구체적으로 나라 사랑, 민족 사랑과 불가분리적 관계가 놓여 있
습니다. 나라 사랑이 배타적이고 편협한 민족주의로 전락할 때 그것은 나치의
전체주의와 이탈리아의 파시즘과 일본의 제국주의와 같은 모습으로 나타나
게 됩니다. 그러나 기독교 신앙을 바탕으로 한 나라 사랑은 신앙과 사랑의
보편성 때문에 오히려 편협한 민족주의를 극복하고 민족과 인류의 평화에
기여하게 되는 것입니다.[84]

---

82) 이계준, 『마르타 콤플렉스』, 241-42.
83) 이계준, 『어울리는 삶』, 229.
84) *Ibid.*, 236.

VII. 맺는 말

한국교회는 21세기에 접어들어 양적으로나 질적으로 커다란 위기에 봉착해 있다. 성장이 멈추어 버렸을 뿐만 아니라 사회적인 존경과 신뢰를 잃어버렸다. 이것은 무엇보다 교회가 교회답지 못하고 성직자가 성직자답지 못하고 교인이 교인답지 못하다는 현실을 반영하는 결과라고 할 수 있다. 따라서 한국교회, 무엇이 문제인지, 왜 문제인지, 얼마나 문제인지 철저하게 분석하고 진지한 반성과 평가가 있어야 하리라고 본다. 이 문제에 있어서는 이미 오래전부터 종교사회학 분야에서 다루어 왔다. 그럼에도 불구하고 이러한 문제제기에 대하여 귀 기울이는 신학자나 목회자는 별로 없었다. 이러한 현실 가운데 이계준 목사는 한 시대를 풍미하며 신학자로서, 교수로서, 목회자로서 보기 드물게 한국 사회와 교회의 현실에 대하여 예리하게 비판하고 성찰하는 모습을 보여주었다.

그는 특히 1980년대 이후 한국 사회의 변화 상황을 직시하면서 문제적인 결과에 대하여 지적하고 이에 대한 교회의 사회적 책임을 강조했다. 그 범위는 정치적, 경제적, 사회적, 문화적 영역을 포괄하는 것이었고, 평가의 근거는 하나님의 사랑과 정의라고 하는 신앙적 잣대였다. 이런 의미에서 그의 사상과 가르침은 다분히 사회 복음적인 것이라고 할 수 있다. 개인 복음과 성장 제일주의에 집착하고 있는 한국교회의 현실에 비추어 볼 때 그의 메시지는 예언자적인 통찰력과 호소력을 가지고 있다.

이 논문은 이계준 목사의 설교에 나타난 그의 사회 비판, 교회 비판, 교회의 사회적 책임에 관한 내용들을 종교사회학의 빛에서 조명하는 것이었다. 그는 복음은 개인 영혼을 구하는 것뿐만 아니라 우리 사회를 하나님의 나라로 만들어 사회구원을 함께 이룰 수 있어야 한다는 것이지만, 보다 강조되고 있는 것은 분명히 사회 복음에 관한 것이라 할 수 있다. 그는 먼저 빛과 소금의 역할을 감당해야 할 교회의 사회적 역할을 전제로 해서 사회의 문제적인 상황을 분석하고, 이 문제에 대하여 한국교회가 제대로 그 책임을 수행하지 못한 이유, 그리고 문제 해결을 위해 한국교회가 나아가야 할 방향을 잘 제시해 주었다.

종교사회학적으로 그의 설교의 주제를 요약하면 한국 사회와 교회의 문제는 영성, 도덕성, 공동체성의 결여 혹은 붕괴라고 할 수 있다. 우리 사회는 너무 세속주의에 물들어 있고 도덕성이 무너지고 더불어 살려고 하지 않는다는 것이다. 그뿐만 아니라 한국교회 역시 세속화되었고 도덕적 수준이 낮으며 교회와 사회의 통합에 기여하지 못하고 있다는 것이다. 따라서 한국교회가 제대로 사회 복음을 전하고 이를 실천하려면 먼저 영성을 회복하고 도덕성을 되찾고 화해와 일치를 위한 중재자의 역할을 성실하게 수행해야 한다는 것이다. 이러한 예언자의 목소리에 한국교회가 귀를 기울일 수 있다면 그 미래에 대하여 한 가닥 희망을 가져 볼 수 있지 않겠는가 생각해 본다.

| 참고 문헌 |

제1부

3. 21세기 선교의 패러다임

이계준 엮음.『현대선교 신학-한국적 성찰』. 서울: 전망사, 1992.

Braaten, C. E. *The Flaming Center*. Minneapolis: Fortress Press, 1977.

Bosch, D. J. *Witness to the World*. Atlanta: John Knox Press, 1980.

Costas, O. E. *The Church and It's Mission*. Wheaton, Ill: Tyndale House Pub., 1974.

Cupitt, D. *Reforming Christianity*. Santa Rosa, CA: Polebridge Press, 2001.

Hick, J. *The Center of Christianity*. San Francisco: Herder & Herder, 1978.

Hoekendijk, J. C. *The Church Inside Out*. London: SCM Press, 1964.

Knitter, P. F. *No Other Name?* Maryknoll, NY: Orbis Books, 1985.

Koyama, K. *Waterbuffalo Theology*. Maryknoll, NY: Orbis Books, 1974.

________. *No Handle on the Cross*. London: SCM Press, 1976.

McGaveran, D. A. *Understanding Church Growth*. Michigan: William B. Eerdmans, 1980.

Messer, D. E. *A Conspiracy of Goodness: Contemporary Images of Christian Mission*. Nashville: Abingdon Press, 1992.

________. *Calling Church & Seminary into the 21st Century*. Nashville: Abingdon Press, 1995.

________. *Contemporary Images of Christian Ministry*. Nashville: Abingdon Press, 1989.

Panikkar, R. *The Unknown Christ of Hinduism*. Maryknoll, NY: Orbis Books, 1964.

Song, C. S. *Christian Mission in Reconstruction*. Maryknoll, NY: Orbis Books, 1975.

Spong, J. S. *Why Christianity Must Change or Die*. San Francisco: Harper & Row, 1998.

________. *A New Christianity for a New World*. San Francisco: HarperSanFranscisco, 2001.

________. *The Sins of Scripture*. San Francisco: HarperCollins, 2005.

Stott, J. R. W. *Christian Mission in the Modern World*. Illinois: InterVarsity Press, 1977.

Tillich, P. *Christianity and the Encounter of the World Religions*. New York: Columbia Univ. Press, 1963.

Verkuyl, J. *Contemporary Missiology*. Michigan: W. B. Eerdmans Publishing Co., 1978.

제2부

1. 문화 신학자, 이계준 박사의 생애 재서술 _이정배

스퐁, 존 쉘비.『만들어진 예수 참 사람 예수』. 이계준 역. 일산: 한국기독교연구소, 2009.

이계준.『하느님의 침묵』. 서울: 전망사, 1985.

______.『마르타 콤플렉스』. 서울: 전망사, 1988.

______.『어울리는 삶』. 서울: 전망사, 1992.

______.『희망을 낳는 자유』. 서울: 한들출판사, 2005.

______.『축제와 고난』. 서울: 진흥, 2008.

______. "21세기 한국교회(목회자)의 과제." 연신원 고위과정. 2009.5.18.

이정배, "문화 신학회의 역사,"『한국 기독교학회 30년사』. 서울: 대한기독교서회, 2001.

종교인대화모임 편.『세상에서 가장 아름다운 대화』. 운주사, 2010.

한국기독교학회 편.『한국 기독교학회 30년사』. 서울: 대한기독교서회, 2001.

Heim, K. *Salvations, Truth and Diffenence in Religion*. Orbis books, 1995.

The Theology of Korean Culture Society. ed. *Theology of Korean Culture*. The Christian Literature Society of Korea, 2002.

2. 이계준 목사의 사역과 그 시대 _박종현

이계준.『하느님의 침묵』. 서울: 전망사, 1985.

______.『어울리는 삶』. 서울: 전망사, 1992.

______.『희망을 낳는 자유』. 서울: 한들출판사, 2005.

______.『축제와 고난』. 서울: 진흥, 2008.

3. 이계준 목사의 감리교회 개혁 운동과 신학 교육 _성백걸

기독교대한감리회.「기독교대한감리회 제 12회 총회 회의록」. 1974.

___________.「기독교대한감리회(갱신) 총회 회의록」. 1974.

___________.「기독교대한감리회 제 1회 통합총회 회의록」. 1975.

마경일.『길은 멀어도 그 은총 속에』. 서울: 전망사, 1984.

______. "교회갱신운동의 회고와 전망".「1977년도 기독교대한감리회 총회 제 3회 정기총회
    회의록」.

유동식.『한국감리교회의 역사 II』. 서울: 기독교대한감리회, 1994.

이계준.『희망을 낳는 자유』. 서울: 한들출판사, 2005.

이덕주.『서울연회사 II』. 서울: 기독교대한감리회서울연회, 2009.

웨슬리, 존.『존 웨슬리 총서 1-8권』. 웨슬리사업회 역. 서울: 한국교육도서출판사, 1976-1977.

___________.『존 웨슬리 총서 8 - 일기(下)』. 김영운·송흥국 역. 서울: 한국교육도서출판사, 1977.

윌리암즈, 콜린.『존 웨슬리의 신학-현대적 의의』. 이계준 역. 서울: 전망사, 1983.

호켄다이크.『흩어지는 교회』. 이계준 역. 서울: 대한기독교서회, 1979.

4. 이계준 목사에게서 배우는 Pastorship _림학춘

김홍규.『예수의 비유 다시보기』. 프리칭 아카데미, 2009.

리프킨, 제레미.『공감의 시대』. 이경남 역. 민음사, 2010.

림학춘. "마음을 다하고." 자작시.

______. "뜻을 다하고." 자작시.

______, "힘을 다하여." 자작시.

______. "내 몸처럼 사랑하게 하소서." 자작시.

앨봄, 미치.『8년의 동행』. 이수경 역. 살림, 2010.

윌리몬, 윌리엄.『21세기형 목회자』. 최종수 역. 한국기독교연구소, 2004.

이계준.『희망을 낳는 자유』. 한들출판사, 2005.

______.『축제와 고난』. 진흥, 2008.

______. "미래교회와 감리교 목회자상." 미래교회연구원 강의자료. 2004. 6. 22.

______. "21세기 한국교회(목회자)의 과제." 연신원 고위과정. 2009. 5. 18.

______. "참고 기다림." 2004.2.2.설교.

http://sbp.or.kr/bbs/board.php?bo_table=preach&wr_id=1
&sca=&sfl=wr_subject&stx=%C2%FC%B0%ED&sop=and (2011. 3. 18. 검색)

______. "후회 없는 인생." 2004.4.18. 설교. http://sbp.or.kr/ (2011. 3. 18. 검색)

______. "머리의 신앙과 가슴의 신앙." 2006. 3. 26. 설교. http://sbp.or.kr/ (2011. 3. 18. 검색)

______. "은사님의 유산." 2010. 5. 23. 故박대선감독 추모예배 설교. http://sbp.or.kr/
(2011. 3. 18. 검색)

______. "알파처럼 오메가처럼." 2010. 12. 26. 설교. http://sbp.or.kr/ (2011. 3. 18. 검색)

______. "2011년 달리기대회." 2011. 1. 23. 설교. http://sbp.or.kr/ (2011. 3. 18. 검색)

Job, Rueben P. *Three Simple Rules: A Wesleyan Way of Living*. Abingdon Press, 2007.

Mortenson, Greg. *Three Cups of Tea: One Man's Mission to Promote Peace... One School at a Time*.
Penguin Books, 2007.

Nouwen, Henry J. M. *Reaching Out: The Three Movements of the Spiritual Life*. Doubleday,
1975.

5. 이계준 박사와 학원 선교 _한인철

남재현 외. "연세대학교 채플이 졸업생들에게 미친 영향에 관한 연구."「대학과 선교」6. 2004/2.

스퐁, 존 쉘비.『만들어진 예수 참 사람 예수』. 이계준 역. 일산: 한국기독교연구소, 2009.

이계준.『하느님의 침묵』. 서울: 전망사, 1985.

______.『마르타 콤플렉스』. 서울: 전망사, 1988.

______.『어울리는 삶』. 서울: 전망사, 1992.

______.『희망을 낳는 자유』. 서울: 한들출판사, 2005.

______.『축제와 고난』. 서울: 진흥, 2008.

______ 편.『기독교 대학과 학원 선교』. 서울: 전망사, 1997.

한인철. "연세인의 삶과 채플: 연세대학교 채플 사례 연구."「한국신학논총」8. 2009/6.

6. 이계준 목사의 교육 목회 _손원영

김수경. "회고와 전망."『스무 해의 사랑과 꿈: 신반포교회 창립20주년 기념문집』. 서울: 신반포
감리교회, 2002.

김유동. "창립20년의 발자취."『스무 해의 사랑과 꿈: 신반포교회 창립20주년 기념문집』. 서울:

신반포감리교회, 2002.

김효숙. "십자가."『스무해의 사랑과 꿈: 신반포교회 창립20주년 기념문집』. 서울: 신반포감리교
        회, 2002.

문상희. "소아시아의 일곱 교회."『TBC 성서연구: 목회자지침서』. 서울: 한국교육목회협의회,
        1990.

서울신학대학교 기독교교육연구소편.『BCM교육목회: 21세기 기독교교육의 새 방향』. 서울:
        기독교대한성결교회 출판부, 2007.

신반포교회창립20주년기념사업회편. "창립20주년 특별좌담: 신반포교회의 과거, 현재, 그리
        고 미래: 향후 10년의 우리교회 나아갈 길의 과제."『스무 해의 사랑과 꿈: 신반포교회
        창립20주년 기념문집』. 서울: 신반포감리교회, 2002.

은준관.『기독교교육현장론』. 서울: 대한기독교출판사, 1988.

이계준.『하느님의 침묵』. 서울: 전망사, 1985.

______.『마르타 콤플렉스』. 서울: 전망사, 1988.

______.『어울리는 삶: 창립10주년기념 이계준목사 설교집』. 서울: 전망사, 1992.

______. "신반포교회와 함께 한 20년."『스무해의 사랑과 꿈: 신반포교회 창립20주년 기념문집』.
        서울: 신반포감리교회, 2002.

______.『희망을 낳는 자유: 이계준 자서전』. 서울: 한들출판사, 2005.

______.『축제와 고난』. 서울: 진흥, 2008.

______ 작사 김두완 작곡. "임마누엘 주님."『찬송가: 신작증보판』. 서울: 한국찬송가공회, 1995.
        제580장.

이진홍. "예수는 있다."『스무 해의 사랑과 꿈: 신반포교회 창립20주년 기념문집』. 서울: 신반포
        감리교회, 2002.

이천진. "한국적 예배모형연구." http://www.sbp.or.kr/bbs/board.php?bo_table=acad-
        emy&wr_id=15&page=(2010. 8. 19. 검색)

정웅섭.『현대교육목회의 전개』. 서울: 한국신학연구소, 2000.

Everist, Norma Cook. *The Church as Learning Community: A Comprehensive Guide to Christian
        Education*. Nashville: Abingdon, 2002.

Fowler, James F. *Weaving the New Creation: Stages of Faith and the Public Church*. San Francisco:
        HarperSanFrancisco, 1991.

Green, Thomas. *The Formation of Conscience in an Age of Technology, the John Dewey Lecture, 1984*.
        Syracuse, NY: Syracuse University Press, 1984.

Grimes, Howard. *The Church Redemptive*. New York: Abingdon Press, 1958.

Harris, Maria. *Fashion Me a People: Curriculum in the Church*. Philadelphia: Westminster/ John Knox Press, 1989.『회중형성과 변형을 위한 교육목회 커리큘럼』. 고용수 역. 서울: 한국장로교출판사, 1997.

Osmer, Richard R. *The Teaching Ministry of Congregations*. Louisville, Kentucky: Westminster John Knox Press, 2005.『교육목회의 새로운 패러다임』. 장신근 역. 서울: 대한기독교서회, 2007.

Parrett, Gary A. & Kang, S. Steve. *Teaching the Faith, Forming the Faithful: A Biblical Vision for Education in the Church*. Downers Grove, Illinois: IVP Academic, 2009.

Smart, James. *The Teaching Ministry of the Church*. Philadelphia: The Westminster Press, 1954.

Wilhoit, James C. *Spiritual Formation as if the Church Mattered: Growing in Christ through Community*. Grand Rapids, MI: Baker Academic, 2008.

7. 신약학의 지평에서 바라본 이계준 목사의 설교 _정승우

박만.『폴 틸리히: 경계선상의 신학자』. 서울: 살림, 2003.

보그, 마커스 J.『예수 새로 보기』. 김기석 역. 서울: 한국신학연구소, 1997.

불트만, R.『예수 그리스도와 신화』. 서울: 신태양사, 1978.

________.『신약성서신학』. 허혁 역. 서울: 성광문화사, 1989.

________.『공관복음서전승사』. 허혁 역. 서울: 대한기독교서회, 1991.

슈미탈스, 발터.『불트만의 실존론적 신학』. 변선환 역. 서울: 대한기독교출판사, 1983.

윙크, 월터.『사탄의 체제와 예수의 비폭력』. 한성수 역. 서울: 한국기독교연구소, 2004.

유경재 외.『한국교회 16인의 설교를 말한다』. 서울: 대한기독교서회, 2004.

이계준.『하느님의 침묵』. 서울: 전망사, 1985.

______.『어울리는 삶』. 서울: 전망사, 1992.

______.『희망을 낳는 자유』. 서울: 한들출판사, 2005.

______.『축제와 고난』. 서울: 진흥, 2008.

정승우.『예수, 역사인가 신화인가』. 서울: 책세상, 2005.

정용섭.『속빈설교 꽉찬설교』. 서울: 대한기독교서회, 2006.

______.『설교와 선동사이에서』. 서울: 대한기독교서회, 2007.

______.『설교의 절망과 희망』. 서울: 대한기독교서회, 2008.

크로산, 존 도미닉.『역사적 예수』. 김준우 역. 서울: 한국기독교연구소, 2000.

틸리히, 폴.『조직신학 I』. 유장환 역. 서울: 한들출판사, 2001.

펑크, 로버트.『예수에게 솔직히』. 김준우 역. 서울: 한국기독교연구소, 1999.

펠리칸, 야로슬라프.『예수의 역사 2000년』. 김승철 역. 서울: 동연, 1999.

Elliott, John H. *What Is Social-Scientific Criticism?* Minneapolis: Fortress Press, 1993.

Horsley, R. *Jesus and the Spiral of Violence.* Minneapolis: Fortress, 1987.

Knox, John. *The Integrity of Preaching.* New York: Abingdon Press, 1957.

Rohrbaugh, Richard. eds. *The Social Science and New Testament Interpretation.* Peabody: Hendrickson Publishers, 1996.

Stanton, Graham N. *The Gospels and Jesus.* Oxford: Oxford University, 1989.

Wills, Garry. *What The Gospels Meant.* London: Penguin Books, 2008.

8. 이계준 목사의 설교 세계 _나형석

정장복 외.『설교학 사전』. 서울: 예배와 설교 아카데미, 2006.

존 웨슬리 · 찰스 웨슬리.『웨슬리 형제의 성만찬 찬송』. 나형석 역. 서울: KMC, 2004.

이계준.『하느님의 침묵』. 서울: 전망사, 1985.

______.『마르타 콤플렉스』. 서울: 전망사, 1988.

______.『어울리는 삶』. 서울: 전망사, 1992.

______.『희망을 낳는 자유』. 서울: 한들출판사, 2005.

______.『축제와 고난』. 서울: 진흥, 2008.

한국찬송가공회.『찬송가』. 서울: 성서원, 2007.

Willimon, William.『21세기형 목.회.자.』. 최종수 역. 서울: 한국기독교연구소, 2004.

9. 통전적 선교 신학을 위한 여정 _김상근

이계준.『하느님의 침묵』. 서울: 전망사, 1985.

______.『어울리는 삶』. 서울: 전망사, 1992.

______.『현대 선교 신학: 한국적 성찰』. 서울: 전망사, 1994.

______.『희망을 낳는 자유』. 서울: 한들출판사, 2005.

기독교윤리실천운동. 「2010년 한국교회의 사회적 신뢰도 여론조사」. 2010.

박영신 · 정재영. 『현대 한국사회와 기독교』. 한들출판사, 2007.

서광선 외 공저. 『한국교회 성령운동의 현상과 구조』. 대화출판사, 1982.

이계준. 『하느님의 침묵』. 전망사, 1985.

______. 『마르타 콤플렉스』. 전망사, 1988.

______. 『어울리는 삶』. 전망사, 1992.

______. 『축제와 고난』. 진흥, 2008.

이원규. 『한국교회 무엇이 문제인가?』. 감신대출판부, 1998.

______. 『한국교회 어디로 가고 있나?』. 대한기독교서회, 2000.

______. 『종교사회학의 이해』. 개정판. 나남, 2006.

______. 『인간과 종교』. 나남, 2006.

______. 『한국교회의 위기와 희망』. KMC, 2010.

한국 갤럽. 「직업인들에 대한 윤리수준 평가」. 1996.

________. 「한국인의 종교와 종교의식」. 2004.

한미준 · 한국 갤럽. 『한국교회 미래 리포트』. 두란노, 2005.

Berger, Peter. "The Desecularization of the World: A Global Overview." in Peter L. Berger. ed., *The Dsecularization of the World: Resurgent and World Politics*. Grand Rapids, MI: William B. Eerdmans Publishing Co., 1999.

Jenkins, Phillip. *The Next Christendom: The Coming of Global Christianity*. New York: Oxford University Press, 2007.

Johnstone, Parick. & Mandryk, Jason. *Operation World*. Harrisonburg, VA: Donnelley & Sons, 2006.

Martin, David. *Pentecostalism: The World Their Parish*. Malden, MA: Blackwell, 2002.

____________. *On Secularization: Towards a Revised Theory*. 『현대 세속화 이론』. 이원규 외 공역. 한울, 2005.

McGrath, Alister. *The Future of Christianity*. 『기독교의 미래』. 박규태 역. 좋은씨앗, 2005.

이계준 李桂俊

1932년 평양에서 태어남

학력

1957. 3. 감리교신학교 졸업

1963. 6. 미국 보스턴 대학교 신학대학원 졸업(S.T.M.)

1980. 8. 미국 에모리 대학교 신학대학원 졸업(D.Min.)

경력

1957. 5.~1961. 8. 육군 군종장교(중위)

1963. 9.~1967. 2. 미국 사우스다코타 주(州) 프랭크포트 연합감리교회 목사

1967. 3.~1975. 6. 연세대학교 교목(전임강사, 조교수, 부교수)

1971. 3.~1975. 6. 연세대학교 교목실장

1975. 1.~1975. 6. 연세대학교회 담임목사

1975. 6.~1980. 2. 연세대학교에서 해직

1976. 3.~1980. 8. 화양감리교회 대학생부 지도목사

1976. 9.~1980. 2. 감리교총회신학교 교수 및 교학처장

1980. 3.~1997. 8. 연세대학교 교목(교수)으로 복직

1980. 9.~1995. 8. 연세대학교 대학교회 공동목사 및 담임목사

1982. 4.~1997. 8. 신반포감리교회 개척 및 설교목사

1989. 9.~1993. 3. 연세대학교 교목실장

1997. 8.~현재   연세대학교 은퇴 및 명예교수

1997. 9.~2004. 4. 신반포감리교회 담임목사

2004. 5.~현재   신반포감리교회 원로목사

대외 경력

1970~1974 한국기독교대학 교목회 회장

1980~1984 한국기독교윤리학회 회장

1985~1987 한국기독자교수협의회 회장
1985~1987 한국기독교교회협의회(KNCC) 신학위원회 위원장
1988~1990 감리교신학대학교 총동문회장
1990~1994 감리교신학대학교 재단이사
1993~1999 한국웨슬리신학회 회장
1990~2002 기독교사회문제연구원 이사 및 이사장
1995~2005 장애인편의시설시민연대 대표
1998~2005 한국문화신학회 회장
2000~2005 기독교산업개발원 공동이사장

저서

『한국교회와 하느님의 선교』(전망사, 1984)

『하느님의 침묵』(전망사, 1985)

『마르타 콤플렉스』(전망사, 1988)

『어울리는 삶』(전망사, 1992)

『축제와 고난』(도서출판 진흥, 2008)

『희망을 낳는 자유 - 이계준 자전에세이』(한들출판사, 2005)

『현대 선교 신학』(편저, 전망사, 1994)

『기독교대학과 학원선교』(편저, 전망사, 1997)

역서

P. 틸리히, 『궁극적 관심』(기독교서회, 1970)

________, 『문화와 종교』(전망사, 1984)

C. 윌리암스, 『교회』(기독교서회, 1973)

J. C. 호켄다익, 『흩어지는 교회』(기독교서회, 1975)

M. 깁스, 『평신도의 해방』(기독교서회, 1977)

H. 틸리케, 『그리스도와 삶의 의미』(기독교서회)

________, 『기다리는 아버지』(컨콜디아사)

C. 브라텐, 『현대 선교 신학』(기독교서회, 1984)

C. S. 송, 『희망의 선교』(공역, 전망사, 1993)

C. 윌리암스, 『존 웨슬리의 신학』(전망사, 1993)

A. 스케빙턴 우드, 『웨슬리의 선교적 사명』(전망사, 1995)

J. 웨슬리, 『그리스도인의 완전』(전망사, 1994)

_______, 『참된 기독교에 대한 평이한 해설』(전망사, 1995)

_______, 『새로운 탄생』(전망사, 1997)

존 쉘비 스퐁, 『성경과 폭력』(공역, 기독교연구소, 2007)

_______, 『만들어진 예수 참 사람 예수』(기독교연구소, 2009)

편역

존 웨슬리 총서 10권, 웨슬리사업회

1. 존 웨슬리의 설교(상)

2. 존 웨슬리의 설교(하)

3. 존 웨슬리: 위대한 전도자

4. 존 웨슬리의 신학, 존 웨슬리의 생애

5. 신약성경주해(상)

6. 신약성경주해(하)

7. 일시(상)

8. 일기(하), 감리회 초기 연회록

9. 논문

10. 서한집

김상근
연세대학교 신학과 졸업(신학사)
미국 사우스캐롤라이나 주립대학교 졸업(M.A. 종교학전공)
미국 에모리 대학교 신학대학원(M.Div)
미국 프린스턴 신학대학원(Ph.D. 선교학전공)
현재 연세대학교 신학과 교수(선교학)

〈저서〉
『프란치스코 하비에르 - 아시아 선교의 개척자』(홍성사)
『천재들의 도시 피렌체』(21세기북스)
『엘 그레꼬』(연세대학교출판부)
『르네상스 창조경영』(21세기북스) 외 다수

나형석
감리교신학대학교 신학과 졸업
감리교신학대학교 대학원 졸업(Th.M.)
미국 에모리 대학교 신학대학원 졸업(M.Div)
미국 드류 대학교 대학원 졸업(Ph.D. 예배학전공)
현재 협성대학교 신학과 교수(예배학)

〈저서 및 역사〉
『성찬으로의 초대』(2004)
『웨슬리 형제의 성만찬 찬송』(2004)
『웨슬리 찬송 시선집』(2010) 외 다수

림학춘
감리교총회신학교 목회신학과 졸업
미국 클레아몬트 신학대학원 졸업(M.Div., D.Min)
한인연합감리교회 전국연합회 협동총무 역임
현재 재미한인기독선교재단(KCMUSA) 실행이사
현재 라구나힐스연합감리교회 담임목사

〈저서〉
연합감리교회 속회교본(공동집필)
연합감리교회 장정 번역 및 편집
연합감리교회 찬송과 예배 찬송시 번역
그 외 성서교재 및 평신도 교재 번역

박종현
연세대학교 신학과 및 동 연합신학대학원 졸업(Th.M.)
연세대학교 대학원 신학과 졸업(Ph.D. 한국교회사전공)
명지대학교 교목 역임
현재 명지대학교 한국교회사 객원교수

〈저서 및 역서〉
『기독교와 문화』(크리스천헤럴드, 2006)
『문화시대의 창의적인 그리스도인』(두란노아카데미, 2010, 공저)
『변화하는 한국교회와 복음주의 운동』(두란노아카데미, 2011, 공저) 외 다수

성백걸
감리교신학대학교 신학과 졸업(신학사)
감리교신학대학교 대학원 졸업(Th.M., Th.D. 역사신학전공)
미국 남감리교대학교(SMU) 퍼킨스 신학대학 초청 연구원 역임
한국학 중앙연구원 박사후 과정 연수 및 초빙연구원 역임
현재 백석대학교 기독교학부 교수

〈저서〉
『하나님 자연 사람 그 창조의 숨결 - 기독교환경운동연대25년사』(한들출판사, 2008)
『공주제일교회101년사』(공주제일교회, 2004)
『논산제일교회106년사』(논산제일교회, 2010) 외 다수

손원영
연세대학교 신학과 및 동 대학원 졸업(*Ph.D. 기독교교육학전공*)
미국 보스턴 대학교 및 샌프란시스코 신학대학원 수학
현재 한국기독교교육정보학회 회장
현재 서울기독대학교 신학전문대학원 교수 및 교무연구처장

〈저서〉
『기독교문화교육과 주일교회학교』(대한기독교서회, 2005)
『한국문화와 영성의 기독교교육』(대한기독교서회, 2009)
『새 시대 새 포도주』(KMC, 2011) 외 다수

이원규
감리교신학대학교 신학과 졸업(신학사)
미국 에모리 대학교 대학원 졸업(M.A., Ph.D. 종교사회학전공)
현재 감리교신학대학교 교수(윤리와 사회)

〈저서〉
『한국교회의 위기와 희망』(2010)
『힘내라, 한국교회』(2009)
『종교사회학의 이해』(개정판, 2006) 외 다수

이정배
감리교신학대학교 신학과 및 동 대학원 졸업(Th.M.)
스위스 바젤대학교 신학부 졸업(Dr.Theol. 조직신학전공)
미국 게렛신학대학, 버클리 GTU, 일본 동지사대학교 신학부 교환교수 역임
한국조직신학회 총무, 부회장, 회장 역임
현재 감리교신학대학교 교수(종교철학)

〈저서〉
『신학의 저항과 탈주』(2010)
『생태영성과 기독교의 재주체화』(2010)
『없이 계신 하느님, 덜 없는 인간』(2009)
『켄윌버와 신학』(2008) 외 다수

정승우
연세대학교 신학과 졸업(신학사)
연세대학교 연합신학대학원 졸업(Th.M)
영국 쉐필드 대학교 대학원 졸업(M.A., Ph.D. 신약학전공)
현재 연세대학교 인문예술대학 교수

〈저서〉
『로마서의 예수와 바울』(이레서원, 2008)
『인류의 영원한 고전, 신약성서』(아이세움, 2007)
『예수, 역사인가 신화인가』(책세상, 2005) 외 다수

한인철

감리교신학대학교 신학과 및 동 대학원 졸업(Th.M.)
미국 드류 대학교 대학원 졸업(Ph.D. 조직신학전공)
전주대학교 교목 역임
현재 연세대학교 교목

〈저서 및 역서〉
『종교다원주의의 유형』(한국기독교연구소, 2000)
존 도미닉 크로산, 『예수는 누구인가』(한국기독교연구소, 1998)
마커스 보그, 『새로 만난 하느님』(한국기독교연구소, 2001) 외 다수

신학의 길, 목회의 삶

2011년 4월 25일 초판 1쇄 인쇄
2011년 4월 30일 초판 1쇄 발행

엮은이 | 한인철 손원영
펴낸이 | 김영호 펴낸곳 | 도서출판 동연
등 록 | 제1-1383호(1992. 6. 12)
주 소 | 서울시 마포구 망원2동 472-11 2층
전 화 | (02)335-2630
전 송 | (02)335-2640
이메일 | ymedia@paran.com

Copyright ⓒ 이계준, 2011

이 책은 저작권법에 따라 보호받는 저작물이므로
무단 전재와 복제를 금합니다.
잘못된 책은 바꾸어드립니다.
책값은 뒤표지에 있습니다.

ISBN 978-89-6447-146-3 93200